Dorothy Parker • New Yorker Geschichten

Dorothy Parker
New Yorker Geschichten

Aus dem Amerikanischen von
Pieke Biermann und Ursula-Maria Mössner

Mit einem Vorwort von Elke Heidenreich

KEIN & ABER
POCKET

1. Auflage August 2016
2. Auflage April 2017

Die Originalausgabe erschien 1944 unter dem Titel
The Portable Dorothy Parker und wurde 1973 für eine Neuausgabe
überarbeitet und erweitert
Copyright © 1944 by Dorothy Parker
Copyright © 1972 renewed by Lillian Hellman
Copyright © 1973 by National Association for the
Advancement of Colored People
Berechtigte deutsche Ausgabe mit freundlicher Genehmigung
von Viking Penguin, a member of Penguin Random House Inc.

Alle Rechte vorbehalten
Copyright © 2003/2016 by Kein & Aber AG Zürich – Berlin
Coverbild: ullstein bild, Granger Collection
Satz: Dörlemann Satz, Lemförde
Druck und Bindung: CPI books, Leck
ISBN 978-3-0369-5951-1

www.keinundaber.ch

Inhalt

KEIN TALENT ZUM GLÜCK
Über Dorothy Parker

Am 7. Juni 1967 starb die immer unbehauste ameri-kanische Schriftstellerin Dorothy Parker 73-jährig in ihrem letzten Hotelzimmer im New Yorker Volney Hotel an einem Herzanfall. Bei ihr war nur ihr Pudel, der den Namen »C'est tout« (Das ist alles) trug, und schon das könnte wieder eine der bitteren Pointen aus einer ihrer Kurzgeschichten sein. In einem Land, das das Streben nach Glück sogar in seiner Verfassung festge-schrieben hat, schien sich Dorothy Parker geradezu mit Leidenschaft ins Unglück zu stürzen, und Unglück ist ja für Schriftsteller ungleich interessanter zu beschreiben. Es auch zu leben, ist eine andere Sache, und man sagt von dieser blitzgescheiten, schlagfertigen, hoch elegan-ten, nur 1,50 Meter kleinen Person, dass sie austeilen konnte wie keine Zweite und dass sie selbst wie ein ro-hes Ei behandelt werden wollte; und reichte man ihr eine helfende Hand, biss sie mit Sicherheit hinein – »I loved them until they loved me«, schreibt sie bitterböse in ihrer *Ballade at thirty-five*. 1893 wurde Dorothy Parker in der Nähe von New York geboren, als Dorothy Rothschild, die aber nicht zum reichen Zweig dieser jüdischen Familie gehörte. Ihr Vater war Kaufmann in der Textilbranche, ihre Mutter, eine katholische Schottin, starb, als Dorothy noch ein kleines Mädchen war. Es gab die böse Stiefmut-ter, es gab Internatsjahre bei Nonnen, und »ich erfuhr aus der Bibel«, schreibt die junge Dorothy, »dass einer, der mal schafft, ein guter Mensch zu werden, prompt gekreuzigt wird«. Sie beschließt, kein guter Mensch zu werden, und zieht nach New York, spielt Klavier in Tanzschulen, schreibt erste Glossen, Texte, Satiren für *Vogue* und *Vanity Fair*, schreibt Gedichte, trägt große Hüte und heiratet mit 24 Jahren einen Eddie Parker. »Die Ehe hat nur fünf Minuten gedauert«, soll sie später darüber gesagt haben. Diese »fünf Minuten« hatten anscheinend ausgereicht, dass Eddie Parker seine Frau gründlich mit Alkohol bekannt machte. Während Eddie Parker in den Krieg nach Europa zieht, wird Dorothy Parker die Königin der berühmten Algonquin-Tafelrunde – Alan Rudolph hat 1994 einen schönen Film darüber gedreht, der bei uns den grauenvollen Titel *Mrs Parker und ihr lasterhafter Kreis* trägt. Der lasterhafte Kreis war eher ein Kreis von Lästerern, da trafen sich damals allmittäglich die intelligentesten und geschliffensten Schreiber, Kritiker, Journalisten des New York zwischen Erstem Weltkrieg und Börsencrash, und es gab auch in Zeiten der Prohibition genug zu trinken – Mrs Parker lud zur *happy hour* ihre Freunde nach oben in ihr Zimmer Nr. 1112 im Hotel Algonquin in New Yorks 44. Straße. Saß man unten beim Lunch zusammen, traute sich keiner zur Toilette, solange Dorothy Parker da war – denn mit messerscharfen Bonmots fiel sie über jeden her, der nicht (mehr) im Raum war. Damals war sie schon eine bekannte und gefürchtete Theater- und Literaturkritikerin – über die Debütantin Katherine Hepburn schrieb sie: »Sie beherrscht die Skala der Gefühle. Von A bis B.« Und über ein Buch: »Dies ist kein Buch, das man mit leichter Hand beiseitelegt. Man muss es schon mit aller Kraft in die Ecke schleudern.«

Längst schrieb sie selbst – außer Gedichten vor allem sehr pointierte Kurzgeschichten zu den Themen Liebe, Männer, Verlust der Leidenschaft, über das, was Männer und Frauen sich so antun, wenn sie aufeinanderprallen und doch so ganz und gar nicht zusammenpassen. Man könnte fast sagen: Dorothy Parker ähnelt in der Wahl und der Behandlung ihres ewigen Themas Woody Allen, und wie er war sie selbst klein, zart, von der Sehnsucht nach Liebe umgetrieben bis zum Schluss. Noch einmal heiratete sie den schönen jungen Alan Campbell, mit dem zusammen sie Drehbücher für Hollywood schrieb. Sie trennten sich, sie heirateten wieder, er beging Selbstmord, sie schnitt sich die Pulsadern auf und wurde gerettet, und sie trank und rauchte derart exzessiv, dass man sich wirklich nur darüber wundern kann, dass sie tatsächlich 73 Jahre alt wurde. »Aber«, sagte sie mal in einem Interview, »vergessen Sie nicht, wenn Sie die Leute der Zwanzigerjahre für Pechvögel halten – sie waren keine. Fitzgerald und all die anderen, so leichtsinnig und besoffen sie waren – aber verdammt hart gearbeitet haben sie, lange Jahre hindurch.«

Das gilt auch für sie selbst. An fast niemandem ließ sie ein gutes Haar, nur an Carson McCullers, einer meiner Lieblingsschriftstellerinnen, und schon deshalb liebe ich auch Dorothy Parker. McCullers und Parker hatten kein Talent zum Glück, und das macht ihre Prosa bei aller intellektuellen Geschliffenheit so zart, bei aller Komik so tieftraurig, man lacht und spürt die tiefen Verletzungen und weint, weil man das alles auch kennt. Dorothy Parker war einfach zu klug, um sich in der Liebe irgendwelchen Illusionen hingeben zu können, ohne Illusionen aber ist die Liebe nicht zu haben.

Und ohne eine geschliffene Sprache ist keine gute Literatur zu haben – Dorothy Parker schreibt sorgfältig, genau, streicht, wie sie selbst sagte, von fünf Wörtern sieben wieder aus, und am Ende stimmt jede Nuance. Ihr Schriftstellerkollege Somerset Maugham fasst am besten zusammen, was ihre große Kunst ausmacht: »Sie hat ein wunderbar empfindliches Ohr für die menschliche Sprache, und mit ein paar Worten Dialog, die fast zufällig erscheinen, gibt sie ein vollendetes Charakterbild in all seiner unwahrscheinlichen Glaubwürdigkeit. Ihr Stil ist leicht, aber nicht nachlässig, kultiviert und niemals affektiert. Er ist ein vollendetes Werkzeug, um ihren vielseitigen Humor zur Geltung zu bringen, ihre Ironie, ihren Sarkasmus, ihre Zärtlichkeit und ihr Pathos. Was vielleicht ihrem Werk das besondere Aroma gibt, ist ihre Gabe, in den bittersten Tragödien des Menschen-Tieres noch etwas Erheiterndes zu finden …«

Wenn man ihre Short Storys an jemandem messen will, dann kann man getrost ganz oben anfangen: bei Gustave Flaubert. Wie er rang sie um jedes Wort, und was so leicht aussieht, ist in schwerer Arbeit monate- und jahrelang entstanden. Es gab in den späten Zwanziger- und Dreißigerjahren in Amerika niemanden, der bessere Geschichten geschrieben hätte als sie, deshalb war Hemingway stolz darauf, als seine Storys an Parkers *Big Blonde* (1929) gemessen wurden.

Dorothy Parker bewahrte sich Mitleid auf für die gleichwohl lächerlichen, weil immer enttäuschten hübschen kleinen Mädchen, die bei jeder neuen Liebelei ans große Glück und seine Dauer glauben. Sie setzt ihnen ein Denkmal etwa in *Der Lebensstandard* oder *Sentiment*. Gar kein Mitgefühl aber hatte sie mit den verwöhnten Damen der Gesellschaft, deren größte Tragödie es war, wenn vor einer Party ein Fingernagel abbrach. Mit diesen *upperclass women* rechnet sie in Geschichten wie *Aus dem Tagebuch einer New Yorker Lady* oder *Pferdchen* grausam ab.

Ihr politisches Engagement wird deutlich in Geschichten wie *Arrangement in Schwarz und Weiß* und in ihren Reportagen aus dem Spanischen Bürgerkrieg, eine davon ist in diesem Band enthalten – *Soldaten der Republik*, und sie zeigt uns eine andere Dorothy Parker: mitfühlend, zart, leise. Immer auch ist sie gegen den Hass auf Schwarze und Juden vorgegangen, sie hat Geld für die Juden gesammelt, die vor der Hitlerdiktatur in die USA emigrieren mussten, ihr Nachlass ging an Martin Luther King und die schwarze Bürgerrechtsorganisation NAACP, und gegen die Justizmorde an den italienischstämmigen Anarchisten Sacco und Vanzetti war sie protestierend auf die Straße gezogen und dafür verhaftet worden. Auf Senator McCarthys schwarze Liste für »antiamerikanische Umtriebe« gelangte sie in den Fünfzigerjahren natürlich sowieso, obwohl sie keine Kommunistin war, aber als engagierte Linke zum verdächtigen Subjekt wurde.

Die berührenden und aufregenden Geschichten der Dorothy Parker speisen sich aus alldem: aus ihrem Engagement, ihrem Mut, ihrer Einsamkeit, aus ihrer Liebe zu den Armen, den Schwachen, auch den Tieren, aus ihrer Verachtung für die Emporgekommenen, aus ihren Rauschzuständen und ihrer Erschöpfung und aus ihrer tiefen Verletzlichkeit und der glänzenden Waffe der Ironie und des Spottes. All das hat sie zum Schreiben gebracht?

»Ach was«, sagt sie in einem Interview auf die Frage von Marion Capron: »Was hat Sie denn am meisten zu Ihrer Arbeit inspiriert?« Sie antwortet: »Geldmangel, meine Liebe.«

Elke Heidenreich im Januar 2003

EINE STARKE BLONDINE
(Big Blonde)

I

Hazel Morse war eine stattliche, strahlende Frau von der Sorte, die manche Männer, wenn sie das Wort »blond« in den Mund nehmen, dazu verleitet, mit der Zunge zu schnalzen und den Kopf neckisch schräg zu legen. Sie war sehr stolz auf ihre kleinen Füße und ertrug manches Leid für ihre Eitelkeit, indem sie sie in die kleinstmöglichen Schuhe mit sehr hohen Absätzen und sehr kurzen, abgerundeten Spitzen quetschte. Eigenartig waren ihre Hände, komische Endstücke von schlaffen, weißen, mit bleichen Sonnenflecken gesprenkelten Armen – lange, aufgeregte Hände mit fast bis um die Fingerspitzen herum gezüchteten, gebogenen Nägeln. Sie hätte sie nicht mit Juwelen verunzieren sollen.

Sie gehörte nicht zu den Frauen, die in Erinnerungen schwelgen. Mit Mitte dreißig sah sie ihre alten Tage als verschwommene, flackernde Sequenz, als einen unvollendeten Film über das Treiben fremder Leute.

In ihren Zwanzigern, nach dem lange hinausgezögerten Tod ihrer schleierhaft verwitweten Mutter, war Hazel in einem Kleidergroßhandel als Mannequin angestellt gewesen – damals war noch die starke Frau in Mode gewesen, und sie hatte noch eine blühende Farbe und eine aufrechte Haltung gehabt und stolz gereckte Brüste. Die Stelle war nicht sehr anstrengend, und sie lernte eine Menge Männer kennen und verbrachte mit ihnen eine

13

Menge Abende, lachte über ihre Witze und lobte ihre todschicken Schlipse. Die Männer fanden sie fabelhaft, und für sie war es selbstverständlich wünschenswert, von Männern fabelhaft gefunden zu werden. Beliebtsein schien ihr all die Mühe wert, die dazu aufgewendet werden musste. Männer fanden einen fabelhaft, weil sie mit einem Spaß haben konnten, und wenn sie einen fabelhaft fanden, dann führten sie einen aus, und darauf kam's an. Und so war sie, und zwar mit Erfolg, für jeden Spaß zu haben. Sie war kein Spielverderber. Männer mochten keine Spielverderber.

Andere Formen des Zeitvertreibs, ob schlichtere oder anspruchsvollere, konnten ihre Aufmerksamkeit nicht erringen. Sie hatte nie darüber nachgedacht, ob sie sich nicht vielleicht mit anderem beschäftigen sollte. Ihre Vorstellung oder besser das, was sie gut fand, entsprach genau dem der anderen großzügig gebauten Blondinen, unter denen sie ihre Freundinnen fand.

Als sie in der Kleiderfirma ein paar Jahre gearbeitet hatte, lernte sie Herbie Morse kennen. Er war dünn, flink, attraktiv, hatte Falten über den glänzenden braunen Augen, die hin- und herzuckten, und die Angewohnheit, verbissen an der Haut um die Fingernägel herum zu kauen. Er trank im großen Stil; sie fand das unterhaltsam. Sie begrüßte ihn üblicherweise mit einer Bemerkung über seinen Zustand am vergangenen Abend.

»Na, du hattest vielleicht einen sitzen«, sagte sie meistens und lachte fröhlich wie immer. »Ich dachte, ich sterbe, wie du den Kellner dauernd gefragt hast, ob er mit dir tanzt.«

Sie fand ihn sofort fabelhaft, als sie ihn traf. Sie amüsierte sich köstlich über seine schnellen, genuschelten Sätze, die intelligent eingeschobenen Zitate aus Vaudeville-Stücken und Witzblattserien; sie bebte, wenn sie spürte, wie er seinen mageren Arm entschlossen unter ihren Jackenärmel schob; sie hatte Lust, die nasse Spiegelfläche seiner Haare anzufassen. Er fühlte sich ebenso prompt zu ihr hingezogen. Sie heirateten sechs Wochen nach ihrer ersten Begegnung.

Sie war hocherfreut über die Idee, eine Braut zu sein; kokettierte damit, profitierte davon. Sie hatte bereits früher Heiratsanträge bekommen, und nicht zu knapp, aber die waren zufällig immer von klobigen, bierernsten Männern, die als Einkäufer in die Kleiderfirma kamen; Männer aus Des Moines und Houston und Chicago und, wie sie es ausdrückte, noch viel komischeren Orten. Sie fand den Gedanken, irgendwo anders als in New York zu leben, schon immer enorm grotesk. Sie konnte doch Heiratsangebote mit Wohnsitz irgendwo im Westen nicht ernst nehmen.

Sie hatte Lust, verheiratet zu sein. Sie war jetzt fast dreißig, und sie steckte die Jahre nicht leicht weg. Sie ging auseinander und wurde weicher, und die nachdunkelnden Haare nötigten sie zum ungeschickten Hantieren mit Wasserstoffperoxid. Es gab Zeiten, da bekam sie kleine Angstschauder wegen ihrer Stellen. Und sie hatte inzwischen ein paar Tausend Abende mit ihren männlichen Bekannten verbracht und war kein Spielverderber gewesen. Allmählich war sie darin immer mehr beflissen und weniger spontan geworden.

Herbie verdiente genug, und sie nahmen eine kleine Wohnung weit oben in Manhattan. Das Esszimmer war in Spanisch-Kolonial, die Hängelampe in der Mitte hatte eine leberbraune Glaskuppel; im Wohnzimmer standen eine Polstergarnitur und ein Farn und hing eine Reproduktion von Henners »Magdalene« mit den roten Haaren und den blauen Gewändern; das Schlafzimmer war in Emailgrau und Altrosa, Herbies Foto stand auf Hazels Toilettentisch und das von Hazel auf Herbies Kommode.

Sie kochte – und sehr gut sogar – und kaufte ein und schwatzte mit den Lieferburschen und der farbigen Waschfrau. Sie liebte die Wohnung, sie liebte ihr Leben, sie liebte Herbie. In den ersten Monaten ihrer Ehe schenkte sie ihm all die Leidenschaft, deren sie fähig war.

Sie hatte gar nicht gemerkt, wie müde sie war. Es war eine Wonne, ein neues Spiel, es war wie Ferien, endlich nicht mehr kein Spielverderber sein zu müssen. Wenn sie jetzt Kopfschmerzen hatte oder ihr die Füße wehtaten, jammerte sie herzzerreißend wie ein Baby. Wenn ihr jetzt nach Stille zumute war, schwieg sie. Wenn ihr jetzt Tränen in die Augen traten, ließ sie sie laufen.

Sie verfiel recht bald gewohnheitsmäßig auf Tränen während ihres ersten Ehejahrs. Sie war sogar in den Tagen, in denen sie kein Spielverderber sein durfte, bekannt für ihren gelegentlich verschwenderischen und gedankenlosen Umgang mit Tränen gewesen. Wie sie sich im Theater aufführte, war ein allgemein bekannter Witz. Sie konnte bei einem Stück über alles und jedes weinen – über Kinderkleidchen, die Liebe, ob unerwidert oder gegenseitig, über Verführung, Reinheit, treue Diener, Hochzeitsszenen, Dreiecksbeziehungen.

»Schaut euch die Hazel an«, sagten ihre Freunde und sahen zu. »Da legt sie wieder los.«

Aber jetzt, entspannt im Hafen der Ehe, ließ sie ihre Tränen frei laufen. Für sie, die so viel gelacht hatte, war Weinen köstlich. Alle Sorgen wurden zu ihren Sorgen; sie war die Besorgtheit in Person. Sie vergoss ausgiebig warme Tränen bei Artikeln über entführte Babys, sitzengelassene Ehefrauen, arbeitslose Männer, streunende Katzen, heldenhafte Hunde. Auch wenn sie die Zeitung gar nicht mehr vor sich hatte, rumorte alles weiter in ihrem Gemüt, und die Tränen rollten schubweise über ihre Pausbacken.

»Ist doch wahr«, sagte sie zu Herbie, »so viel Trauriges gibts auf der Welt, wenn man es mal bedenkt.«

»Tja«, sagte Herbie.

Sie vermisste niemanden. Die alte Clique, die Leute, die sie und Herbie zusammengebracht hatten, verschwanden nach anfänglichem Zögern aus ihrem Leben. Wenn sie überhaupt darüber nachdachte, fand sie es eigentlich nur richtig. So war die Ehe. Das war Frieden.

Nur, Herbie schmeckte das gar nicht.

Eine Zeit lang hatte er das Alleinsein mit ihr genossen. Er fand diese freiwillige Isolation neu und liebenswert. Dann wurde sie schlagartig schal. Es war, als wäre er an einem Abend, als er mit ihr in dem Wohnzimmer mit der Dampfheizung saß, noch wunschlos glücklich gewesen; und am nächsten Abend hatte er die ganze Angelegenheit gründlich satt.

Ihre melancholischen Dämmerzustände fingen an, ihn aufzuregen. Am Anfang hatte er sie, wenn er nach Hause kam und sie ermattet und verstimmt vorfand, auf den Nacken geküsst und ihre Schultern getätschelt und sie gebeten, ihrem Herbie doch ruhig zu sagen, was schiefgelaufen war. Sie liebte das. Aber die Zeit glitt davon, und er merkte, dass niemals wirklich, ganz persönlich, etwas los gewesen war.

»Ach, Herrgott noch mal«, sagte er. »Schon wieder Gemaule. Also schön, dann sitz du weiter hier rum und maul dir das Hirn weg. Ich geh so lange aus.«

Und türknallend verließ er die Wohnung und kam erst spät und betrunken zurück.

Sie war völlig entgeistert, was mit ihrer Ehe passierte. Zuerst hatten sie sich doch geliebt, und jetzt waren sie, anscheinend übergangslos, Feinde. Sie verstand das nie.

Die Zeiträume zwischen seinem Weggehen aus dem Büro und seinem Eintreffen zu Hause wurden länger und länger. Sie durchlebte qualvolle Zustände, in denen sie sich ausmalte, wie er überfahren worden war und blutüberströmt und tot unter einer Plane lag. Dann verlor sie die Ängste um seine Sicherheit und wurde mürrisch und verletzt. Wenn jemand wirklich mit jemandem zusammen sein wollte, dann kam er doch so schnell wie möglich. Sie wünschte sich verzweifelt, er möge doch bei ihr sein wollen; ihre eigenen Stunden bemaßen nur noch die Zeit, bis er endlich nach Hause kam. Oft war es fast neun, wenn er zum Essen erschien. Und immer hatte er schon eine Menge Drinks intus, und wenn deren Wirkung allmählich nachließ, wurde er laut und querköpfig und suchte Vorwände für Streit.

Er sei zu nervös, sagte er, um den ganzen Abend mit Rumsitzen und Nichtstun zu verbringen. Er prahlte, aber wohl nicht ganz zu Recht, er habe nie im Leben ein Buch gelesen.

»Was soll ich hier eigentlich – den ganzen Abend stramm in der Bude hocken?«, fragte er pathetisch. Und dann knallte er wieder die Tür und war weg.

Sie wusste nicht, was sie tun sollte. Sie konnte nicht mit ihm klarkommen. Sie kam nicht zu ihm durch.

Sie fing an, gegen ihn zu wüten. Eine zornige Häuslichkeit hatte sie erfasst, und sie würde sie mit Zähnen und Klauen verteidigen. Sie wollte, wie sie es nannte, ein »schönes Zuhause«. Sie wollte einen nüchternen, liebevollen Mann, der rechtzeitig am Abendbrottisch saß und pünktlich bei der Arbeit war. Sie wollte nette, gemütliche Abende. Die Vorstellung vom Umgang mit anderen Männern war ihr ein Gräuel; der Gedanke, dass Herbie womöglich bei anderen Frauen Unterhaltung suchte, machte sie rasend.

Es kam ihr vor, als handelte alles, was sie las – Romane aus der Leihbuchabteilung vom Drugstore, Illustriertengeschichten, die Frauenseiten in den Zeitungen –, von Ehefrauen, die die Liebe ihrer Männer verloren hatten. So etwas konnte sie immerhin noch besser ertragen als Berichte über aufgeräumte, treu ergebene Ehen, glücklich bis ans Lebensende.

Sie geriet in Panik. Ein paarmal fand Herbie sie, wenn er nach Hause kam, resolut in Schale geworfen – sie musste die Kleider, die schon etwas älter waren, ändern lassen, damit sie zugingen – und mit Rouge im Gesicht.

»Los, komm, wir machen uns eine wilde Nacht, was meinst du«, begrüßte sie ihn. »Man kann noch lange genug rumhängen und nichts tun, wenn man erst mal tot ist.«

Also gingen sie aus, in Esslokale mit Musik und die etwas preiswerteren Cabarets. Aber es endete immer böse. Sie fand es nicht mehr amüsant, mit anzusehen, wie Herbie trank. Sie konnte nicht mehr lachen über seine Geistreicheleien, denn sie zählte verbissen mit, wie viel er verkonsumierte. Sie war nicht mehr imstande, ihre Vorhaltungen für sich zu behalten – »Ach, nun komm, Herb, du hast jetzt genug getankt, findest du nicht? Sonst gehts dir bloß dreckig morgen früh.«

Er fing sofort an zu toben. Na bitte, Gemaule; Gemaule, Gemaule, Gemaule, Gemaule war alles, was sie zu bieten hatte. Ein lausiger Spielverderber war sie! Es gab eine Szene, und einer von beiden stand auf und stampfte wutentbrannt hinaus.

Sie konnte sich nicht auf den Tag genau erinnern, wann sie selbst zu trinken anfing. Ihre Tage gingen gleichförmig dahin. Wie Tropfen an einer Fensterscheibe, so rollten sie ineinander und sickerten davon. Sie war sechs Monate verheiratet; dann ein Jahr; dann drei Jahre.

Früher hatte sie nie zu trinken brauchen. Sie hatte den größten Teil des Abends an einem Tisch, an dem alle anderen inbrünstig becherten, sitzen können, ohne an Aussehen oder Laune einzubüßen noch sich zu langweilen bei dem, was um sie herum vorging. Wenn sie auch mal einen Cocktail nahm, war das so ungewöhnlich, dass es mindestens zwanzig Minuten lang witzig kommentiert wurde. Aber jetzt saß der Schmerz in ihr drin. Nach einem Streit blieb Herbie häufig über Nacht weg, und sie konnte nie herausbekommen, wo er die Zeit verbracht hatte. Ihr Herz fühlte sich eng und wund an in der Brust, und ihr Kopf drehte sich wie ein elektrischer Ventilator.

Sie hasste den Geschmack von Schnaps. Von Gin, ob pur oder gemixt, wurde ihr augenblicklich schlecht. Nach ein paar Versuchen fand sie, dass Scotch Whisky ihr am besten bekam. Sie nahm ihn ohne Wasser, er wirkte dann am schnellsten.

Herbie drängte ihn ihr geradezu auf. Er war froh, dass sie trank. Sie hofften beide, es würde ihre sprudelnde Laune zurückbringen, und sie würden wieder schöne Zeiten zusammen haben.

»Jawollja«, applaudierte er. »Zeig mal, wie du dir einen in die Birne haust, Puppe.«

Aber es brachte sie nicht näher zusammen. Wenn sie mit ihm trank, gab es eine kurze Zeit Fröhlichkeit, und dann gerieten sie in wilde Streitereien, die komischerweise keinen Anlass hatten. Am nächsten Morgen wachten sie auf und wussten nicht mehr so genau, worum es eigentlich gegangen war, hatten nebulöse Erinnerungen an das, was sie alles gesagt und getan hatten, waren aber beide zutiefst beleidigt und nahmen bitter übel. Es folgten Tage vergeltungsvollen Schweigens.

Es hatte einmal Zeiten gegeben, da hatten sie die Kräche wieder beilegen können, gewöhnlich im Bett. Dort hatte es Küsse und Kosenamen und Schwüre gegeben, noch einmal ganz neu anzufangen … »Oh, von jetzt an wird alles wunderbar, Herbie. Wir werden tolle Zeiten haben. Ich hab zu viel gemault. Ich muss wohl müde gewesen sein. Aber jetzt wird alles toll. Du wirst sehen.«

Inzwischen gab es keine zärtlichen Versöhnungen mehr. Auch freundschaftliche Beziehungen schafften sie nur noch während der kurzen großmütigen Phasen, die der Schnaps bewirkte, bevor noch mehr Schnaps sie in die nächste Schlacht riss. Die Szenen wurden immer gewalttätiger. Beschimpfungen wurden laut herausgeschrien, es gab Püffe und manchmal schallende Ohrfeigen. Einmal hatte sie ein blaues Auge. Herbie war am nächsten Tag gehörig erschrocken, wie sie aussah. Er ging nicht zur Arbeit; er scharwenzelte um sie herum und schlug Heilmethoden vor und häufte düstere Vorwürfe auf sich. Aber als sie erst wieder getrunken hatten – »um sich zusammenzureißen« –, spielte sie ständig so wehmütig auf ihren Bluterguss an, bis er sie anschrie und hinausstürmte und zwei Tage verschwunden blieb.

Jedes Mal wenn er die Wohnung in einem Wutanfall verließ, drohte er, nie wiederzukommen. Sie glaubte ihm nicht, noch erwog sie eine Trennung. Irgendwo in ihrem Kopf oder in ihrem Herzen war eine träge, nebelhafte Hoffnung, dass die Dinge sich ändern und sie und Herbie ganz plötzlich wieder ins wohlige Eheleben zurückfinden würden. Hier war doch ihr Zuhause, ihre Möbel, ihr Mann, ihr Halt. Sie zerbrach sich nicht den Kopf über andere Möglichkeiten.

Sie konnte jetzt nicht mehr schalten und walten. Sie hatte keine Tränen mehr übrig für andere; die heißen

Tropfen, die sie vergoss, waren für sie selbst. Sie lief rastlos in den Zimmern herum, und ihre Gedanken kreisten mechanisch und ausschließlich um Herbie. In jenen Tagen begann der Hass auf das Alleinsein, den sie nie mehr überwinden sollte. Man konnte für sich sein, wenn alles in Ordnung war, aber wenn es einem dreckig ging, bekam man das heulende Elend.

Sie fing an, allein zu trinken, kleine, kurze Drinks über den ganzen Tag verteilt. Nur mit Herbie zusammen machte der Alkohol sie nervös und angriffslustig. Allein, verwischte er die scharfen Konturen von allem. Sie lebte in einem Nebel aus Sprit. Ihr Leben nahm traumartige Züge an. Nichts war mehr verwunderlich.

Eine Mrs Martin zog in die gegenüberliegende Wohnung auf ihrer Etage. Sie war eine beeindruckende Blondine von vierzig und ließ das Alter, das Mrs Morse noch bevorstand, schon durchblicken. Sie machten sich bekannt und wurden rasch unzertrennlich. Mrs Morse verbrachte ihre Tage in der Wohnung gegenüber. Sie tranken gemeinsam, um sich wieder aufzurappeln nach den Drinks der vergangenen Nächte.

Sie vertraute Mrs Martin ihren Kummer mit Herbie nie an. Das Thema war viel zu heikel, als dass Reden sie erleichtert hätte. Sie schürte die Vermutung, dass die Geschäfte ihren Mann oft von zu Hause fernhielten. Es hatte ohnehin keine Bedeutung; Ehemänner als solche spielten in Mrs Martins Kreisen nur eine Schattenrolle.

Mrs Martin hatte keinen sichtbaren Gatten; die Entscheidung, ob er vielleicht tot war, blieb einem selbst überlassen. Sie hatte einen Bewunderer, Joe, der sie fast jeden Abend besuchte. Oft brachte er ein paar Freunde mit – »die Jungs«. Die Jungs waren füllige Männer mit roten Gesichtern und viel Humor, vielleicht fünfundvierzig, vielleicht fünfzig. Mrs Morse war froh, zu ihren Partys eingeladen zu werden – Herbie war jetzt abends kaum noch zu Hause. Kam er doch mal, ging sie eben nicht zu Mrs Martin. Ein Abend mit Herbie bedeutete unweigerlich Streit, trotzdem blieb sie bei ihm. Noch immer hatte sie die schwache, unausgesprochene Vorstellung, dass sich vielleicht gerade an diesem Abend alles zum Guten wenden könnte.

Die Jungs hatten immer eine Menge Schnaps dabei, wenn sie Mrs Martin besuchen kamen. Und wenn sie mit ihnen trank, wurde Mrs Morse lebhaft und gutmütig und kühn. Sie war bald sehr beliebt. Wenn sie genug getrunken hatte, um ihre jüngste Schlacht mit Herbie im Nebel versinken zu lassen, nahm sie angeregt wahr, wie sehr man sie schätzte. Sie und maulen? Sie und Spielverderber? Nun, es gab einige Leute, die sahen das anders.

Ed war einer von den Jungs. Er lebte in Utica – war »sein eigener Chef«, wie ehrfürchtig berichtet wurde –, kam aber fast jede Woche nach New York. Er war verheiratet. Er zeigte Mrs Morse die gerade aktuellen Fotografien von seinem Junior und dessen Schwesterchen, und sie fand überschwängliche und aufrichtige lobende Worte. Bald war für die anderen klar, dass Ed ihr spezieller Freund war.

Er schenkte ihr den ersten Einsatz, wenn sie alle pokerten; saß dicht neben ihr und rieb gelegentlich während des Spiels sein Knie an ihrem. Sie hatte ziemlich viel

Glück. Oft kam sie mit einer Zwanzig- oder Zehn-Dollar-Note oder einer Handvoll zerknüllter Dollarscheine nach Hause. Sie war froh darüber. Herbie wurde, wie sie es nannte, immer zickiger mit Geld. Ihn darum zu bitten, beschwor sofort einen Krach herauf.

»Was zum Teufel machst du eigentlich damit?«, sagte er. »Spülst es wohl in Whisky weg, was?«

»Ich gebe mir Mühe, hier einen halbwegs netten Haushalt zu führen«, schoss sie zurück. »Auf die Idee bist du wohl noch gar nicht gekommen, was? O nein, mit so was wird der Herr ja nicht behelligt.«

Und wieder konnte sie keinen bestimmten Tag nennen, an dem sie angefangen hatte, in Eds Besitz überzugehen. Er machte es sich zur Sitte, sie auf den Mund zu küssen, sowie er hereinkam, und desgleichen zum Abschied, und gab ihr auch während des ganzen Abends flüchtige Anerkennungsküsschen. Sie mochte es, jedenfalls mehr, als sie es nicht mochte. Sie dachte nie an seine Küsse, wenn sie nicht bei ihm war.

Er ließ seine Hand auch verweilend über ihren Rücken und ihre Schultern gleiten.

»'ne scharfe Blondine, häh?«, sagte er. »'ne tolle Puppe.«

Eines Nachmittags kam sie von Mrs Martin und fand Herbie im Schlafzimmer vor. Er war einige Nächte weg gewesen, offensichtlich auf einer ausgedehnten Zechtour. Er war grau im Gesicht, und seine Hände zuckten, als wären sie an Strom angeschlossen. Auf dem Bett lagen zwei alte Koffer, bis oben hin vollgepackt. Nur ihr Foto stand noch auf seiner Kommode, und die aufgerissenen

Türen seines Wandschranks offenbarten nichts als Kleiderbügel.

»Ich zieh Leine«, sagte er. »Hab die ganze Schufterei satt. Kriege eine Stelle in Detroit.«

Sie setzte sich auf die Bettkante. Sie hatte die letzte Nacht eine Menge getrunken, und die vier Scotchs bei Mrs Martin hatten sie nur noch mehr benebelt.

»Gute Sache?«, sagte sie.

»Och, ja«, sagte er. »Sieht ganz nett aus.«

Er machte einen Koffer zu, unter Mühen und leise vor sich hin fluchend.

»Da ist noch Kies auf der Bank«, sagte er. »Das Scheckbuch liegt in deiner obersten Schublade. Du kannst die Möbel und den anderen Kram behalten.«

Er sah sie an, und seine Stirn zuckte.

»Verdammt noch mal, ich hab die Schnauze voll, kann ich dir sagen«, schrie er. »Gestrichen voll.«

»Na schön, na schön«, sagte sie. »Ich kann dich schließlich hören, oder?«

Sie sah ihn an, als säße er an einem Ende einer Kanone und sie am anderen. Sie bekam dröhnende Kopfschmerzen, und ihre Stimme nahm einen düsteren, verschlafenen Klang an. Sie schaffte es nicht, fröhlicher zu klingen.

»Willst du noch einen trinken, bevor du gehst?«, fragte sie.

Wieder sah er sie an, und ein Mundwinkel zuckte nach oben.

»Mal wieder hackevoll zur Abwechslung, was?«, sagte er. »Wie nett. Klar, schenk uns einen ein, los.«

Sie ging zur Speisekammer, mixte für ihn einen steifen Highball, kippte sich selbst einen kräftigen Schluck Whisky ins Glas und trank es leer. Dann goss sie sich noch eine Portion ein und brachte die Gläser ins Schlafzimmer. Er hatte jetzt beide Koffer verschnürt und Hut und Mantel schon angezogen.

Er nahm seinen Highball.

»Na dann«, sagte er und stieß plötzlich ein unsicheres Lachen aus. »Dann Hals- und Beinbruch.«

»Hals- und Beinbruch«, sagte sie.

Sie tranken aus. Er stellte sein Glas ab und nahm die schweren Koffer hoch.

»Muss den Zug um sechs noch kriegen«, sagte er.

Sie brachte ihn in den Flur. Ein Lied, ein Lied, das Mrs Martin hartnäckig auf dem Grammophon spielte, ging ihr laut durch den Kopf. Sie hatte es nie leiden können.

Bei Sonne und Mond
Immer Spiel und Spaß
Sag, hat sichs nicht gelohnt?

An der Tür stellte er die Koffer ab und sah ihr ins Gesicht.

»Also dann«, sagte er. »Also, pass auf dich auf. Du wirsts schon machen, was?«

»Und wie«, sagte sie.

Er öffnete die Tür, kam dann noch einmal zurück und streckte die Hand aus.

»Tschüs, Haze«, sagte er. »Viel Glück für dich.«

Sie nahm seine Hand und schüttelte sie.

»Den Seinen nimmts der Herr im Schlaf«, sagte sie.

Als sich die Tür hinter ihm geschlossen hatte, ging sie zurück zur Speisekammer.

Sie war aufgekratzt und lebhaft, als sie abends zu Mrs Martin kam. Die Jungs waren auch da. Mit Ed. Er war froh, in der Stadt zu sein, und er war durstig und laut und hatte einen Stapel Witze auf Lager. Aber sie nahm ihn eine Minute still beiseite.

»Herbie hat heute Leine gezogen«, sagte sie. »Geht in den Westen.«

»Ah ja?«, sagte er. Er sah sie an und spielte mit dem Füllhalter, der an seiner Westentasche klemmte.

»Denkst du, der ist für immer weg, was?«, fragte er.

»Ja«, sagte sie. »Ich weiß es. Ich weiß. Ja.«

»Bleibst du trotzdem gegenüber wohnen?«, sagte er. »Schon Pläne, was du machen willst?«

»Huh, ich weiß nicht«, sagte sie. »Ist mir auch ziemlich wurscht.«

»Na, hör mal, so was sagt man aber nicht«, belehrte er sie. »Weißt du was – du brauchst einen Schluck Whisky. Was sagst du dazu?«

»Hm, ja«, sagte sie. »Einfach pur.«

Sie gewann 43 Dollar beim Pokern. Als das Spiel zu Ende war, brachte Ed sie zu ihrer Wohnung.

»Küsschen für mich über?«, fragte er.

Er riss sie in seine massigen Arme und küsste sie roh. Sie ließ alles über sich ergehen. Er hielt sie von sich weg und sah sie an.

»Bisschen weggetreten, Süße?«, fragte er ärgerlich. »Wirst mir doch nicht krank?«

»Ich?«, sagte sie. »Mir gehts toll.«

II

Als Ed am nächsten Morgen ging, nahm er ihr Foto mit. Er sagte, er wollte gern ein Foto von ihr, zum Angucken, oben in Utica. »Du kannst das auf der Kommode haben«, sagte sie.

Sie legte Herbies Foto in die Schublade, aus dem Blick. Als sie es einmal ansehen konnte, hätte sie es am liebsten zerrissen. Es gelang ihr ziemlich gut, ihre Gedanken nicht dauernd um ihn kreisen zu lassen. Whisky drosselte das Kreisen. Sie war fast friedlich in ihrem Nebelschleier.

Sie nahm die Beziehung mit Ed hin ohne Fragen und ohne Begeisterung. Wenn er fort war, dachte sie selten wirklich an ihn. Er war gut zu ihr; er brachte ihr häufig Geschenke mit und zahlte regelmäßig Unterhalt. Sie konnte sogar etwas davon sparen. Sie plante zwar nie über den Tag hinaus, aber sie brauchte nicht viel, und Geld konnte man ebenso gut auf die Bank bringen, anstatt es herumliegen zu lassen.

Als der Mietvertrag für ihre Wohnung ablief, schlug Ed einen Umzug vor. Seine freundschaftlichen Beziehungen zu Mrs Martin und Joe waren gespannt wegen einer Kontroverse beim Poker; eine Fehde lag in der Luft.

»Zum Teufel, lass uns hier raus«, sagte Ed. »Was du brauchst, ist 'ne Wohnung an der Grand Central Station. Ist leichter für mich.«

Also nahm sie eine kleine Wohnung in den Vierziger Straßen. Ein farbiges Mädchen kam täglich zum Putzen und Kaffeekochen – sie hatte »den ganzen Haushaltskram satt«, sagte sie, und Ed, der seit zwanzig Jahren mit einer passionierten Hausfrau verheiratet war, bewunderte diese romantische Nutzlosigkeit und fühlte sich doppelt als Mann von Welt, indem er sie forderte.

Kaffee war alles, was sie zu sich nahm, bis sie abends essen ging, aber der Alkohol bewirkte, dass sie fett blieb. Die Prohibition, das war für sie lediglich Stoff für Witze. Man kam immer an alles ran, was man brauchte. Sie war nie auffallend betrunken und selten auch nur fast nüchtern. Es bedurfte eines immer größeren täglichen Quantums, damit sie ihren Nebelkopf behielt. War es zu klein, wurde sie ganz schmerzvolle Melancholie.

Ed führte sie bei Jimmy's ein. Es war sein Stolz, wie der aller Durchreisenden, die man glatt für Einheimische halten würde, dass er stets die allerneuesten kleinen Esskneipen in den unteren Etagen von schäbigen Mietshäusern kannte; Orte, an denen man, wenn man den Namen eines eingeführten Freundes fallen ließ, merkwürdigen Whisky und frischen Gin in sämtlichen Spielarten bekam. Jimmy's war die Lieblingskneipe seiner Bekannten.

Dort lernte Mrs Morse, durch Ed, viele Männer und Frauen kennen und schloss rasch Freundschaften. Die Männer führten sie oft aus, wenn Ed in Utica war. Und er war stolz auf ihre Beliebtheit.

Sie gewöhnte sich an, allein zu Jimmy's zu gehen, wenn sie keine andere Verabredung hatte. Mit Sicherheit traf sie dort ein paar Leute, die sie kannte, und sie konnte sich zu ihnen setzen. Der Club war so recht für ihre Freunde, und zwar Männer wie Frauen.

Die Frauen bei Jimmy's sahen sich bemerkenswert

ähnlich, und das war eigentlich seltsam, denn Zwiste, Umzüge und einträglichere Geschäfte anderswo sorgten für einen ständigen Wechsel in der Gruppe. Doch immer sahen die neuen Frauen genauso aus wie die abgelösten. Sie hatten alle eine schwere, starke Figur und breite Schultern und reichlich Busen und Gesichter aus dicken, weichen, lebhaft getönten Fleischschichten. Sie lachten laut und gern und bleckten dabei Zähne, die dunkel und glanzlos wie Steingutklumpen waren. Sie strahlten alle die Gesundheit der Beleibten aus, und dennoch hatten sie einen leicht kränklichen Anflug von beharrlicher Konservierung. Sie waren vielleicht sechsunddreißig oder fünfundvierzig oder alles dazwischen.

Ihre Titel setzten sie aus den eigenen Vornamen und den Nachnamen ihrer Ehemänner zusammen – Mrs Florence Miller, Mrs Vera Riley, Mrs Lilian Block. Das suggerierte gleichzeitig die Festigkeit der Ehe und den Glanz der Freiheit. Aber nur eine oder zwei waren tatsächlich geschieden. Die meisten sprachen einfach nie über die verblassten Gatten; manche, die erst kurz getrennt lebten, beschrieben sie in Begriffen von großer biologischer Anschaulichkeit. Ein paar Frauen hatten Kinder, aber immer nur jeweils eins – einen Jungen, der irgendwo im Internat war, ein Mädchen, das von einer Großmutter gehütet wurde. Oft, wenn es schon zügig auf den Morgen zuging, wurden Kodak-Porträts und Tränen gezeigt.

Es waren behagliche Frauen, herzlich und freundlich und von einer unverwüstlichen Matronenhaftigkeit. Sie waren die Gelassenheit in Person. Ihrem Schicksal ergeben, vor allem bei Geldangelegenheiten, klagten sie nicht. Wann immer ihre Finanzen bedrohlich knapp wurden, tauchte ein neuer Spender auf; so war es immer gewesen. Jede hatte das Ziel, den einen einzigen Mann abzukriegen, den auf Dauer, der für sie die Rechnungen bezahlte und für den sie im Gegenzug sofort alle Bewunderer aufgegeben hätte, den sie vermutlich sogar bald ungemein fabelhaft fände; denn ihre Zuneigungen waren mittlerweile anspruchslos und geruhsam geworden und leicht zu bewerkstelligen. Letzteres allerdings wurde Jahr für Jahr schwieriger. Mrs Morse hatte aller Meinung nach ausgesprochen Glück gehabt.

Für Ed war es ein erfolgreiches Jahr, er erhöhte ihren Unterhalt und schenkte ihr einen Seehundmantel. Aber sie musste auf ihre Stimmungen aufpassen, wenn er da war. Er bestand auf Fröhlichkeit. Er hörte gar nicht erst hin, wenn sie ihm mit Schmerzen oder düsterer Erschöpftheit kam.

»Du, hör mal zu«, sagte er dann, »ich hab meine eigenen Sorgen, und zwar nicht zu knapp. Kein Mensch will die Probleme von andern Leuten anhören, Schätzchen. Alles, was man von dir verlangt, ist, dass du kein Spielverderber bist und sie vergisst. Kapiert? Na komm, nun rück schon ein kleines Lächeln raus. So ists brav.«

Sie hatte nie genug Anteilnahme, um sich mit ihm zu streiten wie mit Herbie, aber sie hätte auch gern das Recht auf offensichtliche Traurigkeit für sich in Anspruch genommen. Die anderen Frauen, die sie traf, brauchten ihre Launen nicht niederzukämpfen. Mrs Florence Miller zum Beispiel bekam regelmäßig Heulkoller, und die Männer standen sofort Schlange, um sie aufzumuntern und zu trösten. Die anderen füllten ganze Abende mit schmerztriefenden Vorträgen über ihre Kümmernisse und Krankheiten; und ihre Begleiter äußerten stets tiefstes Mitgefühl. Aber sie machte sich sofort unerwünscht, wenn sie bedrückt war. Einmal, bei Jimmy's, hatte sie es nicht geschafft, wieder lebhaft zu werden, und Ed war einfach gegangen und hatte sie sitzengelassen.

»Warum zum Teufel bleibst du nicht zu Hause, anstatt allen Leuten den Abend zu verderben?«, hatte er gepoltert.

Sogar die flüchtigsten Bekannten wirkten gereizt, wenn sie mal nicht demonstrativ leichten Herzens war.

»Was ist denn mit *dir* los?«, sagten sie dann. »Sei nicht kindisch, nein? Trink 'n Schluck und reiß dich am Riemen.«

Als ihre Beziehung mit Ed drei Jahre gedauert hatte, zog er um nach Florida. Er verließ sie nur sehr ungern; er ließ ihr einen dicken Scheck und ein paar gesunde Aktien da, und seine bleichen Augen wurden beim Abschied feucht. Sie vermisste ihn nicht. Er kam nur noch selten nach New York, vielleicht ein-, zweimal pro Jahr, und immer gleich vom Zug zu ihr. Sie freute sich jedes Mal, wenn er kam, und es tat ihr nie leid, wenn er wieder ging.

Charley, einer von Eds Bekannten, den sie von Jimmy's kannte, hatte sie schon lange bewundert. Er hatte auch immer Gelegenheit gefunden, sie anzufassen und sich beim Reden dicht an sie zu lehnen. Er fragte ständig sämtliche Freunde, ob sie schon je eine Frau gehört hätten, die so wunderbar lachen konnte wie sie. Nach Eds

Wegzug wurde Charley zur Hauptfigur ihres Lebens. Sie stufte ihn als »gar nicht übel« ein und sagte das auch laut. Mit Charley dauerte es fast ein Jahr; dann teilte sie ihre Zeit zwischen ihm und Sidney, ebenfalls Stammgast bei Jimmy's; und dann verschwand Charley ganz von der Bildfläche.

Sidney war ein kleiner, bunt gekleideter, gescheiter Jude. Mit ihm kam sie vielleicht am dichtesten an Zufriedenheit heran. Er amüsierte sie immer; sie brauchte sich nie zum Lachen zu zwingen.

Er bewunderte sie völlig. Ihre Weichheit und ihre Ausmaße fand er köstlich. Und er fand sie selbst großartig, das sagte er ihr oft, weil sie fröhlich und lebhaft war, sogar betrunken.

»Ich hatte mal 'ne Kleine«, sagte er, »die wollte ewig aus dem Fenster hüpfen, wenn sie einen in der Krone hatte. Jessas, nee«, fügte er gefühlvoll hinzu.

Dann heiratete Sidney eine reiche Braut mit Argusaugen, und dann kam Billy. Nein – nach Sidney kam zuerst Fred, dann Billy. In ihrer vernebelten Erinnerung wusste sie nie, wie viele Männer in ihr Leben getreten und daraus verschwunden waren. Es gab keine Überraschungen mehr. Sie empfand weder Schauer, wenn sie kamen, noch Trauer, wenn sie gingen. Sie schien immer noch jeden Mann anziehen zu können. Zwar war nie wieder einer so reich wie Ed, aber großzügig zu ihr waren sie alle, nach ihren Mitteln.

Einmal hörte sie Neuigkeiten von Herbie. Sie traf Mrs Martin beim Essen bei Jimmy's, und die alte Freundschaft wurde stürmisch erneuert. Der Immernoch-Bewunderer Joe hatte ihn während einer Geschäftsreise gesehen. Herbie hatte sich in Chicago niedergelassen, er sah prächtig aus, er lebte mit einer Frau zusammen – schien verrückt nach der zu sein. Mrs Morse hatte an dem Tag kräftig getrunken. Sie nahm die Neuigkeit mit gedämpftem Interesse auf, wie jemand, der etwas über die Bettgeschichten von irgendwem anders hört, dessen Name ihm, nach kurzem Grübeln, bekannt vorkommt.

»Verdammt, das muss fast sieben Jahre her sein, seit ich ihn zuletzt gesehen hab«, kommentierte sie. »Huh, sieben Jahre.«

Mehr und mehr verloren ihre Tage an Eigenheit. Sie wusste nie, welches Datum oder welcher Wochentag gerade war.

»Mein Gott, das ist ein Jahr her!«, rief sie aus, wenn das Gespräch auf irgendein Ereignis kam.

Sie war die meiste Zeit müde. Müde und elend. Fast alles bot ihr Anlass, sich elend zu fühlen. Diese alten Pferde, die sie auf der Sixth Avenue sah – wie sie sich die Schienen entlangkämpften oder ausrutschten, oder wie sie am Bordstein standen und die Köpfe so tief hängen ließen, dass sie auf einer Höhe mit den zerschundenen Knien waren. Sofort brachen ihr die tief unten aufgestauten Tränen aus den Augen, während sie schwankend versuchte, hinter ihren schmerzenden Füßen in den viel zu kurzen champagnerbeigen Stöckelschuhen herzukommen.

Der Gedanke an den Tod tauchte auf und blieb bei ihr und verlieh ihr eine Art dösiger Heiterkeit.

Es war kein bestimmter oder schockartiger Augenblick, als sie zum ersten Mal daran dachte, sich umzubringen; es kam ihr vor, als hätte sie die Idee immer schon gehabt. Sie stürzte sich jetzt auf alle Artikel über Selbsttötungen. Es gab eine regelrechte Freitodseuche – oder vielleicht suchte sie auch nur so gierig nach solchen Geschichten und stieß deshalb auf so viele. Darüber zu lesen, gab ihr wieder Sicherheit; sie empfand behagliche Solidarität mit der großen Gemeinschaft der freiwillig Toten.

Sie schlief, dank Whisky, bis spät in den Nachmittag und blieb dann im Bett liegen, Flasche und Glas griffbereit, bis es Zeit wurde, sich anzuziehen und essen zu gehen. Allmählich entwickelte sie verwirrtes, leises Misstrauen gegen den Alkohol, wie gegen einen Freund, der einem einen Gefallen einfach nicht tun will. Whisky hielt sie noch immer die meiste Zeit ruhig, aber es gab inzwischen plötzliche, unerklärliche Augenblicke, in denen die Nebelwolke wie im Verrat von ihr abfiel und die Sorge und die Verworrenheit und die Plage allen Lebens an ihr sägten. Wollüstig spielte sie mit dem Gedanken an einen ruhigen, schlafartigen Rückzug. Religiöser Glaube hatte sie nie belästigt, und keine Vision des Lebens nach dem Tode schreckte sie ab. Sie träumte am helllichten Tag davon, nie wieder enge Schuhe anziehen zu müssen, nie wieder lachen und zuhören und bewundern zu müssen, nie wieder kein Spielverderber zu sein. Nie wieder.

Aber wie stellt man das an? Ihr wurde schon bei dem Gedanken an Sprünge aus großen Höhen übel. Sie konnte Pistolen nicht ausstehen. Im Theater hielt sie sich immer, sobald auf der Bühne jemand eine Pistole zog, die Ohren zu und traute sich nicht mehr hinzusehen, bis der Schuss endlich gefallen war. Gas gab es nicht in ihrer Wohnung. Sie betrachtete eingehend die schönen blauen Venen an ihren schmalen Handgelenken – ein Schnitt mit einer Rasierklinge, und damit hätte sichs. Aber es würde wehtun, höllisch wehtun, und sie würde Blut sehen müssen. Gift – irgendwas Geschmackloses und Schnelles und Schmerzloses –, das war es. Aber das bekam man nicht im Drugstore, wegen der Gesetze.

Sie dachte nur noch an wenig anderes.

Es gab inzwischen einen neuen Mann – Art. Er war klein und fett und anspruchsvoll und stellte ihre Geduld auf eine harte Probe, wenn er betrunken war. Aber vor ihm hatte es eine Zeit lang nur Gelegenheitsaffären gegeben, und ein bisschen Stabilität war ihr willkommen. Außerdem musste Art wochenlang weg, Seide verkaufen, und das war sehr erholsam. Sie war einnehmend fröhlich mit ihm zusammen, obwohl ihr die Anstrengung zusetzte.

»Absolut kein Spielverderber«, brummelte er tief unten an ihrem Nacken. »Mit dir kann man Pferde stehlen.«

Eines Abends, als er sie zu Jimmy's ausgeführt hatte, ging sie mit Mrs Florence Miller auf die Toilette. Dort tauschten sie, während sie sich die gekräuselten Münder mit Rouge nachzogen, ihre Erfahrungen in Sachen Schlaflosigkeit aus.

»Also wirklich«, sagte Mrs Morse, »ich würde kein Auge zutun, wenn ich nicht voll Scotch ins Bett ginge. Ich liege nur rum und wälze mich hin und her. Das reine Elend! Das ist das reine Elend, so wach zu liegen!«

»Sag mal, hör mal, Hazel«, sagte Mrs Miller resolut, »ich sage dir, ich würde ein geschlagenes Jahr wach liegen, wenn ich kein Veronal hätte. Von dem Zeug schläfst du wie ein Idiot.«

»Ist das nicht Gift oder so was?« fragte Mrs Morse.

»Oh, nimm zu viel davon, und sie zählen dich aus«, sagte Mrs Miller. »Ich nehme immer nur dreißig Milligramm – das gibts als Tabletten. Ich hätte Schiss, Dummheiten damit zu machen. Aber dreißig Milligramm, davon sackst du richtig schön weg.«

»Kriegt man das irgendwo?« Mrs Morse fühlte sich herrlich machiavellianisch.

»Kriegst doch alles, was du brauchst, in New Jersey«, sagte Mrs Miller. »Hier geben sie's einem ja nicht ohne Rezept. Fertig? Wir sollten mal wieder reingehen und nachsehen, was die Jungs so treiben.«

An jenem Abend brachte Art Mrs Morse nur bis zur Wohnungstür; seine Mutter war in der Stadt. Mrs Morse war noch nüchtern, und ausgerechnet jetzt war kein Whisky mehr in ihrem Schrank. Sie lag im Bett und starrte nach oben an die Decke.

Sie stand für ihre Verhältnisse früh auf und fuhr nach New Jersey. Sie war nie mit der Untergrundbahn gefahren und kannte sich damit nicht aus. Deshalb fuhr sie zur Pennsylvania Station und löste einen Eisenbahnfahrschein nach Newark. Sie dachte während der Fahrt an nichts Bestimmtes. Sie betrachtete die einfallslosen Hüte der Frauen um sich herum und starrte durch das verschmierte Fenster auf die flache, sandige Landschaft.

In Newark verlangte sie im ersten Drugstore, an dem sie vorbeikam, eine Dose Körperpuder, eine Nagelbürste und eine Schachtel Veronal-Tabletten. Puder und Bürste sollten dem Schlafmittel den Anschein von etwas zufällig Benötigtem geben. Der Verkäufer war völlig gleichgültig. »Wir haben nur Fläschchen«, sagte er und packte ihr ein Glasröhrchen mit übereinandergestapelten weißen Tabletten ein.

Sie ging in eine zweite Drogerie und kaufte einen Waschlappen fürs Gesicht, ein Orangenholzstäbchen für die Nagelhaut und ein Röhrchen Veronal-Tabletten. Der Verkäufer nahm ebenso wenig Notiz.

»Na dann, jetzt hab ich wohl genug, um einen Ochsen umzubringen«, dachte sie und ging zurück zum Bahnhof.

Zu Hause legte sie die Röhrchen in die Schublade ihres Toilettentischs und stand davor und sah sie verträumt liebevoll an.

»Da liegen sie, Gott segne sie«, sagte sie, küsste ihre Fingerspitzen und tippte damit auf jedes Röhrchen.

Das farbige Mädchen war im Wohnzimmer beschäftigt.

»Tag, Nettie«, rief Mrs Morse. »Seien Sie ein Engel, ja? Laufen Sie eben rüber zu Jimmy's, und holen Sie mir eine Literflasche Scotch.«

Sie summte, während sie wartete, dass das Mädchen zurückkam.

In den nächsten paar Tagen tat der Whisky ihr wieder so liebevoll seine Dienste wie damals, als sie zuerst Zuflucht zu ihm genommen hatte. Allein war sie gedämpft und vernebelt, bei Jimmy's war sie die Fröhlichste von allen. Art fand sie köstlich.

Dann, eines Abends, war sie mit Art zu einem vorgezogenen Essen bei Jimmy's verabredet. Er musste gleich danach auf Geschäftsreise und würde eine Woche wegbleiben. Mrs Morse hatte den ganzen Nachmittag getrunken; während sie sich zum Ausgehen anzog, spürte sie, wie sich ihre verdöste Stimmung angenehm hob. Aber kaum trat sie auf die Straße, war die Wirkung des Whiskys schlagartig hin, und sie wurde von einer zähen, zermürbenden Erbärmlichkeit beschlichen, die so entsetzlich war, dass sie schwankend auf dem Bürgersteig stehen bleiben musste und keinen Schritt vorwärtskam. Es war eine graue Nacht mit hinterhältigen, dünnen Schneewehen, und die Straßen glänzten dunkel vom Eis. Als sie langsam die Sixth Avenue überquerte, vorsichtig einen Fuß hinter dem anderen herschleifend, ging ein dickes, narbiges Pferd, das eine brüchige Expresskutsche zog, krachend vor ihr in die Knie. Der Kutscher fluchte und brüllte und peitschte wie wahnsinnig auf das Tier ein und holte bei jedem Schlag von hinter der Schulter aus, während das Pferd sich abstrampelte, um auf dem glitschigen Asphalt wieder Fuß zu fassen. Die Leute strömten zusammen und sahen neugierig zu.

Art wartete bereits, als Mrs Morse bei Jimmy's eintraf.

»Was ist denn mit dir los, um Gottes willen?«, war seine Begrüßung.

»Ich hab ein Pferd gesehen«, sagte sie. »Huh, ich – man hat ja noch Mitleid mit Pferden. Ich – es sind ja

40

nicht bloß Pferde. Alles ist irgendwie grauenhaft, nicht? Ich kann mir nicht helfen, ich bin am Boden.«

»Ah, am Boden, kuck mal an«, sagte er. »Was soll dieses Gemecker eigentlich? Was hast du überhaupt am Boden verloren?«

»Ich kann nicht anders«, sagte sie.

»Ah, sie kann nicht anders, kuck mal an«, sagte er. »Reiß dich gefälligst zusammen, ja? Komm, setz dich hin und zieh dir 'n anderes Gesicht an.«

Sie trank beflissen und gab sich redlich Mühe, aber sie kam über ihre Melancholie nicht hinweg. Andere Leute setzten sich zu ihnen und ließen sich über ihren Trübsinn aus, und sie konnte ihnen nicht mehr anbieten als ein schwaches Lächeln. Sie tupfte verstohlen mit dem Taschentuch an den Augen herum und versuchte, immer Augenblicke abzupassen, in denen es niemand sah, aber Art erwischte sie ein paarmal und warf ihr drohende Blicke zu und rutschte auf seinem Stuhl hin und her.

Als es Zeit für seinen Zug war, sagte sie, sie ginge auch, und zwar nach Hause.

»Gar keine schlechte Idee«, sagte er. »Sieh zu, dass du dir das wegschläfst. Ich seh dich Donnerstag. Um Gottes willen, mach, dass du bis dahin wieder fröhlich bist, ja?«

»Ja«, sagte sie. »Bin ich.«

Im Schlafzimmer zog sie sich angespannt hastig aus, nicht mit den sonstigen langsamen unsicheren Bewegungen. Sie zog ihr Nachthemd an, nahm das Haarnetz ab und fuhr sich kurz mit dem Kamm durch die spröden, vielfarbigen Haare. Dann nahm sie die beiden Röhrchen aus der Schublade und trug sie ins Badezimmer.

Das splitternde Elend war von ihr gewichen, und jetzt verspürte sie die schnelle Erregung von jemandem, der gleich ein erhofftes Geschenk bekommt.

Sie nahm die Korken von den Röhrchen, füllte ein Glas mit Wasser und stand mit einer Tablette zwischen den Fingern vor dem Spiegel. Plötzlich machte sie eine anmutige Verbeugung vor ihrem Spiegelbild und hob das Glas.

»Na dann, Hals- und Beinbruch«, sagte sie.

Die Tabletten waren unangenehm zu schlucken und trocken und staubig und blieben widerspenstig auf halbem Weg im Hals stecken. Sie brauchte sehr lange, bis sie alle zwanzig runter hatte. Sie stand da und musterte ihr Spiegelbild mit tiefem, unpersönlichem Interesse und studierte die würgenden Bewegungen an ihrer Gurgel. Wieder sprach sie laut.

»Um Gottes willen, mach, dass du bis Donnerstag wieder fröhlich bist, ja?«, sagte sie. »Na, du weißt, was der mich kann. Der und die ganze Bagage.«

Sie hatte keine Ahnung, wie schnell Veronal wirken sollte. Als sie die letzte Tablette geschluckt hatte, stand sie unsicher da und fragte sich, noch immer mit höflichem, entrücktem Interesse, ob der Tod sie wohl auf der Stelle ereilte. Sie fühlte sich überhaupt nicht eigenartig, abgesehen von den leichten Übelkeitsschüben wegen des anstrengenden Schluckens, auch ihr Gesicht im Spiegel sah gar nicht verändert aus. Also passierte es nicht sofort; es dauerte womöglich noch eine Stunde oder so.

Sie reckte die Arme und gähnte ausgiebig.

»Geh jetzt, glaub ich, mal ins Bett«, sagte sie. »Huh, bin ich todmüde.«

Das fand sie urkomisch, und dann drehte sie das Badezimmerlicht aus und ging sich hinlegen, und die ganze Zeit gluckste sie vergnügt vor sich hin.

»Huh, bin todmüde«, zitierte sie. »Und der Satz ist zum Totlachen!«

III

Nettie, das farbige Mädchen, kam spät am nächsten Nachmittag, um die Wohnung zu putzen, und fand Mrs Morse im Bett. Aber das war nichts Ungewöhnliches. Normalerweise wurde sie allerdings von den Putzgeräuschen wach, und wach wurde sie gar nicht gern. Nettie war ein rücksichtsvolles Mädchen und hatte gelernt, leise umzugehen.

Aber nachdem sie mit dem Wohnzimmer fertig war und sich ins Schlafzimmer geschlichen hatte, um auch da aufzuräumen, konnte sie, als sie die Sachen auf dem Toilettentisch wieder richtig hinstellen wollte, ein kurzes Klappern nicht verhindern. Instinktiv warf sie einen Blick über die Schulter auf die Schlafende, und ein ungesund flaues Gefühl kroch ohne Vorwarnung über sie. Sie ging zum Bett und starrte hinunter auf die Frau, die da lag.

Mrs Morse lag auf dem Rücken, einen schlaffen weißen Arm nach oben geworfen, den Puls auf der Stirn. Die struppigen Haare hingen in Strähnen über ihr Gesicht. Die Bettdecke war zurückgeschlagen und legte eine ganze Menge weichen Hals und ein rosa Nachthemd bloß, dessen Stoff vom vielen Waschen ungleichmäßig mürbe geworden war; die großen Brüste hatten sich aus dem Halter gelöst und waren in die Achselhöhlen gerutscht. Hin und wieder gab sie rasselnde Schnarchlaute von sich, und aus der einen Ecke ihres offenen Mundes bis zur verschwommenen Rundung ihres Kiefers verlief eine Spur aus verkrusteter Spucke.

»Mis' Morse«, rief Nettie. »Oh, Mis' Morse! Schon Gott weiß wie spät.«

Mrs Morse rührte sich nicht.

»Mis' Morse«, sagte Nettie. »Hörn Sie, Mis' Morse. Wie soll ich'n hier Bettenmachen?«

Panik sprang das Mädchen an. Sie schüttelte die heiße Schulter der Frau.

»Sie, aufwachn, los«, wimmerte sie. »Sie, bitte, wachn Sie doch ma auf.«

Plötzlich drehte das Mädchen sich um und rannte ins Treppenhaus zur Fahrstuhltür; sie presste den Daumen fest auf den glänzenden schwarzen Knopf, bis der altertümliche Fahrstuhl mitsamt dem schwarzen Liftboy vor ihr stand. Sie übergoss den Jungen mit einem Wortschwall und zog ihn in die Wohnung zurück. Er ging zwar auf Zehenspitzen, aber knarrend, zu dem Bett; zuerst behutsam und dann so eifrig, dass er Abdrücke in dem weißen Fleisch hinterließ, rüttelte er die bewusstlose Frau.

»Heh, Sie!«, schrie er und lauschte angestrengt auf ein Echo.

»Jesses. Ausgepustet wie 'ne Kerze«, war sein Kommentar.

Angesichts seines Interesses für die spektakuläre Angelegenheit schwand Netties Panik. Beide kamen sich sehr wichtig vor. Sie flüsterten hektisch in abgebrochenen Sätzen, und dann schlug der Liftboy vor, den jungen Arzt zu holen, der im Erdgeschoss wohnte. Nettie lief hinter ihm her. Sie freuten sich beide auf den Augenblick, wenn sie im Rampenlicht stehen und mit ihrer Meldung über diese gruselige Sache, über diesen angenehm unangenehmen Vorfall herausplatzen würden. Mrs Morse war der Zugang zu einem Drama geworden. Nicht dass sie ihr Böses wünschten, sie hofften bloß, dass ihr Zustand auch wirklich ernst war und dass sie sie nicht hängenließ und bei der Rückkehr munter und normal war. Eine leichte Angst davor spornte sie an, gegenüber dem Arzt das Letzte aus ihrer gegenwärtigen Lage herauszuholen. »Geht um Leben und Tod«, fiel Nettie aus ihrem schmalen Lesefundus ein. Sie erwog, den Arzt damit aufzurütteln.

Der Arzt war zu Hause und nicht gerade erfreut über die Störung. Er lag in einem blau-gelb gestreiften Hausmantel auf dem Sofa und lachte mit einer dunkelhaarigen Schönheit, von deren Gesicht etwas billiger Puder abblätterte und die auf einem Arm lehnte. Halb leere Highball-Gläser standen daneben, und Hut und Mantel von ihr waren ordentlich aufgehängt worden in der offensichtlichen Erwartung auf einen langen Aufenthalt. »Immer ist irgendwas los«, brummte der Arzt. »Können einen einfach nicht in Ruhe lassen nach einem harten Arbeitstag.« Aber er warf ein paar Flaschen und Instrumente in einen Koffer, vertauschte seinen Hausmantel gegen sein Jackett und zog mit den beiden Schwarzen los.

»Mach voran, du großer Junge«, rief die Schönheit hinter ihm her. »Und bleib nicht die ganze Nacht.«

Der Arzt stampfte in Mrs Morse' Wohnung und sofort ins Schlafzimmer, Nettie und der Liftboy hinterdrein. Mrs Morse hatte sich nicht gerührt; sie schlief noch genauso tief, aber inzwischen geräuschlos. Der Arzt sah sie scharf an, dann legte er seine Daumen in die Kuhlen über ihren Augäpfeln und drückte mit seinem ganzen Gewicht drauf. Ein hoher angewiderter Schrei brach aus Nettie hervor.

»Sieht aus, als wollt er die gleich durch die Matratze quetschen«, sagte der Liftboy. Er gluckste.

Mrs Morse gab auch unter diesem Druck kein Lebenszeichen. Abrupt ließ der Arzt ab und riss mit einer schnellen Bewegung die Bettdecke bis ans Fußende. Mit der nächsten warf er ihr Nachthemd zurück und hob die dicken, weißen, mit winzigen irisfarbenen Venen schraffierten Beine an. Er kniff ein paarmal lange und grausam in ihre Kniekehlen. Sie wurde nicht wach.

»Was hat sie getrunken?«, fragte er Nettie über die Schulter.

Mit der gewissen Schnelligkeit, die jemand hat, der genau weiß, wo man etwas anpacken muss, ging Nettie ins Badezimmer und schnurstracks auf den Schrank zu, in dem Mrs Morse ihren Whisky aufbewahrte. Aber sie blieb sofort stehen, als sie die beiden Röhrchen mit den roten und weißen Etiketten vor dem Spiegel liegen sah. Sie brachte sie dem Arzt.

»Ach, du grundgütiger allmächtiger Strohsack!«, sagte er. Er ließ Mrs Morse' Beine los und stieß sie ungeduldig quer über das Bett. »Was hat sie denn mit dem Quatsch vorgehabt? Ein mieser feiger Trick ist das, sonst gar nichts. Jetzt dürfen wir ihr den Magen auspumpen und die ganze Chose. Eine Landplage ist das, und weiter nichts. Los, George, fahr mich runter. Du wartest hier, Mädchen. Die beißt nicht.«

»Sie stirbt mir doch nicht weg, nicht?«, schrie Nettie.

»Nee«, sagte der Arzt. »Gott, nee. Die kriegst du nicht mal mit einer Axt tot.«

IV

Zwei Tage später kam Mrs Morse wieder zu Bewusstsein, zuerst noch etwas benommen, aber dann so klarsichtig, dass auch die allmähliche, durchdringende Erbärmlichkeit wieder zum Vorschein kam.

»Mein Gott, mein Gott«, stöhnte sie, und Tränen über sich selbst und das ganze Leben rannen ihr über die Wangen.

Nettie kam wegen des Geräuschs ins Zimmer. Zwei Tage lang hatte sie die endlosen, hässlichen Pflichten erfüllt, mit denen man Bewusstlose pflegt, zwei Nächte lang hatte sie nur Bruchstückchen von Schlaf auf der Wohnzimmercouch bekommen. Sie warf einen kalten Blick auf die dicke, aufgedunsene Frau im Bett.

»Was hahm Sie denn vorgehabt, Mis' Morse?«, sagte sie. »Was solln das geben, das ganze Zeuch schlucken?«

»Mein Gott«, stöhnte Mrs Morse noch einmal und versuchte, ihre Augen mit den Armen zu bedecken. Aber die Gelenke fühlten sich steif und brüchig an, und sie schrie vor Schmerz auf.

»Kann man doch nich' machn, so Pillen schlucken«, sagte Nettie. »Sie können Ihrm guten Stern danken, dass Sie überhaupt noch da sind. Wie fühln sich denn jetzt?«

»Oh, fabelhaft«, sagte Mrs Morse. »Toll fühl ich mich.«

Die heißen, brennenden Tränen liefen, als wollten sie nie mehr aufhören.

»Kann man doch nich' machn, immer nur weinen«, sagte Nettie. »Nach dem, was Sie gemacht hahm. Der Doktor sagt, er hätt Sie dafür einsperren lassn könn. Is' hier rumgesprungen wie'n Zinshahn.«

»Warum hat er mich nicht in Ruhe gelassen?«, jammerte Mrs Morse. »Warum zum Teufel hat er das nicht?«

»Das ja furchbah, Mis' Morse, so schimpfen und reden«, sagte Nettie. »Wo die Leute alles für Sie gemacht hahm. Hier, ich hab zwei Nächte kein Auge zugetan, zu meinen andern Damen bin ich auch nicht gekomm!«

»Oh, das tut mir leid, Nettie«, sagte sie. »Sie sind ein Goldstück. Es tut mir leid, dass ich Ihnen so viel Kummer gemacht habe. Ich konnte nicht mehr. Ich war einfach am Boden. Haben Sie nie das Gefühl, jetzt mach ich Schluss? Wenn einem einfach alles nur noch lausig vorkommt?«

»Würd ich nie dran denkn«, erklärte Nettie. »Sie

müssn wieder fröhlich wem. Das müssen Sie. Probleme hahmse alle.«

»Ja«, sagte Mrs Morse. »Ich weiß.«

»Da is' 'ne hübsche Karte gekomm«, sagte Nettie. »Vielleicht wern Se davon wieder munter.«

Sie gab Mrs Morse eine Postkarte. Mrs Morse musste sich eine Hand über ein Auge halten, um sie zu entziffern; ihre Augen stellten die Brennweite noch nicht wieder richtig ein.

Die Karte war von Art. Auf der Rückseite eines Fotos vom Detroiter Athletic Club hatte er geschrieben: »Grüße und Glückwünsche. Hoffe, die schlechte Laune ist weg. Sei fröhlich und halt die Ohren steif. Bis Donnerstag.«

Sie ließ die Karte zu Boden fallen. Das Elend brach über ihr zusammen, wie wenn sie zwischen zwei dicken weichen Steinen klemmte. Vor ihr zog eine schleppende, schleppende Prozession von Tagen vorbei, Tage, die sie in ihrer Wohnung und im Liegen verbracht hatte, Abende bei Jimmy's, an denen sie kein Spielverderber gewesen war, an denen sie sich das Lachen abgerungen hatte, das Gurren vor diesem und all den anderen Arts; sie sah eine lange Parade von erschöpften Pferden und bibbernden Bettlern und lauter taumelnden, verprügelten und vorwärtsgetriebenen Sachen. Ihre Füße brannten, als klemmten sie in den viel zu kurzen champagnerbeigen Stöckelschuhen. Ihr Herz schien immer geschwollener und härter zu werden.

»Nettie«, schrie sie. »Um Himmels willen, gießen Sie mir einen ein, ja?«

Das Mädchen schien Zweifel zu haben.

»Aber Sie wissen doch, Mis' Morse«, sagte sie, »Sie warn ja schon fast tot. Ich weiß gahnich, ob der Dokter, der lässt Sie doch jetzt nix trinken.«

»Ach, lassen Sie den mal weg«, sagte sie. »Holen Sie mir was zu trinken, und bringen Sie die Flasche mit. Nehmen Sie sich auch einen.«

»Na ja«, sagte Nettie.

Sie schenkte für beide ein, ließ ihr Glas aber respektvoll im Badezimmer stehen, für später, und für sich allein, und brachte Mrs Morse den Drink ans Bett.

Mrs Morse sah in den Whisky und zuckte zurück vor dem Geruch. Vielleicht half er ja. Vielleicht riss einen, wenn man tagelang auf dem Trockendock gelegen hatte, der allererste Drink ja wieder hoch. Vielleicht wurde er ja wieder ihr Freund. Sie betete, ohne einen Gott anzusprechen, ohne einen Gott zu kennen. O bitte, bitte, er soll machen, dass sie wieder betrunken werden kann, er soll machen, dass sie immer betrunken bleibt.

Sie hob das Glas.

»Danke, Nettie«, sagte sie. »Und Hals- und Beinbruch.«

Das Mädchen kicherte. »So is' recht, Mis' Morse«, sagte sie. »Jetzt wern Sie wieder munter.«

»Jawoll«, sagte Mrs Morse. »Klar.«

NEW YORK – DETROIT
(New York to Detroit)

Detroit ist frei«, sagte die Stimme vom Amt.

»Hallo«, sagte die junge Frau in New York.

»Hallo?«, sagte der junge Mann in Detroit.

»Oh, Jack!«, sagte sie. »Oh, Liebling, wie wunderschön, dich zu hören. Du weißt ja nicht, wie sehr ich –«

»Hallo?«, sagte er.

»Ja? Kannst du mich nicht hören?«, sagte sie. »Aber wieso denn, ich höre dich, als ob du genau neben mir sitzt. Ist es so besser, Schatz? Kannst du mich jetzt hören?«

»Wen möchten Sie sprechen?«, sagte er.

»Dich, Jack!«, sagte sie. »Dich, dich. Hier ist Jean, Liebling. Ach bitte, versuch doch, mich zu hören. Hier ist Jean.«

»Wer?«, sagte er.

»Jean«, sagte sie. »Erkennst du denn meine Stimme nicht? Hier ist Jean, Schatz. Jean.«

»Ach hallo, ja«, sagte er. »Du. Ja, du lieber Gott. Wie gehts dir denn?«

»Ganz gut«, sagte sie. »Das heißt, nein, gar nicht, Liebling. Ich – ach, es ist ganz furchtbar. Ich halte das nicht mehr aus. Kommst du denn gar nicht wieder? Bitte, wann kommst du zurück? Du weißt ja gar nicht, wie schrecklich es ist, ohne dich. Das geht jetzt schon so lange, Schatz – du hast doch gesagt, es wären nur vier, fünf Tage, und jetzt sind es schon fast drei Wochen. Es kommt mir vor wie Jahre. Ach, es ist so schrecklich, Liebling – es ist einfach –«

»Heh, tut mir ja furchtbar leid«, sagte er, »aber ich kann kein verdammtes Wort verstehen. Kannst du nicht lauter reden oder so?«

»Ich versuchs ja schon«, sagte sie. »So besser? Kannst du mich jetzt hören?«

»Hm – ja, jetzt gehts, ein bisschen«, sagte er. »Red nicht so schnell, ja? Was hast du eben gesagt?«

»Ich habe gesagt, es ist schrecklich ohne dich«, sagte sie. »Es dauert so lange, Schatz. Und ich habe kein Wort von dir gehört. Ich – oh, ich bin eben fast verrückt geworden, Jack. Nicht mal eine einzige Postkarte, Liebster, oder ein –«

»Ehrlich, ich hatte keinen Moment Zeit«, sagte er. »Ich hab gearbeitet wie ein Idiot. Mein Gott, ich bin nur im Druck.«

»Oh, wirklich?«, sagte sie. »Das tut mir leid, Schatz. Es war albern von mir. Aber es war einfach – ach, es war einfach die Hölle, ohne irgendein Wort von dir. Ich dachte, du rufst vielleicht mal an und sagst mir Gute Nacht, manchmal – weißt du, wie sonst auch, wenn du weg warst.«

»Wieso, das wollte ich auch, und zwar ziemlich oft«, sagte er, »aber dann dachte ich, du bist vielleicht aus oder so.«

»Ich war nicht aus«, sagte sie. »Ich war immer hier, ganz allein. Es war – es ist besser so, irgendwie. Ich will niemanden sehen. Alle fragen: ›Wann kommt denn Jack wieder?‹ und: ›Was hört man denn so von Jack?‹, und ich habe immer Angst, dass ich vor ihnen losheulen muss. Liebling, es tut so schrecklich weh, wenn sie nach dir fragen und ich dann sagen muss, ich –«

»Das ist die beschissenste Mistverbindung in meinem ganzen Leben«, sagte er. »Was tut dir weh? Was ist denn los?«

»Ich habe gesagt, es tut schrecklich weh, wenn die Leute mich nach dir fragen«, sagte sie, »und ich muss dann sagen – Ach, lass nur. Lass doch jetzt. Wie geht es dir, Schatz? Erzähl, wie es dir geht.«

»Och, ganz nett«, sagte er. »Bin nur hundemüde. Und du, alles klar?«

»Jack, ich – das wollte ich dir ja gerade sagen«, sagte sie. »Ich mache mir furchtbare Sorgen. Ich verliere noch den Verstand. Oh, was soll ich denn bloß tun, Schatz, was sollen wir bloß tun? Oh, Jack, Jack, Liebling!«

»Heh, wie soll ich dich eigentlich hören, wenn du so nuschelst?«, sagte er. »Kannst du nicht mal lauter reden? Sprich doch mal richtig in dies – wie heißt das Ding.«

»Ich kanns doch nicht durchs Telefon brüllen«, sagte sie. »Bist du nicht bei Sinnen? Weißt du denn nicht, was ich dir hier erzähle? Weißt du das gar nicht? Weißt du das gar nicht?«

»Ich gebs auf«, sagte er. »Erst nuschelst du, und dann schreist du. Sieh mal, das hat doch keinen Sinn. Ich verstehe nichts bei dieser elenden Verbindung. Warum schreibst du mir nicht einen Brief, gleich morgen früh? Mach das doch, ja? Und ich schreibe dir auch, ja?«

»Jack, hör zu, hör zu!«, sagte sie. »Du hörst mir jetzt

zu! Ich muss mit dir reden. Ich sage dir, ich bin fast verrückt. Bitte, Liebster, hör mir doch zu. Jack, ich –«

»Moment mal«, sagte er. »Da klopft jemand an der Tür. Kommt rein. Ach, du Scheibenhonig! Na los, rein, Jungs. Hängt die Mäntel in den Flur und setzt euch. Der Scotch steht im Schrank, und Eis ist da im Kübel. Fühlt euch ganz wie zu Hause – tut einfach, als wärt ihr in einer ganz normalen Kneipe. Bin gleich bei euch. Hallo? Hör mal, hier ist gerade ein Rudel Wahnsinniger eingefallen, und ich kann mich sowieso nicht mehr konzentrieren. Du setzt dich morgen schön hin und schreibst mir einen Brief. Ja?«

»Dir einen Brief schreiben!«, sagte sie. »Mein Gott, glaubst du etwa, ich hätte dir nicht schon längst geschrieben, wenn ich gewusst hätte, wo ich dich erreiche? Ich wusste ja nicht mal das, erst heute in deinem Büro haben sie es mir gesagt. Ich war ja so –«

»Ach ja, haben sie das?«, sagte er. »Ich dachte, ich – Heh, haltet mal die Luft an. Lasst mich auch mal zum Zug kommen. Das Gespräch hier kostet 'ne Stange Geld. Sag mal, sieh mal, das kostet dich doch ein Vermögen. Das musst du doch nicht machen.«

»Und du glaubst, das interessiert mich jetzt auch nur im Geringsten?«, sagte sie. »Ich sterbe, wenn ich jetzt nicht mit dir rede, Jack. Ich sage dir, ich sterbe. Liebster, was ist denn nur? Willst du gar nicht mit mir reden? Sag doch, warum bist du denn so? Ist es – magst du mich wirklich nicht mehr? Ist es das? Gar nicht?«

»Verdammt, ich höre nichts«, sagte er. »Gar nicht – was?«

»Bitte«, sagte sie. »Bitte, bitte. Bitte, Jack, hör mir zu. Wann kommst du zurück, Liebling? Ich brauche dich. Ich brauche dich so sehr. Wann kommst du denn wieder?«

»Wieso, darum geht es ja gerade«, sagte er. »Das wollte ich dir ja morgen schreiben. *Heh da, wie wärs, wenn ihr mal eine Minute die Klappe haltet? Auch Witze haben mal Pause.* Hallo? Hörst du mich gut? Also, sieh mal, wie es sich entwickelt hat, sieht es fast so aus, als ob ich erst noch nach Chicago muss. Riecht nach 'ner ziemlich großen Sache, wäre auch nicht für sehr lange, glaube ich. Sieht so aus, als müsste ich wohl nächste Woche hin.«

»Jack, nein!«, sagte sie. »Tu das nicht! Das kannst du doch nicht machen. Du kannst mich doch nicht so allein lassen. Ich muss dich sehen, Liebling. Ich muss einfach. Du musst zurückkommen, oder ich muss da zu dir kommen. Ich halte das nicht durch, Jack, ich kann nicht. Ich –«

»Hör mal, lass uns jetzt mal lieber Gute Nacht sagen«, sagte er. »Hat doch keinen Sinn, dass ich mir solche Mühe gebe, dich zu verstehen, wenn du ewig so ein Zeug redest. Hier ist auch viel zu viel Trara – *Heh, macht doch mal halblang, okay? Mein Gott, ist das furchtbar. Soll ich aus der Wohnung fliegen?* Du gehst dich jetzt erst mal schön ausschlafen, und ich schreib dir morgen alles genau auf.«

»Hör zu!«, sagte sie. »Jack, du gehst jetzt nicht weg! Hilf mir, Liebling. Sag irgendwas, damit ich die Nacht überstehe. Sag, dass du mich liebst, um Gottes willen, sag, dass du mich noch liebst. Sag es. Sag es.«

»Du, ich kann jetzt nicht reden«, sagte er. »Das ist ja

grausam hier. Ich schreibe dir morgen früh, gleich als Erstes. Machs gut. Danke für den Anruf.«

»Jack!«, sagte sie. »Jack, geh nicht weg. Jack, warte doch mal. Ich muss mit dir reden. Ich will auch ruhig reden. Und nicht weinen. Ich will so sprechen, dass du mich verstehst. Bitte, Schatz, bitte –«

»Fertig mit Detroit?«, sagte die Stimme vom Amt.

»Nein!«, sagte sie. »Nein, nein, nein! Geben Sie ihn mir, geben Sie ihn mir sofort wieder! Stellen Sie durch. Nein, macht gar nichts. Macht jetzt überhaupt nichts. Gar nichts –«

NUR EIN KLEINES
(Just a Little One)

Gefällt mir hier, Fred. Wirklich nett hier. Wie hast du denn die aufgetan? Ich finde dich einfach herrlich – entdeckst eine neue Flüsterkneipe, im Jahre 1928. Und die lassen dich einfach so rein, ohne eine einzige Frage. Wetten, dass du sogar in die U-Bahn kämst ohne irgendwelche Empfehlung, was, Fred?

Ah ja, gefällt mir immer besser hier, je mehr sich meine Augen daran gewöhnen. Aber lass dir nicht erzählen, diese Beleuchtung wäre ihre Idee, Fred; die haben sie aus dem *Mammoth Cave*. Das bist du doch, was hier neben mir sitzt, nicht, Fred? Na, mich kannst du nicht zum Narren halten. *Das* Knie erkenn ich überall.

Weißt du, was mir an dieser Kneipe gefällt? Sie hat Atmosphäre. Die hat sie. Wenn du den Kellner fragen könntest, ob er mal ein ordentlich scharfes Messer hat, dann könnte ich mir ein hübsches Scheibchen abschneiden von dieser Atmosphäre und mit nach Hause nehmen. Wär doch was für mein Erinnerungsalbum. Ich lege nämlich ab morgen ein Erinnerungsalbum an. Darf ich nicht vergessen.

Was denn? Ich weiß nicht, Fred – was nimmst du denn? Dann möchte ich, glaube ich, auch einen *Highball*, aber bitte nur ein kleines Schlückchen. Ist das richtiger Scotch? Also, das ist eine ganz neue Erfahrung für mich. Du solltest mal sehen, was für Scotch ich zu Hause im Schrank stehen habe; heute Morgen stand er jedenfalls noch da – aber vermutlich hat er inzwischen schon die Flasche weggeätzt. Ich hab ihn zum Geburtstag geschenkt gekriegt. Na, das war doch mal was. Das Einzige, was ich zum vorletzten Geburtstag geschenkt gekriegt habe, war noch ein Jahr drauf.

Das ist ja ein toller *Highball*, was? Tja, ja, ja, das muss man sich mal vorstellen, ich und richtiger Scotch; jetzt sitz auch ich endlich nicht mehr auf der Ersatzbank. Nimmst du denn noch einen? Also, ich würde ungern zusehen, wie du allein vor dich hin trinkst, Fred. Einsame Säufer stellen die Hälfte der Verbrecher in diesem Land. Daran scheitert nämlich die ganze Prohibition. Aber bitte, Fred, sag ihm, für mich nur ein kleines Glas. Er soll ihn bloß nicht so stark machen; einfach Spitzen-Scotch.

Bin ganz gespannt, wie echter Whisky wirkt, wenn man nur die schlichteren Formen des Amüsements gewohnt war. Es wird dir gefallen, Fred. Du bleibst doch bei mir, wenn irgendwas passiert, nicht? Ich glaube nicht, dass es dramatisch wird, aber um eins möchte ich dich bitten, nur für den Fall. Pass auf, dass ich keine Pferde mit nach Hause nehme. Streunende Hunde und kleine Katzen sind nicht so schlimm, aber die Liftboys schnappen immer so ein, wenn man ein Pferd mitbringt. Das könntest du allmählich mitgekriegt haben, Fred. Man merkt auch immer, dass es gleich knallt, wenn ich anfange, zärtliche Gefühle für unsere stummen Freunde zu entwickeln. Drei *Highballs*, und ich denke, ich bin der heilige Franz von Assisi.

Aber ich glaube eigentlich, dass sie mir gar nichts ausmachen. Weil sie aus dem echten Zeug sind. Da liegt nämlich der Unterschied. Von diesem hier geht es einem bloß gut. Ach ja, mir geht es hervorragend, Fred. Dir auch, was? Wusste ich's doch, du siehst nämlich besser aus. Ich liebe den Schlips, den du da umhast. Oh, hat Edith dir geschenkt? Na, war das nicht nett von ihr? Weißt du, Fred, die meisten Leute sind ja schrecklich nett. Es gibt nur ganz wenige, die nicht von Herzen feine Kerle sind. Dein Herz ist auch groß und schön, Fred. Du wärst der Erste, an den ich mich wenden würde, wenn ich Ärger hätte. Ich glaube, du bist so ungefähr der beste Freund, den ich auf der Welt habe. Aber ich mache mir Sorgen über dich, Fred. Ja, die auch. Ich finde, du achtest nicht genug auf dich. Du solltest mehr auf dich achten, um deiner Freunde willen. Du solltest nicht dieses entsetzliche Zeug trinken, das jetzt im Umlauf ist; du bist es deinen Freunden schuldig, vorsichtig zu sein. Es macht dir doch nichts aus, wenn ich dir das so sage, nicht? Mein Lieber, ich tus ja nur, weil ich dein Freund bin und nicht mit ansehen kann, dass du nicht auf dich achtest. Es tut mir weh zuzusehen, wenn du dich so herumtreibst wie in letzter Zeit. Halt dich doch an diese Kneipe, da haben sie richtigen Scotch, der kann dir nichts tun. Oh, Liebling, findest du wirklich, ich sollte? Aber sag du ihm, nur noch ein ganz kleines. Sags ihm, Schatz.

Bist du oft hier, Fred? Ich würde mir nicht solche Sorgen machen, wenn ich wüsste, du bist an einem sicheren Ort wie dem hier. Ach, hier warst du Donnerstagabend? Soso. Was denn, nein, das war doch völlig egal, nur, du hattest mich gebeten, dich anzurufen, und ich Idiot habe extra eine Verabredung sausenlassen, bloß weil ich dachte, ich treffe dich. Der Gedanke kam irgendwie ganz natürlich, als du sagtest, ich sollte dich anrufen. Du lieber Gott, nun mach doch jetzt nicht solchen Wirbel darum. Es war mir wirklich vollkommen egal. Ich fand es nur nicht besonders freundschaftlich, das ist alles. Ich weiß nicht – ich hatte gedacht, wir wären wirklich gute Freunde. Ich bin furchtbar dämlich in Bezug auf Freunde, Fred. Dabei gibt es gar nicht viele Leute, die von ganzem Herzen Freunde sind. Im Grunde würden sie einen alle übers Ohr hauen. Doch, würden sie.

War Edith Donnerstagabend hier mit dir? Na ja, steht ihr ja. Abgesehen von einem Bergwerk untertags kann ich mir keinen Ort vorstellen, wo das Licht schmeichelhafter wäre für ihre Visage. Kennst du wirklich viele Leute, die behaupten, dass sie gut aussieht? Du suchst dir deine Bekannten wohl unter den Hornhautgeschädigten, was, Freddie-Schatz? Wieso denn, gar nichts bin ich – es ist bloß einfach so, entweder man kann gucken oder eben nicht. Also für mich sieht Edith aus wie ein Etwas, das seine Jungen frisst. Gut gekleidet? *Edith* gut gekleidet? Willst du mich veräppeln, Fred, in meinem Alter? Ist das dein Ernst? Du lieber Gott. Du meinst im Ernst, was sie anhat, ist *Absicht?* Du lieber Himmel, ich dachte immer, sie kommt gerade aus einem brennenden Haus herausgerannt.

Also schön, das Leben ist zum Lernen da. Edith ist gut gekleidet. Edith hat Geschmack! Jawohl, einen bezaubernden Geschmack für Schlipse. Vermutlich darf ich das über eine so liebe Freundin von dir gar nicht sagen, Fred, aber sie hat den lausigsten Schlipsgeschmack, den ich je gesehen habe. Ich habe noch nie etwas gesehen, was an dieses Ding da rankommt, das du um den Hals hast. Von mir aus, dann habe ich eben gesagt, dass er mir gefällt. Das habe ich nur gesagt, weil du mir leidgetan hast. Mir würde jeder leidtun, der so was umhat. Ich wollte nur, dass du dich wohlfühlst, ich hatte nämlich gedacht, du wärst mein Freund. Mein Freund! Aber ich habe keinen einzigen Freund auf der Welt. Weißt du das, Fred? Keinen einzigen Freund auf der ganzen Welt.

Na und, was geht dich das an, ob ich weine. Ich kann weinen, wann ich will, oder? Du würdest ja wohl auch weinen, wenn du keinen Freund auf der Welt hättest. Sieht mein Gesicht sehr schlimm aus? Bestimmt ist wieder die ganze Wimperntusche verlaufen. Ich darf keine Wimperntusche mehr nehmen, Fred; das Leben ist zu traurig. Ist das Leben nicht schrecklich? Oh mein Gott, ist das Leben nicht entsetzlich? Nein, nicht weinen, Fred. Bitte – nicht. Mach dir nichts draus. Das Leben ist schlimm, aber achte doch nicht drauf. Du hast ja Freunde. Ich bin es, die keine hat. So bin ich eben. Nein, ich bin es. Ich bin diejenige.

Ich glaube nicht, dass es mir mit noch einem besser geht. Ich weiß auch gar nicht, ob ich überhaupt will, dass es mir besser geht. Wozu soll es einem gut gehen, wenn das Leben so schlimm ist? Oh, na ja, also dann. Aber bitte sag ihm, nur ein kleines, wenn es nicht zu viel Umstände macht. Ich möchte nicht mehr lange bleiben. Diese Kneipe ist nichts für mich. So düster und muffig. Genau die Sorte, nach der Edith verrückt wäre – mehr habe ich dazu nicht zu sagen. Ich weiß, ich sollte über deine beste

Freundin nicht reden, Fred, aber sie ist schlimm. Diese Frau ist die größte Laus auf der ganzen Welt. Es tut mir weh, dass du der traust. Und ich kann nicht mit ansehen, wenn dich jemand reinlegt. Ich kann nicht mit ansehen, wenn dir jemand wehtut. Nur deshalb geht es mir doch so schlimm. Deshalb läuft mir die Wimperntusche übers ganze Gesicht. Nein, nicht, Fred, bitte. Du darfst nicht meine Hand halten. Das wäre nicht fair gegenüber Edith. Wir müssen fair sein zu dieser Riesenlaus. Immerhin ist sie ja deine beste Freundin, oder?

Ehrlich? Meinst du das ehrlich, Fred? Ja, sicher, aber woher hätte ich das denn wissen sollen, wenn du die ganze Zeit mit ihr zusammen bist – wenn du sie jeden Abend hierherbringst? Wirklich, nur Donnerstag? Oh, ich weiß – ich weiß genau, wie das ist. Man kann einfach nicht anders, wenn jemand so an einem klebt. Herrgott, bin ich froh, dass du auch merkst, wie furchtbar diese Frau ist. Ich war sehr besorgt darüber, Fred. Weil ich nämlich dein Freund bin. Wieso, natürlich bin ich das, Liebling … Das weißt du doch. Ach, das ist doch albern, Freddie. Du hast Berge von Freunden. Nur, einen besseren als mich wirst du nicht finden. Nein, ich weiß das. Ich weiß auch, dass ich nie einen finde, der besser zu mir ist als du. Gib mir mal eben meine Hand wieder, nur eine Sekunde, bis ich diese verdammte Wimperntusche aus dem Auge habe.

Ja, ich finde, das sollten wir, Schatz. Ich finde, wir sollten eins trinken, auf unsere Freundschaft. Nur ein kleines, weil es richtiger Scotch ist und wir richtige Freunde sind. Freunde sind doch schließlich das Tollste auf der

Welt, nicht, Fred? Siehst du, jetzt geht es dir gut, weil du weißt, du hast einen Freund. Mir geht es fantastisch, dir auch, Schatz? Du siehst auch fantastisch aus. Ich bin stolz, dich zum Freund zu haben. Begreifst du, Fred, was für einen Seltenheitswert Freunde haben, wenn man an all die furchtbaren Leute auf der Welt denkt? Tiere sind viel besser als Leute. Ach Gott, ich liebe Tiere. Das gefällt mir ja an dir so, Fred. Du magst Tiere so gern.

Hör mal, ich sage dir, was wir jetzt machen, wenn wir noch ein kleines Glas getrunken haben. Lass uns hier raus und viele, viele streunende Hunde einsammeln. Ich konnte nie genug Hunde haben, du etwa? Wir brauchen mehr Hunde. Vielleicht finden wir ja auch ein paar Katzen, wenn wir uns umsehen. Und ein Pferd, ja, ich hatte noch nie ein Pferd, Fred. Ist das nicht elend? Nicht ein einziges Pferd. Ach ja, ein nettes altes Droschkenpferd hätte ich so gern, Fred. Du nicht auch? Ich würde es so gern pflegen und ihm die Haare kämmen und alles. Ach, sei doch nicht eingeschnappt, Fred, bitte nicht. Ich brauche ein Pferd, ganz ehrlich. Hättest du nicht auch gern eins? Ach, das wäre so süß und lieb. Komm, wir trinken noch eins, und dann gehen du und ich und holen uns ein Pferdchen, Freddie – nur ein kleines, … Liebling, ein ganz kleines.

AUS DEM TAGEBUCH
EINER NEW YORKER LADY
(From the Diary of a New York Lady)

*Von Tagen des Schreckens,
der Verzweiflung und Weltveränderung*

Montag. Frühstückstablett gegen elf; wollte gar nicht. Der Champagner gestern Nacht bei Amorys war eine *Zumutung*; aber was soll man machen? Man kann ja auch nicht bis fünf Uhr morgens mit *gar nichts* dasitzen. Sie hatten diese göttlichen ungarischen Musiker mit den grünen Röcken, und Stewie Hunter hat sich die Schuhe ausgezogen und damit dirigiert, *so was* von komisch. Er ist doch die drolligste Nummer auf der ganzen Welt; einfach der *Gipfel*. Ollie Martin hat mich nach Hause gebracht, und wir sind beide im Auto eingeschlafen – zum Schreien. Miss Rose kam gegen Mittag wegen der Nägel, buchstäblich randvoll mit dem göttlichsten Klatsch. Die Morris trennen sich jede Minute, und Freddie Warren hat endgültig Magengeschwür, und Gertie Leonard kriegt ihre Augen einfach nicht von Bill Crawford, obwohl Jack Leonard im selben Raum ist, und das mit Sheila Phillips und Babs Deering stimmt *alles. So was* von aufregend. Miss Rose ist ja zu herrlich; finde wirklich, oft sind solche Leute viel aufgeweckter als die meisten anderen Leute. Habe erst, als sie weg war, gemerkt, dass die blöde Ziege mir die Nägel in dieser Zumutung von Orange lackiert hat; *so was* von wütend. Ein Buch angefangen, aber zu nervös. Telefoniert und doch noch zwei Karten für die Premiere von »Run Like A Rabbit« heute Abend bekommen, 48 Dollar. Die haben *Nerven*, habe ihnen den Marsch geblasen, aber was soll man machen? Glaube, Joe hat etwas von draußen essen gesagt, also habe ich ein paar göttliche junge Herren durchtelefoniert, damit jemand ins Theater mitkommt, aber alle hatten schon was vor. Ollie Martin schließlich konnte. *So was* von *graziös*, und was geht es *mich* an, wenn *er* einer ist? Kann mich überhaupt nicht entscheiden, ob ich das Grüne aus Krepp oder das Rote aus Wolle anziehen soll. Wenn ich auf meine Nägel sehe, könnte ich jedes Mal ausspucken. Verdammte Miss Rose.

Dienstag. Joe kam heute Morgen in mein Zimmer getorkelt, um sage und schreibe *neun Uhr. So was* von empört. Fing Streit an, aber zu kaputt. Weiß nur noch, dass er abends zum Essen nicht zu Hause sein wollte. Unsagbar kalt, den ganzen Tag; konnte mich nicht rühren. Gestern wirklich der Gipfel. Ollie und ich zum Essen in der Achtunddreißigsten East, unsagbare Giftküche, und kein lebendes Wesen da, mit dem man auch nur als Leiche zusammen gesehen werden möchte, und »Run Like A Rabbit« eine Weltpleite. Habe Ollie danach mit zu der Party bei den Barlows genommen, so was von bezaubernd – mehr ausgesprochene Stinktiere auf einem Haufen *gibts* ja nicht. Sie hatten diese Ungarn mit den grünen Röcken, und Stewie Hunter hat dirigiert, mit einer Gabel – einfach zum Totlachen. Er hatte Kilometer grünes Toilettenpapier um den Hals, wie diese hawaiianischen Blumengirlanden; *so was* von Glanzleistung. Habe einen wirklich Neuen kennengelernt, sehr groß, zu herrlich; einer, wo man sich auch mal ernsthaft mit unterhalten kann. Habe ihm gesagt, das alles hier *ennuyiert* mich manchmal derart, dass ich am liebsten aufjaulen würde, und dass ich das Gefühl habe, ich müsste dringend etwas machen wie Schreiben oder Malen. Er sagte, dann sollte ich doch schreiben oder malen. Bin allein nach Hause; Ollie war völlig über den Jordan. Heute dreimal den Neuen angerufen, ob er zu mir zum Essen kommt und hinterher in die Premiere von »Never Say Good Morning« mitgeht, aber erst war er nicht da, und dann hatte er schon was vor, mit seiner Mutter. Ollie Martin schließlich konnte. Versucht, ein Buch anzufangen, konnte aber nicht stillsitzen. Kann mich nicht entscheiden, ob ich das Rote aus Spitze oder das mit der Feder in Rosé anziehen soll. Fühle mich völlig erschöpft, aber was soll man machen?

Mittwoch. In *dieser Minute* ist das Allerschrecklichste passiert. Mir ist ein Nagel *komplett abgebrochen*. Das ist ausgesprochen das Schlimmste, was mir je im Leben passiert ist. Habe Miss Rose angerufen, sie soll sofort rüberkommen und ihn mir zurechtfeilen, aber die ist den ganzen Tag unterwegs. Ich habe aber auch wirklich das größte Pech der Welt. Jetzt muss ich den ganzen Tag und die ganze Nacht so herumlaufen, aber was soll man machen? Verdammte Miss Rose. Gestern Nacht sehr ausgelassen. »Never Say Good Morning« abscheulich, nie so scheußliche Kostüme auf einer Bühne gesehen. Habe Ollie zu der Party bei den Ballards mitgenommen; der

Gipfel. Sie hatten diese Ungarn mit den grünen Röcken, und Stewie Hunter hat dirigiert, mit einer Freesie – zum Schreien. Er hatte Peggy Coopers Hermelinmantel und Phyllis Mintons Silberturban an; *unglaublich*. Habe einen Haufen *göttlicher* Leute für Freitagabend zu mir eingeladen; bekam die Adresse von diesen Ungarn mit den grünen Röcken von Betty Ballard. Sie sagt, man braucht sie bloß bis vier zu engagieren, wenn ihnen dann irgendwer noch mal 300 Dollar reicht, bleiben sie auch bis fünf. *So was* von preisgünstig. Mit Ollie auf den Heimweg, musste ihn aber bei sich absetzen; so was von schlecht, wie ihm war. Heute den Neuen angerufen, ob er zum Essen kommt und hinterher in die Premiere von »Everybody Up« mitgeht, aber er hatte schon was vor. Joe wird ausgehen; hatte natürlich nicht die Güte, mir zu sagen, wohin. Angefangen, die Zeitungen durchzublättern, aber nichts drin, außer dass Mona Wheatley in Reno auf unzumutbare Grausamkeit klagt. Jim Wheatley angerufen, ob er heute Abend schon was vorhat; er hat. Ollie Martin schließlich konnte. Kann mich nicht entscheiden, ob ich das Weiße aus Satin oder das Schwarze aus Chiffon oder das Gelbe aus Borkenkrepp anziehen soll. Dieser Fingernagel geht mir durch Mark und Pfennig. Nicht zum Aushalten. Kenne *niemanden*, dem solche Un*glaub*lichkeiten passieren.

Donnerstag. Klappe buchstäblich im Stehen zusammen. Gestern Nacht zu herrlich. »Everybody Up« einfach göttlich, *so was* von schlüpfrig, und der Neue war auch da, einfach himmlisch, hat mich allerdings nicht gesehen. Hatte Florence Keeler dabei in diesem unsäglichen Schiaparelli-Modell, das nun wirklich schon *jede* kleine Ladenmieze angehabt hat seit der Schöpfung. Der Neue muss ja wahnsinnig sein; die guckt doch *keinen* Mann an. Habe Ollie zu der Party bei den Watsons mitgenommen; *so was* von Kitzel. Alle ausgesprochen voll. Sie hatten diese Ungarn mit den grünen Röcken, und Stewie Hunter hat dirigiert, mit einer Lampe, und als die Lampe kaputtging, haben er und Tommy Thomas getanzt – *adagio*; einfach wundervoll. Jemand erzählte, dass Tommys Arzt gesagt hat, dass Tommy unbedingt sofort aus der Stadt rausmuss, er hat den kaputtesten Magen der Welt, merkt aber kein Mensch. Allein nach Hause, konnte Ollie nirgends finden. Miss Rose kam mittags zum Feilen, *so was* von bezaubernd. Sylvia Eaton kann ohne Spritze gar nicht mehr aus dem Haus gehen, und Doris Mason weiß *alles* bis ins *Kleinste* über Douggie Mason und die Kleine oben in Harlem, und kein Mensch kriegt Evelyn North von diesen drei Akrobaten weg, und keiner traut sich, Stuyvie Raymond mal zu stecken, was mit ihm los ist. Kenne niemanden, der ein so bezauberndes Leben führt wie Miss Rose. Habe mir diesen gemeinen orangefarbenen Lack abmachen und dunkelroten auftragen lassen. Habe erst, als sie weg war, gemerkt, dass er bei elektrischem Licht praktisch schwarz ist; *so was* von erledigt. Verdammte Miss Rose. Joe hat einen Zettel hinterlassen, dass er heute außerhalb isst, habe also den Neuen angerufen, ob er zum Essen kommt und hinterher in diesen neuen Film mitgeht, aber er hat nicht abgenommen. Habe ihm drei Telegramme geschickt, dass ich morgen *unbedingt fest* mit ihm rechne. Ollie Martin schließlich kann heute Abend. Zeitungen durchgeblättert, aber nichts drin, außer dass Harry Motts und Gattin Sonntag einen Tanztee mit ungarischer Musik geben. Werde wohl den Neuen bitten, mich zu begleiten; sie wollten mich bestimmt einladen. Ein Buch angefangen, aber zu erschöpft. Kann mich nicht entscheiden, ob ich das neue Blaue mit der weißen Jacke anziehen oder ob ich es für morgen aufheben und heute das Elfenbeinfarbene aus Moire nehmen soll. Mir bricht jedes Mal einfach das Herz, wenn ich an meine Nägel denke. *So was* von wütend. Könnte Miss Rose umbringen, aber was soll man machen?

Freitag. Liege völlig darnieder; *so was* von alle. Gestern Nacht einfach göttlich, der Film einfach tödlich. Habe Ollie zu der Party bei den Kingslands mitgenommen; einfach un*glaub*lich, alle hackevoll. Sie hatten diese Ungarn mit den grünen Röcken, aber Stewie Hunter war nicht da. Hatte einen *totalen* Nervenzusammenbruch. Und ich krank vor Sorge, dass er bis am Abend nicht wieder auf die Beine kommt; werde ihm niemals verzeihen, wenn er nicht dabei ist. Aufbruch mit Ollie, habe ihn bei sich abgesetzt; hörte gar nicht mehr auf zu heulen. Joe hat dem Butler ausrichten lassen, dass er heute Nachmittag übers Wochenende aufs Land fährt; hat sich natürlich nicht bequemt zu sagen, auf *welches* Land. Habe haufenweise reizende Herren durchtelefoniert, ob jemand zu mir zum Essen kommt und hinterher in die Premiere von »White Man's Folly« mitgeht und danach noch irgendwo ein bisschen tanzen; ist doch eine Zumutung, auf der eigenen Party die Erste zu sein. Alle hatten schon was vor. Ollie Martin schließlich konnte. So was von deprimiert; hätte *niemals* auch nur in die *Nähe* von Champagner und Scotch auf einmal kommen dürfen. Ein Buch angefangen, aber keine Ruhe. Anne Lyman angerufen, wollte mich nach dem neuen Baby erkundigen, konnte mich aber *partout* nicht mehr erinnern, ob es ein Junge oder ein Mädchen war – muss *unbedingt* nächste Woche eine Sekretärin haben. Anne war aber *so was* von Hilfe; sagte sofort, sie wüsste noch nicht, ob es Patricia oder Gloria heißen sollte, und damit wusste ich auf der Stelle, dass es tatsächlich ein Mädchen ist. Habe Barbara vorgeschlagen; hatte ganz vergessen, dass sie schon eine Barbara hat. Den ganzen Tag wie ein Panther hin und her geschlichen. Könnte *aus*spucken, wenn ich an Stewie Hunter denke. Habe keine Nerven, mich zu entscheiden, ob ich das Blaue mit der weißen Jacke oder das Violette mit den beigen Rosen anziehen soll. Jedes Mal, wenn ich auf diese Zumutung von schwarzen Nägeln gucke, möchte ich *nur noch* aufjaulen. Von *allen* Leuten auf der *ganzen* Welt passieren mir wirklich die *allerscheußlichsten* Sachen. Verdammte Miss Rose.

BEI TAGESLICHT BETRACHTET
(Glory in the Daytime)

Mr Murdock gehörte zu denen, die Stücken und Spielern keinerlei Überschwang entgegenbringen, und das war sehr schade, denn beide bedeuteten so viel für die kleine Mrs Murdock. Sie geriet stets in einen Zustand inbrünstiger Erregung über jene strahlenden, freien, passionierten Auserwählten, die sich dem Theater verschrieben haben. Und stets hatte sie, gemeinsam mit der Menge, an den großen öffentlichen Altären ihre Verehrung dargebracht. Es stimmte, einmal, als sie noch ein ganz kleines Mädchen gewesen war, hatte sie sogar aus lauter Liebe einen Brief an Miss Maude Adams geschrieben, der mit »Liebster Peter« begann, und sie hatte von Miss Adams einen Miniaturfingerhut mit der Inschrift »Ein Kuss von Peter Pan« zurückbekommen. (Was für ein Tag!) Und einmal, als ihre Mutter sie in den Ferien zum Einkaufen mitgenommen hatte, war ein Wagenschlag aufgerissen worden, und direkt an ihr vorbeigerauscht, *sooo* dicht, war ein Wunderwesen aus Zobel und Veilchen und dicken roten Locken, die sich in der Luft zu kringeln schienen; und fortan war sie so gut wie sicher, dass sie einmal keinen Schritt weit entfernt von Miss Billie Burke gestanden hatte. Bis ungefähr drei Jahre nach ihrer Hochzeit waren das allerdings ihre einzigen persönlichen Erfahrungen mit der Welt aus Rampenlicht und Gloria geblieben.

Dann stellte sich heraus, dass Miss Noyes, ein Neuling im Bridge-Club der kleinen Mrs Murdock, eine Schauspielerin kannte. Sie kannte tatsächlich eine Schauspielerin, so wie unsereiner Kochrezeptsammlerinnen oder Hobbygärtnerinnen oder Nähkunstamateurinnen kennt.

Die Schauspielerin hieß Lily Wynton, ein berühmter Name. Sie war groß und gemessen und silberfein; oft trat sie als Gräfin auf oder als Lady Pam oder Ehrenwerte Moira. Die Kritiker nannten sie häufig »die Grande Dame unserer Bühnen«. Mrs Murdock hatte jahrelang Matineen mit den Wynton-Triumphen besucht. Aber der Gedanke, dass sie eines Tages Gelegenheit haben könnte, Lily Wynton von Angesicht zu Angesicht zu begegnen, wäre ihr genauso wenig gekommen wie der – na ja, wie die Idee zu fliegen!

Obwohl, verwunderlich war es eigentlich nicht, dass sich Miss Noyes so zwanglos in der Glamourwelt bewegte. Miss Noyes steckte selbst voller Abgründe und Geheimnisse, sie konnte sogar mit einer Zigarette zwischen den Lippen reden. Immer war sie mit etwas Schwierigem beschäftigt, zum Beispiel ihre eigenen Pyjamas zu entwerfen oder Proust zu lesen oder aus Plastilin Torsi zu modellieren. Sie spielte ausgezeichnet Bridge. Sie mochte die kleine Mrs Murdock. »Häschen« nannte sie sie.

»Wie wärs morgen zum Tee bei mir, Häschen? Lily Wynton will auch vorbeischneien«, sagte sie während einer, darob denkwürdigen, Bridgepartie. »Sie möchten sie vielleicht gern mal kennenlernen.«

Die Wörter kamen so leicht daher, dass sie ihr Gewicht sicher nicht bemerkt hatte. Lily Wynton kam zum Tee.

Mrs Murdock mochte sie vielleicht gern mal kennenlernen. Die kleine Mrs Murdock schlenderte heimwärts durch die frühe Dunkelheit, und am Himmel über ihr sangen die Sterne.

Mr Murdock war schon zu Hause, als sie kam. Es bedurfte nur eines Blicks, um zu wissen, dass für ihn an diesem Abend der Himmel nicht voller singender Sterne hing. Er saß über dem aufgeschlagenen Wirtschaftsteil der Zeitung, und Bitterkeit hatte sein Gemüt in Beschlag genommen. Es war nicht der Augenblick, ihm freudestrahlend von Miss Noyes verlockender Einladung zu erzählen; das heißt, nicht der Augenblick für den ersehnten, überbordenden, brausenden Beifall. Mr Murdock konnte Miss Noyes nicht leiden. Wenn er gedrängt wurde, den Grund zu nennen, antwortete er nur, er könne sie eben einfach nicht leiden. Bei Gelegenheit fügte er hinzu, und zwar mit einer Handbewegung, die eine gewisse Bewunderung heischte, dass ihn all diese Frauen krank machten. Gewöhnlich sparte Mrs Murdock, wenn sie ihm von dem bescheidenen Treiben des Bridge-Clubs berichtete, Miss Noyes einfach aus. Sie hatte festgestellt, dass diese kleine Auslassung den Abend angenehmer gestaltete. Aber jetzt war sie so überwältigt von dieser Funken sprühenden Erregung, dass sie, kaum hatte sie ihn geküsst, ihre Geschichte loswerden musste.

»Oh, Jim«, rief sie. »Oh, wie findest du das! Hallie Noyes hat mich morgen zum Tee zu sich gebeten, und ich soll Lily Wynton kennenlernen!«

»Wer ist Lily Wynton?«, fragte er.

»Ach, Jim«, sagte sie. »Also wirklich, Jim. Wer ist Lily

Wynton! Gleich behauptest du noch, du wüsstest nicht, wer Greta Garbo ist.«

»So 'ne Schauspielerin oder was?«, sagte er.

Mrs Murdock ließ die Schultern sinken. »Ja, Jim«, sagte sie. »Ja. Lily Wynton ist Schauspielerin.«

Sie nahm ihre Tasche und ging langsam auf die Tür zu. Aber bevor sie drei Schritte weit gekommen war, hatte der Funkenwirbel sie wieder übermannt. Sie drehte sich um, und ihre Augen glänzten.

»Im Ernst«, sagte sie, »das war das Komischste, was man im Leben gehört hat. Wir hatten gerade den letzten Robber fertig – ach, ich hab dir noch gar nicht erzählt, dass ich drei Dollar gewonnen habe, bin ich nicht gut? –, da sagt Hallie Noyes zu mir: ›Kommen Sie doch morgen zum Tee. Lily Wynton will auch vorbeischneien‹, sagt sie. Einfach so, sagt sie. Als wärs irgendwer.«

»Vorbeischneien?«, sagte er. »Wie kann denn jemand *vorbeischneien?*«

»Also, ich weiß gar nicht mehr, was ich gesagt habe, als sie mich fragte«, sagte Mrs Murdock. »Ich glaube, ich habe gesagt, aber gern – das muss ich wohl gesagt haben. Aber ich war einfach so – Na, du weißt ja, was ich immer für Lily Wynton empfunden habe. Du, als kleines Mädchen hab ich Bilder von ihr gesammelt. Und gesehen habe ich sie in, ach, in allem, was sie je gespielt hat, glaub ich jedenfalls, und jedes Wort über sie habe ich gelesen, Interviews, alles. Wirklich und wahrhaftig, wenn ich mir vorstelle, sie zu *treffen* – Oh, ich glaube, ich sterbe. Was soll ich denn bloß zu ihr sagen?«

»Du kannst sie ja fragen, ob sie nicht zur Abwechslung

mal *auf und davon schneien* möchte«, sagte Mr Murdock.

»Schon gut, Jim«, sagte Mrs Murdock. »Wenn du das so siehst.«

Matt ging sie zur Tür, und diesmal war sie dort, bevor sie sich umdrehte. Kein Leuchten lag in ihren Augen.

»Es – es ist nicht besonders nett«, sagte sie, »jemandem die Freude zu verderben. Ich war so selig. Du begreifst gar nicht, was es mir bedeutet, Lily Wynton zu treffen. Solche Leute zu treffen und mal zu gucken, wie die so sind, und zu hören, was die so reden, und sie vielleicht kennenzulernen. Solche Leute bedeuten – na ja, sie bedeuten mir eine Menge. Die sind anders. Die sind nicht wie ich. Wen sehe ich denn sonst? Was höre ich denn? Mein Leben lang habe ich mich gefragt – habe ich fast darum gebetet, dass ich eines Tages – Nun ja. Schon gut, Jim.«

Sie ging hinaus und in ihr Schlafzimmer.

Mr Murdock blieb allein mit seiner Zeitung und seiner Bitterkeit. Aber er redete laut.

»›Vorbeischneien‹«, sagte er. »›Vorbeischneien‹, um Gottes willen!«

Die Murdocks aßen nicht gerade schweigend, aber doch ausgesprochen leise zu Abend. Dass Mr Murdock still war, hatte etwas Gezwungenes; aber die kleine Mrs Murdock erlebte diese entrückte, süße Ruhe, die man empfindet, wenn man sich den Träumen anheimgibt. Sie hatte die unwirschen Worte an ihren Mann längst vergessen, alle Aufregung und Enttäuschung weit hinter sich gelassen. Wohlig glitt sie davon auf unschuldigen Visionen von den Tagen nach morgen. Sie hörte ihre Stimme in den Gesprächen danach ...

Hab Lily Wynton neulich gesehen, und sie sagte mir über ihr neues Stück – nein, tut mir leid, aber das ist ein Geheimnis, hab ihr versprochen, den Titel niemandem zu verraten ... Lily Wynton kam gestern zum Tee vorbeigeschneit, und wir kamen so ins Gespräch, und sie erzählte die interessantesten Dinge aus ihrem Leben; sie sagte, sie hätte sich ja nie träumen lassen, das mal irgendjemandem zu erzählen ... Hach, ich käme schrecklich gern, aber ich hab Lily Wynton versprochen, mit ihr Mittag zu essen ... Hab einen ganz langen Brief von Lily Wynton bekommen ... Lily Wynton rief heute Morgen an ... Wenn ich mich nicht wohlfühle, gehe ich immer auf einen Plausch bei Lily Wynton vorbei, und schon gehts mir wieder gut ... Lily Wynton erzählte ... Lily Wynton und ich ... Ich sage: »Lily, ...«

Am nächsten Morgen war Mr Murdock bereits ins Büro gegangen, bevor Mrs Murdock aufgestanden war. Das hatte es zwar schon einige Male gegeben, aber nicht oft. Mrs Murdock hatte ein etwas mulmiges Gefühl. Dann sagte sie sich, dass es vermutlich besser so war. Und schließlich vergaß sie es völlig und widmete sich der Auswahl eines für dieses nachmittägliche Ereignis angemessenen Kostüms. Sie hatte das düstere Gefühl, dass ihr kleiner Kleiderschrank nichts enthielt, was einer solchen Gelegenheit entsprochen hätte; denn eine solche Gelegenheit hatte sich selbstverständlich noch nie zuvor geboten. Sie entschied sich schließlich für das dunkelblaue Serge-Kleid mit den weißen Musselinkrausen um

Ausschnitt und Ärmel. Das war ihr Stil, mehr ließ sich dazu nicht sagen. Und damit war auch schon alles über sie selbst gesagt. Blauer Serge und weiße Rüschen – das war sie.

Dass ihr dieses Kleid so gut stand, machte sie ganz niedergeschlagen. Ein Niemandskleid, an einem Niemand. Sie wurde rot und fing an zu schwitzen, als ihr die Träume wieder einfielen, die sie letzte Nacht gesponnen hatte, all die spinnerten Visionen, wie sie und Lily Wynton inniglich und von Gleich zu Gleich miteinander sprachen. Schüchternheit ließ ihr das Herz schmelzen, und sie überlegte, Miss Noyes anzurufen und zu sagen, sie sei furchtbar erkältet und könne nicht kommen. Sie fasste sich wieder, als sie sich einen kleinen Benimm-Katalog zurechtlegte, den sie beim Tee befolgen wollte. Sie würde versuchen, den Mund zu halten; wenn sie nichts sagte, konnte sie auch kein dummes Zeug reden. Sie würde zuhören und beobachten und bestaunen, und dann würde sie gestärkt und ermutigt und als besserer Mensch nach Hause kommen, dank einer Stunde, an die sie ihr Leben lang stolz zurückdenken würde.

Miss Noyes' Wohnzimmer war im Stil der Frühmoderne gehalten. Es gab sehr viele Schrägen und spitze Winkel, Zickzacklinien aus Aluminium und waagerechte Streben aus Spiegelglas. Farbtöne waren Stahl und Sägemehl. Keine Sitzfläche lag mehr als dreißig Zentimeter über dem Boden, kein Tisch war aus Holz. Das Zimmer schien, was man sonst nur von größeren Räumen behauptete, wie geschaffen für Besuch.

Die kleine Mrs Murdock kam als Erste. Sie war froh

darüber; nein, vielleicht hätte sie doch lieber erst nach Lily Wynton kommen sollen; nein, vielleicht war es ganz richtig so. Das Dienstmädchen wies sie ins Wohnzimmer, und Miss Noyes begrüßte sie mit ihrer kühlen Stimme und in ihren warmen Worten, ihrer Spezialmischung. Sie trug eine schwarze Samthose mit einem roten Kummerbund und ein weißes Seidenhemd, das am Hals offen stand. Eine Zigarette hing ihr an der Unterlippe, und wie gewöhnlich hielt sie die Augen gegen den Rauch zusammengekniffen.

»Kommen Sie rein, kommen Sie rein, Häschen«, sagte sie. »Sie verflixtes Herzchen. Ziehen Sie das Mäntelchen aus. Herrgott noch mal, in dem Kleidchen könnten Sie glatt für elf durchgehen. Plätzchen, kommen Sie, hier neben mich. Teechen kommt auch gleich, Momentchen.«

Mrs Murdock nahm auf dem breiten, gefährlich niedrigen Diwan Platz und saß, da sie sich beim Zurücklehnen in Kissen noch nie besonders geschickt angestellt hatte, kerzengerade. Zwischen ihr und ihrer Gastgeberin war Platz für sechs von ihrer Sorte. Miss Noyes lehnte sich zurück, schwang das eine Fußgelenk über das andere Knie und sah sie an.

»Ich bin ein Wrack«, verkündete sie. »Habe die ganze Nacht wie blöde modelliert. Das hat mich völlig ausgezehrt. Ich war wie verhext.«

»Oh, was haben Sie denn gemacht?«, rief Mrs Murdock.

»Och, Eva«, sagte Miss Noyes. »Ich mache ständig Evas. Was soll man denn sonst machen? Sie müssen mal kommen und mir Modell stehen, Häschen. Sie sind bestimmt gut dafür. Ja-ah, bestimmt sind Sie sehr gut. Mein Häschen.«

»Hach, ich –«, sagte Mrs Murdock und hielt inne. »Vielen Dank, trotzdem«, sagte sie dann.

»Möchte wissen, wo Lily bleibt«, sagte Miss Noyes. »Sie sagte, sie wollte früh hier sein – na ja, das sagt sie immer. Sie werden sie hinreißend finden, Häschen. Sie ist schon ein seltener Vogel. Sie ist wirklich ein Mensch. Und sie hat die absolute Hölle hinter sich. Gott, was die alles mitgemacht hat!«

»Oh, was hatte sie denn?«, sagte Mrs Murdock.

»Männer«, sagte Miss Noyes. »Männer. Und keinen Einzigen, der keine Laus war.« Düster starrte sie auf die Spitzen ihrer flachen Lederpumps. »Eine ganze Meute von Läusen, laufend. Alle, wie sie da sind. Lassen sie sitzen beim erstbesten Flittchen, das ihnen über den Weg läuft.«

»Aber –«, begann Mrs Murdock. Nein, das konnte sie nicht richtig gehört haben. Wie konnte das angehen? Lily Wynton war doch eine große Schauspielerin. Und große Schauspielerin, das hieß Romantik. Romantik hieß Herzoge und Kronprinzen und Diplomaten mit grau angehauchten Schläfen und schlanke, bronzebraune, unbekümmerte jüngere Söhne. Es hieß Perlen und Smaragde und Chinchillas und Rubine, so rot wie das Blut, das um ihretwillen vergossen wurde. Es hieß, dass ein junger Mann mit entschlossener Miene mitten in einer Furcht einflößenden indischen Nacht unter einem öde summenden Deckenventilator saß und einen Brief an eine Dame schrieb, die er nur ein einziges Mal gesehen hatte;

er schrieb sich das Herz aus dem Leibe, bevor er zu dem Dienstrevolver griff, der neben ihm auf dem Tisch lag. Es hieß, dass ein goldgelockter Dichter im offenen Meer trieb, mit dem Gesicht nach unten, in der Tasche sein letztes großes Sonett an die elfenbeinerne Dame. Es hieß kühne, schöne Männer, die lebten und starben für ihre Dame, jene bleiche Braut der Kunst, der Augen und Herz überflossen vor lauter Erbarmen mit ihnen.

Eine Meute von Läusen. Die hinter kleinen Flittchen herkrabbelten; die malte sich Mrs Murdock schemenhaft und vage aus wie Ameisen.

»Aber –«, sagte die kleine Mrs Murdock.

»Sie hat ihnen ihr ganzes Geld gegeben«, sagte Miss Noyes. »Hat sie immer gemacht. Und wenn nicht, dann haben sie es sich eben genommen. Jeden Pfennig haben sie ihr abgenommen, und ihr obendrein ins Gesicht gespuckt. Na, vielleicht kann ich ihr jetzt ein bisschen Vernunft beibringen. Oh, es klingelt – das wird Lily sein. Nein, Sie behalten Plätzchen, Häschen. Sie gehören dahin.«

Miss Noyes stand auf und ging auf den Bogengang zu, der Wohnzimmer und Flur unterteilte. Als sie an Mrs Murdock vorbeimusste, bückte sie sich plötzlich, nahm das runde Kinn ihrer Besucherin fest in die Hand und gab ihr einen hastigen, leichten Kuss auf den Mund.

»Sagen Sie Lily aber nichts«, murmelte sie leise.

Mrs Murdock grübelte. Was sollte sie Lily nicht sagen? Dachte Hallie Noyes etwa, sie würde mit Lily Wynton über deren Leben tratschen, nach diesen seltsamen vertraulichen Mitteilungen? Oder meinte sie – Aber ihr blieb keine Zeit zum Grübeln. Lily Wynton stand im Bogengang. Sie stand da, eine Hand auf dem hölzernen Sims, den Körper darangeschmiegt, genauso wie sie in ihrem letzten Stück immer stand, bei ihrem Auftritt im dritten Akt, fast eine halbe Minute lang.

Man würde sie überall erkennen, dachte Mrs Murdock. O ja, überall. Zumindest würde man ausrufen: »Die Frau da sieht ja aus wie Lily Wynton.« Denn etwas anders sah sie schon aus, bei Tageslicht. Ihre Figur wirkte schwerer, massiger, und das Gesicht – sie hatte solche Mengen Gesicht, dass der Überhang von den kräftigen, harten Knochen hinabsackte. Und die Augen, diese berühmten dunklen, feuchten Augen. Dunkel waren sie, ja, und feucht erst recht, aber sie klemmten in kleinen Hängematten aus Fleisch, und besonders fest schienen sie da auch nicht zu sitzen, denn sie rollten dauernd durch die Gegend. Das Weiße, das rund um die Iris zur Ansicht frei lag, war gesprenkelt mit winzigen scharlachroten Äderchen.

»Rampenlicht ist wahrscheinlich entsetzlich anstrengend für die Augen«, dachte die kleine Mrs Murdock.

Lily Wynton trug erwartungsgemäß schwarzen Satin und Zobel, und lange weiße Handschuhe ringelten sich großzügig um die Handgelenke. Aber in den Falten waren feine Dreckschlieren, und über die gesamte Länge des Kleides verteilt fanden sich kleine stumpfe Flecken in unregelmäßigen Formen; Essensbröckchen oder Alkoholtropfen oder vielleicht beides waren offenbar irgendwann aus ihren jeweiligen Behältern geschlüpft und hatten sich kurzerhand hier eingenistet. Der Hut – oh, ihr Hut. Die schiere Romantik, das schiere Mysterium, der schiere seltsam süße Kummer; das war Lily Wyntons Hut, alle Wetter, niemand sonst hätte das gewagt. Schwarz war er, und schräg saß er, und eine große weiche Feder waberte von ihm hinab und an ihrem Hals entlang, bevor sie sich um ihre Gurgel schlängelte. Die Haare darunter boten alle denkbaren Nuancen von ungepflegtem Trompetenblech. Aber der Hut, o, là, là.

»Liebling!«, kreischte Miss Noyes.

»Engel«, sagte Lily Wynton. »Mein Schatz.«

Das war die Stimme. Diese tiefe, weiche, glutvolle Stimme. »Wie Purpursamt«, hatte jemand geschrieben. Mrs Murdock klopfte sichtbar das Herz.

Lily Wynton warf sich an das rasante Dekolleté ihrer Gastgeberin und murmelte dort weiter. Über Miss Noyes' Schulter hinweg erspähte sie die kleine Mrs Murdock.

»Wer ist das denn?«, sagte sie und wand sich los.

»Das ist mein Häschen«, sagte Miss Noyes. »Mrs Murdock.«

»So ein kluges Gesichtchen«, sagte Lily Wynton. »Schlaues, schlaues Köpfchen. Was macht sie, Hallie, mein Schatz? Sie schreibt doch bestimmt, was? Ja, ich fühle es. Sie schreibt wunderwunderschöne Worte. Nicht wahr, Kind?«

»O nein, wirklich, ich –«, sagte Mrs Murdock.

»Sie müssen mir unbedingt ein Stück schreiben«, sagte Lily Wynton. »Ein wunderwunderschönes Stück. Und ich werde es spielen und um die ganze Welt damit ziehen, bis ich eine ganz, ganz alte Dame bin. Und dann werde ich sterben. Aber man wird mich nie, nie verges-

sen wegen all der Jahre, in denen ich Ihr wunderwunderschönes Stück gespielt habe.«

Sie ging quer durchs Zimmer. Etwas leicht Zögerndes,
scheinbar Unsicheres lag in ihren Schritten, und als sie in
einen Sessel sinken wollte, sackte sie zuerst vielleicht fünf
Zentimeter rechts daneben abwärts. Aber sie kriegte die
Kurve in letzter Sekunde und landete doch noch sicher.

»Schreiben«, sagte sie und lächelte Mrs Murdock traurig an. »Schreiben. Und so ein kleines Ding mit so einem
großen Talent. Oh, dieses Privileg. Aber auch, welche
Qual, welche Agonie.«

»Aber, wissen Sie, ich –«, sagte die kleine Mrs Murdock.

»Häschen schreibt nicht, Lily«, sagte Miss Noyes. Sie
warf sich wieder in den Diwan. »Sie ist ein Museums-
stück. Sie ist mit Hingabe verheiratet.«

»Eine verheiratete Frau!«, sagte Lily Wynton. »Eine
verheiratete Frau. Ihre erste Ehe, Kind?«

»O ja«, sagte Mrs Murdock.

»Wie goldig«, sagte Lily Wynton. »Wie goldig, goldig,
goldig. Erzählen Sie mir, Kind, lieben Sie ihn sehr, sehr,
sehr?«

»Äh, ich –«, sagte die kleine Mrs Murdock und wurde
rot. »Ich bin schon ewig verheiratet«, sagte sie dann.

»Sie lieben ihn«, sagte Lily Wynton. »Sie lieben ihn.
Und ist es süß, wenn Sie mit ihm ins Bett gehen?«

»Oh –«, sagte Mrs Murdock und wurde so rot, dass es
wehtat.

»Die erste Ehe«, sagte Lily Wynton. »O holde Jugend.
Ja, als ich in Ihrem Alter war, habe ich auch noch geheiratet. Oh, hüten Sie Ihre Liebe wie einen Schatz, Kind,

bewachen Sie sie, leben Sie in ihr. Lachen und tanzen Sie in der Liebe Ihres Mannes. Bis Sie merken, wie er wirklich ist.«

Dann wurde sie plötzlich von etwas heimgesucht. Ihre Schultern zuckten nach oben, die Wangen blähten sich, die Augen wollten aus ihren Hängematten hüpfen. Einen Augenblick lang saß sie so da, dann sortierte sich alles wieder an seinen Platz. Sie lehnte sich im Sessel zurück und klopfte sich zart auf die Brust. Sie schüttelte traurig den Kopf, und bekümmertes Staunen lag in dem Blick, mit dem sie Mrs Murdock fixierte.

»Gase«, sagte Lily Wynton mit ihrer berühmten Stimme. »Gase. Kein Mensch weiß, was ich zu leiden habe.«

»Oh, das tut mir so leid«, sagte Mrs Murdock. »Kann ich irgendetwas –«

»Nichts«, sagte Lily Wynton. »Gar nichts. Gar nichts kann man da machen. Ich war schon überall.«

»Wie wärs mit einem Schlückchen Tee, vielleicht«, sagte Miss Noyes. »Könnte doch guttun.« Sie drehte das Gesicht zum Bogengang und rief laut: »Mary! Wo zum Teufel bleibt eigentlich der Tee?«

»Sie ahnen ja nicht«, sagte Lily Wynton und hielt den schmerzlichen Blick fest auf Mrs Murdock gerichtet. »Sie ahnen ja gar nicht, was Magenbeschwerden sind. Kein Mensch kann das je wissen, bevor er selbst magenkrank ist. Ich bins seit Jahren. Jahren und Aberjahren.«

»Das tut mir schrecklich leid«, sagte Mrs Murdock.

»Kein Mensch ahnt diese Qual«, sagte Lily Wynton. »Diese Agonie.«

Das Mädchen erschien mit einem dreieckigen Tablett, auf dem ein glänzend weißes Porzellanservice aus lauter sechseckigen Teilen von heldenhaftem Format stand. Sie stellte es auf einen Tisch, den Miss Noyes gerade noch mit dem Arm erreichen konnte, und zog sich dann ebenso eingeschüchtert wieder zurück, wie sie gekommen war.

»Hallie, mein Schatz«, sagte Lily Wynton, »mein Schatz. Tee – ich bete Tee an. Ich gebe mein Leben für Tee. Aber mein Magen macht Galle und Wermut daraus. Galle und Wermut. Ich würde stundenlang keinen Frieden finden. Gib mir lieber ein kleines, ein winziges Schlückchen von deinem wunderwunderschönen Brandy.«

»Findest du das wirklich richtig, Liebling?«, sagte Miss Noyes. »Du weißt doch –«

»Mein Engel«, sagte Lily Wynton, »das ist das einzige Mittel gegen Säure.«

»Na gut«, sagte Miss Noyes. »Aber denk daran, du musst heute Abend auftreten.« Wieder richtete sie die Stimme zum Bogengang. »Mary! Bringen Sie den Brandy und einen Pott Soda und Eis und alles.«

»O Himmel, nein«, sagte Lily Wynton. »Nein, nein, Hallie, mein Schatz. Soda und Eis sind schieres Gift für mich. Willst du meinen armen, schwachen Magen einfrieren? Willst du die arme kleine Lily umbringen?«

»Mary!«, schrie Miss Noyes. »Bringen Sie nur den Brandy und ein Glas.« Sie drehte sich um zu der kleinen Mrs Murdock. »Wie nehmen Sie Ihren Tee, Häschen? Sahne? Zitrone?«

»Sahne, wenn's recht ist, bitte«, sagte Mrs Murdock. »Und zwei Stück Zucker, bitte, wenn's recht ist.«

»O holde Jugend«, sagte Lily Wynton. »Die Jugend und die Liebe.«

Das Mädchen erschien wieder, diesmal mit einem achteckigen Tablett, auf dem eine Karaffe voll Brandy und ein breites, flaches, schweres Glas standen. Ihr Kopf wackelte vor lauter verkrampfter Verklemmtheit.

»Schenken Sie mir doch gleich ein, ja, Liebes?«, sagte Lily Wynton. »Danke sehr. Und lassen Sie die wunder-wunderhübsche Karaffe einfach gleich hier, auf diesem bezaubernden Tischchen. Vielen Dank. Sie sind so lieb zu mir.«

Das Mädchen verzog sich bibbernd. Lily Wynton lag in ihrem Sessel und hielt in der behandschuhten Hand das breite, flache Glas, das braun war bis zum Rand. Die kleine Mrs Murdock hielt die Augen auf ihre Teetasse gesenkt, führte sie vorsichtig an die Lippen, nahm einen Schluck und stellte sie dann zurück auf die Untertasse. Als sie wieder hochsah, lag Lily Wynton in ihrem Sessel und hielt in der behandschuhten Hand ein breites, flaches, farbloses Glas.

»Mein Leben«, sagte Lily Wynton langsam, »ist ein Haufen Mist. Ein stinkender Haufen Mist. Das ist es immer gewesen, und das wird es auch immer bleiben. Bis ich eine ganz, ganz alte Dame bin. Ach, Sie, Schlaukäpfchen. Ihr Schriftsteller wisst ja nicht, was Kämpfen heißt.«

»Aber, wirklich, ich bin keine –«, sagte Mrs Murdock.

»Schreiben«, sagte Lily Wynton. »Schreiben. Wunderschöne Worte eins neben das andere setzen. Oh Privileg. Oh gesegneter, gesegneter Frieden. Oh hätt ich die Stille, die Geruhsamkeit. Aber glauben Sie, diese billigen Bastarde setzen das Stück ab, solange es auch nur einen Pfennig einspielt? Oh nein. So müde ich bin, so krank ich bin, ich muss mich weiterschleppen. Ach, Kind, Kind, hüten Sie Ihr kostbares Talent. Seien Sie dankbar dafür. Es ist das Allergrößte. Es ist das Einzige. Schreiben.«

»Liebling, ich sage doch, Häschen schreibt nicht«, sagte Miss Noyes. »Willst du nicht mal zu Verstand kommen? Sie ist eine verheiratete Frau.«

»Ah ja, hat sie mir gesagt. Sie sagt, sie hat eine vollkommene, leidenschaftliche Liebesgeschichte«, sagte Lily Wynton. »Junge Liebe. Das ist das Größte. Das ist das Einzige.« Sie griff nach der Karaffe; und wieder war das dicke Glas braun bis zum Rand.

»Wann hast du heute damit angefangen, Liebling?«, sagte Miss Noyes.

»Oh, schimpf nicht mit mir, mein liebes Schätzchen«, sagte Lily Wynton. »Lily war nicht böse. War dah tein böses Mehjen. Ich bin erst sehr, sehr spät aufgestanden. Und obwohl ich verschmachtet bin, obwohl ich völlig ausgebrannt war, habe ich erst nach dem Frühstück den ersten Schluck getrunken. ›Für Hallie‹, habe ich mir gesagt.« Sie hob das Glas an den Mund, kippte es weg und setzte es wieder ab, farblos.

»Lieber Gott, Lily«, sagte Miss Noyes. »Pass auf dich auf. Du musst dich da bewegen auf der Bühne heute Abend, Mädchen.«

»Die ganze Welt ist eine Bühne«, sagte Lily Wynton.

»Und alle Männer und Frauen bloße Spieler. Sie treten auf und gehen ab, und jeder Mann spielt immer gleich ein paar Rollen auf einmal, sieben Lebensalter soll er darstellen. Zuerst das Baby, wie es wimmert und sabbert –«

»Wie läuft das Stück eigentlich?«, sagte Miss Noyes.

»Oh, lausig«, sagte Lily Wynton. »Lausig, lausig, lausig. Aber was ist nicht lausig? Was ist das eigentlich nicht in dieser schlimmen, schlimmen Welt? Antworte mir.« Sie langte nach der Karaffe.

»Lily, hör zu«, sagte Miss Noyes. »Hör auf damit. Hörst du?«

»Bitte, Hallie, Schatz«, sagte Lily Wynton. »Bitt schön. Arme, arme Lily.«

»Soll ich wieder dasselbe machen wie letztes Mal?«, sagte Miss Noyes. »Soll ich dich schlagen, vor unserm Häschen hier?«

Lily Wynton setzte sich auf. »Du hast keine Vorstellung«, sagte sie eisig, »was Säure ist.« Sie füllte das Glas, hielt es in der Hand und betrachtete es wie durch ein Lorgnon. Plötzlich schlug ihre Stimmung um, sie sah hoch und lächelte die kleine Mrs Murdock an.

»Sie müssen es mir zu lesen geben«, sagte sie. »Sie dürfen nicht so bescheiden sein.«

»Zu lesen –?«, sagte die kleine Mrs Murdock.

»Ihr Stück«, sagte Lily Wynton. »Ihr wunderwunderschönes Stück. Glauben Sie ja nicht, ich hätte viel zu tun. Ich habe immer Zeit. Ich habe Zeit für alles. Oh mein Gott, ich muss morgen zum Zahnarzt. Ach, was habe ich schon gelitten mit meinen Zähnen. Sehen Sie mal!« Sie stellte das Glas ab, schob einen behandschuhten Finger in den Mundwinkel und zerrte ihn zur Seite. »Ugh!« Sie ließ nicht locker. »Ugh!«

Mrs Murdock reckte verstohlen den Hals und erspähte den Glanz von Gold.

»Oh, das tut mir so leid«, sagte sie.

»Gass hacka ekses Aahr it ihr ehach«, sagte Lily Wynton. Sie nahm den Finger wieder raus und ließ den Mund in seine ursprüngliche Form zurückschnappen. »Das hat er letztes Mal mit mir gemacht«, wiederholte sie. »Oh Qual. Oh Agonie. Haben Sie auch solchen Kummer mit Ihren Zähnen, Schlauköpfchen?«

»Äh, ich fürchte, ich habe furchtbar viel Glück«, sagte Mrs Murdock. »Ich –«

»Sie ahnen ja nicht«, sagte Lily Wynton. »Kein Mensch ahnt, wie das ist. Ihr Schriftsteller – ihr habt ja keine Ahnung.« Sie nahm das Glas hoch, widmete ihm einen Seufzer und stürzte es hinunter.

»Also gut«, sagte Miss Noyes. »Mach du so weiter und kipp um, Liebling. Du hast gerade noch Zeit zum Schlafen vor dem Theater.«

»Schlafen«, sagte Lily Wynton. »Schlafen, vielleicht auch träumen, ja, da liegts. Oh Privileg. Ach, Hallie, meine süße kleine Hallie, der armen Lily geht es so entsetzlich. Kratz mich mal am Kopf, Engel. Hilf mir.«

»Ich hole Eau de Cologne«, sagte Miss Noyes. Sie ging hinaus und tätschelte im Vorbeigehen Mrs Murdocks Knie. Lily Wynton lag in ihrem Sessel und schloss die berühmten Augen.

»Schlafen«, sagte sie. »Schlafen, vielleicht auch träumen.«

»Ich fürchte«, setzte die kleine Mrs Murdock an, »ich fürchte«, sagte sie dann, »ich muss wirklich ganz schnell nach Hause. Ich fürchte, ich habe gar nicht gemerkt, dass es schon entsetzlich spät ist.«

»Ja, gehen Sie nur, Kind«, sagte Lily Wynton. Sie öffnete die Augen nicht. »Gehen Sie zu ihm. Gehen Sie zu ihm, leben Sie in ihm, lieben Sie ihn. Bleiben Sie immer bei ihm. Aber wenn er anfängt, sie mit nach Hause zu bringen, dann gehen Sie.«

»Ich fürchte – ich fürchte, ich habe nicht verstanden«, sagte Mrs Murdock.

»Wenn er anfängt, seine Luxustäubchen mit nach Hause zu bringen«, sagte Lily Wynton. »Dann müssen Sie stolz sein. Und gehen. Ich bin immer gegangen. Aber da war es immer schon zu spät. Sie hatten schon mein ganzes Geld. Das ist alles, was sie wollen, Ehe oder nicht. Sie behaupten, es sei Liebe, aber das ist es nicht. Liebe ist das Einzige. Hüten Sie Ihre Liebe wie einen Schatz, Kind. Gehen Sie wieder zu ihm. Gehen Sie ins Bett mit ihm. Das ist das einzig Wahre. Und Ihr wunderwunderschönes Stück.«

»Oh, meine Liebe«, sagte die kleine Mrs Murdock. »Ich – ich fürchte, es ist schon furchtbar spät.«

Nur das Geräusch regelmäßiger Atmung kam jetzt von dem Sessel, in dem Lily Wynton lag. Die Purpurstimme hatte aufgehört, durch die Luft zu wallen.

Die kleine Mrs Murdock schlich sich zu dem Sessel, auf den sie ihren Mantel gelegt hatte. Vorsichtig hielt sie die weißen Musselinrüschen fest, damit sie nicht verknickten. Sie empfand Zärtlichkeit für ihr Kleid; sie

wollte es beschützen. Blauer Serge und kleine Rüschen –
sie gehörten ihr.

Als sie zur Wohnungstür kam, hielt sie einen Augenblick inne und erinnerte sich ihrer guten Manieren. Tapfer rief sie in Richtung von Miss Noyes' Schlafzimmer.

»Auf Wiedersehen, Miss Noyes«, sagte sie. »Ich muss
unbedingt los. Ich hatte gar nicht gemerkt, dass es schon
so spät ist. Es war sehr nett – vielen, vielen Dank auch.«

»Oh, auf Wiedersehen, Häschen«, rief Miss Noyes.
»Entschuldigen Sie, dass Lily sich abgemeldet hat. Nehmen Sie's ihr nicht übel – sie ist wirklich einfach nur ein
Mensch. Ich ruf Sie an, Häschen. Ich möchte Sie sehen.
Wo ist denn dieses verdammte Kölnischwasser?«

»Vielen, vielen Dank auch«, sagte Mrs Murdock. Sie
brachte sich selbst zur Tür.

Die kleine Mrs Murdock ging durch die aufsteigende
Dämmerung nach Hause. Ihr Kopf war voll, aber nicht
mit den Erinnerungen an Lily Wynton. Sie dachte an Jim;
Jim, der ins Büro gegangen war, bevor sie aufgestanden
war heute Morgen, Jim, dem sie keinen Abschiedskuss
gegeben hatte. Der liebste Jim. Solche wie ihn gab es
nicht noch einmal. Der komische Jim, steif und querköpfig und schweigsam: aber nur, weil er so viel wusste. Nur
weil er wusste, wie töricht es war, auf der Suche nach dem
Glanz der Schönheit und der Romantik des Lebens in die
Ferne zu schweifen. Denn sie lagen so nah, zu Hause, die
ganze Zeit, dachte sie. Wie die Blaue Blume, dachte die
kleine Mrs Murdock.

Jim, der Liebling. Mrs Murdock machte einen Umweg und trat in einen riesigen Laden, in dem es die eso terischsten Delikatessen zu happigen Preisen gab. Jim mochte so gern roten Kaviar. Mrs Murdock kaufte eine Dose von diesen glibbrigen, glänzenden Eiern. Heute Abend würden sie einen Cocktail nehmen, auch wenn sie gar keine Gäste hatten, und den roten Kaviar sollte es dazu geben, als Überraschung, und es würde eine kleine geheime Party werden, zur Feier ihrer wiedergefundenen Zufriedenheit mit ihrem Jim, eine Party, mit der sie ihre Absage an all den Ruhm dieser Welt feiern wollte. Sie kaufte noch einen großen ausländischen Käse. Er würde dem Essen den nötigen Schmiss geben. Mrs Murdock hatte sich heute Morgen nicht besonders dafür interessiert, was es zum Abendessen geben sollte. »Ach, einfach, was Sie wollen, Signe«, hatte sie dem Mädchen gesagt. Sie wollte nicht mehr daran denken. Sie ging mit ihren Päckchen nach Hause.

Mr Murdock war bereits da, als sie kam. Er saß über dem aufgeschlagenen Wirtschaftsteil der Zeitung. Die kleine Mrs Murdock stürzte mit leuchtenden Augen auf ihn zu. Wirklich schade, dass das Leuchten in jemandes Augen einfach nur ein Leuchten in jemandes Augen ist und man auf den ersten Blick nicht sagen kann, woher es kommt. Man weiß nicht, ob jemand über einen selbst so freudig erregt ist oder über was sonst. Am Abend zuvor war Mrs Murdock auch auf Mr Murdock zugestürzt und hatte leuchtende Augen gehabt.

»Oh, hallo«, sagte er. Dann sah er wieder in seine Zeitung und nicht mehr hoch. »Was hast du denn gemacht? Bist du bei Hank Noyes vorbeigeschneit?«

Die kleine Mrs Murdock blieb stehen, wo sie war.

»Du weißt sehr genau, Jim«, sagte sie, »dass Hallie Noyes mit Vornamen Hallie heißt.«

»Für mich heißt sie Hank«, sagte er. »Hank oder Bill. Ist Wie-hieß-sie-doch-gleich auch aufgetaucht? Ich meine, vorbeigeschneit. Entschuldige.«

»Auf wen beziehst du dich«, sagte Mrs Murdock formvollendet.

»Wie-hieß-sie-gleich«, sagte Mr Murdock. »Dieser Filmstar.«

»Falls du Lily Wynton meinst«, sagte Mrs Murdock, »sie ist kein Filmstar. Sie ist Schauspielerin. Und zwar eine große.«

»Schön, *ist* sie vorbeigeschneit?«, sagte er.

Mrs Murdock ließ die Schultern sinken. »Ja«, sagte sie. »Ja, sie war auch da, Jim.«

»Ich nehme an, du gehst jetzt auch zur Bühne«, sagte er.

»Ach, Jim«, sagte Mrs Murdock. »Ach, Jim, bitte. Es tut mir um keine Sekunde leid, die ich heute bei Hallie Noyes war. Es war – es war eine Erfahrung, Lily Wynton kennenzulernen. Etwas, das ich mein Lebtag nicht vergessen werde.«

»Was hat sie denn gemacht?«, sagte Mr Murdock. »Sich verkehrt rum aufgehängt?«

»Nein, das hat sie nicht!«, sagte Mrs Murdock. »Sie hat Shakespeare rezitiert, falls du es wissen möchtest.«

»Oh, mein Gott«, sagte Mr Murdock. »Muss ja großartig gewesen sein.«

»Schon gut, Jim«, sagte Mrs Murdock. »Wenn du das so siehst.«

Müde ging sie aus dem Zimmer und den Flur entlang. Sie blieb an der Speisekammertür stehen, stieß sie auf und sprach mit dem netten kleinen Dienstmädchen.

»Oh, Signe«, sagte sie. »Oh, guten Abend, Signe. Legen Sie das hier irgendwohin, ja? Ich habs unterwegs besorgt. Ich dachte, wir essens vielleicht mal irgendwann.«

Ermattet ging die kleine Mrs Murdock dann weiter den Flur entlang in ihr Schlafzimmer.

PFERDCHEN
(Horsie)

Als die junge Mrs Gerald Cruger aus dem Krankenhaus nach Hause kam, kam mit ihr und dem Baby
auch Miss Willmarth. Miss Willmarth war eine vortrefflich ausgebildete Hauspflegerin, sicher und ruhig und
unermüdlich, und mit viel Sinn für das Arrangieren von
Blumen in Krügen und Vasen. Sie hatte nie eine Patien-
tin gehabt, die so viele Blumen bekam, jedenfalls nicht
so ungewöhnliche; gelbe Veilchen und eigenartige Lilien
und kleine, weiße Orchideen, die wie ein zierlicher Mot-
tenschwarm auf den grünen Zweigen balancierten. Sie
mussten mit Sorgfalt und Überlegung ausgewählt worden sein, damit sie, wie all die anderen zerbrechlichen
und kostbaren Dinge, mit denen die junge Mrs Cruger
sich umgab, auch wirklich gut zu ihr passten. Niemand,
der sie kannte, hätte einfach zum Hörer greifen und den
nächstbesten Blumenhändler beauftragen können, ihr
eins der herkömmlichen Fünf-Dollar-Gebinde aus Tul-
pen, Asparagus und Osterglocken ins Haus zu schicken.
Camilla Cruger war nicht die richtige Adresse für Gar-
tenblüten.

Manchmal, wenn Miss Willmarth die glänzenden
Schachteln öffnete und sorgfältig die Grußkarten grup-
pierte, trat ein seltsamer Ausdruck in ihr Gesicht. Jedem
kürzeren Gesicht hätte er womöglich einen Hauch Wehmut verliehen. Bei Miss Willmarth trug er zur Vervoll-
kommnung einer merkwürdigen Ähnlichkeit bei, die sie

von jeher an sich hatte; ihr Gesicht war erst vollständig mit jenem Ausdruck freundlicher Melancholie, der edlen Pferden eigen ist. Selbstverständlich konnte Miss Willmarth nichts dafür, dass sie aussah wie ein Pferd. Nichts an ihr konnte etwas dafür. Und dennoch bestand diese Ähnlichkeit.

Sie war groß und hatte einen kräftigen Knochenbau und eine aufrechte Haltung; irgendwie war es unmöglich, sich auszudenken, wie sie wohl unbekleidet aussah. Ihr langes Gesicht entbehrte in aller Unschuld, nein: aus Unwissenheit jeder Kosmetik und behielt stets Farbe. Verwirrung, Hitze und Hast ließen ihren Nacken scharlachrot aufglühen. Ihre feinen glatten Haare waren mit geriffelten schwarzen Drahtspangen zu einem strammen Knoten gesteckt, der patenterweise das hohe Häubchen hielt; es sah aus wie ein Windbeutel frisch vom Bäcker. Sie hatte große Hände, die abgeschrubbt und trocken waren und zupacken konnten, die Nägel waren so kurz geschnitten und wurden mit einem kleinen, scharfen Instrument so gründlich gereinigt, dass die Ränder von den spatenförmigen Fingern wegstanden. Gerald Cruger, der ihr Abend für Abend an seinem Esstisch gegenübersaß, versuchte stets, ihre Hände nicht anzusehen. Sie irritierten ihn, weil ihr Anblick ihn daran erinnerte, dass sie sich bestimmt anfühlten wie Strohmatten und nach Kernseife rochen. Frauen, die nicht sanft liebreizend waren, waren einfach keine Frauen.

Er versuchte, soweit seine ausgezeichneten Manieren das zuließen, seinen Blick von ihrem Gesicht fernzuhalten. Nicht dass es unangenehm aussah – es war ganz bestimmt freundlich. Aber sobald er hineinsah, so erzählte er Camilla, blieb er gebannt darin hängen und war jeden Moment darauf gefasst, dass sie die Mähne schüttelte und zu wiehern an fing.

»Ich liebe Pferde durchaus«, sagte er zu Camilla, die sehr bleich und matt auf ihrer apricotfarbenen Satin-Chaiselongue lag. »Ich bin ganz närrisch nach einem Pferd. Ah, welch ein edles Tier, Liebling! Ich finde nur, dass kein Mensch einen Grund hat, daherzugehen und auszusehen wie ein Pferd und sich auch noch so zu benehmen, als wäre das völlig in Ordnung. Pferde gehen schließlich auch nicht her und sehen aus wie Menschen, oder?«

Er hatte nichts gegen Miss Willmarth; er hatte nur auch nichts für sie. Er wollte ihr überhaupt nicht übel, aber er wartete sehnlich auf den Tag, an dem sie wieder verschwinden würde. Sie arbeitete gewandt und regelmäßig, sodass sie den Haushalt eigentlich nicht nennenswert durcheinanderbrachte. Und dennoch bedeutete ihre Anwesenheit eine Last. Da war diese Sache mit dem gemeinsamen Essen jeden Abend, für ihn harte Arbeit, mit Sicherheit, und keine, die durch Routine leichter wird, aber ihm blieb keine Wahl. Es war allgemein bekannt, dass ausgebildete Pflegerinnen hartnäckig darauf bestanden, nicht wie Dienstboten behandelt zu werden; man konnte Miss Willmarth nicht bitten, mit den Mädchen zu essen. Und er würde nicht außerhalb essen – ohne *Camilla?* Und es wäre zu viel verlangt, dass die Mädchen zweimal den Tisch deckten oder Tabletts die Treppen hinauf- und hinunterschleppten, außer für

Camilla. Es gab nur drei Mädchen, und die hatten Arbeit genug.

»Diese Kinder«, pflegte Camillas Mutter zu kichern. »Diese Kindsköpfe. Mit ihrer Unabhängigkeit! Schlagen sich mit Käse und Küssen durch. Na, ich darf ihnen ja kaum die ausgebildete Pflegerin bezahlen. Und alles, was wir letzte Weihnachten geschafft haben, war, dass Camilla wenigstens den Packard und den Chauffeur annimmt.«

Also aß Gerald Abend für Abend mit Miss Willmarth. Leichtes Grauen vor dieser Stunde mit ihr überfiel ihn jäh am Nachmittag. Dann vergaß er es wieder für Bruchteile von Minuten, aber nur, um umso grausamer davon heimgesucht zu werden, je näher der Termin rückte. Auf seinem Nachhauseweg vom Büro genoss er das makabre Vergnügen, Tischgespräche zu inszenieren und völlig verstiegene Neuerungen dazuzuerfinden.

Crugers Correcte Conversationen: Lektion I, ein Abendessen mit einer gewissen Miss Willmarth, ausgebildete Hauspflegerin. Guten Abend, Miss Willmarth! Tja! Und wie haben unsere Patientinnen den Tag verbracht? Wie gut, wie schön. Tja! Das Töchterchen hat fünfzig Gramm zugelegt, tatsächlich? Wie schön. Ja, wie wahr, das wird sie, bevor wir es noch gemerkt haben. Wie wahr. Tja! Mrs Cruger kommt täglich mehr zu Kräften, nicht wahr? Wie gut, wie schön. Wie wahr, auf und davon, bevor wir es noch gemerkt haben. Ja, gewiss wird sie das. Tja! Und die Besucher heute? Wie gut. Sind aber nicht zu lange geblieben, nein? Wie schön. Tja! Nein, nein, nein, Miss Willmarth, erzählen *Sie* nur weiter, ich wollte beileibe nichts sagen, wirklich nicht. Nein, wirklich nicht. Tja, ja! Ich hörte, man hat diese beiden Flieger endlich gefunden. Ja, wagemutig sind sie, gewiss. Wie wahr. Ja. Tja! Ich hörte, im Westen haben sie wieder ihren schönen dicken Schneesturm. Ja, wir hatten einen milden Winter hier, gewiss. Wie wahr. Tja! Ich hörte, es gab einen Überfall auf dieses Juweliergeschäft in der Fifth Avenue, am helllichten Tage. Ja, ich weiß wirklich auch nicht, wo das hinführen soll. Wie wahr. Tja! Ich sehe eine Katze. Sehen Sie die Katze? Die Katze liegt auf der Matratze. Ganz gewiss. Tja! Nehmen Sie's mir nicht übel, Miss Willmarth, aber müssen Sie eigentlich unbedingt aussehen wie ein Pferd? Sehen Sie gern aus wie ein Pferd, Miss Willmarth? Wie gut, Miss Willmarth, wie schön. Gewiss tun Sie das, Miss Willmarth. Wie wahr. Tja! Könnten Sie dann um Himmels willen Ihren Hafer zu Ende kauen, damit ich hier endlich wegkann?

Jeden Abend war er vor Miss Willmarth im Esszimmer und starrte verdrießlich auf Silber und Kerzenlicht, bis sie auch erschien. Kein Geräusch von Schritten warnte vor ihrem Kommen, denn ihre ausladenden leinenen Schnürschuhe hatten Gummisohlen; das Parkett knarrte seinen Protest, die Ziergegenstände erzitterten, es gab ein Knacken und Rascheln und den herrischen Geruch von gestärktem Leinen; und dann war sie da, gerüstet für ihr Ritual abendlicher Heiterkeit.

»Na, Mary«, schrie sie das Serviermädchen an, »Sie wissen ja, wie man so sagt – lieber spät als gar nie.«

Aber kein Lächeln erweichte je Marys Lippen, kein Leuchten ihre Augen. Für Mary war Miss Willmarth, wenn sie mit der Köchin über sie redete, immer nur »die da«. Sie wollte nichts zu tun haben mit Miss Willmarth oder sonst einer aus deren Zunft; die laufen einem bloß zwischen den Füßen rum.

Ein- oder zweimal entdeckte Gerald einen seltsamen Ausdruck in Miss Willmarths Gesicht, wenn sie merkte, dass ihr Kernspruch bei dem Mädchen nicht ankam. Er vermochte ihn nicht recht einzuordnen. Dabei wusste er gar nicht, dass sie dieselbe Miene machte wie manchmal, wenn sie die glänzenden weißen Schachteln öffnete und die erlesenen geruchlosen Blüten herausnahm, die Camilla geschickt bekam. Wo immer er auch herkam, dieser Ausdruck verstärkte das Pferdehafte an ihr dermaßen, dass er erwog, ihr einen Apfel anzubieten.

Sie dagegen entbot ihm stets ihr breites Lächeln, während sie sich setzte. Dann sah sie auf die klobige Uhr an ihrem Handgelenk und stieß ein kleines Quieken aus, das ihm die Zähne zusammenpresste.

»Grundgütiger!«, sagte sie. »Grundgütiger Himmel! Ich hatte völlig vergessen, dass es schon so spät war. Bitte, Sie dürfen es mir nicht übelnehmen, Mr Cruger. Schimpfen Sie nicht mit mir. Das haben Sie wirklich Ihrer kleinen Tochter zuzuschreiben. Sie hält uns nämlich alle ständig auf Trab.«

»Das tut sie gewiss«, sagte er. »Wie wahr.«

Er dachte, und zwar mit geringer Freude, an die kleine Diane, die rosig und nichtssagend und ärgerlich zwischen lauter Rüschen und Pompons in ihrem Körbchen lag. Ihretwegen war Camilla so lange von ihm fort gewesen, in dieser übel riechenden Vorhölle namens Krankenhaus, ihretwegen lag Camilla jetzt den lieben langen Tag auf ihrer apricotfarbenen Satin-Chaiselongue. »Wir wollen uns Zeit lassen«, fand der Arzt, »einfach vie-ie-iel Zei-eieit.« Ja; ja, und all das wegen Jung-Diane. Ihretwegen musste er Abend für Abend Miss Willmarth vor der Nase haben und sich ein Gespräch abringen. Na schön, Jung-Diane, da bist du also, nichts zu machen. Aber du bleibst das einzige Kind, junge Frau, so viel steht fest.

Jedes Mal schickte Miss Willmarth ihrer neckischen Eröffnung über das Baby noch Begleitworte hinterher. Gerald kannte sie mittlerweile so gut, dass er sie im Duett hätte mitsingen können.

»Warten Sie's nur ab«, sagte sie immer. »Warten Sie's nur ab. Sie werden auch noch auf Trab gehalten, wenn erst mal lauter Beaus hier ein und aus gehen. Sie werden schon sehen. Diese junge Dame wird die Herzen brechen, wie ich es noch nie erlebt habe.«

»Ist wohl nur zu wahr«, sagte Gerald, und dann bemühte er sich um ein kleines Lachen und scheiterte. Er fühlte sich ungemütlich, es war ihm irgendwie peinlich, Miss Willmarth über Anbeter und Techtelmechtel scherzen zu hören. Es war unschicklich, ebenso unschicklich, wie Rouge auf ihrem endlosen Mund und Parfüm in ihrem platten Dekolleté gewesen wäre.

Jedes Mal holte er sie rasch wieder heim in ihr Reich. »Tja«, sagte er. »Tja! Und wie haben unsere Patientinnen den Tag verbracht?«

Aber das hielt trotz der Details über das Gewicht des Babys und trotz der Liste sämtlicher Besucher des Tages selten bis nach der Suppe vor.

»Geht diese Frau denn nie aus?«, fragte er Camilla. »Hat sich unser Pferdchen nicht mal einen freien Abend verdient?«

»Wo sollte sie wohl hingehen wollen?«, fragte Camilla. Ihre leisen, trägen Worte klangen immer einen Hauch überdrüssig bei diesem Thema.

»Na«, sagte Gerald, »sie könnte einen Mondschein-Galopp um den Park machen.«

»Oh, sie findet es zweifellos prickelnd, mit dir zu speisen«, sagte Camilla. »Du bist ein Mann, so wird mir jedenfalls berichtet, und davon kann sie so viele nicht gesehen haben. Das arme, alte Pferd. Sie ist kein schlechter Kerl.«

»Ja«, sagte er. »Und welch ein amüsanter Reigen, jeden Abend mit Kein-Schlechter-Kerl speisen zu dürfen.«

»Wie kommst du eigentlich auf die Idee«, sagte Camilla, »dass ich in einem Strudel der Lustbarkeit versinke, wenn ich hier herumliege?«

»Oh, Liebling«, sagte er, »oh, mein armer Liebling. Das habe ich nicht so gemeint, Ehrenwort. Oh, *Herrgott!* Ich habs nicht so gemeint. Wie könnte ich klagen, nach allem, was du durchgemacht hast, und ich habe gar nichts gemacht? Bitte, Schatz, bitte. Ach, Camilla, sag, dass du weißt, dass ich es nicht so gemeint habe.«

»Jedenfalls«, sagte Camilla, »hast du sie nur zum Abendessen. Ich habe sie den ganzen Tag um mich.«

»Schätzchen, bitte«, sagte er. »Mein armer Engel.«

Er sank neben der Chaiselongue auf die Knie und zerrte ihre kraftlosen, duftenden Hände an seinen Mund. Dann fiel ihm wieder ein, dass man sehr, sehr sanft sein sollte. Er verteilte Entschuldigungsküsschen entlang ihren sämtlichen Fingern und brummelte von Gardenien und Lilien, und damit war sein Repertoire an weißen Blumen auch schon erschöpft.

Die Besucher behaupteten, Camilla sähe liebreizender denn je aus, aber sie irrten. Sie war einfach so liebreizend wie eh und je. Sie tuschelten über den neuen Glanz in ihren Augen, seit sie Mutter geworden war; aber es war derselbe entrückte Glanz, der immer darin gelegen hatte. Sie sagten, wie bleich sie wäre und wie sehr sie über allem schwebte; sie vergaßen, dass sie immer bleich wie der Mondenschein gewesen war und immer eine feine Verächtlichkeit ausgestrahlt hatte, zart wie die Spitze, die ihre Brust bedeckte. Ihr Arzt warnte behutsam vor jeder Hast, bat sie, sich mit der Genesung Zeit zu lassen – als hätte Camilla je im Leben etwas schnell getan. Ihre Freunde versammelten sich um die apricotfarbene Satin-Chaiselongue, auf der Camilla lag und ihre Hände bewegte, als hingen sie ihr bleischwer von den Gelenken, und ergingen sich in Bewunderung; früher hatten sie immer das weiße Satin-Sofa im Salon umlagert und sie bewundert, wie sie sich zurücklehnte, die Hände wie matte Lilien im lauen Wind. Jeden Abend, wenn Gerald über die Schwelle ihres duftenden Schlafzimmers schritt, tat sein Herz einen Sprung, und die Worte blieben ihm im Hals stecken; aber das war ihm bei ihrem Anblick immer passiert. Die Mutterschaft hatte Camillas Liebreiz nicht vollendet. Sie hatte ihn immer gehabt.

Gerald kam jeden Abend früh genug nach Hause, um vor dem Essen eine Weile bei ihr zu sein. Er mixte die

Cocktails in ihrem Zimmer und beobachtete sie, wie sie daran nippte. Miss Willmarth kam und ging, rückte Blumen zurecht, klopfte Kissen auf. Manchmal brachte sie Diane und führte sie vor, und das waren für Gerald jedes Mal wahrhaft ungemütliche Minuten. Er konnte den Anblick von Miss Willmarth mit dem Baby auf dem Arm nicht ertragen, so schmerzhaft peinlich war er ihm für sie. Sie stupste ihren langen Kopf in Dianes winziges Gesichtchen und warf ihn dann zurück in diesen riesigen Nacken, und die ganze Zeit kamen merkwürdige Wörter in einer merkwürdigen Stimme aus ihrem Mund.

»Na, wassn döhnes Mehjen. Da, wassn. Wassn, wassn, wassn. Da, *wassn.*« Dann brachte sie ihm das Baby. »Tuck ma, Papi. Dind wir nich' ein droßes, dartes Mehjen? Dind wir nich' döhn? Dach ›duht Nach‹, Papi. Wir dehn detz heia-heia machen. Dach ›duht Nach‹.«

O Gott.

Dann brachte sie das Baby zu Camilla. »Dach ›duht Nach‹«, wieherte sie. »›Duht Nach, Mami‹.«

»Wenn dieses Balg dich jemals ›Mami‹ nennt«, sagte er einmal wutentbrannt zu Camilla, »dann setze ich es im Schnee aus.«

Camilla besah sich das Baby, ihr träger Blick schien amüsiert. »Gute Nacht, du Nichtsnutz«, sagte sie dann. Sie streckte einen Finger aus, damit Dianes rosige Hand sich um ihn herumkräuseln konnte. Und Geralds Herz schlug schneller, und seine Augen brannten und glänzten.

Einmal sah er von Camilla weg und auf Miss Willmarth, vom plötzlichen Verstummen ihrer Falsettstimme überrascht. Sie hatte aufgehört, den Kopf vor und zurück zu werfen. Sie stand ganz still da und starrte ihn über das Baby hinweg an; dann sah sie schnell woandershin, aber er hatte wieder den seltsamen Ausdruck in ihrem Gesicht gesehen. Es machte ihn verlegen, er fühlte sich dunkel unwohl. An jenem Abend hielt Miss Willmarth keine weiteren Predigten an Dianes Eltern, die in »duht Nach« gipfelten. Sie trug das Baby schweigend aus dem Raum und zurück ins Kinderzimmer.

Eines Abends brachte Gerald zwei Männer mit nach Hause; schlanke, leger gekleidete junge Männer, die gut Golf und Tennis spielten und mit denen er früher das College geteilt hatte und jetzt die Clubs teilte. Sie standen um die Chaiselongue in Camillas Zimmer und nahmen Cocktails. Miss Willmarth, die nebenan im Kinderzimmer stand und mit dem Puls die Temperatur des Babyfläschchens prüfte, konnte sie alle hören, wie sie flüchtig Konversation trieben; sie warfen ihre Sätze in die Luft und ließen sie dort unfertig hängen. Hin und wieder war Camillas Stimme herauszuhören; die anderen waren sofort still, wenn sie sprach, und wenn sie fertig war, kam prustendes Gelächter. Miss Willmarth stellte sich vor, wie sie da lag, in goldenem Chiffon und kostbarer Spitze, den zierlichen Körper immer leicht abgewandt von den Leuten um sie herum, sodass sie ihren Kopf drehen und ihre gesetzten Worte über die Schulter hinweg sprechen musste. Das Gesicht der Pflegerin wirkte verblüffend pferdehaft, als sie auf die Wand starrte, die sie trennte.

Sie blieben lange Zeit in Camillas Zimmer, und gelacht wurde immer mehr. Die Tür vom Kinderzimmer zum Flur stand offen, und jetzt hörte sie, wie auch Camillas Tür geöffnet wurde. Bisher hatte sie nur Stimmen hören können, aber jetzt verstand sie auch, was Gerald von der Türschwelle aus zurückrief; seine Worte ergaben nur keinen Sinn für sie.

»Wartets nur ab, Jungs«, sagte er. »Wartet, bis ihr unsere Halla erst *seht*.«

Er trat in die Kinderzimmertür. In der einen Hand hielt er den Cocktail-Shaker, aus dem er das Glas in der andern füllte.

»Oh, Miss Willmarth«, sagte er. »Guten Abend, Miss Willmarth. Ach, ich wusste gar nicht, dass die Tür hier offen war – äh, ich hoffe, wir haben Sie nicht gestört.«

»Oh, aber nicht im Entferntesten«, sagte sie. »Bewahre.«

»Tja!«, sagte er. »Ich – wir hatten gerade überlegt, ob Sie einen kleinen Cocktail mögen. Bitte, nehmen Sie doch.« Er hielt ihr das Glas entgegen.

»Grundgütiger«, sagte sie und nahm es. »Also, vielen Dank aber auch. Vielen Dank, Mr Cruger.«

»Ach, und Miss Willmarth«, sagte er, »würden Sie Mary ausrichten, wir sind zwei mehr zum Essen? Und sie möchte bitte erst in einer halben Stunde servieren, ja? Macht es Ihnen etwas aus?«

»Aber nicht im Entferntesten«, sagte sie. »Selbstverständlich.«

»Vielen Dank«, sagte er. »Tja! Vielen Dank, Miss Willmarth. Tja! Ich seh Sie dann beim Essen.«

»Ich danke *Ihnen*«, sagte sie. »*Ich* muss mich bei *Ihnen* bedanken. Für den reizenden kleinen Cocktail.«

»Oh«, sagte er, mit einem missratenen freundlichen Lachen. Er ging zurück in Camillas Zimmer und schloss die Tür hinter sich.

Miss Willmarth setzte ihren Cocktail auf dem Tisch ab und ging nach unten, um Mary von den zu erwartenden Gästen in Kenntnis zu setzen. Sie fühlte sich leicht und flink und erzählte alles fröhlich, voller Erwartung, dass Mary endlich ebenfalls einen Schuss Fröhlichkeit aufbrachte. Aber Mary nahm die Neuigkeit ungerührt entgegen und rauschte durch die Schwingtür ab in die Küche. Miss Willmarth stand da und sah ihr nach. Diese Dienstboten waren wohl alle nie – sie sollte sich allmählich dran gewöhnt haben.

Obwohl das Abendessen hinausgeschoben worden war, kam Miss Willmarth ein bisschen zu spät. Die drei jungen Männer standen im Esszimmer, redeten alle durcheinander und lachten alle zusammen. Sie waren sofort still, als Miss Willmarth eintrat, und Gerald tat einen Schritt, um sie bekannt zu machen. Er sah sie an und dann sofort weg. Kribbelnde Verlegenheit überkam ihn. Er stellte die jungen Männer vor und hielt die Augen von Miss Willmarth fern.

Miss Willmarth hatte sich für das Essen fein gemacht. Sie hatte die Leinentracht abgelegt und trug ein blaues Taftkleid mit einem V-Ausschnitt und kurzen Ärmeln, die ihre kantigen Ellbogen frei ließen. Um die Hüften spielten kleine, steife Rüschen, und der Rock war für sein Alter recht kurz. Er enthüllte, dass Miss Willmarths Fesseln in rauer grauer Seide steckten und die Füße in sargähnlichen schwarzen Pumps, auf denen kleine

Schleifen zitterten, wie in verlorenem Schrecken vor der ganzen sie umgebenden Ausdehnung. Sie hatte sich auch die Haare gemacht; sie trug sie in offenen Wellen, und die Spitzen, die der Brennschere entgangen waren, rutschten bereits aus den Nadeln. Nase und Kinn ruhten in voller Länge unter einer massiven Puderdecke; es war nicht der feine, parfümierte Farbhauch, der die Haut umschmeichelt, sondern grobkörniger, grellweißer Körperpuder.

Gerald stellte vor; Miss Willmarth, Mr Minot; Miss Willmarth, Mr Forster. Einer der jungen Männer, so zeigte sich, hieß Freddy, der andere Tommy. Miss Willmarth sagte, es wäre ihr ein Vergnügen, sie alle beide kennenzulernen. Und alle beide erkundigten sich nach ihrem Befinden.

Sie setzte sich an den Tisch mit dem Kerzenlicht und den drei schönen jungen Männern. Die übliche allabendliche Aufgedrehtheit war von ihr abgefallen. Schweigend faltete sie ihre Serviette auseinander und nahm den Suppenlöffel zur Hand. Ihr Nacken glühte scharlachrot, und ihr Gesicht sah trotz des Puders mehr denn je aus, als müsste es über die oberste Planke eines Koppelzauns hängen.

»Tja!«, sagte Gerald.

»Tja!«, sagte Mr Minot.

»Wird allmählich wärmer draußen, was?«, sagte Mr Forster. »Habt ihr's auch gemerkt?«

»Kann man sagen, ja«, sagte Gerald. »Tja. Ist aber auch fällig, das warme Wetter.«

»Ja, müsste jetzt kommen«, sagte Mr Minot. »Eigentlich jeden Tag.«

»Ach, das kommt schon«, sagte Mr Forster. »Das kommt.«

»Ich finde den Frühling hinreißend«, sagte Miss Willmarth. »Einfach hinreißend.«

Gerald schaute tief in seinen Suppenteller. Die beiden jungen Männer schauten hoch zu Miss Willmarth.

»Höllisch gute Jahreszeit«, sagte Mr Minot. »Ganz gewiss.«

»Und wie!«, sagte Mr Forster.

Sie aßen die Suppe.

Es gab während des ganzen Menüs Champagner. Miss Willmarth sah zu, wie Mary ihr einschenkte, nicht allzu voll. Der Wein sah lustig und hübsch aus. Sie warf einen Blick in die Runde, bevor sie den ersten Schluck nahm. Camillas Stimme und das Gelächter fielen ihr wieder ein.

»Na, dann«, kreischte sie. »Auf unser aller Gesundheit!«

Die Gäste sahen sie an. Gerald griff nach seinem Glas und starrte es so hartnäckig an, als sähe er zum ersten Mal eine Champagnerschale. Alle murmelten und tranken.

»Tja!«, sagte Mr Minot. »Unsern Patientinnen scheints ja prächtig zu gehen, Miss Willmarth. Nicht wahr?«

»Das will ich meinen«, sagte sie. »Sind aber auch prächtige Patientinnen. Nicht wahr, Mr Cruger?«

»Das sind sie bestimmt«, sagte Gerald. »Wie wahr.«

»Das sind sie bestimmt«, sagte Mr Minot. »Das sind sie. Tja. Sie lernen ja wohl alle möglichen Leute kennen bei Ihrer Arbeit. Muss ganz schön interessant sein.«

»Oh, manchmal ja«, sagte Miss Willmarth. »Das

kommt auf die Leute an.« Die Worte kamen klar und abgesetzt von ihren Lippen und so keimfrei, als wären sie soeben alle einzeln mit Borsäurelösung geschrubbt worden. In Miss Willmarths Ohren dröhnte Camillas helle, arrogant näselnde Stimme.

»Sehr wahr«, sagte Mr Forster. »Kommt alles auf die Leute an, was? Immer und überall. Egal, was man macht. Trotzdem, muss doch fantastisch interessant sein, die Arbeit. Fantastisch.«

»Fantastisch, wie dieses Land in der Medizin inzwischen aufgeholt hat«, sagte Mr Minot. »Man sagte mir, wir haben hier die besten Ärzte der Welt. So gut wie irgendeiner in Europa. Oder in der Harley Street.«

»Ich hörte«, sagte Gerald, »sie wollen ein neues Mittel gegen spinale Meningitis gefunden haben.«

»Nein, tat*sächlich?*«, sagte Mr Minot.

»Ja, habe ich auch gelesen«, sagte Mr Forster. »Fantastische Sache. Fantastisch interessant.«

»Ach, übrigens, Gerald«, sagte Mr Minot; und dann folgte ein Bericht über seine letzte Golf-Partie, Loch für Loch. Gerald und Mr Forster lauschten und stellten Fragen.

Die drei jungen Männer ließen das Thema Golf fallen, kamen aber wieder darauf zurück und ließen es fallen und kamen darauf zurück. Zwischendurch erzählten sie Miss Willmarth von Artikeln, die ihnen in der Zeitung aufgefallen waren. Miss Willmarth kommentierte in Ausrufezeichen und schenkte jedem der Herren bereitwillig ihr breites Lächeln. Gelacht wurde während des ganzen Essens nicht.

Es war alles in allem ein kurzes Mahl. Danach wünschte Miss Willmarth den beiden Gästen eine gute Nacht und erhielt im Gegenzug zwei Bücklinge und zweimal: »*Gute Nacht, Miss Willmarth.*« Sie sagte, wie furchtbar gern sie sie doch kennengelernt hätte. Die beiden murmelten.

»Tja, dann gute Nacht, Mr Cruger«, sagte sie. »Wir sehen uns ja morgen!«

»Gute Nacht, Miss Willmarth«, sagte Gerald.

Die drei jungen Männer gingen wieder nach oben zu Camilla. Miss Willmarth konnte die Stimmen und das Gelächter hören, als sie ihr blaues Taftkleid auf den Bügel hängte.

Fünf Wochen blieb sie bei den Crugers. Camilla ging es wieder ausgesprochen gut – so gut, dass sie an Miss Willmarths letzten Abenden eigentlich ruhig unten hätte essen können, wenn sie die Zumutung ertragen hätte, am selben Tisch mit der ausgebildeten Pflegerin zu essen.

»Ich bekäme wirklich nichts hinunter mit diesem Gesicht gegenüber«, sagte sie zu Gerald. »Geh du und unterhalte unser Pferdchen beim Abendessen, mein Dummkopf. Allmählich kannst du das bestimmt gut.«

»Na schön, ich tus, Liebling«, sagte er. »Aber wenn sie mich nach einem Stück Zucker fragt, dann gnade mir Gott, dass ich es ihr nicht auf der flachen Hand vor die Nase halte.«

»Nur noch zwei Abende«, sagte Camilla, »und Donnerstag ist dann Nana wieder hier, und Miss Willmarth geht, für immer.«

»›Für immer‹, Schatz, ist mein Lieblingswort«, sagte Gerald.

Nana war eine zuverlässige, rundliche Schottin und hatte schon Camilla großgezogen; jetzt sollte sie ebenso planmäßig die nichts ahnende Diane durch die Kindheit manövrieren. Sie war eine gemütliche Frau, die man gut um sich haben konnte; ein Dienstmädchen, und das wusste sie auch.

Nur noch zwei Abende. Gerald ging nach unten zum Essen und pfiff eine alte Melodie.

Die alte graue Stute ist auch nimmer, was sie war,
auch nimmer, was sie war, auch nimmer, was sie war –

Die letzten Abendessen mit Miss Willmarth waren wie alle anderen. Er kam als Erster und starrte in die Kerzen, bis sie auch erschien.

»Na, Mary«, schrie sie schon beim Eintreten. »Sie wissen ja, wie man sagt – lieber spät als gar nie.«

Mary blieb ungerührt, bis zuletzt.

Gerald war den ganzen Tag, an dem Miss Willmarth auszog, freudig erregt. Er hatte ein Gefühl wie Ferien oder letzter Schultag, aber ohne diese vage Trauer. Er verließ zeitig sein Büro, hielt bei einem Blumenladen und ging dann nach Hause, zu Camilla.

Nana war bereits ins Kinderzimmer gezogen, aber Miss Willmarth war noch nicht weg. Sie stand in Camillas Zimmer, und zum zweiten Mal sah er sie ohne ihre Schwesterntracht. Sie trug einen langen braunen Mantel und einen abgewetzten braunen Samthut, dessen Form nicht mehr auszumachen war. Offensichtlich war sie gerade in peinliche Verabschiedungen verwickelt. Die Melancholie machte ihr Gesicht so pferdegleich, dass der Hut obendrauf wirkte wie der reine Unfug.

»Hach, da ist ja Mr Cruger«, wieherte sie.

»Oh, guten Abend, Miss Willmarth«, sagte er. »Tja! Ach, hallo, Liebling. Wie geht es dir, Schatz? Magst du die hier?«

Er legte Camilla eine Blumenschachtel in den Schoß. Darin steckten merkwürdige kleine gelbe Rosen mit Stielen und Blättern und winzigen, weichen Dornen ganz in Blutrot. Miss Willmarth quiekte auf, als sie sie sah.

»Ach, die Schnuckelchen!«, krähte sie. »Die Dohnen!«

»Und die hier sind für Sie, Miss Willmarth«, sagte er. Er zwang sich, ihr ins Gesicht zu sehen, und streckte ihr eine etwas kleinere, quadratische Schachtel entgegen.

»Hach, Mr Cruger«, sagte sie. »Für mich, wirklich? Hach, wirklich, Mr Cruger?«

Sie öffnete die Schachtel und fand vier mit grüner Folie und grünen Schleifen dekorierte Gardenien.

»Also wirklich, nein, Mr Cruger«, sagte sie. »Hach, nie im Leben hab ich – O nein, das sollten Sie doch nicht. Wirklich, das war doch nicht nötig. Grundgütiger Himmel! Na, so was Wunderhübsches hab ich ja im Leben nicht gesehen. Sie, Mrs Cruger? Sie sind *wunderhübsch*. Also, ich weiß gar nicht, wie ich *anfangen* soll, Ihnen zu danken. Hach, ich – also, ich finde sie einfach zum Anbeten.«

Gerald gab Geräusche von sich, aus denen hervorgehen sollte, dass er sich freute, wie gut sie ihr gefielen, und sie seien doch nicht der Rede wert, das sei doch selbstverständlich. Ihr dankbares Wiehern ließ seine Ohren tief drinnen rot erglühen.

»Die sind aber hübsch«, sagte Camilla. »Stecken Sie sie an, Miss Willmarth. Und diese hier sind wirklich sagenhaft, Gerry. Manchmal ist doch was an dir.«

»Oh, ich wollte sie eigentlich nicht *tragen*«, sagte Miss Willmarth. »Ich dachte, ich nehme sie in der Schachtel mit, so, dann halten sie sich auch besser. Und die Schachtel ist auch so hübsch – die möchte ich gern mitnehmen. Ich – ich würde sie gern behalten.«

Sie sah auf die Blumen hinunter. Gerald packte plötzlich der Schreck, sie könnte wieder ihren Kopf hineinstecken und dann nach hinten werfen und ihr »wassn, wassn, wassn« vom Stapel lassen.

»Wahrhaftig«, sagte sie, »ich kriege meine Augen gar nicht mehr *los*.«

»Die Frau spinnt«, sagte Camilla. »Das kommt dabei raus, wenn man mit uns lebt, nehme ich an. Ich hoffe, wir haben Sie nicht fürs Leben verdorben, Miss Willmarth.«

»Hach, Mrs Cruger«, wieherte Miss Willmarth. »Nein, wirklich! Ich habe es gerade schon Mrs Cruger gesagt, Mr Cruger, ich hatte im Leben keinen so angenehmen Fall. Es war einfach die schönste Zeit meines Lebens, die ganze Zeit, die ich hier war. Ich weiß nicht, wann – wahrhaftig, ich muss immer mein Sträußchen ansehen, sie sind so wunderhübsch. Also, ich kann Ihnen gar nicht danken für alles, was Sie getan haben.«

»Nun, wir haben Ihnen zu danken, Miss Willmarth«, sagte Gerald. »Ganz gewiss.«

»Ich sage so ungern Auf Wiedersehen«, sagte Miss Willmarth. »So schrecklich ungern.«

»Dann lassen Sie es doch«, sagte Camilla. »Ich finde es auch nicht gerade traumhaft schön. Und vergessen Sie nicht, Sie müssen das Baby ansehen kommen, wann immer Sie können.«

»Ja, das müssen Sie bestimmt«, sagte Gerald. »Sehr wahr.«

»Oh, das werde ich«, sagte Miss Willmarth. »Grundgütiger, ich trau mich gar nicht, die Kleine noch einmal anzusehen, sonst komme ich überhaupt nicht mehr weg. Na, was denke ich denn da! Hach, der Wagen wartet die ganze Zeit. Mrs Cruger besteht einfach darauf, mich mit dem Wagen nach Hause bringen zu lassen. Ist sie nicht schrecklich, Mr Cruger?«

»Aber nein, gar nicht«, sagte er. »Aber selbstverständlich.«

»Na, es sind doch nur fünf Blocks runter und dann rüber zur Lexington Avenue«, sagte sie, »und ich möchte Ihnen wirklich keine Umstände machen.«

»Aber nein, gar nicht«, sagte Gerald. »Tja! Da wohnen Sie, Miss Willmarth?«

Sie wohnte tatsächlich manchmal irgendwo für sich? Sie scheuchte nicht dauernd anderer Leute Haushalt auf?

»Ja«, sagte Miss Willmarth. »Ich habe meine Mutter da.«

Oh. Gerald hatte sich nie überlegt, dass sie eine Mutter haben könnte. Dann musste es ja auch irgendwann einen Vater gegeben haben. Und Miss Willmarth war auf der Welt, weil sich einmal zwei Leute geliebt und gekannt hatten. Das war keine zum Verweilen verlockende Vorstellung.

»Meine Tante lebt auch bei uns«, sagte Miss Willmarth. »Das ist so schön für Mutter – Mutter kommt nämlich gar nicht mehr gut zurecht. Es ist zwar ein bisschen eng zu dritt – ich schlafe auf dem Diwan, wenn ich zwischen meinen Fällen zu Hause wohne. Aber es ist sehr schön für Mutter, dass meine Tante auch da ist.«

Sogar in ihrer Freizeit war Miss Willmarth also eine Ruhestörung und jemandem zu viel. Nie bewohnte sie einen Raum, der eigens für ihren Gebrauch geplant worden war; kein Bett, keine Ecke für sich; sich ankleiden vor anderer Leute Spiegel, essen mit anderer Leute Silber, kein Blick aus einem Fenster, das ihr gehörte. Tja. Zweifellos hatte sie das schon so lange nicht anders gekannt, dass es ihr nichts ausmachte und sie nicht einmal darüber nachdachte.

»O ja«, sagte Gerald. »Ja, das ist gewiss sehr schön für Ihre Mutter. Tja! Tja! Darf ich Ihr Gepäck für Sie zumachen, Miss Willmarth?«

»Oh, alles schon erledigt«, sagte sie. »Der Koffer steht unten. Ich gehe nur eben meine Hutschachtel holen. Tja, also dann auf Wiedersehen, Mrs Cruger, und passen Sie gut auf sich auf. Und tausendmal danke schön.«

»Viel Glück, Miss Willmarth«, sagte Camilla. »Kommen Sie das Baby besuchen.«

Miss Willmarth sah zu Camilla und dann zu Gerald, der neben ihr stand und eine ihrer langen, weißen Hände hielt. Sie ging aus dem Zimmer und holte ihre Hutschachtel.

»Ich trage sie Ihnen hinunter, Miss Willmarth«, rief Gerald hinter ihr her.

Er beugte sich vor und küsste Camilla sanft, sehr, sehr sanft.

»Tja, jetzt ist es fast vorbei, Liebling«, sagte er. »Manchmal glaube ich fast, dass es einen Gott gibt.«

»Das war aber höllisch anständig von dir, ihr Gardenien zu schenken«, sagte Camilla. »Wie bist du denn darauf gekommen?«

»Ich war so außer Rand und Band, dass sie wirklich geht«, sagte er, »dass ich den Verstand verloren haben muss. Niemand war überraschter als ich selbst. Gardenien für Pferdchen. Gott sei Dank hat sie sie nicht auch noch angesteckt. Dem Anblick hätte ich nicht standgehalten.«

»Straßenkleider sind wirklich nicht ihre Glanzrolle«, sagte Camilla. »Ihr geht wohl ein gewisser *Chic* ab.« Sie reckte die Arme langsam über den Kopf und ließ sie dann langsam wieder sinken. »Das war aber ein faszinierender Einblick in ihr Leben, den sie uns da gewährt hat. Sehr komisch.«

»Oh, ich glaube, ihr macht das nichts aus«, sagte er. »Ich gehe jetzt nach unten und setze sie in den Wagen, und dann sind wir erlöst.«

Er beugte sich wieder über Camilla.

»Oh, du siehst wunderhübsch aus, Schatz«, sagte er. »So *wunderhübsch*.«

Miss Willmarth kam den Flur entlang, als Gerald aus dem Zimmer trat, und balancierte eine Hutschachtel aus Pappe, die Blumenschachtel und eine große, altgediente

Ledertasche. Er nahm ihr die Schachteln ab, obwohl sie protestierte, und ging hinter ihr die Treppe hinunter und zu dem Automobil, das am Bordstein wartete. Der Chauffeur stand am offenen Wagenschlag. Gerald war froh, dass er auch da war.

»Tja, viel Glück dann, Miss Willmarth«, sagte er. »Und vielen, vielen Dank.«

»Dank *Ihnen*, Mr Cruger«, sagte sie. »Ich – ich kann gar nicht sagen, wie gut es mir hier gefallen hat, die ganze Zeit. Ich hatte noch nie einen angenehmeren – Und die Blumen und alles. Ich weiß gar nicht, was ich sagen soll. Ich bin es, die *Ihnen* zu danken hat.«

Sie reichte ihm eine Hand im braunen Baumwoll-handschuh. Was solls, zerschlissene Baumwolle war er-träglicher anzufassen als trockenes, rissiges Fleisch. Die-ses war ihr letzter Augenblick. Es machte ihm jetzt kaum etwas aus, in dieses lange Gesicht über dem sehr roten Hals zu sehen.

»Tja!«, sagte er. »Tja! Nichts vergessen? Tja, nochmals viel Glück, Miss Willmarth, und vergessen Sie uns nicht.«

»O nein, nein«, sagte sie. »Ich – oh, wie könnte ich.«

Sie wandte sich ab, stieg eilig in den Wagen und saß aufrecht in den blassgrauen Polstern. Der Chauffeur stellte ihr die Hutschachtel zu den Füßen und die Blu-menschachtel neben sie auf den Sitz, klappte elegant die Tür zu und setzte sich wieder hinter das Lenkrad. Gerald winkte fröhlich, als der Wagen davonglitt. Miss Willmarth winkte nicht.

Als sie sich umsah, durch die kleine Rückscheibe, war er längst im Haus verschwunden. Er musste den Bürgersteig rennend hinter sich gebracht haben – rennend, um schnell wieder in dem duftenden Zimmer und bei den kleinen gelben Rosen und bei Camilla zu sein. Das kleine rosige Baby lag sicher schlafend in seinem Bett. Sie waren wieder allein zusammen; sie würden zu zweit allein bei Kerzenlicht zu Abend essen; sie würden des Nachts zu zweit allein sein. Jeden Morgen und jeden Abend würde Gerald neben ihr auf die Knie fallen und ihre parfümierte Hand küssen und sie Schatz nennen. Und immer würde sie vollkommen makellos sein, in duftigem Chiffon und kostbarer Spitze. Schlanke, legere junge Männer würden ihrem affektierten Näseln lauschen und ihr ihr Lachen schenken. Jeden Tag würden glänzend weiße Schachteln voller eigentümlicher Blüten für sie geliefert werden. Vielleicht war es ein Glück, dass gerade niemand in die Limousine sah. Wer es getan hätte, hätte verwirrt feststellen müssen, dass ein menschliches Gesicht wirklich so aussehen konnte wie das Gesicht einer abgehalfterten Stute.

Jetzt bog der Wagen mit dem anderen Verkehr um eine Kurve. Die Blumenschachtel rutschte gegen Miss Willmarths Knie. Sie sah hinunter. Dann nahm sie sie auf den Schoß, hob ein wenig den Deckel und schaute auf das wächserne weiße Bouquet. Jetzt wäre für den zufälligen Betrachter alles wieder in Ordnung gewesen; Miss Willmarths seltsame Ähnlichkeit verschwand, als sie ihre Blumen ansah. Es waren ihre Blumen. Ein Mann hatte sie ihr geschenkt. Sie hatte Blumen geschenkt bekommen. Vielleicht hielten sie ja ein paar Tage. Und jedenfalls durfte sie die Schachtel behalten.

119

VETTER LARRY
(Cousin Larry)

Die junge Frau in dem Kleid aus über und über mit
Pagoden zwischen riesigen Kornblumen gemuster-
tem Crêpe de Chine schwang ein Knie über das andere
und musterte mit beneidenswerter Zufriedenheit die
Spitze ihrer durchbrochenen, grünen Sandalette. Dann
begutachtete sie, in einer gleichermaßen glücklichen
Ruhe, ihre Fingernägel, die von einem so dicken und
leuchtenden Rot waren, als hätte sie eben erst davon ab-
gelassen, mit den bloßen Händen einen Ochsen in Stücke
zu reißen. Dann schlug sie abrupt das Kinn auf die Brust
und machte sich zu schaffen an den vom Friseur ondu-
lierten Locken, scharfkantig und trocken wie Sägespäne,
hinten in ihrem Nacken; und wieder wirkte sie wie ein-
gehüllt in wohlige Zufriedenheit. Dann zündete sie sich
eine neue Zigarette an und schien auch das, wie alles an
sich, gut zu finden. Dann knüpfte sie wieder daran an,
was sie vorher gesagt hatte.

»Nein, im Ernst«, sagte sie. »Ehrlich. Ich hab die Nase
so voll von diesem ganzen Gerede über Lila – ›Ach, die
arme Lila‹ hier und ›Ach, das arme Ding‹ da. Wenn sie
unbedingt Mitleid mit ihr haben wollen – nun ja, dies
ist bekanntlich ein freies Land, aber alles, was ich dazu
sagen kann, ist, meiner Meinung nach sind die verrückt.
Meiner Meinung nach haben die ihre fünf Sinne nicht
beisammen. Wenn sie mit irgendwem Mitleid haben
wollen, na, dann doch mit Vetter Larry, warum eigent-

lich nicht mit *dem?* Das hätte wenigstens mal Sinn, zur Abwechslung. Hör mal, mit Lila braucht niemand Mitleid zu haben. Die ist bestens bedient; die tut nie auch nur das Geringste, wenn sie nicht will. Die ist am besten von allen bedient, die ich kenne. Und überhaupt, das ist sowieso alles ihre Schuld. So ist sie eben; das ist ihre verdammte verdorbene Anlage. Na, und das kann ja wohl keiner von einem erwarten, dass man mit jemandem Mitleid hat, der selber schuld ist, oder? Hat das irgendeinen Sinn? Also, sag mal!

Hör mal, ich kenne Lila. Ich kenne sie seit Jahren. Ich habe sie praktisch tagein, tagaus gesehen. Na, du weißt ja, wie oft ich die beiden besucht habe da auf dem Land. Du weißt, wie gut man jemanden kennenlernt, nachdem man da zu Besuch ist; und genau so kenne ich Lila. Und ich mag sie. Tu ich ganz bestimmt. Ich finde Lila völlig in Ordnung, solange sie sich anständig benimmt. Allerdings, wenn sie anfängt, sich selbst zu bemitleiden, und loslegt mit ihrem Gejammer und ihrer Fragerei und ihrer Art, allen Leuten den Spaß zu verderben, dann ist sie ein Brechmittel. Streckenweise ist sie ja völlig in Ordnung. Einfach nur selbstsüchtig, sonst nichts. Sie ist einfach eine verkorkste, selbstsüchtige Frau. Und dann, wie die Leute reden über Larry, weil er mal in die Stadt fährt und um die Häuser zieht ohne sie! Hör mal zu, die bleibt zu Hause, weil sie das will. Die geht viel lieber früh ins Bett. Ich habs doch erlebt, Abend für Abend, als ich da zu Besuch war. Ich kenne sie wie ein Buch. Als ob *die* jemals etwas macht, was sie sich nicht in den Kopf gesetzt hat!

Ehrlich. Ich koche einfach, wenn ich höre, dass irgendwer irgendwas gegen Larry sagt. Die sollen mal kommen und vor mir an ihm herumkritisieren, sollen die mal. Denn dieser Mann ist ein lebendiger Heiliger, das ist er. Wie von ihm überhaupt noch irgendwas übrig geblieben ist, nach zehn Jahren mit der Frau, das versteh ich nicht. Die kann ihn keine Sekunde in Ruhe lassen; immer muss sie bei allem mitmischen, immer muss sie die Pointe erklärt kriegen und worüber er gerade lacht, und ach, er solls ihr doch sagen, er solls ihr doch sagen, damit sie auch mitlachen kann. Dabei gehört sie zu diesen bierernsten Tatterköpfen, die sowieso nie was komisch finden, die keinen Scherz verstehen oder sonst was, und dann will sie auch noch ganz auf Draht sein und selbst mitspielen und – also, da kann man gar nicht hingucken, ganz einfach. Und der arme Larry, der nun wirklich so komisch ist und so viel Humor hat und alles. Ich hätte eigentlich erwartet, dass sie ihm seine sämtlichen fünf Sinne geklaut hat, vor Jahren schon.

Und dann, kaum sieht sie, dass der arme Mensch mit irgendwem ein bisschen Spaß hat, ein paar Minuten bloß, da wird sie – nun ja, eifersüchtig wird sie nicht, sie ist viel zu egozentrisch, um auch nur eine Sekunde Eifersucht zu kennen – sie ist so verdammt misstrauisch, sie hat eine so verdorbene, schmutzige Fantasie, sie wird einfach gemein. Und zwar zu mir, ausgerechnet. Also sag mal! Zu mir, wo ich Larry praktisch mein ganzes Leben lang kenne. Also, ich nenne ihn seit Jahren schon Vetter Larry – das zeigt doch wohl, was ich immer für ihn empfunden habe. Und gleich beim allerersten Mal, als ich da zu Besuch fuhr, hat sie angefangen von wegen, warum ich ihn Vetter Larry nenne, und ich hab gesagt, ach, ich kenne ihn eben so gut, dass er für mich irgendwie zur Verwandtschaft gehört, und dann hat sie angefangen zu schnurren, die alte Schrulle, und hat gesagt, also, dann müsste ich sie aber auch in die Familie aufnehmen, und ich hab gesagt, ja, das wär so'n Spaß oder so. Und ich *habe* versucht, sie mit Tante Lila anzureden, aber es *ging* eben einfach wirklich nicht für mein Gefühl. Außerdem war sie damit offenbar auch nicht glücklicher. Nun ja, sie ist eben aus dem Holz, die ist erst glücklich, wenn es ihr dreckig geht. Die genießt das, wenn es ihr dreckig geht. Darum macht sie das doch überhaupt. Als ob die jemals was macht, was sie nicht will!

Ehrlich. Der arme Vetter Larry. Stell dir vor, die schmutzige alte Schachtel versucht, irgendeinen Strick daraus zu drehen, dass ich ihn Vetter Larry nenne. Na, ich habe mich von der natürlich nicht davon abhalten lassen; meine Freundschaft mit Larry ist ja wohl ein bisschen mehr wert als das. Und er nennt mich ja auch Zuckerschneckchen, wie er es eben immer getan hat. Er hat mich immer sein Zuckerschneckchen genannt. Findest du nicht, sie müsste eigentlich kapieren, dass er mich, wenn da irgendwas hintersteckte, doch wohl nicht die ganze Zeit so nennen würde, genau vor ihren Augen, oder?

Also wirklich. Sie spielt ja eigentlich überhaupt keine Rolle in meinem jungen Leben, bloß mir tut eben Larry so entsetzlich leid. Ich würde ja keinen Fuß mehr in sein Haus setzen, wenn es nicht seinetwegen wäre. Aber er sagt – er hat natürlich nie auch nur ein Wort gegen sie gesagt, ist so einer, immer verschwiegen wie eine Auster, wenn's um die Frau geht, mit der er zufällig verheiratet ist –, er sagt, das kann sich ja keiner vorstellen, wie das ist, da mit Lila allein zu sein. Deshalb bin ich ja hingefahren, in erster Linie. Und da habe ich verstanden, was er meint. Die ist doch am ersten Abend, als ich im Haus war, um zehn Uhr ins Bett gegangen. Vetter Larry und ich haben ein paar alte Grammophon-Platten gespielt – na ja, irgendwas *mussten* wir ja machen, die lachte doch nie oder machte die Witze oder sonst was mit, was wir machten, saß bloß da wie ein alter Stock –, und zufällig habe ich dann ganz zufällig einen Haufen alte Stücke gefunden, die Larry und ich immer gesungen hatten oder wo wir tanzen nach waren und alles. Na, du weißt ja, wie das ist, wenn man einen Mann richtig sehr gut kennt, dann hat man immer was, was einen an was erinnert, und wir waren am Lachen und Plattenauflegen und Reden. Zum Beispiel: ›Weißt du noch, damals?‹, und: ›An was erinnert dich das?‹, und so, wie das ja alle machen; und als Erstes, weißt du, ist Lila aufgestanden und hat gesagt, wir hätten ganz bestimmt nichts dagegen, wenn sie jetzt ins Bett ginge – sie wäre so entsetzlich müde. Und Larry hat mir dann erzählt, so macht sie das immer, wenn sich alle um sie rum gerade köstlich amüsieren. Auch wenn gerade Besuch da ist, wenn sie so entsetzlich müde ist, dann hat der eben Pech gehabt, und Schluss. So eine Lappalie hält *die* doch nicht zurück. Wenn die ins Bett will, dann *geht* die.

Deshalb bin ich doch so oft hingefahren. Du ahnst ja nicht, was für ein wahrer Segen das für Larry ist, wenn er jemanden hat, mit dem er noch zusammensitzen kann, nachdem die liebe Lila um zehn Uhr ins Bett geht. Und außerdem bin ich auch jemand, mit dem der arme Mensch Golf spielen kann, am Tage; Lila kann doch kein Golf – ach, die muss irgendwie einen Dachschaden haben, sieht ihr ganz ähnlich. Ich würde ja nicht freiwillig in ihre Nähe gehen, wenn es nicht so eine Hilfe für Larry wäre. Du weißt doch, wie wahnsinnig gern er sich amüsiert. Und Lila ist *alt* – sie ist eine *ur-ur-alte* Frau! Ehrlich. Larry – na ja, bei Männern ist es natürlich sowieso völlig egal, wie alt sie sind, an Jahren, meine ich; was zählt, ist, wie er sich fühlt. Und Larry ist eben wie ein Kind. Ich erzähle Lila immer wieder, weil ich ihr mal ihren garstigen, bösartigen Kopf ein bisschen waschen will, Vetter Larry und ich zusammen sind bloß ein Paar verrückte Kinder. Also sag mal, findest du nicht, sie müsste eigentlich genug Grips haben, um mitzukriegen, dass sie aus dem Spiel ist und dass das Einzige, was sie machen kann, ist, wenn sie sich zurücklehnt und die Leute sich amüsieren lässt, die das noch können? Denn *sie* amüsiert sich; früh ins Bett geht sie doch *gern*. Hat ja auch gar keiner was dagegen – aber findest du nicht, sie müsste sich dann eigentlich um ihren eigenen Kram kümmern und nicht dauernd Fragen stellen und wissen wollen, worum was gerade geht?

Na, jetzt guck doch mal. Einmal war ich da bei ihnen und hatte zufällig gerade Orchideen an. Also hat Lila gesagt, ach, die wären aber hübsch und so und wer mir die denn geschickt hätte. Ehrlich. Sie hat mich von sich aus gefragt, wer mir die geschickt hat. Also hab ich gedacht, na ja, geschieht dir ganz recht, und hab ihr erzählt, es war Vetter Larry. Ich hab erzählt, sie wären zu einem von unseren irgendwie Jubiläen – du weißt ja, wie das ist, wenn man einen Mann sehr lange kennt, hat man ja immer irgendwie kleine Jubiläen, das erste Mal, dass er einen zum Essen ausgeführt hat, oder das erste Mal, dass er einem Blumen geschickt hat, oder so was. Also jedenfalls, so eins war das, und ich hab Lila erzählt, was für ein wundervoller Freund Vetter Larry für mich ist und wie er immer an solche Sachen denkt und wie viel Spaß er daran hat, er schien richtig Freude an solchen kleinen Aufmerksamkeiten zu haben. Also sag mal. Findest du nicht, dass einfach jeder auf der Welt kapieren müsste, wie unschuldig so was ist, wenn man darüber erzählen kann? Und weißt du, was sie gesagt hat? Ehrlich. Sie hat gesagt: ›Ich mag Orchideen auch.‹ Da hab ich einfach gedacht, tja, vielleicht wenn du fünfzehn Jahre jünger wärst, dann kriegtest du eventuell auch noch einen ab, der dir welche schickt, Kindchen, aber gesagt habe ich nichts. Ich hab nur gesagt: ›Ach, steck dir doch die hier an, Lila, ja?‹ Einfach so; und der Herrgott weiß, ich hätte das nicht nötig gehabt, nicht? Aber, ach nein, das wollte sie nicht. Nein, sie fände, sie ginge sich jetzt einfach ein bisschen hinlegen, wenn ich nichts dagegen hätte. Sie wäre so entsetzlich müde.

Und dann – ach, Liebes, das hätte ich fast vergessen, dir zu erzählen. Wenn du das hörst, fällst du tot um, du brichst komplett zusammen. Also, das letzte Mal, als ich da war, da hatte mir Vetter Larry ein paar Chiffon-Unterhöschen geschickt; also so was von putzig. Weißt du, einfach so aus Jux, diese kleinen rosa Chiffondinger, wo ›Mais l'amour viendra‹ draufgestickt ist, in Schwarz. Das heißt: ›Die Liebe wird kommen.‹ Du weißt schon. Er hat sie irgendwo im Schaufenster gesehen und mir einfach geschickt, einfach so aus Jux. Er macht dauernd solche Sachen wie – He, du meine Güte, erzähl das bloß keinem, nein? Denn, der Herrgott weiß, wenn es irgendwas zu *bedeuten* hätte, würde ich es dir gar nicht erzählen, das *weißt* du, aber du weißt ja, wie die Leute sind. Und es gibt schon genug Gerede, bloß weil ich manchmal mit ihm ausgehe, damit der arme Mensch mal Gesellschaft hat, während Lila im Bett liegt.

Ach so, ja, jedenfalls, er hat mir diese Dinger geschickt, und als ich zum Abendessen runterkam – wir waren nur wir drei; das ist auch noch so was, sie lässt nie jemanden ins Haus, außer wenn er unbedingt darauf besteht –, und ich hab zu Larry gesagt: ›Ich hab eins an, Vetter Larry.‹ Und Lila musste das natürlich gleich hören und hat gesagt: ›Was hast du denn an?‹, und gefragt und gefragt, und ich hatte natürlich nicht vor, ihr das zu erzählen, und ich fand das einfach so urkomisch, dass ich fast gestorben bin, weil ich doch nicht lachen wollte, aber jedes Mal, wenn ich Larrys Blick erwischt hab, sind wir beide schier rausgeplatzt. Und Lila hat immer gesagt, ach, worüber lacht ihr denn, und ach, wir solltens ihr doch sagen, wir solltens ihr doch sagen. Und schließlich, als sie gemerkt hat, wir sagens ihr nicht, da musste sie unbedingt ins Bett, ohne Rücksicht auf *unsere* Gefühle. Mein Gott, darf man denn nicht mal Witze machen? Dies ist ja wohl ein freies Land, nicht?

Ehrlich. Und sie wird immer nur noch schlimmer. Das macht mich einfach krank an Larry. Ich kann mir nicht vorstellen, was er überhaupt tun kann. Du weißt ja, eine Frau wie die würde in einer Million Jahre in keine Scheidung einwilligen, selbst wenn ihm das Geld gehörte. Larry sagt ja nie was, aber ich wette, es gibt Zeiten, wo er sich einfach wünscht, sie ist *tot*. Und alle würden sagen: ›Ach, die arme Lila‹, ›Ach, die arme, liebe Lila, ist das nicht eine Schande?‹ Das liegt daran, dass sie die alle beiseitenimmt und anfängt zu schluchzen, von wegen überhaupt keine Kinder haben. Ach, wie sehr sie sich ein Baby wünscht. Ach, wenn sie und Larry doch nur ein Baby hätten, blah, blah, blah, blah, blah. Und dann die Augen voller Tränen – du weißt ja, du hast sie ja mal so gesehen. Die Augen voller Tränen! Die hat gerade Grund zum Heulen, tut doch immer nur das, was sie will, die ganze Zeit. Ich wette, das ist bloß so ein Spruch, von wegen kein Baby. Das macht sie bloß, um sich Mitleid zu verschaffen. Die ist viel zu verkorkst selbstsüchtig, die hätte nie ihre eigene Bequemlichkeit aufgegeben, um eins zu haben. So ist das nämlich mit der. Denn dann hätte sie ja womöglich bis nach zehn Uhr aufbleiben müssen.

Die arme Lila! Ehrlich, ich könnte Würfelhusten kriegen. Warum sagen sie nicht mal, der arme Larry, zur Abwechslung? Mit ihm muss man Mitleid haben. Nun ja. Für mich steht jedenfalls fest, für Vetter Larry würde ich alles tun, was ich kann, so viel steht für *mich* fest.«

Die junge Frau im gemusterten Crêpe-de-Chine-Kleid zog die ausgebrannte Zigarette aus der Pappspitze und schien, während sie das tat, zunehmend Gefallen an dem wohlvertrauten Anblick ihrer reichlich grell gefärbten Nägel zu finden. Dann nahm sie aus ihrem Schoß ein Etui aus Gold oder einem sehr ähnlichen Material und ergründete in dem winzigen Spiegel hingebungsvoll ihr Gesicht, als wäre es die reine Poesie. Sie runzelte die Augenbrauen, sie zog die Oberlider fast bis ganz auf die Unterlider herab, sie drehte den Kopf wie in einer bedauernden Ablehnung, sie schob den Mund zu den Seiten nach Art eines Exotenfischs; und als sie mit alldem fertig war, wirkte sie noch gelassener, überzeugt von ihrer Güte. Dann zündete sie sich eine neue Zigarette an und schien auch das tadellos zu finden. Dann knüpfte sie wieder daran an, was sie vorher gesagt hatte.

TROST UND LICHT
(Lady with a Lamp)

Mensch, Mona! Mensch, du armes krankes Hühn-
chen, du! Ach, wie klein und weiß und *klein* du
aussiehst, ja, doch, wie du da liegst in diesem Riesen-
bett. Das ist wieder typisch du – gehst hin und siehst aus
wie ein Kindchen und kannst einem leidtun, und kein
Mensch brächte es übers Herz, mit dir zu schimpfen.
Und dabei müsste ich mit dir schimpfen, Mona. O ja, das
müsste ich sehr wohl. Sagst mir gar nicht, dass du krank
bist. Kein Wort davon zu deiner ältesten Freundin. Liebling, du weißt sehr gut, dass ich Verständnis gehabt hätte,
egal was du getan hast. Was ich meine? Wieso, was meinst
du denn mit was ich meine, Mona? Aber sicher, wenn du
lieber nicht darüber reden – Nicht einmal mit deiner ältesten Freundin. Ich wollte *nur* sagen, du weißt sehr gut,
dass ich immer für dich da bin, egal was kommt. Ich gebe
ja zu, manchmal finde ich es etwas schwer zu begreifen,
wie in aller Welt du in so eine – na ja. Meine Güte, ich
möchte dich jetzt nicht anmeckern, wo du so krank bist.

Schon gut, Mona, dann bist du eben *nicht* krank. Wenn
das deine Ansicht ist, sogar mir gegenüber, schön, in
Ordnung, meine Liebe. Höchstwahrscheinlich muss man
fast zehn Tage das Bett hüten, wenn man gar nicht krank
ist, und höchstwahrscheinlich sieht man auch so aus wie
du, wenn man gar nicht krank ist. Nur die Nerven? Du
warst einfach völlig erschöpft? Ah ja. Ach, Mona, Mona,
spürst du denn nicht, mir kannst du doch vertrauen.

Schön, wenn du so zu mir sein möchtest, dann möchtest du eben so sein. Ich werde nicht mehr darüber reden. Ich finde lediglich, du hättest mir sagen können, dass du eine – äh, dass du so *übermüdet* warst, so soll ich es ja wohl nennen. Wieso, ich hätte doch nie ein Wort erfahren, wenn ich nicht zufällig mit Alice Patterson zusammengerannt wäre und die mir nicht gesagt hätte, dass sie bei dir angerufen hat und dass dieses Mädchen da bei dir gesagt hat, dass du seit zehn Tagen krank im Bett liegst. Natürlich, ich fand es auch etwas komisch, dass ich nichts mehr von dir gehört habe, aber du weißt ja selber, wie du bist – du lässt einen einfach sausen, Wochen vergehen wie, na ja, eben *Wochen*, und von dir kein Lebenszeichen. Gott, ich hätte schon x-mal tot sein können, und du hättest es gar nicht mitgekriegt. Zwanzigmal. Na, ich will nicht mit dir schimpfen, wenn du krank bist, aber Hand aufs Herz, Mona, dieses Mal habe ich mir gesagt: »So, jetzt soll sie auch mal warten, dass ich mich melde. Ich habe oft genug eingelenkt, das weiß der Himmel. Jetzt soll *sie* mal zuerst anrufen.« Wirklich und wahrhaftig, das habe ich gesagt!

Und dann traf ich Alice und kam mir schäbig vor, ganz gemein. Und jetzt sehe ich dich da liegen – Mensch, ich fühle mich wie ein Schweinehund. Das machst du nämlich mit Leuten, sogar wenn du im Unrecht bist, wie üblich, du kleines Biest, du! Ach, der arme Liebling! Fühlt sich so grässlich, ja?

Ach, hör doch auf, hier die Tapfere zu spielen, Kind. Vor mir doch nicht. Gib dich drein – das hilft nämlich sehr. Erzähl mir einfach die ganze Geschichte. Du weißt, ich werde kein Wort sagen. Jedenfalls solltest du das wissen. Als Alice mir erzählte, dieses Mädchen da von dir hätte gesagt, du wärst völlig erschöpft, und deine Nerven wären im Eimer, da habe ich natürlich nichts gesagt, aber gedacht habe ich mir: »Tja, anders könnte Mona das gar nicht nennen. Vermutlich ist das die beste Ausrede, die ihr einfällt.« Und *ich* würde sie selbstverständlich nie anzweifeln – aber es wäre vielleicht doch besser gewesen, du hättest eine Grippe oder eine Lebensmittelvergiftung vorgeschützt. Schließlich bleibt man nicht bloß wegen der Nerven zehn Tage im Bett. Schon gut, Mona, dann tut man das. Dann tut man das. Jawohl, Liebes.

Oh, allein der Gedanke, was du durchgemacht hast und wie du hier allein rumkrauchst wie ein wundes Tierchen oder so. Und nur diese farbige Edie soll für dich sorgen. Liebling, müsstest du nicht eine ausgebildete Krankenschwester haben, ich meine, wirklich? Da gibt es doch bestimmt einiges, was man für dich tun müsste. Wieso, Mona! Mona, bitte! Liebes, du brauchst dich nicht so aufzuregen. Also schön, meine Liebe, ganz wie du meinst – gar nichts muss man für dich tun. Ich habe mich geirrt, sonst nichts. Ich hatte einfach nur überlegt, dass man nach einer – O nein, das musst du doch nicht machen. Du darfst niemals sagen, es tut dir leid, nicht *mir* gegenüber. Ich verstehe das doch. Ehrlich gesagt, habe ich ja mit Freuden gehört, wie du in Wut gerätst. Es ist ein gutes Zeichen, wenn kranke Leute zickig werden. Das heißt, sie sind auf dem Wege der Besserung. Oh, ich weiß! Mach du nur weiter und sei zickig, soviel du willst.

Sag mal, wo soll ich mich denn hinsetzen? Ich möchte

irgendwo sitzen, wo du dich nicht umdrehen musst, um dich zu unterhalten. Du bleibst genauso da liegen, und ich – Weil du dich bestimmt nicht so viel bewegen sollst. Das ist mit Sicherheit schädlich. Schon gut, Liebes, du kannst dich bewegen, soviel du willst. Schon gut, ich bin wohl verrückt. Dann bin ich eben verrückt. Wir wollen es dabei belassen. Nur bitte, bitte, reg dich nicht so auf.

Ich hole nur mal eben den Stuhl hier und stelle ihn – ups, entschuldige, jetzt bin ich ans Bett gepoltert –, ich stell ihn hierher, wo du mich im Blick hast. So. Aber erst mal will ich dir noch die Kissen aufschütteln, bevor ich mich niederlasse. Nein, die sind bestimmt *nicht* in Ordnung so, Mona. So wie du die verwurschtelt und verzogen hast in den letzten Minuten. Jetzt pass mal auf, Herzchen, ich helfe dir, dich hochzusetzen, ga-a-anz, gaa-anz sa-a-achte. Ja-ah. Natürlich kannst du dich auch allein hochsetzen, Liebes. Aber selbstverständlich. Das hat doch auch niemand bezweifelt. Käme doch niemandem in den Sinn. So, ja, jetzt sind die Kissen wieder kuschelig und hübsch, und du legst dich schön wieder hin, bevor du dir erst was tust. Ist das etwa nicht besser jetzt? Na, das will ich doch meinen!

Augenblick mal, ich hole noch mein Nähzeug. O ja, ich hab es mitgebracht, damit wir es uns richtig gemütlich machen können. Findest du es wirklich hübsch, Hand aufs Herz? Das freut mich aber. Es ist ja nur ein Deckchen fürs Tablett, weißt du. Aber man hat einfach nie genug davon. Macht auch furchtbar viel Spaß, sie zu nähen, diese Kante hier – und geht so schnell. Oh, Mona, Liebes, so oft denke ich, wenn du doch auch dein eigenes Heim und alle Hände voll zu tun hättest, kleine hübsche Sachen wie die hier, das würde dir *so guttun*. Ich mache mir solche Sorgen um dich, hier in dieser winzigen möblierten Wohnung, und nichts drin, was dir gehört, keine Wurzeln, gar nichts. Das ist nicht das Richtige für eine Frau. Das ist völlig falsch für eine Frau wie dich. Ach, wenn du doch bloß über diesen Garry McVicker wegkommen könntest! Wenn du nur einen lieben, netten, vernünftigen Mann kennenlernen und heiraten könntest und deine eigene schöne Umgebung hättest – bei deinem *Geschmack*, Mona! – und vielleicht ein paar Kinder. Du bist einfach großartig zu Kindern. Was denn, Mona Morrison, weinst du etwa? Ach, du bist erkältet? Erkältet *auch* noch? Ich dachte gerade, du weinst, eine Sekunde lang. Möchtest du nicht mein Taschentuch haben, Lämmchen? Ah, so, du hast deine eigenen. Du tust es ja nicht unter einem Chiffontaschentuch in Rosé, du Schnepfe! Warum nimmst du denn nicht die Abschminktücher im Bett, sieht dich doch sowieso kein Mensch! Du Dusselchen, du! Extravagantes Dummchen!

Nein, jetzt aber mal im Ernst. Ich habe oft zu Fred gesagt: »Ach, wenn wir Mona bloß unter die Haube bekämen!« Ehrlich, du weißt ja nicht, wie sich das anfühlt, wenn du einfach ganz sicher und geschützt bist, mit deinem eigenen gemütlichen Zuhause und eigenen behüteten Kindern, und dein eigener reizender Mann kommt Abend für Abend zu dir nach Hause. Das ist *Leben* für uns Frauen, Mona. Was du gemacht hast, ist doch schrecklich. Lässt dich bloß so treiben, sonst gar nichts. Was kann dir da alles zustoßen, Liebes, was soll denn aus dir werden? Aber nein – du denkst nicht mal daran. Du machst einfach drauflos und gehst und verliebst dich in diesen Garry da. Tja, meine Liebe, das musst du mir lassen – ich habe von Anfang an gesagt: »Der heiratet die nie.« Das weißt du. Wie bitte? An Heirat habt ihr nie gedacht, du und Garry? Also, Mona, jetzt hör mir mal zu! Jede Frau auf der Welt denkt an Heirat, sobald sie einen Mann liebt. Jede Frau, und mir ist ganz egal, wer sie ist.

Ach, wärst du doch verheiratet! Dann wäre alles ganz anders. Ich glaube, ein Kind würde Wunder wirken, Mona. Der Himmel weiß, ich kann mit diesem Garry ja kein normales Wort wechseln, nach allem, was er dir angetan hat – und *keiner* von deinen Freunden kann das, das weißt du sehr gut –, aber ich kann dir sagen, Hand aufs Herz, falls der dich heiratet, würde ich das alles zu den Akten legen und einfach ganz, ganz glücklich sein, für dich. Wenn du ihn *unbedingt* willst. Ich will auch gern zugeben, so hübsch, wie du bist, und bei seinem blendenden Aussehen müsstet ihr einfach *umwerfende* Kinder haben. Mona, Schätzchen, du hast aber wirklich einen dicken Schnupfen, was? Soll ich dir nicht noch ein Taschentuch holen? Wirklich nicht?

Es macht mich einfach krank, dass ich überhaupt keine Blumen mitgebracht habe. Aber ich hatte gedacht, die Wohnung ist voll davon. Na, ich werde auf dem Nachhauseweg anhalten und dir welche schicken lassen. Sieht ja zu trist hier aus, ohne eine Blume im Zimmer. Hat Garry dir gar keine geschickt? Ach, er wusste nicht, dass du krank bist? Wieso, schickt er denn sonst keine? Hör mal, hat der gar nicht angerufen die ganze Zeit und mit-

135

gekriegt, ob du krank bist oder nicht? Die ganzen zehn Tage nicht? Na ja, aber hast du denn nicht angerufen und es ihm gesagt? Also wirklich, Mona, man *kanns* auch übertreiben mit der Heldenrolle. Der soll sich ruhig ein paar Sorgen machen, Liebes. Das tut dem mal ganz gut. Vielleicht liegt *da* das Problem – *du* hast dir immer alle Sorgen für euch beide gemacht. Keine Blumen geschickt! Nicht mal angerufen! Na, *dem* jungen Mann würde ich gern mal ein paar passende Worte erzählen. Schließlich hat *er* das hier zu verantworten.

Er ist weg? *Was* ist er? So, nach Chicago gefahren, vor zwei Wochen. Nun ja, ich dachte allerdings, ich hätte überall gehört, dass zwischen hier und Chicago bereits Telefonkabel gespannt sind, aber natürlich – man würde meinen, wenn er zurück ist, wäre es das Mindeste, was er mal tun könnte, dass er was für dich tut. Er ist noch nicht zurück? Er ist noch nicht wieder *hier*? Mona, was willst du mir eigentlich weismachen? Weil, gerade vorgestern Abend – Erzählt dir, er meldet sich, sobald er wieder zu Hause ist? Von allen niederträchtigen Gemeinheiten, die ich je mitbekommen habe, ist das wirklich die – Mona, Liebes, bitte, leg dich wieder hin. Bitte. Wieso, gar nichts habe ich gemeint. Ich weiß nicht, was ich sagen wollte, im Ernst, das war sicher nichts. Um Himmels willen, lass uns über etwas anderes reden.

Warte mal. Ja, du musst unbedingt Julia Posts Wohn-zimmer sehen, wie sie es jetzt gemacht hat. Braune Wände – nicht beige, weißt du, oder hautfarben oder sonst was, sondern richtig braun – und dazu diese cremefarbenen Taftvorhänge und – Mona, ich sage dir doch, ich weiß absolut nicht, was ich eben sagen wollte. Es ist vollkommen weg. Da kannst du mal sehen, wie unbedeutend es war. Liebes, bitte, bleib still liegen und versuch, dich zu entspannen. Bitte, vergiss diesen Mann überhaupt mal für ein paar Minuten. Kein Mann ist es wert, dass man sich derart echauffiert. Siehst du das vielleicht bei *mir*? Du kannst nämlich nicht erwarten, dass du schnell wieder besser wirst, wenn du dich so aufregst. Das weißt du doch.

Bei welchem Arzt warst du eigentlich, Liebling? Oder willst du das nicht sagen? Bei deinem? Bei deinem Doktor Britton? Ist das dein Ernst? Also, bestimmt, ich hätte nie gedacht, dass der so was – Ja, Liebes, natürlich ist er Nervenspezialist. Jawohl. Ja, Liebes. Ja, Liebes, natürlich hast du völliges Vertrauen zu ihm. Ich wünschte nur, zu mir auch, gelegentlich; nachdem wir zusammen zur Schule gegangen sind und alles. Du müsstest eigentlich wissen, dass ich ganz und gar auf deiner Seite bin. Ich wüsste nicht, was du sonst hättest machen sollen. Du hast ja zwar immer gesagt, für ein Baby würdest du alles aufgeben, aber es wäre doch auch furchtbar unfair gegenüber dem Kind, wenn man es in die Welt setzen würde und nicht verheiratet wäre. Du müsstest ins Ausland gehen und könntest niemanden mehr sehen und – Aber selbst dann, irgendwer würde es mit Sicherheit irgendwann ausplaudern. Machen die doch immer. Du hast das einzig Mögliche getan, finde *ich*. Mona, um Himmels willen! Schrei doch nicht so. Ich bin ja nicht taub. Schon gut, Liebes, schon gut, schon gut, schon gut. Schon gut, selbstverständlich glaube ich dir. Natürlich nehme ich dir das ab. Jedes Wort. Nur versuch bitte, ruhig zu bleiben. Leg dich jetzt wieder hin und ruh dich aus und genieß die Unterhaltung.

Jetzt hack doch nicht dauernd darauf herum. Ich habe dir hundert Mal gesagt, mindestens, ich wollte überhaupt gar nichts sagen. Ich schwöre dir, ich kann mich nicht erinnern, *was* ich sagen wollte. »Vorgestern Abend?« Wann habe ich denn »vorgestern Abend« gesagt? So was habe ich nie – Also gut. Vielleicht ist es besser so, Mona. Je mehr ich darüber nachdenke, desto mehr finde ich, es ist viel besser für dich, wenn du es von mir hörst. Denn irgendjemand *muss* es dir sagen. Solche Sachen kommen immer raus. Und du hörst es ja doch auch lieber von deiner ältesten Freundin, nicht? Und der liebe Herrgott weiß, ich wäre zu allem fähig, wenn ich dir nur die Augen öffnen könnte, was das in Wirklichkeit für ein Mann ist! Du musst dich nur entspannen, Liebling. Einfach meinetwegen. Liebes, Garry ist nicht in Chicago. Fred und ich haben ihn vor zwei Abenden im *Comet Club* tanzen sehen. Und Alice hat ihn Dienstag im *El Rhumba* gesehen. Und ich weiß nicht, wie viele Leute erzählt haben, sie hätten ihn im Theater oder in Nachtclubs oder sonst wo gesehen. Also, in Chicago kann er höchstens einen Tag oder so gewesen sein – falls er überhaupt hingefahren ist.

Nun, mit *ihr* war er da, als wir ihn sahen, Herzchen. Offenbar ist er die ganze Zeit mit ihr zusammen; kein Mensch sieht ihn je mit jemand anders. Du musst dich wirklich damit abfinden, Liebes; das ist jetzt das Einzige. Ich höre überall, dass er ihr regelrecht in den Ohren liegen soll, damit sie ihn heiratet, aber ich weiß nicht, inwieweit das stimmt. Ich begreife wirklich nicht, warum er das wollen sollte, aber bei so einem Mann weiß man ja sowieso nie, was er tut und lässt. Es geschähe ihm allerdings recht, wenn er sie kriegte, wenn du *mich* fragst. Der würde sich ganz schön umgucken. Die würde sich nämlich seinen Quatsch nicht bieten lassen. Die würde sich den schon zurechtbiegen. Die ist gar nicht dumm.

Aber, uh, so *ordinär*. Als wir sie neulich Abend sahen, dachte ich: »Ja, die sieht einfach billig aus und sonst gar nichts.« Aber offensichtlich mag er das gerade. Ich muss schon sagen, er sah ja blendend aus. Sah, glaube ich, nie besser aus. Natürlich, du weißt ja, was ich von ihm halte, aber ich habe auch immer zugeben müssen, dass er einer der schönsten Männer ist, die ich im Leben gesehen habe. Ich kann schon verstehen, dass er auf alle Frauen anziehend wirkt – am Anfang. Bis sie dann mitkriegen, wie er in Wirklichkeit ist. Oh, wenn du ihn hättest sehen können, mit dieser grässlichen gewöhnlichen Kreatur, der kriegte seine Augen gar nicht von ihr weg und hing an jedem Wort, das sie sagte, als wenn es Perlen wären! Ich fand es einfach –

Mona, Engelchen, *weinst* du etwa? Also, Liebling, das ist nun wirklich albern. Dieser Mann ist keinen weiteren Gedanken wert. Du hast viel zu viel an ihn gedacht, das ist das Problem. Drei Jahre! Drei der besten Jahre deines Lebens hast du ihm geschenkt, und die ganze Zeit hat er dich hintergangen mit dieser Frau. Denk doch nur mal zurück, was du alles durchgemacht hast – und immer und immer und immer wieder hat er dir versprochen, dass er sie aufgibt; und du, du armes Dusselchen, du hast ihm immer wieder geglaubt, und er ist sofort wieder zu ihr gegangen. Und *alle* haben es gewusst. Stell dir das mal vor, und dann versuch noch mal, mir weiszumachen, dass der Mann *eine* Träne wert ist! Wirklich, Mona! Ich an deiner Stelle hätte mehr Stolz.

Weißt du, eigentlich bin ich froh, dass es passiert ist. Ich bin wirklich froh, dass du es weißt. Das war ein bisschen zu happig diesmal. In Chicago, also wirklich! Will sich melden, sowie er wieder hier ist! War doch wirklich das Freundlichste, was man für dich tun konnte, dass man es dir sagt und dich wieder zur Vernunft bringt. Ich bedaure nicht, dass ich es war, nicht eine Sekunde. Wenn ich mir vorstelle, wie der sich draußen goldene Zeiten macht, und du liegst hier drin, todkrank, und nur wegen ihm, ich könnte ihn – Jawohl, wegen ihm. Auch wenn es keine – ich meine, auch wenn ich mich geirrt haben sollte, als ich sofort sicher war, was mit dir los ist, weil du so ein Geheimnis um dein Kranksein gemacht hast, er hat dich in einen Nervenzusammenbruch getrieben, und das ist ja wohl schlimm genug. Bloß wegen diesem Mann! So ein Stinktier! Du schlägst dir den jetzt endlich aus dem Kopf.

Wieso, natürlich kannst du, Mona. Du brauchst dich einfach nur zusammenzureißen, Kindchen. Sag dir einfach: »Gut, ich habe drei Jahre meines Lebens vergeudet, und jetzt ist Schluss.« Mach dir nur nie wieder Sorgen um *ihn*. Er macht sich weiß Gott keine um dich, Liebling.

Du bist nur so erregt, weil du so schwach und krank bist, Liebes. Ich weiß. Aber bald bist du wieder gesund. Du kannst noch etwas aus deinem Leben machen. Du musst, Mona, das weißt du. Denn letzten Endes – ich meine, natürlich hast du nie lieblicher ausgesehen, das meine ich nicht; aber du – ich meine, du wirst auch nicht jünger. Und hier hast du deine Zeit aus dem Fenster geworfen, du hast dich nie mit deinen Freunden getroffen, bist nie ausgegangen, hast niemand Neues kennengelernt, du hast immer nur hier gesessen und darauf gewartet, dass Garry anrief oder Garry kam – wenn er gerade nichts Besseres vorhatte. Drei Jahre lang hattest du keinen anderen Gedanken im Kopf als diesen Mann. Jetzt vergiss ihn endlich.

Ach, Kleines, das ist aber nicht gut für dich, wenn du so weinst. Bitte, lass es. Der ist nicht mal wert, dass man über ihn redet. Guck dir doch die Frau an, in die er verliebt ist, dann kannst du sehen, was für eine Sorte er ist. Du warst viel zu gut für ihn. Du warst viel zu lieb zu ihm. Du warst zu nachgiebig. Im selben Moment, wo er dich hatte, hat er dich nicht mehr gewollt. So einer ist das. Quatsch, er hat dich nie mehr geliebt als –

Mona, nicht! Mona, hör auf! Bitte, Mona! Du darfst nicht so reden, du darfst so etwas nicht sagen. Du musst aufhören zu weinen, sonst wirst du noch richtig krank. Hör auf, oh, hör auf damit, oh, hör bitte auf! Gott, was soll ich denn mit ihr machen? Mona, Liebes. Mona! Oh, wo um Himmels willen ist denn dieses dämliche Mädchen?

Edie. Oh. Edie! Edie, ich glaube, Sie müssen sofort Dr. Britton anrufen und ihm sagen, er soll herkommen und Miss Morrison etwas zum Beruhigen geben. Ich fürchte, sie ist ein bisschen aus der Fassung.

SENTIMENT
(Sentiment)

O*h, irgendwohin, Herr Fahrer, irgendwohin – es ist egal. Fahren Sie einfach.*

Im Taxi hier ist es besser als ebendieses Herumlaufen. Es bringt nichts, wenn ich versuche, spazieren zu gehen. Da blitzt immer plötzlich jemand durch die Menge, der aussieht wie er – jemand, der die Schultern schwingt wie er, der den Hut so schräg aufhat wie er. Und ich denke, er ist wieder da. Und mein Herz wird heiß wie Brühwasser, und die Häuser schwanken und biegen sich über mir zusammen. Nein, hier drin ist es besser. Aber der Fahrer soll bitte bloß schnell fahren, so schnell, dass die Vorbeigehenden eine graue, verschwommene Masse werden und ich schwingende Schultern und schräge Hüte gar nicht erkennen kann. Das ist schlimm, mitten im Verkehr anhalten, wie jetzt. Die Leute gehen viel zu langsam, sind zu deutlich, und jeder Nächste könnte – Nein, natürlich, kann er nicht. Ich weiß das. Natürlich weiß ich es. Aber eigentlich, womöglich.

Außerdem können die Leute reingucken und mich sehen hier drin. Sie können sehen, ob ich weine. Ach, sollen sie – ist doch egal. Sollen sie doch gucken und über mich herziehen.

Ja, gucken Sie mich nur an. Gucken Sie, und gucken Sie, und gucken Sie, Sie arme, geplagte Trutsche. Hübsch, der Hut, was? Den soll man auch angucken. Deshalb ist er nämlich so groß und rot und neu, deshalb hat er so riesige weiche Mohnblüten obendrauf. Ihr armseliger Hut dagegen ist schlapp und aus der Fasson. Sieht aus wie eine tote Katze, eine Katze, die jemand überfahren und dann einfach aus dem Weg geschubst hat, in die Gosse. Möchten Sie nicht auch lieber ich sein und einen neuen Hut haben können, wann immer es Ihnen in den Kram passt? Sie könnten auch schnell gehen, nicht wahr, und den Kopf hoch tragen und Ihre Füße vom Pflaster heben, wenn Sie einem neuen Hut entgegengingen, einem wunderschönen Hut, einem Hut, der mehr kostet, als Sie je besessen haben? Ich hoffe nur, Sie würden dann nicht so einen nehmen wie ich. Denn Rot steht nämlich für Trauer. Scharlachrot für eine Liebe, die gestorben ist. Wussten Sie das etwa nicht?

Jetzt ist sie weg. Das Taxi fährt wieder, und sie bleibt für immer zurück. Möchte wissen, was sie gedacht hat, als unsere Augen und unsere Leben sich begegneten. Möchte wissen, ob sie mich beneidet hat, meine Geschmeidigkeit und Sicherheit und Jugend. Oder ob sie gemerkt hat, wie rasch ich alles, was ich habe, wegwerfen würde, könnte ich in meiner Brust das stille, tote Herz tragen, das sie in ihrer birgt. Sie hat keine Gefühle. Sie hat nicht einmal Wünsche. Sie hats hinter sich, Hoffen und Brennen, falls sie jemals gebrannt und gehofft. Oh, das ist aber nett, hat richtig Schwung. Sie hats hinter sich, Hoffen und Brennen, falls sie jemals – Ja, klingt hübsch. Ach ja – möchte wissen, ob sie ihrer trägen Wege etwas glücklicher weitergegangen ist oder, vielleicht, etwas trauriger, jetzt wo sie gesehen hat, da ist jemand noch schlechter dran als sie.

Das ist gerade so etwas, was er an mir gehasst hat. Ich weiß genau, was er jetzt sagen würde: »Oh, um Himmels willen!«, würde er sagen. »Kannst du nicht aufhören mit diesen albernen Sentimentalitäten? Warum musst du so sein? Warum *willst* du so sein? Bloß dass du eine alte Putzfrau auf der Straße siehst, ist noch lange kein Grund, in Geschluchze auszubrechen. Der gehts gut. Die kommt zurecht. ›Als eure Augen und eure Leben sich begegneten‹ – ach, geh mir doch los. Die hat dich doch gar nicht gesehen. Und nichts da mit ›ihr stilles, totes Herz‹! Vermutlich ist sie gerade unterwegs, um sich eine Flasche Gin-Verschnitt zu besorgen und sich ein paar rauschende Stunden zu machen. Du musst nicht aus *allem* ein Drama machen. Du musst nicht *allen* Leuten anhängen, dass sie traurig sind. Warum bist du immer so sentimental? Hör auf damit, Rosalie.« Das würde er sagen. Ich weiß es.

Aber das wird er nicht, zu mir nicht, und auch sonst nichts, nie mehr. Nie mehr sonst ein Wort, ob süß oder bitter. Er ist weg, und er kommt nicht wieder. »Aber natürlich komme ich wieder!«, hat er gesagt. »Nein, ich weiß wirklich nicht, wann – das habe ich dir doch gesagt. Ach, Rosalie, jetzt mach nicht gleich ein nationales Trauerspiel daraus. Ein paar Monate werdens, vielleicht – und wenn je zwei Leute mal Ferien voneinander nötig hatten! Ist überhaupt kein Grund zum Heulen. Ich komme wieder. Hab nicht vor, ewig aus New York wegzubleiben.«

Aber ich wusste es. Ich wusste es. Ich wusste es, weil er mir schon, lange bevor er wegfuhr, fern war. Er ist weg, und er kommt nicht wieder. Er ist weg, und er kommt nicht wieder, er ist weg, und er kommt nie wieder. Hör auf die Reifen, die sagen das auch, immer und immer wieder. Das ist bestimmt auch sentimental. Reifen sagen gar nichts. Reifen können nicht reden. Trotzdem höre ich sie.

Möchte mal wissen, warum sentimental sein falsch sein soll. Die Leute sind so verächtlich gegenüber Gefühlen. »Könnte *mir* nicht passieren, allein rumzusitzen und zu brüten«, sagen sie. »Brüten« nennen sie es, wenn sie »sich erinnern« meinen, und sie sind so stolz darauf, keine Erinnerung zu haben. »Ich nehme nie irgendwas ernst«, sagen sie. »Ich könnte mir gar nicht vorstellen«, sagen sie, »dass mir irgendwas so viel ausmacht, dass es mir wehtun könnte.« Sie sagen: »Kein einziger Mensch könnte *mir* so viel bedeuten.« Und warum, warum finden sie, ist es so richtig?

Oh, wer macht was richtig und wer was falsch, und wer entscheidet das? Vielleicht hatte ich ja doch recht mit der Putzfrau. Vielleicht *war* sie geplagt und *hatte* ein stilles Herz, und vielleicht hat sie, nur diesen Augenblick lang, wirklich alles über mich gewusst. Es muss gar nicht sein, dass es ihr gut geht und sie zurechtkommt und sich gerade Gin holt, bloß weil er das gesagt hat. Oh. Oh, hab ich ganz vergessen. Er hat das ja gar nicht gesagt. Er war gar nicht hier; er ist nicht hier. Ich war es, meine Vorstellung, was er sagen würde. Und ich dachte, ich hätte ihn gehört. Er ist immer bei mir, er mitsamt seiner ganzen Schönheit und Grausamkeit. Aber das darf er nicht mehr. Ich darf nicht mehr an ihn denken. Das ist es, denk einfach nicht mehr an ihn. Ja. Und lass auch gleich das Atmen. Hör nicht mehr. Sieh nicht mehr. Halt das Blut in deinen Adern an.

Ich kann so nicht weitermachen. Ich kann nicht, ich kann nicht. Ich kann dieses rasende Unglück nicht mehr aushalten. Wenn ich wüsste, in einem Tag oder einem Jahr oder zwei Monaten ist alles vorbei, dann käme ich da durch. Selbst wenn es manchmal dumpfer und manchmal wilder werden würde, es wäre zu ertragen. Aber es ist immer dasselbe, und es gibt kein Ende.

»Kummer schlägt sich auf mein Herz,
Wie unablässiger Regen, du.
Und man irrt und schreit vor Schmerz,
morgens scheints ein schlimmer Scherz,
es nimmt nicht ab und nimmt nicht zu,
fängt nirgends an, geht nie zur Ruh.«

Oh, halt mal – wie geht noch die nächste Strophe? Irgendwas, irgendwas, irgendwas, irgendwas, irgendwas reimt sich auf »Schuh«. Jedenfalls, es hört auf mit:

»All mein Denken trag und trüb,
ob ich steh, ob sitz, ob lieg,
gar nichts zählt; nicht, ob ich krieg
das Kleid, nicht, ob die Schuh.«

Genau, so geht das Gedicht. Und es hat recht, es hat ja so recht. Was bedeuten mir Kleid und Schuh? Los, kauf dir einen roten Riesenhut mit Klatschmohn obendrauf, der muntert dich wieder auf. Ja, los, kauf ihn und lass dich davon anekeln. Wie soll das bloß weitergehen, wenn ich immer nur rumsitze und glotze und rote Riesenhüte kaufe und sie hasse und dann wieder rumsitze und glotze – Tag für Tag für Tag für Tag? Morgen, und morgen, und dann wieder morgen. Wie soll ich da wohl durchkommen?

Aber was gibts denn sonst für mich? »Geh aus, triff dich mit Freunden und amüsier dich«, sagen sie. »Sitz nicht allein herum und mach ein Drama aus dir.« Ein Drama aus mir! Wenn es ein Drama ist, das Gefühl zu haben, ein dauernder – nein, ein unablässiger Regen schlägt mir aufs Herz, dann mache ich ein Drama aus mir. Diese hohlen Leute, diese kleinen Geister, woher wollen die wohl wissen, was Leiden ist, was könnte deren feiste Herzen schon zerreißen? Begreifen die nicht, diese Hohlköpfe, dass ich mich mit den Freunden, die wir zusammen besucht haben, nicht mehr treffen kann, dass ich da, wo er und ich zusammen waren, nicht mehr hingehen kann? Denn er ist weg, und es ist zu Ende. Zu Ende, zu Ende. Und wenn es zu Ende geht, dann sind nur noch die Orte, an denen man leiden gelernt hat, freundlich zu einem. Wenn man an die Schauplätze seines Glücks zurückkehrt, muss einem das Herz zerbersten vor lauter Qual.

Und das ist bestimmt auch sentimental. Es ist sentimental, wenn man genau weiß, dass man es nicht erträgt, die Orte zu sehen, an denen es einem einmal rundum gut gegangen ist, dass man nicht erträgt, an etwas totes Schönes erinnert zu werden. Leiden ist Ruhe, erinnert im Gefühl. Das – oh, ich glaube, das ist ziemlich gut. »Erinnert im Gefühl« – das ist wirklich eine gelungene Umkehrung. Ich wünschte, ich könnte ihm das sagen. Aber gar nichts werde ich ihm mehr sagen, nie mehr, nie, nie mehr. Er ist weg, und es ist aus, und ich muss mich hüten, an die toten Tage zu denken. All mein Denken träg und trüb, so muss das sein, und ich muss –

Oh, nein, nein, nein! Oh, der Fahrer soll nicht diese Straße nehmen! Das hier war unsere Straße, das hier ist der Ort unserer Liebe und unseres Lachens. Das halte ich nicht durch, ich kann nicht, ich kann nicht. Ich werde mich ducken und mir die Hände ganz, ganz fest über die Augen halten, und ich muss jetzt werden wie die kleinen, gemeinen Leute mit ihren vertrockneten Seelen und ihrem Stolz, keine Erinnerung zu haben.

Ach, aber ich sehe es ja, ich sehe es, obwohl meine Augen verdeckt sind. Selbst wenn ich gar keine hätte, mein Herz würde mir diese Straße beschreiben, genau diese eine. Ich kenne sie, wie ich meine Hände kenne, wie ich sein Gesicht kenne. Oh, warum kann man mich nicht sterben lassen, während wir durchfahren?

Wir müssen jetzt bei dem Blumenladen an der Ecke sein. Da ist er immer vorbeigegangen und hat mir Schlüsselblumen gekauft, kleine gelbe Schlüsselblumen, ganz viele und dicht gebunden, in ihrem Kranz aus Blättern, unten silbern, rein und fein und kühl. Er hat immer gesagt, Orchideen und Kamelien wären nicht mein Fall. Und wenn es nicht Frühling war und keine Schlüsselblumen gab, dann hat er mir Maiglöckchen und bunte Röschen und Reseda und leuchtend blaue Kornblumen geschenkt. Er hat gesagt, er könnte den Gedanken an mich ohne Blumen nicht aushalten – das wäre einfach unrecht; jetzt kann ich keine Blumen in der Nähe ertragen. Und der kleine graue Blumenhändler war immer so neugierig und so selig – und eines Tages hat er mich mit »Gnä' Frau« angeredet! Ach, ich kann nicht, ich kann nicht.

Und jetzt müssen wir bei dem großen Apartmenthaus mit dem großen goldenen Portier sein. Dieser Abend, als der Portier den niedlichen Welpen an einer langen, riesigen Leine hielt, und wir sind stehen geblieben und wollten mit dem Hündchen reden, und er hat es auf den Arm genommen und gehätschelt, und das war das einzige Mal, das wir den Portier je lächeln sehen haben! Und gleich daneben ist das Haus mit dem Baby, und er hat immer den Hut gezogen und eine ganz feierliche Verbeugung gemacht vor der Kleinen, und manchmal hat sie ihm ihr Seestern-Händchen gegeben. Und dann kommt der Baum mit dem verrosteten Eisengeländer drum rum, an dem er immer stehen geblieben ist und sich umgedreht hat, um mir zu winken, während ich aus dem Fenster lehnte und ihm nachsah. Und die Leute guckten ihn an, denn die Leute mussten ihn immer angucken, aber er hat es nie gemerkt. Das ist unser Baum, hat er gesagt; der würde nicht im Traum jemand anderem gehören wollen. Und nur sehr wenige Stadtmenschen hätten ihren eigenen, persönlichen Baum, hat er gesagt. Ob mir das schon aufgefallen wäre, hat er gesagt.

Und dann kommt das Haus von dem Arzt, und dann drei schmale graue Häuser, und dann – o Gott, jetzt müssen wir bei unserem Haus sein! Es ist unser Haus, obwohl wir nur die oberste Etage hatten. Und ich liebte die endlosen, dunklen Treppen, weil er sie jeden Abend hochstieg. Und unsere gestärkten rosa Vorhänge an den Fens-

149

tern, und die Kästen mit den rosa Geranien, die immer für mich wuchsen. Und der förmliche kleine Eingang, und der komische Briefkasten, und sein Klingeln. Und ich, wie ich in der Dämmerung auf ihn warte und immer denke, er kommt nie mehr; trotzdem, auch das Warten war wunderbar. Und dann, wenn ich die Tür aufmachte, für ihn – O nein, nein, nein! Oh, niemand könnte das ertragen. Niemand, niemand.

Ach, warum, warum muss ich hier durchgefahren werden? Welche Folter könnte schrecklicher sein als das hier? Bestimmt ist es besser, wenn ich die Augen wieder frei mache und hingucke. Ich sehe mir jetzt unseren Baum und unser Haus noch einmal an, und dann wird mir das Herz zerbersten, und ich werde tot sein. Ich sehe es mir jetzt an, ich sehe es mir jetzt an.

Wo ist denn der Baum? Die können doch unseren Baum nicht gefällt haben – *unseren* Baum? Und wo ist das Apartmenthaus? Und wo ist der Blumenladen? Und wo – oh, wo ist denn unser Haus, wo ist denn –

Herr Fahrer, was ist das denn hier für eine Straße? Die Fünfundsechzigste? Oh. Nein, nichts, vielen Dank. Ich – ich hatte nur gedacht, es wäre die Dreiundsechzigste …

MORGENSTUND HAT GIFT IM MUND
(The Little Hours)

Was ist das denn jetzt? Worauf soll diese ganze Dunkelheit hier eigentlich hinauslaufen? Sie haben mich ja wohl nicht lebendig begraben, bloß weil ich mich gerade mal umgedreht habe, oder? So, und du denkst, *das* sähe ihnen ähnlich! Ach nein, ich weiß, was los ist. Ich bin wach geworden. Das ist los. Ich bin mitten in der Nacht aufgewacht. Na, ist das nicht nett. Ist das nicht einfach hinreißend. Punkt zwanzig nach vier, exakt, und hier haben wir unser Püppchen mit großen Augen, rund wie Sonnenblumen. Nun sieh dir das an, los. Just wenn alle anständigen Leute ins Bett gehen, muss ich wach werden. Da kann ja nichts von werden, bei *der* Methode. Das stinkt, wie eine Ungerechtigkeit überhaupt nur stinken kann. *Das* erzeugt nämlich den Hass und das ganze Blutvergießen, genau das.

Ja, und soll ich dir mal sagen, was mich in diesen Schlamassel gebracht hat? Dass ich um zehn Uhr ins Bett gegangen bin, das wars. Das ist der Ruin persönlich. Z-e-h-n-Leertaste-groß-U-h-r gleich Ruin. Wer mit den Hühnern schlafen geht, sich besser gleich im Grab umdreht. Vor elf ins Bett macht meschugge und fett. Vor morgens ins Bett, das bringt kein Kadett. Um zehn Uhr, nach einem geruhsamen Leseabend. Lesen – halt, das ist auch so eine Einrichtung. Tja, ich würd sofort das Licht anknipsen und lesen, augenblicklich, wenn mich nicht ausgerechnet das Lesen in diese Lage gebracht hätte. Da kann man mal sehen. Gott, welch bitt're Not auf Erden bewirkt das Lesen! Das weiß ja Gott weiß wer – jeder wer, der wer *ist*. Alle großen Geister haben jahrelang keine Zeile mehr gelesen. Sieh dir doch an, wie La Rochefoucauld die Kurve gekriegt hat. Er hat gesagt, wenn niemand je lesen gelernt hätte, dann wären auch nur sehr wenige verliebt. Das war *ein Prachtkerl*, und so hat *er* das gesehen. Eins zu null für Sie, La Rochefoucauld, nur weiter so, Bürschchen. Ich wünschte, ich hätte nie lesen gelernt. Ich wünschte, ich hätte nie gelernt, mich auszuziehen. Dann säße ich nämlich jetzt nicht hier in der Tinte um halb fünf morgens. Wenn niemand je gelernt hätte, sich auszuziehen, dann wären auch nur sehr wenige Leute verliebt. Nein, seins ist besser. Na klar, die Welt gehört dem Manne.

La Rochefoucauld, der ruht jetzt still wie ein Stein, und ich bin hier am Wälzen und Wühlen! Dies ist wirklich nicht die Zeit dafür, wegen La Rochefoucauld an die Decke zu gehen. Es kann sich sowieso nur um Minuten handeln, und La Rochefoucauld hängt mir zum Hals raus, ein für alle Mal. La Rochefoucauld hier, La Rochefoucauld da. Ja, also ich will dir mal was sagen, wenn niemand je zitieren gelernt hätte, dann wären auch nur wenige in La Rochefoucauld verliebt. Wetten, dass du keine zehn Wesen kennst, die ihn ohne Strohmann gelesen haben? Die Leute haben es doch alle aus diesen gelehrten kleinen Essays, die immer mit: »War das nicht der liebenswerte alte Zyniker La Rochefoucauld, der gesagt hat …«, anfangen, und dann kommen sie an und tun so, als ob sie den Meister rückwärts kennten. Analphabetenpack, alle, wie sie da sind. Schon recht, sollen sie ihren La Rochefoucauld behalten, als ob mir das was ausmacht. Ich halte mich an Lafontaine. Ich wäre allerdings auch gesellschaftsfähiger, wenn ich endlich das Gefühl nicht mehr hätte, dass Lafontaine mit Alfred Lunt verheiratet war.

Ich weiß gar nicht, was soll das überhaupt, dass ich mich um diese Zeit mit einer Bande von französischen Schriftstellern hier herumtreibe? Das führt ja doch bloß dazu, dass ich gleich die *Fleurs du mal* herbete, und viel menschenfreundlicher werde ich davon auch nicht. Und von Verlaine werde ich sowieso die Finger lassen, der war ja ewig hinter Rimbaud her. Da ist man sogar mit La Rochefoucauld besser bedient. Ähh, der verdammte La Rochefoucauld. Durch und durch welsch. Ich wäre ihm dankbar, wenn er mir aus dem Kopf bliebe. Was hat der hier überhaupt zu suchen? Wer ist schon La Rochefoucauld für mich, was ist er für Hekuba? Also, ich kenne nicht einmal seinen Vornamen, so eng bin ich nämlich mit dem. Was soll ich hier eigentlich, La Rochefoucaulds Herbergsmutter abgeben? Das hätte er wohl gern. Sachte. Tja, er vergeudet seine Zeit, wenn er weiter hier herumhängt. Da kann ich ihm auch nicht helfen. Das Einzige, was ich sonst noch von ihm kenne, ist dieser Spruch mit der kleinen Freude, die wir immer verspüren angesichts der Missgeschicke auch unserer liebsten Freunde. Und da ist bei mir Sense mit Monsieur La Rochefoucauld. *Maintenant c'est fini, ça.*

Liebste Freunde. Einen reizenden Haufen liebster Freunde hab ich, allerdings. Die liegen jetzt alle im gemeinsten Vollrausch, während ich hier praktisch an Wachheit eingehe. Die schlummern alle süß und benommen durch diese Stunden, die strahlendsten des Tages, wenn der Mensch am schaffensfrohesten sein sollte. Schaffe, schaffe, schaffe, denn ich sage dir, die Nacht bricht an. Hat Carlyle gesagt. Ja, das war auch so ein besonders feiner Vertreter, spuckt große Töne über das Schaffen. *Hei*, Thomas Car-*lie*-ll, ich *weiß* da was von *die*-rr! Nein, das reicht jetzt. Ich werde mir nicht auch noch an Carlyle die Zähne ausbeißen, so haben wir nicht gewettet. Was hat der überhaupt je Großes geschafft, außer ein Indianer-College zu gründen? (Das müsste ihm den Garaus machen.) Der soll seine Nase hier nicht reinstecken, falls er weiß, was für ihn gut ist. Ich habe schon genug Scherereien mit diesem liebenswerten alten Zyniker, La Rochefoucauld – ihm und seinen Missgeschicken und liebsten Freunden!

Als Erstes muss ich jetzt mal in die Gänge kommen und einen kompletten neuen Satz liebster Freunde zusammentrommeln; das zuallererst. Alles andere kann warten. Würde vielleicht irgendwer die Freundlichkeit besitzen und mir mitteilen, wie ich irgendwen Neues kennenlernen soll, wenn mein gesamtes Lebensmuster aus den Fugen ist – wenn ich als einziges Lebewesen wach bin, während der Rest der Welt im Tiefschlaf liegt? Ich muss das wieder hinbiegen. Ich muss jetzt auf der Stelle versuchen, wieder einzuschlafen. Ich muss mich den korrupten Maßstäben dieser schlaftrunkenen Gesellschaft anpassen. Die Leute dürfen nicht das Gefühl haben, sie müssten ihre zerstörerischen Angewohnheiten ändern und sich nach mir richten. O nein, nein; nein, wirklich nicht. Überhaupt nicht. Ich werde mich nach ihnen richten. Wenn das nicht *die* Musterfrau gibt! Immer tun, was irgendwer anders will, ob's dir passt oder nicht. Und nie fähig, mal eine eigene Idee auch nur zu murmeln.

Und was für eine Idee hat irgendwer zu murmeln betreffs der Frage, wie ich sanft in Schlummer zurückschwinge? Hier liege ich, hellwach wie der lichte Tag, geschüttelt und geschaukelt mit La Rochefoucauld. Denn das kann man nun wirklich nicht von mir erwarten, dass ich alles stehen und liegen lasse und anfange, Schäfchen zu zählen, in meinem Alter. Ich hasse Schafe. Ist wohl Mangel an Zartgefühl, aber all mein Lebtag habe ich Schafe gehasst. Das grenzt schon an Phobie, wie ich sie hasse. Ich merke sofort, wenn eins im Zimmer steht. Die sollen sich bloß nicht einbilden, ich liege hier im Dunkeln und zähle ihre abscheulichen kleinen Gesichter für sie; und wenn ich bis Mitte nächsten August nicht wieder einschlafen können sollte. Angenommen, sie würden nie gezählt werden – was könnte da schlimmstenfalls passieren? Wenn die Zahl der imaginären Schafe dieser Welt eine ungelöste Frage bliebe, wer würde davon reicher oder ärmer? Nein, Chef; *ich* bin *nicht* deren Buchhalter. Die sollen sich doch selber zählen, wenn sie so wahnsinnig scharf auf Mathematik sind. Sollen doch ihre Drecksarbeit alleine machen. Kommen hierher und hampeln rum, um diese Zeit, und verlangen von mir, dass ich sie zähle! Und dann sind sie noch nicht mal richtige Schafe. Also das ist das Absurdeste, was ich im Leben gehört habe.

Aber irgendetwas *muss* es doch geben, was ich zählen könnte. Mal sehen. Nein, ich weiß bereits im Schlaf, wie viele Finger ich habe. Ich könnte allerdings meine Rechnungen zählen. Ich könnte alles aufzählen, was ich gestern nicht erledigt habe, aber hätte sollen. Ich könnte aufzählen, was ich heute erledigen müsste und nicht werde. Ich werde nie etwas fertigkriegen; ich bin mir darüber vollkommen im Klaren. Ich werde nie berühmt. Nie wird mein Name in großen Lettern auf der Liste der Macher auftauchen, die es geschafft haben. Ich schaffe nichts. Nicht das Geringste. Früher habe ich noch Nägel gekaut, jetzt tue ich das auch nicht mehr. Ich bin nicht mal das Pulver wert, mit dem ich mich in die Hölle sprengen könnte. Ich bin inzwischen nichts weiter als ein Wrack. La Paloma, oje! – das bin ich, von jetzt an. Gott, ist das alles entsetzlich.

Nun ja. Hier lang haben wir die galoppierende Melancholie. Vielleicht liegts ja daran, dass dies die Stunde null ist. Dies ist die Zeit, in der die zage Seele schwanket im Taumel zwischen Tag und Tau und waget nicht, dem neuen Tage fest ins Aug zu blicken noch den alten wieder heraufzubeschwören. Dies ist die Zeit, in der alle Dinge, bekannte wie verborgene, zum eisernen Menetekel für den Geist werden; in der alle Wege, befahrene oder jungfräuliche, unter den stolpernden Füßen wegsacken, in der alles nur noch schwarz wird vor überreizten Augen. Diese Schwärze jetzt, überall Schwärze. Dies ist die Zeit der Ruchlosigkeit, die Schreckensstund des siegesreichen Dunkels. Denn stets ist es am dunkelsten – War das nicht der liebenswerte alte Zyniker, La Rochefoucauld, der gesagt hat, dass es immer am dunkelsten ist vor der Sint-flut?

Da. Da hast du's, ja? Hier sind wir wieder, genau da, wo wir angefangen haben. La Rochefoucauld, wir sind wieder da! Na, komm schon, Sohnemann – wie wärs, wenn du deiner Wege gehst und mich meiner gehen lässt? Vor mir, schön abgezirkelt, liegt ein Haufen Arbeit; ich habe diesen ganzen Schlaf zu erledigen. Stell dir mal vor, wie ich aussehen werde am Tag, wenn das so wei-tergeht. Wie die Schattenseiten des Lebens persönlich, neben all meinen ausgeruhten, kläräugigen, munter bli-ckenden Freunden – diese Ratten! Meine Liebe, was hast *du* denn angestellt; ich dachte, du wolltest solide werden. Oh, ich war auf Höllenfahrt mit La Rochefoucauld zu nachtschlafender Zeit; wir konnten gar nicht aufhören, über eure Missgeschicke zu lachen. Nein, das wird mir jetzt wirklich zu happig. Das darf man einer Person nicht antun, bloß weil sie aus Versehen einmal im Leben um zehn ins Bett gegangen ist. Ich will es auch nie wieder tun, ganz bestimmt nicht. Nur noch geordnete Bahnen, von jetzt an. Ich werde überhaupt nie wieder ins Bett ge-hen, wenn ich nur jetzt einschlafen kann. Wenn ich end-lich meinen Kopf frei kriege von einem gewissen franzö-sischen Zyniker circa 1650 und in süßes Vergessen sinke. 1650. Wetten, ich sehe aus, als wäre ich seit *der* Zeit wach.

Wie geht eigentlich Einschlafen? Wie machen das die Leute? Ich fürchte, ich weiß den Dreh nicht mehr. Viel-leicht könnte ich mir mit der Nachttischlampe elegant die Schläfe einschlagen. Ich könnte in aller Seelenruhe eine Liste mit wunderschönen Zitaten der dichtesten

Denker rauf und runter sagen; falls mir eins von diesen verdammten Dingern einfällt. Das könnte klappen. Und es müsste diesem Gast aus der Fremde, der seit zwanzig nach vier hier herumgeistert, einen wirksamen Riegel vorschieben. Ja, das mach ich. Nur einen Moment noch, ich dreh eben das Kissen um; das fühlt sich ja an, als wäre La Rochefoucauld in den Bezug gekrochen.

So, mal sehen – wo fangen wir denn an? Äh – hm – mal sehen. Ah ja, ich weiß eins. Dies über alles, sei dir selber treu, und daraus folgt so wie die Nacht dem Tage, du kannst nicht falsch sein gegen irgendwen. Ab geht die Post! Wenn sie einmal flutschen, dann geht das wie's Brötchenbacken. Mal sehen. Wer nie sein Brot mit Tränen aß, wer nie die kummervollen Nächte auf seinem Bette weinend saß, der kennt euch nicht. Moment mal. Edel sei der Mensch, hilfreich und gut. Wenn Winter herrscht, kann Frühling lange zaudern? Kein Sumpf riecht wie die Lilie, die verdirbt. Er stand auf seines Daches Zinnen. Das kann doch einen Schneemann nicht erschüttern. Des Meeres und der Liebe Wellen schlagen an den Strand. Was lange gärt, wird endlich Wut. Wer den Dichter will verstehn, muss in des Dichters Dingsbums sehn. Denk ich an was noch? In der Nacht, bin ich um den Schlaf gebracht. Üb immer Reu und dreh dich breit bis an dein kühles Grab. So still, wo niemand dich umarmen will. Ich denke, ich hänge mich heute noch nicht auf. Ahoi, nimm mich mit, Kapitän, auf die Reise.

Wart mal. Einsamkeit ist die Gewähr der Mittelmäßigkeit und der strenge Begleiter des Genies. Beständigkeit ist der Nachtmahr kleiner Geister; die Anhänglichkeit

der Nullen ist ihre einzige Chance. Irgendwasschon-
wieder ist Leidenschaft in gelassener Erinnerung. Ein
Zyniker ist einer, der weiß, was alles kostet, aber nicht,
was es wert ist. Dieser liebenswerte alte Zyniker – huch,
da sind wir wieder beim Geist von Hamlets Vater. Ich
muss besser aufpassen. Jedwedes Stigma schlägt glatt jedes Dogma. Wenn du wissen willst, was Gott über Geld
denkt, dann guck dir bloß die Leute an, denen Er es gegeben hat. Wenn nie jemand lesen gelernt hätte, dann
wären auch nur sehr wenige –

Gut, gut. Das war deutlich. Ich werfe das Handtuch
auf der Stelle. Ich weiß, wann ich ausgezählt bin. Schluss
mit diesem Quatsch; ich werde das Licht anschalten und
mich dumm und dämlich lesen. Bis es zum nächsten
Mal zehn schlägt, wenn's sein muss. Und wie gedenkt La
Rochefoucauld, damit fertig zu werden? Oh, das *wird* er,
was? Ja, das wird er! Er und wer noch? La Rochefoucauld
und *welche* sehr wenigen Leute sonst noch?

DER KLEINE CURTIS
(Little Curtis)

Mrs Matson blieb im Foyer des Kaufhauses G. Fosdick Söhne stehen. Sie verlagerte ein Päckchen aus
ihrer rechten Hand in die linke Armbeuge, nahm die
Einkaufstasche bei ihrem Alpakabügel, ließ sie geschickt
hörbar aufschnappen und zog aus dem aufgeräumten
Innern ein kleines, schwarz gebundenes Heft und einen
ordentlich gespitzten Bleistift.

Hinein- und herausströmende Käufer rempelten sie
an, während sie dort stand, aber weder nahmen sie Notiz
von Mrs Matsons aufmerksamem Tun, noch beschleu-
nigten sie ihre Schritte. Sie reagierte nicht, wenn ein
»Oh, entschuldigen Sie« von den Lippen der weichher-
zigeren Passanten kam. Ruhig, sicher und in glorreicher
Entzücktheit stand Mrs Matson da, schlug das Heft auf,
zückte den Bleistift und schrieb in ziemlich schrägen,
feinen Buchstaben: »4 Krepppapier-Bonbonschachteln,
$ 28«.

Das Dollarzeichen war beglückend dekorativ ausgefal-
len, das Komma exakt platziert, die 2 elegant geschwun-
gen, die 8 bewundernswert ausgewogen. Mrs Matson
blickte zufrieden auf ihr Werk. Immer noch ohne Hast
klappte sie das Heft wieder zu, legte es mitsamt dem Stift
zurück in die Tasche, horchte auf das Schnappen, um sicher zu sein, dass sie auch wirklich zu war, und nahm
das Päckchen wieder in ihre rechte Hand. Dann ging sie,
mit der Behaglichkeit von wohlerfüllten Pflichten, mit

imponierenden, kräftigen Schritten aus G. Fosdick Söh-
nes Kaufhaus, geradewegs durch das Portal, an dem ein
Plakat bat: »Bitte benutzen Sie den anderen Eingang.«

Langsam schritt Mrs Matson die Maple Street hinunter. Die Morgensonne, die durch die Hauptstraße des
Städtchens flutete, ließ sie weder blinzeln noch ihr Gesicht nach unten drehen. Sie behielt den Kopf hoch und
sah um sich wie jemand, der gerade sagt: »Unser liebes
Volk, Wir sind zufrieden mit euch.«

Gelegentlich blieb sie vor einem Schaufenster stehen
und begutachtete kritisch die ausgestellten verfrühten
Herbstkostüme. Aber ihr Herz blieb unangetastet von
jenem Neid, der die geringeren Frauen um sie herum be-
fiel. Ihr langer schwarzer Mantel aus der Saison, in der
die Mäntel noch Puffärmel und sehr schmal geschnit-
tene Taillen hatten, glänzte zwar schon und war auch
scheckig, und ihr Hut strahlte die Unentschlossenheit
und Einfallslosigkeit aus, die mit dem Alter kommt, und
ihre ältlichen schwarzen Handschuhe waren hier und
da zerschlissen und schmutzig grau; trotzdem verspürte
Mrs Matson keinerlei Verlangen nach den schmucken
neuen Kostümen, die verlockend vor ihr dekoriert waren. Mit Wohlbehagen dachte sie an die Reihen von Kleidern, jedes unter einem geblümten Kretonneüberzug
und auf einem lackierten Bügel, über sämtliche Stangen
ihres Schlafzimmerwandschranks verteilt.

Sie hatte ihre unumstößlichen Ansichten über Leute,
die Kleider wegschenkten oder wegwarfen, obwohl man
sie noch tragen konnte, weil sie warm waren und weil es
bescheiden war, wenn auch nicht unbedingt Mode. Sie

fand es ausgesprochen proletenhaft, neue Kleider »für jeden Tag« zu nehmen; so etwas hatte den unangenehmen Beigeschmack von Extravaganz und Liederlichkeit. Die arbeitenden Schichten, die sich, wie Mrs Matson ihren Freundinnen häufig erläuterte, sofort elektrische Eisboxen und Radios kauften, kaum dass sie ein bisschen Geld hatten, die taten so etwas.

Kein morbider Gedanke daran, dass sie plötzlich sterben könnte, bevor noch die Kleider in ihrem Schrank ausgetragen oder genossen worden waren, versetzte sie in Schrecken. Des Lebens Ungewissheiten galten nicht für Leute ihres Standes. Frauen wie Mrs Matson segneten das Zeitliche zwischen siebzig und achtzig; manchmal später, nie früher.

Eine blinde farbige Frau mit einem Bauchladen voller Stifte am Hals kam, mit dem Spazierstock vor sich auf den Bürgersteig klopfend, die Straße entlang. Mrs Matson bog scharf zum Bordstein ab, um ihr auszuweichen, und widmete ihr einen vernichtenden Blick. Sie war augenblicklich überzeugt, dass die Frau genauso gut sah wie sie selbst. Mrs Matson kaufte nie etwas von armen Leuten auf der Straße, und sie wurde ärgerlich, wenn sie sah, dass andere Leute das taten. Sie ließ häufig Bemerkungen fallen, dass diese Bettler alle dicke Bankkonten hatten.

Sie ging über die Straße zu den Haltestellen und wartete auf die Straßenbahn, die sie nach Hause bringen würde, aber ihre Ruhe war beeinträchtigt durch den Anblick der Frau. »Besitzt vermutlich ein ganzes Mietshaus«, sagte sie zu sich und schoss der blinden Frau einen wütenden Blick hinterher.

Sie fand jedoch ihr Gleichgewicht wieder, als sie bei dem höflichen Schaffner das Fahrgeld entrichtete. Mrs Matson tätigte kleine, berechtigte Ausgaben sogar gern, wenn sie an Leute gingen, die gehörig dankbar waren. Sie reichte ihm ihr Fünfcentstück mit einer Geste, mit der jemand einer Stadt einen Park schenkt, und schwang sich in den Wagen und auf einen bevorzugten Sitzplatz.

Als sie sich niedergelassen und das Päckchen zwischen ihrer Hüfte und dem Fenster sicher gegen Verlust oder Diebstahl eingeklemmt hatte, holte Mrs Matson wieder Heft und Bleistift heraus. »Fahrschein $ 05«, schrieb sie. Wieder verschafften ihr die erlesene Schrift und die sauberen Ziffern einen Schauer der Befriedigung.

Wie eine Königin ohne ein Wort der Würdigung nahm Mrs Matson die Hilfe des Schaffners entgegen, als sie an ihrer Ecke ausstieg. Sie trottete den sonnenüberströmten Bürgersteig entlang, machte hier und da Verbeugungen zu Nachbarinnen, die strickend auf ihren Veranden saßen oder sich emsig über ihre Iris-Beete beugten. Es waren langsame, gemessene Verbeugungen, ohne ein Lächeln oder Grußwort. Schließlich war sie Mrs Albert Matson, und davor war sie Miss Laura Whitmore gewesen, von den Hammerschmiede-und-Werkzeugmacher-Whitmores. So etwas verliert man nicht aus den Augen.

Stets genoss sie den ersten Blick auf ihr Haus, wenn sie darauf zuschritt. Er verstärkte ihren Sinn für Sicherheit und Beständigkeit. Da stand es, inmitten des gepflegten, baumlosen Rasens, vierschrötig und solide und zu unverwüstlichen Diensten. Man dachte an Stahlstiche und Reihen mit Scott-Romanen hinter Glas und Sonntagsbraten pünktlich zu Mittag, wenn man es betrachtete. Man sah sofort, dort drinnen knallte niemand je eine Tür, da polterte niemand die Treppen hinauf und hinunter, da streute niemand Krümel oder Asche auf den Boden oder ließ das Licht im Badezimmer brennen.

Freudige Erwartung bestürmte Mrs Matson, je näher sie auf ihr Heim schritt. Sie sprach immer von ihrem Heim. »Sie müssen mich irgendwann in meinem Heim besuchen kommen«, wies sie neue Bekannte gnädig an. Heim klang nach Weite und Institution, die das Wort »Haus« nie aufbringen könnte.

Sie dachte gern an die kühlen, hohen Räume, die geschäftigen Hausmädchen, an den kleinen Curtis, wie er darauf wartete, ihr seinen respektvollen Begrüßungskuss zu entbieten. Sie hatte ihn vor fast einem Jahr adoptiert, als er vier war. Sie hatte es, erzählte sie ihren Freundinnen, nicht ein einziges Mal bereut.

Wenn sie nicht dabei war, hatten sich ihre Freundinnen früher immer bedauernd darüber ergangen, wie schade es doch war, dass das Ehepaar Albert Matson keine Kinder hatte – und das bei all dem Geld, das die Matsons und die Whitmores besaßen. Sie konnten ja beide, so führten die Freundinnen ins Feld, nicht ewig leben; und alles würde an die Kinder der Henry Matsons fallen. Und sie gaben lediglich Albert Matsons eigene Worte wieder, wenn sie feststellten, dass das die Sorte Kinder war, die Geld ganz schnell zum Fenster rauswarf.

Mr und Mrs Matson hatten gemeinsame Ansichten

über das Verhängnis, das hereinbrechen musste, falls man ihre Nichten und Neffen auf das Matson-Whitmore-Geld losließ. Wie oft bei solchen Anlässen, trauten sie vor lauter Besorgtheit der anderen Familie Matson ehrerbietig Intrigen und Begierden zu, die auch in deren Träumen nie vorgekommen wären.

Nach Ansicht von Albert Matson und Frau lagen die Verwandten nur auf einer Art geduldiger Lauer und warteten auf den gebetvoll herbeigewünschten Augenblick ihres Todes. Mit den Jahren malten sie sich diese Matson-Kinder in immer grelleren Farben aus, wie sie aus ihrem Geld ein Schlachtfest machten wie seinerzeit General Sherman auf seinem Feldzug aus Georgia; jahrelang schleppten sie den Gedanken mit sich herum, dass ihr Ableben sehnsüchtig erwartet, ja sogar zum Ausgangspunkt bacchanalischer Vorhaben gemacht wurde.

Albert Matson und Frau waren in allem so eins wie in dieser Idee. Ihr Denken, ihre Manieren, ihre Meinungen, sogar ihre Redeweisen waren von phänomenaler Ähnlichkeit. Manche Leute behaupteten auch, dass sie ähnlich aussahen. Es galt als *das* Missgeschick aller Zeiten, dass eine so offensichtlich im Himmel gestiftete Partie ohne Nachwuchs blieb. Und dann war da selbstverständlich noch – man musste immer wieder darauf zurückkommen, so ragte es vor einem auf – dieses ganze Matson-Whitmore-Geld.

Niemand allerdings äußerte sein Beileid über die Kinderlosigkeit gegenüber Mrs Matson direkt. In ihrem Beisein sprach man nicht über Dinge wie Kinderkriegen. Sie nahm es als Tatsache hin, dass es Babys gab, wenn ihr welche vorgeführt wurden; mit Abscheu überging sie die Art und Weise, wie sie zustande kamen.

Sie hatte keiner ihrer Freundinnen von ihrem Entschluss erzählt, einen kleinen Jungen zu adoptieren. Niemand hatte davon erfahren, bis alle Papiere unterschrieben waren und er in das Matson-Haus eingezogen war. Mrs Matson hatte ihn, wie sie erläuterte, von »der ersten Adresse in New York«. Das überraschte niemanden. Mrs Matson ging nur zu ersten Adressen, wenn sie in New York einkaufte. Man stellte sich ihre Art, ein Kind auszusuchen, genauso vor wie die, in der sie alles andere aussuchte, was ihr gehörte: Gut musste es sein und lange halten.

Sie hielt jäh an, als sie jetzt an die Pforte kam, ein finsterer Blick kniff ihre Augenbraue zusammen. Zwei kleine Jungen, viel zu vertieft, als dass sie ihre Schritte gehört hätten, spielten in der heißen Sonne neben der Hecke – zwei kleine Jungen, sehr ähnlich in Alter, Größe und Kleidung, kräftig und in Rosa und Weiß, liebe kleine Jungen mit vor Aufregung geröteten Bäckchen und feuchtwarmen Nacken. Sie spielten ein endloses, geheimnisvolles Spiel mit Sternchen und Hölzchen und einer kleinen Blechstraßenbahn.

Mrs Matson trat in den Garten.

»Curtis!«, sagte sie.

Die beiden kleinen Jungen sahen erschreckt hoch. Der eine von beiden stand auf und senkte den Kopf vor ihrem finsteren Blick.

»Und wer«, fragte Mrs Matson eindringlich, »wer hat Georgie gesagt, dass er hierherkommen kann?«

Keine Antwort. Georgie, der noch immer auf seinen Absätzen kauerte, sah fragend von ihr zu Curtis. Er war neugierig und hatte keine Angst.

»Warst du das, Curtis?«, fragte Mrs Matson.

Curtis nickte. Es war kaum wahrnehmbar, so tief ließ er den Kopf hängen.

»Ja, liebe Mutter!«, sagte Mrs Matson.

»Ja, liebe Mutter«, flüsterte Curtis.

»Und wie oft«, wollte Mrs Matson wissen, »habe ich dir gesagt, du sollst nicht mit Georgie spielen? Wie oft, Curtis?« Curtis brummelte undeutlich. Er wünschte sich, dass Georgie bitte gehen möge.

»Das weißt du nicht?«, sagte Mrs Matson ungläubig. »Das weißt du nicht? Nach allem, was Mutter für dich tut, weißt du nicht, wie oft sie dir gesagt hat, du sollst nicht mit Georgie spielen? Hast du etwa auch vergessen, was Mutter dir gesagt hat, was sie mit dir machen muss, wenn du noch einmal mit Georgie spielst?«

Pause. Dann ein Nicken.

»Ja, liebe Mutter!«, sagte Mrs Matson.

»Ja, liebe Mutter«, sagte Curtis.

»Aha!«, sagte Mrs Matson. Sie wandte sich an den völlig gebannten Georgie. »Du musst jetzt nach Hause gehen, Georgie – geh jetzt auf der Stelle nach Hause. Und dass du mir hier nie wieder herkommst, hast du mich verstanden? Curtis darf mit dir nicht spielen – ein für alle Mal.«

Georgie stand auf.

»Tschüs«, sagte er einsichtig und stapfte davon, ohne dass sein Abschiedsgruß erwidert wurde.

Mrs Matson sah hinunter auf Curtis. Gram ließ ihre Züge entgleisen.

»Spielen!«, sagte sie, und ihre Stimme war vor Erregung gebrochen. »Spielen mit dem Kind eines Heizers. Nach allem, was Mutter für dich tut!«

Sie nahm ihn bei seinem schlaffen Arm und zog ihn widerstandslos den Weg entlang ins Haus; zog ihn, nachdem das Mädchen die Tür geöffnet hatte, die Treppe hinauf in sein kleines blaues Zimmer. Sie schob ihn hinein und schloss die Tür.

Dann ging sie in ihr Zimmer, setzte behutsam das Päckchen auf dem Tisch ab, zog sich die Handschuhe aus und legte sie mitsamt ihrer Handtasche ordentlich in eine Schublade. Sie ging zum Wandschrank, hängte ihren Mantel auf, bückte sich dann nach einem ihrer Filzpantoffeln, die akkurat in der ersten Walzerstellung unter ihrem Nachthemd auf dem Boden standen. Es war ein fliederfarbener Pantoffel mit Langettenstickerei und einer dezenten Rosette; er hatte eine dünne, biegsame Ledersohle, auf der der Name »B-Quem«-Schuhe eingraviert war.

Mrs Matson packte ihn fest beim Absatz und schwang ihn vor und zurück. Dann ging sie damit in das Zimmer des kleinen Jungen. Sie fing schon an zu sprechen, während sie noch den Türknauf drehte.

»Und auch noch, bevor deine Mutter Zeit hatte, den Hut abzusetzen«, sagte sie. Die Tür schloss sich hinter ihr.

Sie kam bald wieder heraus, eine Tonleiter aus Schreien im Gefolge.

»Das reicht jetzt«, verkündete sie und sah von der

Tür aus noch einmal zurück. Die Schreie verblassten gehorsam zu Schluchzern. »Das reicht allmählich, vielen Dank. Mutter hat mehr als genug für einen einzigen Vormittag. Und das heute, wo die Damen nachmittags kommen, und um was Mutter sich noch alles kümmern muss! Oh, ich würde mich schämen, Curtis, wenn ich du wäre – das würde *ich* tun.«

Sie schloss die Tür und ging wieder in ihr Zimmer, um den Hut abzusetzen.

Die Damen kamen am frühen Nachmittag. Sie waren zu dritt. Die graue, spröde und gewissenhafte Mrs Kerley, die nie vergaß, Geburtstagskarten zu verschicken und kranken Leuten Suppe in Einweckgläsern zu bringen. Mrs Swan, ihre jüngere Schwägerin auf Besuch, eine Anhängerin von Blumenhüten und gestickten Spitzenkragen; sie kam mit der hellen, nachdrücklichen Neugier aller flüchtigen Gäste für den Wirkungsbereich und die Bekannten ihrer Gastgeberin. Schließlich Mrs Cook. Aber sie zählte nicht ganz. Sie war extrem taub und blieb deshalb ziemlich außerhalb des Geschehens.

Sie hatte unzählige Spezialisten aufgesucht und unendliche Mengen Geld ausgegeben und qualvolle Behandlungen über sich ergehen lassen, weil sie um alles in der Welt mithören und an dem teilhaben wollte, was um sie herum vorging. Zu guter Letzt hatte man sie mit einem gewundenen und gewellten langen Hörrohr ausgestattet, das eher wie ein Stück Dickdarm aussah. Das eine Ende steckte sie in das bessere Ohr, das andere reckte sie den Leuten entgegen, die sich mit ihr der Rede befleißigen sollten. Aber das glänzende schwarze Mundstück schien die Leute eher verlegen zu machen und sie einzuschüchtern; es fiel ihnen nichts Besseres ein, als »Kühlt sich aber ab draußen« oder »Gehts denn so?« hineinzurufen. Um derlei Bemerkungen hören zu können, hatte sie Jahre des Leidens durchgemacht.

Mrs Matson im blauen Taftkleid aus dem letzten Frühjahr verteilte die Damen auf die Sessel im Wohnzimmer. Der Nachmittag war für feine Handarbeiten und Konversation vorgesehen. Später sollte es Tee geben, dazu pro Nase zwei Sandwich-Dreiecke mit den klein gehackten Hühnchenresten von gestern Abend und einen Kuchen, den Mrs Matson besonders gern servierte, da sein Rezept nur ein einziges Ei verlangte. Sie hatte persönlich in der Küche gestanden und die Zubereitung überwacht. Sie war nicht völlig sicher, dass die Köchin mit den Zutaten aaste, aber sie hatte das Gefühl, ein bisschen Aufsicht könnte die Frau ganz gut vertragen.

Die Krepppapierkörbchen waren ziemlich voll mit Pfefferminzcremeplätzchen und sollten die Ecken des Teetischs auflockern. Mrs Matson vertraute auf ihre Gäste; sie würden sie nicht als Aufmerksamkeit betrachten und mit nach Hause nehmen.

Die Unterhaltung drehte sich, anerkennend obendrein, um das Wetter. Mrs Kerley und Mrs Swan wetteiferten um Komplimente für den Tag.

»So klar«, sagte Mrs Kerley.

»Kein Wölkchen am Himmel«, überbot Mrs Swan. »Nicht ein einziges.«

»Die Luft war einfach wundervoll heute Morgen«, berichtete Mrs Kerley. »Ich sagte noch zu mir: ›Also, wenn es je einen wunderschönen Tag gegeben hat, dann diesen hier.‹«

»Er hat so etwas Balsamisches«, sagte Mrs Swan.

Mrs Cook platzte überlaut dazwischen, mit der unverlässlichen Stimme der Gehörgeschädigten.

»Puh, ist das eine brüllende Hitze!«, sagte sie. »So was Fürchterliches draußen.«

Die Unterhaltung schwenkte sofort auf Literatur über. Es stellte sich heraus, dass Mrs Kerley ein wundervolles Buch gelesen hatte. Den Titel und den Autor vermochte sie momentan nicht zu nennen, aber sie fand es so entzückend, dass sie gestern Abend bis reichlich nach zehn darin herumgeschmökert hatte. Besonderes Lob fand sie für die Beschreibungen von diesen italienischen Städten; die waren, betonte sie, einfach wie ein Bild. Auf das Buch aufmerksam gemacht hatte sie die junge Frau im »Bücherstübchen«. Es sei, gemäß ihrem Zeugnis, eine von den Neuerscheinungen.

Mrs Matson starrte grimmig auf ihre Stickerei. Die Worte kamen ihr flüssig über die Lippen. Sie schien schon öfter über dieses Thema gesprochen zu haben.

»Ich weiß gar nicht, wozu diese ganzen Bücher gut sein sollen«, sagte sie. »Ich würde keinen Platz in meinem Heim dafür hergeben. Ich verstehe gar nicht, wieso jemand sich hinsetzt und so ein Zeug überhaupt schreibt. Ich denke oft, ich glaube, die wissen gar nicht, was sie da über sich selbst schreiben, die meiste Zeit. Ich weiß gar nicht, was bilden die sich eigentlich ein, wer so etwas lesen möchte. Ich jedenfalls bestimmt *nicht*.«

Sie machte eine Pause, um ihre Worte in die Tiefe wirken zu lassen.

»Mr Matson«, fuhr sie dann fort – sie nannte ihren Mann immer so; das verbreitete ein aristokratisches Flair von Entrücktheit und ließ jeden Hauch von fleischlich intimer Nähe zwischen ihnen vergessen – »Mr Matson hat ebenso wenig Bedarf an diesen neuen Büchern. Er sagt immer, wenn er noch einmal ein Buch wie *David Harum* fände, ja, dann würde er es auf der Stelle verschlingen. Ich wünschte nur«, fügte sie sehnsüchtig hinzu, »ich hätte jedes Mal, wenn ich ihn das sagen höre, einen Dollar bekommen.«

Mrs Kerley lächelte. Mrs Swan streute eine kleine Lachkaskade in die Pause.

»Tja, das ist wahr, weißt du, das ist wirklich wahr«, sagte Mrs Kerley zu Mrs Swan.

»Oh, natürlich«, versicherte Mrs Swan hastig.

»Ich weiß gar nicht, wo soll das noch hinführen, *weiß* Gott nicht«, verkündete Mrs Matson.

Sie stickte weiter, der Faden quietschte durch den festgespannten Stoffkreis in ihrem Stickrahmen.

Die abgebrochene Unterhaltung lastete schwer auf Mrs Swan. Sie hob den Kopf und sah aus dem Fenster.

»Nein, was für einen wunderbaren Rasen Sie haben!«, sagte sie. »Der ist mir gleich aufgefallen, als Erstes. Wir leben ja in New York, wissen Sie.«

»Ich sage oft, ich verstehe gar nicht, wieso die Leute sich freiwillig an solchen Orten verbarrikadieren«, sagte Mrs Matson. »Wissen Sie, in New York, da existiert man – wir, hier draußen, wir leben.«

Mrs Swan lachte etwas nervös. Mrs Kerley nickte. »Das stimmt«, sagte sie. »Genau so ist es.«

Mrs Matson fand es der Wiederholung wert. Sie griff nach Mrs Cooks Hörrohr.

»Ich habe eben zu Mrs Swan gesagt«, rief sie und brüllte ihr Epigramm durch das Mundstück.

»Leben wo?«, fragte Mrs Cook.

Mrs Matson lächelte sie geduldig an. »New York. Sie wissen doch, wo ich meinen kleinen Adoptivsohn her-habe.«

»Oh, ja«, sagte Mrs Swan. »Carrie erzählte davon. Nein, war das nicht wunderbar von Ihnen!«

Mrs Matson hatte nur ein Achselzucken übrig. »Ja«, sagte sie, »ich ging direkt zu der ersten Adresse seinet-wegen. Miss Codmans Kinderheim – durch und durch vertrauenswürdig. Dort bekommen Sie schrecklich nette Kinder. Die Warteliste ist allerdings ziemlich lang, hörte ich.«

»Liebe Güte, stellen Sie sich vor, wie ihm das vorkom-men muss, hier draußen zu leben«, sagte Mrs Swan, »in diesem großen Haus mit diesem wunderbaren weichen Rasen und allem.«

Mrs Matson lachte leicht. »Oh – ja, ja«, sagte sie.

»Hoffentlich weiß er es auch zu schätzen«, bemerkte Mrs Swan.

»Das glaube ich schon«, sagte Mrs Matson huldvoll. »Natürlich«, räumte sie ein, »ist er jetzt noch ziemlich jung.«

»So wunderbar«, murmelte Mrs Swan. »Und süß, wenn man sie so jung bekommt und dann großzieht.«

»Ja, ich glaube auch, so ist es am angenehmsten«, pflichtete Mrs Matson bei. »Und wissen Sie, es macht mir wirklich Freude, ihm Manieren beizubringen. Natürlich möchten wir, dass er sich jetzt, wo wir ihn hier bei uns haben, wie ein kleiner Gentleman benimmt.«

»Wenn man sich das vorstellt«, rief Mrs Swan, »so ein Kind und hat das alles! Wollen Sie ihn später auch auf die Schule schicken?«

»O ja«, erwiderte Mrs Matson. »Wir möchten, dass er eine ordentliche Bildung bekommt. Ein Kind gehört auf eine gute kleine Schule hier in der Umgebung, zum Beispiel, wo es nur mit Kindern aus gutem Hause zusammenkommt, und es wird dort Freundschaften schließen, die ihm eines Tages gut zustattenkommen werden.«

Mrs Swan bekam einen schelmischen Zug. »Vermutlich haben Sie längst genau festgelegt, was er mal werden soll, wenn er erwachsen ist«, sagte sie.

»Ja, selbstverständlich«, sagte Mrs Matson. »Er wird sofort in Mr Matsons Firma einsteigen. Mein Mann«, belehrte sie Mrs Swan, »ist Rechenmaschinen-Matson.«

»Oh-h-h-«, sagte Mrs Swan die ganze Tonleiter abwärts.

»Ich denke, Curtis wird ein sehr guter Schüler sein«, prophezeite Mrs Matson. »Er ist gar nicht dumm – schnappt alles auf. Mr Matson legt großen Wert darauf, dass aus ihm ein tüchtiger, vernünftiger Geschäftsmann wird – er sagt, solche Leute braucht unser Land, wissen Sie. Deshalb versuche ich auch jetzt schon, ihm den Wert des Geldes beizubringen. Ich habe ihm eine kleine Bank gekauft. Ich glaube, man kann gar nicht früh genug

damit anfangen. Denn eines Tages hat Curtis ja wahrscheinlich – nun ja –«

Mrs Matson glitt in die beschwingte Stimmung des
Anekdotischen hinüber.

»Oh, Kinder haben ja eine lustige Art«, bemerkte sie.
»Neulich brachte Mrs Newman ihre kleine Amy mit, damit sie mit Curtis spielen konnte, und als ich hinaufging,
um mal nachzusehen, was sie eigentlich machen, saß er
da und verschenkte gerade sein nagelneues Flanellkanin-
chen. Also habe ich ihn sofort in mein Zimmer gebracht
und hingesetzt und ihm gesagt: ›So, Curtis‹, habe ich
gesagt, ›du musst dir mal klarmachen, dass Mutter fast
zwei Dollar für dieses Kaninchen ausgegeben hat – fast
zweihundert Pennies‹, habe ich gesagt. ›Es ist zwar sehr
nett, wenn man großzügig ist, aber du musst auch lernen,
dass es nicht sehr gut ist, Sachen einfach zu verschenken.
Du gehst jetzt zu Amy‹, habe ich gesagt, ›und erklärst ihr,
dass es dir leidtut, aber dass sie dir das Kaninchen sofort
wiedergeben soll.‹«

»Und hat er es gemacht?«, fragte Mrs Swan.

»Aber ja, ich hatte es ihm ja gesagt«, sagte Mrs Matson.

»Ist das nicht herrlich?«, fragte Mrs Swan in die Runde.

»Wirklich, wenn man sich das vorstellt. So ein Kind,
und plötzlich hat es alles auf einmal. Dabei ist er doch
vermutlich Kind armer Leute. Die Eltern – leben noch?«

»Oh, nein, nein«, sagte Mrs Matson rasch. »Mit solchen Sachen möchte ich nie behelligt werden. Ich habe
selbstverständlich alles über sie in Erfahrung gebracht.
Es waren wirklich anständige, saubere Leute – der Vater

ein Akademiker. Curtis kommt eigentlich aus sehr ordentlichen Verhältnissen – für ein Waisenkind.«

»Haben Sie vor, ihm irgendwann zu sagen, dass Sie nicht – dass er nicht – es ihm zu erzählen?«, fragte Mrs Kerley.

»Aber, lieber Gott, ja, sobald er ein bisschen älter ist«, antwortete Mrs Matson. »Ich finde es doch viel netter für ihn, wenn er es weiß. Er wird dann alles noch viel mehr zu schätzen wissen.«

»Kann sich das kleine Ding an Vater und Mutter denn überhaupt erinnern?«, fragte Mrs Swan.

»Das weiß ich wirklich nicht«, sagte Mrs Matson.

»Tee«, kündigte das Mädchen an, das plötzlich an der Tür erschienen war.

»Der Tee ist serviert, Mrs Matson«, sagte Mrs Matson mit gereizter Stimme.

»Der Tee ist serviert, Mrs Matson«, echote das Mädchen.

»Also, *ich* weiß gar nicht mehr, was ich mit ihr noch anstellen soll«, erzählte Mrs Matson ihren Gästen, als das Mädchen verschwunden war. »Gestern Abend hatte sie bis fast elf Besuch hier in der Küche, den ganzen Abend. Mein Problem ist, ich bin viel zu gutmütig mit den Dienstboten. Das Einzige, was man mit ihnen machen muss, ist sie behandeln wie Vieh.«

»Etwas anderes wissen sie sowieso nicht zu schätzen«, sagte Mrs Kerley.

Mrs Matson legte ihre Stickerei in das Bastkörbchen und stand auf.

»Nun, wollen wir eine Tasse Tee trinken?«, sagte sie.

»Nein, wie wunderbar«, rief Mrs Swan.

Mrs Cook, die verbissen vor sich hin gestrickt hatte, wurde mittels Hörrohr in Kenntnis gesetzt, dass der Tee serviert war. Sie ließ augenblicklich ihre Arbeit fallen und ging vor ins Esszimmer.

Das Gespräch am Teetisch drehte sich um Maschen und Strickmuster. Mrs Swan und Mrs Kerley sangen Lobeshymnen, die Mrs Matson wohlwollend entgegennahm, über die Sandwiches, den Kuchen, die Körbchen, das Tischtuch, das Porzellan und das Muster des Bestecks.

Dann sah jemand auf die Uhr, und es erhoben sich überraschte Schreie, wie schnell der Nachmittag verflogen war. Handarbeitstaschen wurden eingesammelt, und alle flatterten in den Flur, um die Hüte aufzusetzen. Mrs Matson beobachtete ihre Gäste.

»Also, es war einfach ganz reizend«, erklärte Mrs Swan und ergriff ihre Hand. »Ich kann Ihnen gar nicht sagen, wie sehr es mich gefreut hat, von dem lieben kleinen Jungen zu hören und alles. Ich hoffe sehr, ich darf ihn irgendwann auch mal sehen.«

»Oh; Sie können ihn gleich sehen, wenn Sie möchten«, sagte Mrs Matson. Sie ging zur Treppe und sang: »*Cur*tis, *Cur*-tis.«

Curtis erschien oben im Flur in einem adretten grauen Baumwoll-Matrosenanzug, der unter sparerischen Gesichtspunkten so ausgesucht worden war, dass er »noch hineinwachsen« konnte. Er sah auf sie hinunter, erspähte Mrs Cooks Hörrohr und starrte es eindringlich aus weit aufgerissenen Augen an.

»Komm nach unten und begrüß die Damen, Curtis«, befahl Mrs Matson.

Curtis machte sich auf den Weg, sein warmes Händchen quietschte am Geländer. Er setzte seinen rechten Fuß auf eine Stufe, zog den linken vorsichtig hinterher und setzte dann den rechten wieder vor. Schließlich war er unten.

»Kannst du den Damen nicht ›guten Tag‹ sagen?«, fragte Mrs Matson.

Er gab daraufhin jeder Dame eine kleine, schlappe Hand.

Mrs Swan ging plötzlich vor ihm in die Hocke, sodass ihr Gesicht auf gleicher Höhe mit seinem war.

»Nein, was für ein artiger Junge!«, brüllte sie. »Ich liebe so kleine Jungen wie dich, weißt du das? Huh, ich würde dich am liebsten aufessen. Das würde ich!«

Sie kniff ihn in den Arm. Curtis drehte vor Schreck seinen Kopf von ihrem Gesicht weg.

»Und wie heißt du?«, fragte sie. »Wollen mal sehen, ob du mir sagen kannst, wie *du* heißt. Wetten, du kannst das?«

Er sah sie an.

»Kannst du der Dame nicht deinen Namen sagen, Curtis?«, sagte Mrs Matson fordernd.

»Curtis«, sagte er der Dame.

»Nein, was für ein hübscher Name!«, brüllte sie. Sie sah hoch zu Mrs Matson. »War das sein richtiger Name?« fragte sie.

»Nein«, sagte Mrs Matson, »sie hatten ihn anders genannt. Aber ich habe ihm sofort diesen Namen gegeben. Meine Mutter war eine geborene Curtis.«

So wie man etwa sagt: »Vor meiner Heirat hieß ich Habsburg.«

Mrs Cook gellte. »Glück gehabt!«, sagte sie. »Ganz schön Glück gehabt, der junge Mann!«

»Das will ich wohl meinen«, echote Mrs Swan. »Du bist ja ein richtiger kleiner Hans im Glück, was? Was, was, was – du?« Sie rieb ihre Nase an seiner.

»Jawohl, Mrs Swan«, sprach Mrs Matson vor und sah Curtis finster an. Er murmelte vor sich hin.

»Huh – *du*!«, sagte Mrs Swan. Sie kam wieder hoch aus der Hocke. »Am liebsten würde ich dich stehlen, mit deinem kleinen Matrosenanzug und allem Drum und Dran!«

»Mutter hat dir diesen Anzug gekauft, nicht wahr?«, fragte Mrs Matson den kleinen Curtis. »Mutter hat ihm alle seine schönen Sachen gekauft.«

»Oh, er sagt Mutter zu Ihnen? Nein, wie süß!«, rief Mrs Swan.

»Ja, das finde ich auch nett«, sagte Mrs Matson.

Ein schneller, fester Schritt war auf der Veranda zu hören; ein Schlüssel drehte sich im Schloss. Mr Matson war gekommen.

»Nun«, sagte Mrs Matson beim Anblick ihres Gatten. Es war ihre feststehende allabendliche Begrüßung.

»Ah«, sagte Mr Matson. Das war seine.

Mrs Kerley gurrte. Mrs Swan klimperte lebhaft mit den Augen. Mrs Cook setzte das Hörrohr ans Ohr in der Vorfreude auf etwas Lohnendes.

»Ich glaube, Mrs Swan kennst du noch nicht, Albert«, bemerkte Mrs Matson. Er machte eine Verbeugung.

»Oh, ich habe so viel von Mr Matson gehört«, rief Mrs Swan.

Er machte noch eine Verbeugung.

»Wir haben uns gerade mit Ihrem lieben kleinen Jungen angefreundet«, sagte Mrs Swan. Sie kniff Curtis in die Wange. »Du Süßer, du!«

»Nun, Curtis«, sagte Mr Matson, »hast du für mich kein ›guten Abend‹ übrig?«

Curtis gab seinem jetzigen Vater mit einem schwachen, höflichen Lächeln die Hand. Er sah bescheiden zu Boden.

»So ist das schon besser«, befand Mr Matson. Nachdem er seinen elterlichen Pflichten nachgekommen war, wandte er sich seinen gesellschaftlichen zu. Kühn ergriff er Mrs Cooks Hörrohr. Curtis sah genau zu.

»Hat sich abgekühlt draußen«, dröhnte Mr Matson. »Hatte auch damit gerechnet.«

Mrs Cook nickte. »Gut so!«, brüllte sie.

Mr Matson drängelte sich vor, um ihr die Tür aufzuhalten. Er hatte recht großzügige Ausmaße, und der Flur war eng. Einer der Zierknöpfe an seinem Jackettärmel hakte sich in Mrs Cooks Hörrohr fest. Es fiel mit beängstigendem Gepolter zu Boden und sprang dort hin und her.

Curtis' Beherrschung war hin. Welle nach Welle von schrillem, hilflosem Gelächter brach aus ihm heraus. Er lachte immer weiter, obwohl Mrs Matson aufschrie: »Curtis!«, obwohl Mr Matson ihn drohend ansah. Er schlug die Hände auf die kleinen braunen Knie und bog sich und lachte und lachte wie ein Irrer.

»Curtis!«, bellte Mrs Matson. Das Lachen erstarb. Curtis nahm wieder Haltung an, und ein letzter kleiner Seufzer des Vergnügens entrang sich ihm.

Mr Matson bedeutete ihm mit einer herrischen Geste: »Hinauf!«, dröhnte er.

Curtis machte kehrt und kletterte die Stufen wieder hinauf. Er sah klein aus neben dem Geländer.

»Also, ausgerechnet –«, sagte Mrs Matson. »Ich habe nie erlebt, dass er so etwas macht, seit er hier ist. So etwas habe ich noch nie von ihm gehört!«

»Der junge Mann«, verkündete Mr Matson, »braucht mal eine gehörige Standpauke.«

»Der braucht noch mehr«, sagte seine Gattin.

Mr Matson bückte sich mit einem leisen Knacken, hob das Hörrohr auf und überreichte es Mrs Cook. »Gern geschehen«, sagte er in Erwartung des Dankes, der unausgesprochen geblieben war. Er machte eine Verbeugung.

»Entschuldigen Sie mich«, befahl er dann und stieg die Treppe hinauf.

Mrs Matson ging hinter ihren Gästen her an die Tür. Sie war betreten und offensichtlich auch bekümmert.

»Nie«, versicherte sie, »nie habe ich so etwas bei dem Kind erlebt.«

»Ach, Kinder«, beschwichtigte Mrs Kerley, »die sind manchmal komisch – vor allen Dingen ein kleiner Junge wie der da. Da kann man doch nicht so viel erwarten. Meine Güte, Sie werden das schon geradebiegen! Ich sage immer, ich kenne kein Kind, aus dem man besser etwas machen könnte, als den jungen Mann da – als wärs Ihr eigener.«

Friede hielt wieder Einzug in Mrs Matsons Brust. »Oh – du meine Güte!«, sagte sie. Fast eine Art Scheu lag in ihrem Lächeln, als sie die Tür hinter den Hinausgehenden schloss.

SO KLEIDE DIE NACKTEN
(Clothe the Naked)

Big Lannie ging des Morgens zu wohlhabenden, mu-
ßevollen Damen ins Haus, um deren Seiden und Lin-
nen zu waschen. Sie arbeitete tadellos; manch eine Dame
sagte ihr das sogar. Sie war eine große, massige, behäbige
Frau von kräftiger braun-schwarzer Farbe, außer in den
Handflächen und auf den Innenseiten der Finger, die
vom Dampf und den heißen Laugen wie Guttapercha geworden waren. Sie war behäbig, weil sie so riesig war und
weil ihr die dicken Adern in den Beinen schmerzten und
der Rücken so häufig wehtat. Aber weder verfluchte sie
sie, noch kümmerte sie sich um Mittel gegen ihre Leiden.
Sie waren ihr eben zugestoßen; sie gehörten dazu.

Viel war ihr zugestoßen. Sie hatte Kinder bekommen,
und die Kinder waren gestorben. Ebenso ihr Mann, ein
freundlicher Mann, froh und zufrieden mit dem kleinen
Glück, das er gefunden hatte. Von den Kindern war keines bei der Geburt gestorben. Sie waren herangewach-
sen, vier oder sieben oder zehn Jahre lang, hatten Eigenheiten und Wesenszüge und das Talent ausgeprägt, Liebe
auf sich zu ziehen; und Big Lannies Herz war für Liebe
immer weit offen. Ein Kind war bei einem Verkehrsun-
fall ums Leben gekommen, und zwei andere waren an
Krankheiten gestorben, die nur lästige Zwischenfälle
hätten sein müssen, hätten die Kinder frisches Essen und
freundliche Räume und saubere Luft auf ihrer Seite gehabt. Nur Arlene, die Jüngste, überlebte die Kindheit.

Arlene war ein hochgewachsenes Mädchen, nicht so dunkel wie ihre Mutter, aber von der gleichen kräftigen, ebenmäßigen Farbe. Sie war so dürr, dass es immer aussah, als wanderten ihre Knochen vor dem Körper her. Ihre Röhrenbeinchen und die breiten Füße mit den ausgebuchteten Fersen wirkten wie etwas, das Kinder mit Buntstiften malen. Sie hielt den Kopf gesenkt, die Schultern schlenkerten ihr um die Brust, und der Bauch war nach vorn gewölbt. Schon als sie noch ganz klein war, hatten Männer sie belagert.

Arlene war immer eine Streunerin gewesen; auch das gehörte zu dem, was Big Lannie eben zugestoßen war. Es gehörte dazu, und Big Lannie konnte nur immer mehr Geschenke und Überraschungen für Arlene mitbringen, damit sie ihre Mutter liebte und zu Hause blieb. Sie brachte Fläschchen mit stechendem Parfüm und helle Strümpfe aus kratziger Seide und Ringe mit roten und grünen Glassplittern; sie bemühte sich, Dinge auszusuchen, die Arlene mögen würde. Aber jedes Mal, wenn sie überhaupt nach Hause kam, hatte Arlene größere Ringe und seidigere Strümpfe und würzigere Parfüms an, als die Mutter ihr je kaufen konnte. Manchmal blieb sie über Nacht bei ihr und manchmal sogar mehr als eine Woche; und dann kam Big Lannie eines Abends von der Arbeit, und das Mädchen war weg, ohne ein Wort zu hinterlassen. Big Lannie brachte weiter Überraschungen mit und drapierte sie alle auf Arlenes Bett, wo sie auf deren Rückkehr warteten.

Big Lannie wusste von nichts, als Arlene ein Baby erwartete. Arlene war fast ein halbes Jahr nicht zu Hause gewesen; Big Lannie rechnete die Zeit nach Tagen. Sie hatte gar nichts mehr von ihr gehört, bis die Leute vom Krankenhaus nach Big Lannie schickten, sie solle ihre Tochter und ihr Enkelkind besuchen. Sie hörte Arlene gerade noch sagen, das Baby müsse Raymond genannt werden, und sah sie dann sterben. Nach wem Raymond benannt wurde, und ob überhaupt nach irgendjemandem, das erfuhr Big Lannie nie.

Er war ein langgliedriges, hellhäutiges Baby mit großen, milchigen Augen, die den Blick der Großmutter fest erwiderten. Erst nach ein paar Tagen eröffneten ihr die Leute vom Krankenhaus, dass er blind war.

Big Lannie ging zu jeder einzelnen Dame, bei der sie angestellt gewesen war, und erklärte, dass sie eine Zeit lang nicht für sie würde arbeiten können; sie müsste sich um ihren Enkel kümmern. Die Damen waren äußerst pikiert, nach Jahren fester Arbeit, verbargen ihre Empörung jedoch hinter Achselzucken und kühlen Worten. Jede für sich kam zu dem Schluss, sie sei viel zu gutmütig mit Big Lannie gewesen und folglich hintergangen worden. »Nein, wirklich, diese Nigger!«, sagte jede zu ihren Freundinnen. »Sind alle die Gleichen.«

Big Lannie verkaufte die meisten Sachen, in denen sie gelebt hatte, und nahm sich ein Zimmer mit Ofen. Dorthin brachte sie Raymond, sobald die Leute vom Krankenhaus sie ließen, und pflegte ihn. Er war all ihre Kinder für sie.

Sie war immer eine sparsame Frau gewesen, brauchte wenig und hatte keine Extrawünsche, und sie war lange allein gewesen. Auch nach Arlenes Beerdigung war ge-

nug da, damit Raymond und Big Lannie eine Weile über
die Runden kamen. Big Lannies Behäbigkeit verzögerte
auch ihre Angst vor dem, was auf sie zukommen würde;
Furcht war zunächst überhaupt nicht zu Gast und schlich
sich später auch nur ein, wenn Big Lannie wach lag, wenn
die Nacht regungslos vor dem nächsten Tag hing.

Raymond war ein liebes Kind, ein stilles, geduldiges
Baby; er lag in seinem Holzkistchen und streckte seine
feinen Händchen nach Klängen aus, die für ihn Licht
und Farbe waren. Es schien nur ein Weilchen, es kam
Big Lannie ganz kurz vor, dann lief er schon im Zimmer
herum, mit ausgestreckten Händen, auf flinken, sicheren Füßen. Big Lannies Freunde, die ihn zum ersten Mal
sahen, mussten erklärt bekommen, dass er nicht sehen
konnte.

Dann, und wieder schien es nur ein ganz kleines
Weilchen, konnte er sich schon selbst anziehen und seiner Großmutter die Tür aufmachen und ihr die Schuhe
von den müden Füßen lösen und ihr mit seiner sanften
Stimme etwas erzählen. Sie fand gelegentlich Arbeit –
hier und da hörte eine Nachbarin, wo Big Lannie einen
Tag lang schrubben gehen konnte, oder manchmal durfte
sie für eine kranke Freundin einspringen –, aber das war
selten und nichts, worauf man sich verlassen konnte.
Sie ging zu den Damen, für die sie gearbeitet hatte, und
fragte, ob sie sie nicht vielleicht wiederhaben wollten;
aber sie hatte wenig Hoffnung, nachdem sie bei der ersten gewesen war. Also, das ist doch, wirklich, sagten die
Damen; also, wirklich, das ist doch.

Die Nachbarinnen gegenüber auf dem Flur passten

auf Raymond auf, wenn Big Lannie Arbeit suchen ging. Er störte sie nicht, und sich selbst auch nicht. Er saß da über der Aufgabe, die er sich ausgesucht hatte, und summte vor sich hin. Er hatte eine Strickliesel geschenkt bekommen, so eine hölzerne Spule, auf deren Kopfende kleine Nägel steckten, und um die herum schlang er mit einer auseinandergebogenen Haarnadel helle Wollfäden; er arbeitete schneller als der Blick, bis eine lange wollene Röhre durch das Loch unten in der Spule kam. Die Nachbarinnen fädelten ihm dicke, stumpfe Nadeln ein, und er legte die Wollröhrchen aneinander und nähte sie zu Matten zusammen. Big Lannie sagte, sie wären wunderschön, und Raymond war stolz, wenn sie ihm erzählte, wie gut sie sie verkaufte. Es kam sie hart an, nachts, wenn er schlief, die Matten wieder aufzuribbeln und die Wolle zu waschen und so glatt zu ziehen, dass nicht einmal Raymonds scharfsinnige Finger am nächsten Tag, wenn er wieder damit arbeitete, merkten, dass sie nicht neu war.

Angst tobte jetzt in Big Lannie und stahl ihr die Tage und Nächte. Sie konnte zu keiner Wohlfahrtsstelle gehen, aus Furcht, man nähme ihr Raymond weg und steckte ihn in eine – sie sprach das Wort vor sich selbst nie aus, und sie und die Nachbarinnen dämpften immer die Stimmen, wenn sie es untereinander doch aussprachen –, in eine Einrichtung. Die Nachbarinnen woben Geschichten, die lange im Gedächtnis haften blieben, über das, was einem so zustieß in gewissen sauberen, ordentlichen Häusern in den Klinkervierteln vor der Stadt, und wenn sie dort einmal in die Nähe mussten, dann hatten sie es sehr eilig, als müssten sie an einem Friedhof vorbei, und kehrten wie Helden zurück. Wenn die einen da reinkriegten, so flüsterten die Nachbarinnen, dann legten sie einem die Wirbelsäule mit der Peitsche frei, und wenn man umfiel, traten sie einem den Kopf ein. Wäre irgendjemand in Big Lannies Zimmer gekommen und hätte Raymond für ein Blindenheim abholen wollen, die Nachbarinnen hätten mit Steinen und Stangen und brühendem Wasser um ihn gekämpft.

Raymond wusste von alldem nichts, er kannte nur Gutes. Als er groß genug war, um allein die Treppe hinunter und auf die Straße zu gehen, war er sicher, jeder Tag würde die reine Freude. Er trug den Kopf hoch, wenn er in den kleinen Hof vor dem baufälligen Holzhaus kam, und drehte gemächlich sein Gesicht hin und her, als wäre die Luft eine milde Flüssigkeit, und er badete es darin. Karren und Lieferwagen fuhren nicht durch die Straße, denn sie endete in einer Abfallhalde aus verrosteten Bettgestellen und kaputten Heizkesseln und durchlöcherten Kochtöpfen; die Kinder spielten auf dem Pflaster, und Männer und Frauen saßen in offenen Fenstern und unterhielten sich über die Straße hinweg mit fröhlichen, prachtvollen Stimmen. Immer bekam Raymond Lachen zu hören, und immer lachte er zurück und streckte die Hände danach aus.

Anfangs unterbrachen die Kinder ihr Spiel, wenn er nach draußen kam, und scharten sich leise um ihn und beobachteten ihn fasziniert. Sie hatten von seiner Benachteiligung erzählt bekommen, und sie empfanden eine Art widerwilliges Mitleid mit ihm. Manche sprachen ihn an, in sanften, behutsamen Tönen. Raymond lachte vor Vergnügen und streckte seine Hände, seine seltsamen weichen, flachen Blindenhände, nach ihren Stimmen aus. Die Kinder zuckten sofort zurück, aus Angst, diese komischen Hände könnten sie berühren. Dann schämten sie sich, weil sie vor ihm zurückgewichen waren und er gar nicht sehen konnte, dass sie so etwas getan hatten, und sagten ihm freundlich Auf Wiedersehen und gingen zurück auf die Straße, von wo aus sie ihn fest im Auge behielten.

Wenn sie wieder weg waren, begann Raymond seinen Spaziergang bis ans Ende der Straße. Er führte sich selbst, indem er an den kaputten Zäunen auf dem schmutzigen Bürgersteig entlangfuhr, und summte beim Gehen kleine Lieder, die keine Worte hatten. Ein paar von den Männern und Frauen in den Fenstern riefen ihm ein »Hallo« zu, und er grüßte zurück und winkte und lächelte. Wenn die Kinder ihn längst vergessen hatten und wieder bei ihren Spielen lachten, blieb er stehen und drehte sich um zu den Klängen, als wären sie die Sonne.

Abends erzählte er Big Lannie von seinem Spaziergang, dabei schlug er sich auf die Knie und gluckste vor Vergnügen bei der Erinnerung an das Lachen, das er gehört hatte. Wenn das Wetter zu ungemütlich war und er nicht auf die Straße durfte, saß er über seiner Strickliesel und erzählte den ganzen Tag, wie er am nächsten Tag wieder ausgehen würde.

Die Nachbarinnen taten, was sie konnten, für Raymond und Big Lannie. Sie schenkten ihm Kleider, die ihre eigenen Kinder noch nicht aufgetragen hatten, und brachten zum Essen, was sie erübrigen konnten und

mehr. Big Lannie kam gerade so über die Woche und betete, dass sie auch über die nächste kommen möge; und
so gingen die Monate dahin. Dann gerieten die Tage, an
denen sie Arbeit fand, weiter und weiter auseinander,
aber sie konnte nicht beten, ihre Zeit möge kommen,
denn daran auch nur zu denken durfte sie nicht wagen.

Es war Mrs Ewing, die Raymond und Big Lannie das
Leben rettete und möglich machte, dass sie beieinander-
blieben. Big Lannie erzählte das damals und blieb auch
dabei; jeden Tag pries sie Mrs Ewing, und sie hätte auch
jeden Abend für sie gebetet, wenn sie nicht irgendwie
vage gewusst hätte, dass jede Fürbitte für Mrs Delabarre
Ewing dreiste Anmaßung war.

Mrs Ewing war nämlich eine Persönlichkeit in der
Stadt. Fuhr sie auf Besuch nach Richmond oder kam
zurück von einer Besichtigung der Azaleengärten in
Charleston, dann stand das immer in der Zeitung. Sie
kam ihren edlen Verpflichtungen mit strengem Gewissen nach; sie spielte die Hauptrolle im Wohltätigkeits-
ausschuss und *sie* plante und organisierte das alljährliche
Bridge-Turnier, um Geld zu sammeln für Salbeibeete
rund um die Kanone vor dem Hauptquartier ihres Tradi-
tionsvereins, der *Daughters of the American Revolution*.
Das und vieles mehr waren ihre öffentlichen Aktivitä-
ten, und in ihrem Privatleben stellte sie keine geringeren
Ansprüche an sich. Sie führte ein zwar kinderloses, aber
mustergültiges Haus für ihren Mann und sich und über-
ließ auch die Überwachung von Einzelheiten keinem der
Haushaltsdragoner, und mochten sie noch so vertrauenswürdig sein.

Früher, bevor Raymond geboren war, hatte Big Lannie für Mrs Ewing gewaschen. Seit jenen Tagen hatten viele Wechsel an den ewingschen Waschzubern stattgefunden, aber keiner zum Besseren. Mrs Ewing nahm Big Lannie tatsächlich wieder in Dienst. Sie entschuldigte sich für diesen Schritt bei ihren Freundinnen in der stets gewinnenden Form der Selbstbezichtigung. Sie wusste ja, sie war dumm, sagte sie, nach all der Zeit, nach allem, was Big Lannie mit ihr gemacht habe. Und trotzdem, sagte sie – und lachte kurz über ihre Eigenheiten –, zu ihr konnte eben jeder kommen, der ihr leidtat, sagte sie. Sie wusste, es war schrecklich töricht, aber so, sagte sie, sei sie nun mal. Mr Ewing, das sagte sie hinter seinem Rücken, nannte sie ja auch immer eine richtige kleine alte Schwester Einfalt.

Big Lannie fand keine Worte, um Mrs Ewing zu danken und ihr zu sagen, was zwei Tage fest angestellt jede Woche bedeuteten. Jedenfalls ziemlich fest angestellt. Big Lannie war, wie Mrs Ewing ihr vorhielt, natürlich nicht jünger geworden, und behäbig war sie immer schon gewesen. Mrs Ewing hielt sie in einem Zustand anstachelnder Unsicherheit, indem sie gelegentlich, und das entsprach der Wahrheit, auf die vielen kräftigeren und flinkeren Frauen anspielte, die auch Arbeit brauchten.

Zwei Tage Arbeit in der Woche hieß Geld für die Miete und Holz für den Ofen und fast genug Essen für Raymond und Big Lannie. Alles Übrige hing ab von jeder kleinen Extra-Arbeit, die sie fand, und sie durfte die Suche nicht aufgeben. Getrieben von Angst und Dankbarkeit, arbeitete sie so gut für Mrs Ewing, dass manchmal sogar Befriedigung darüber laut wurde, wie gepflegt Bett- und Tischwäsche sowie die Gardrobe der Dame und ihres Gatten waren. Letzteren bekam Big Lannie nur gelegentlich zu Gesicht, wenn er aus dem Haus ging und sie kam oder wenn er es betrat und sie ging. Er war nur eine halbe Portion, kaum größer als Raymond.

Raymond wuchs so schnell, dass es jeden Morgen so aussah, als wäre er schon wieder größer geworden. Jeden Tag freute er sich auf seinen Spaziergang die Straße entlang, auf dem er seine Erfahrungen machen und von dem er Big Lannie abends erzählen konnte. Er war jetzt nicht mehr die Sehenswürdigkeit der ganzen Straße; die Kinder hatten sich so an ihn gewöhnt, dass sie nicht einmal mehr nach ihm sahen, und die Männer und Frauen in den Fenstern nahmen nicht mehr genug Notiz von ihm, um ihm Grüße zuzurufen. Aber er wusste das nicht. Er winkte auch weiter auf jeden fröhlichen Ruf, den er hörte, und ging seiner Wege und sang seine Liedchen und drehte sich um nach dem Klang des Lachens.

Dann war die wunderbare Reihe von Tagen so plötzlich zu Ende, als hätte sie jemand von einem schönen Kalender abgerissen. Ein Winter kam, so schnell und so grimmig, dass er mit nichts, woran sich die Stadt erinnern konnte, zu vergleichen war, und Raymond hatte nichts zum Anziehen für draußen. Big Lannie flickte ihm die Sachen, aus denen er herausgewachsen war, solange sie konnte, aber der Stoff war so mürbe, dass er immer, wenn sie die ausgefransten Risse nähen wollte, gleich daneben wieder riss.

Die Nachbarinnen hatten auch nichts mehr zu verschenken; alles, was sie hatten, mussten sie für sich behalten. Ein geisteskranker farbiger Mann im Nachbarort hatte die Frau umgebracht, bei der er arbeitete, und Angst und Schrecken breiteten sich aus wie Steppenbrand. Es entstand eine Art Panik vor Vergeltung; farbige Angestellte wurden entlassen und bekamen keine neue Arbeit. Mrs Ewing aber, die ein – zugegeben – töricht, ja vielleicht gefährlich weiches Herz hatte, behielt ihre schwarze Wäscherin. Big Lannie hatte mehr Grund denn je, sie einen Segen zu nennen.

Den ganzen Winter lang blieb Raymond im Haus. Er saß über seiner Strickliesel, mit Big Lannies alter Strickjacke um die Schultern und, als die Fetzen seiner Knickerbocker ganz auseinandergefallen waren, einem Kattunrock von ihr um die Hüften. Er lebte, in seinem Alter schon, in der Vergangenheit; in jenen Tagen, an denen er spazieren gegangen war, stolz und glücklich, auf der Straße, mit dem Lachen im Ohr. Noch wenn er davon erzählte, musste er immer das Lachen mit Lachen erwidern.

Seit er sich erinnern konnte, hatte er nicht nach draußen gedurft, wenn Big Lannie das Wetter nicht gut genug fand. Das hatte er, ohne zu fragen, akzeptiert, und genauso akzeptierte er seinen Arrest jetzt, während der schlimmen Wochen des Winters. Aber dann, eines Tages, war Frühling, so deutlich, dass er es sogar in den verräucherten, stinkenden Räumen des Hauses spürte, und er schrie vor Freude auf, weil er bald wieder auf der Straße spazieren gehen durfte. Big Lannie musste ihm klarmachen, dass seine Lumpen zu dünn waren, um ihn zu schützen, und dass es für sie gerade nichts extra zu arbeiten gab und also auch keine Kleider und Schuhe für ihn.

Raymond sprach nie wieder über die Straße, und seine Finger wurden langsam über der Strickliesel.

Big Lannie tat etwas, das sie nie zuvor getan hatte; sie bettelte ihre Arbeitgeberin an. Sie bat Mrs Ewing, ihr ein paar von Mr Ewings alten Sachen für Raymond zu schenken. Sie sah dabei zu Boden und verschluckte die Wörter, sodass Mrs Ewing sie bitten musste, laut und nach oben zu sprechen. Als Mrs Ewing begriff, sagte sie, sie sei überrascht. Sie bekomme, sagte sie, sehr, sehr viele Bitten um milde Gaben, und sie habe eigentlich gedacht, dass Big Lannie, gerade sie, genau wisse, dass sie alles tue, was sie könne, und weiß Gott auch eine Menge mehr. Sie sprach vom kleinen Finger und von der ganzen Hand. Sie sagte, falls sie doch noch etwas finde, was sie erübrigen könne, solle Big Lannie aber gefälligst immer daran denken, dass dies das einzige Mal sei.

Als Big Lannie nach ihrem Tagewerk abends nach Hause gehen wollte, brachte Mrs Ewing ihr eigenhändig ein Paket. Das waren, sagte sie, ein Anzug und ein Paar Schuhe; schöne, großartige Sachen, die Leute würden sie schlankweg für verrückt halten, dass sie die einfach so weggebe. Sie wusste auch überhaupt nicht, was Mr Ewing ihr erzählen würde, weil sie so verrückt war. Sie erklärte, aber so sei sie nun mal, wenn irgendjemand auf sie zukomme, und die ganze Zeit versuchte Big Lannie, ihr zu danken.

Big Lannie hatte Raymond nie so erlebt wie jetzt, als sie ihm das Paket nach Hause brachte. Er sprang hoch und tanzte und klatschte in die Hände, er wollte etwas sagen, aber er quietschte nur, er riss selbst das Papier auf und fuhr mit seinen Fingern über den dicken, festen Stoff und hielt ihn sich ans Gesicht und küsste ihn. Er zog die Schuhe an und klapperte darin herum und schaufelte dabei mit Zehen und Fersen, damit sie nicht abfielen; Big Lannie musste ihm gleich die Hose an der Hüfte abstecken und die Beine bis über die Waden hochkrempeln. Er plapperte von morgen, wenn er wieder auf der Straße spazieren gehen würde, und bekam vor lauter Lachen seine Worte nicht heraus.

Big Lannie musste am nächsten Tag für Mrs Ewing arbeiten gehen, und eigentlich hatte sie Raymond bitten wollen, noch zu warten, bis sie selbst zu Hause bleiben und ihm die neuen Sachen anziehen konnte. Aber sie hörte ihn wieder lachen; sie konnte ihm doch nicht sagen, er sollte noch warten. Er dürfte aber erst um zwölf am nächsten Tag nach draußen, sagte sie, wenn die Sonne so warm war, dass er sich beim ersten Mal außer Haus nicht erkältete; eine Nachbarin von gegenüber würde ihm in die Sachen helfen. Raymond gluckste vor Vergnügen und sang seine Liedchen, bis er einschlief.

Als Big Lannie morgens gegangen war, kam die Nachbarin und brachte Raymond eine Pfanne mit kaltem Schweinefleisch und Maisbrot fürs Mittagessen. Sie hatte plötzlich noch einen halben Tag Arbeit bekommen und konnte nicht bleiben und aufpassen, wenn er zu seinem Spaziergang aufbrach. Sie half ihm aber in die Hose und steckte sie ihm zu und krempelte sie ihm hoch, und sie schnürte ihm auch die Schuhe so fest zu, dass er sie an den Füßen behalten würde. Dann sagte sie ihm noch, er sollte aber nicht nach draußen gehen, bevor er die Mittagssirenen hörte, und küsste ihn und ging.

Raymond war viel zu glücklich, um ungeduldig zu sein. Er saß da und dachte an die Straße und lächelte und sang. Und erst als er die Sirenen hörte, ging er an die Schublade, in die Big Lannie das Jackett gelegt hatte, und nahm es heraus und zog es an. Er spürte es weich auf seinem nackten Rücken, er schlenkerte mit den Schultern, damit es warm und locker von ihnen herunterfiel. Als er die Ärmel über seinen dünnen Ärmchen aufkrempelte, schlug sein Herz so heftig, dass der Stoff zu flattern anfing.

Die Treppe war schwer zu bewältigen mit den großen Schuhen, aber sogar das langsame Hinuntergehen war für Raymond ein Genuss. Seine Vorfreude war wie Honig im Mund.

Dann kam er nach draußen in den Hof und drehte sein Gesicht in der linden Luft. Es war alles wieder gut; er hatte alles wieder. So schnell er konnte, ging er zum Bürgersteig und stapfte voran, geführt von seiner Hand am Zaun. Er konnte es gar nicht erwarten; er rief, um die fröhlichen Rufe zurück zu hören, er lachte, damit Lachen ihm Antwort gab.

Er hörte es. Er war so selig, dass er seine Hand vom Zaun nahm und sich umdrehte und die Arme ausstreckte und sein lächelndes Gesicht in die Höhe reckte, um es willkommen zu heißen. Er stand da, und dann erstarb das Lächeln auf seinem Gesicht, und die Willkommensarme wurden steif und zitterten.

Es war nicht das Lachen, das er gekannt hatte; es war nicht das Lachen, von dem er gelebt hatte. Es war wie große Dreschflegel, die ihn platt schmetterten, große Zinken, die ihm das Fleisch von den Knochen rissen. Es kam auf ihn zu, um ihn zu töten. Es wich heimtückisch zurück, und dann krachte es gegen ihn. Es wirbelte um ihn herum und über ihn hinweg, und er bekam keine Luft. Er schrie und wollte durch es wegrennen und fiel hin, und es züngelte über ihm und heulte immer schriller. Die Kleider rutschten ihm auf, und die Schuhe schlackerten ihm an den Füßen. Jedes Mal wenn er sich hochgerappelt hatte, fiel er wieder hin. Es war, als stände die Straße lotrecht vor ihm, als spränge das Gelächter ihm in den Rücken. Er fand den Zaun nicht wieder, er wusste die Richtung nicht mehr. Er lag schreiend auf der Erde, in Blut und Dreck und Finsternis.

Als Big Lannie nach Hause kam, fand sie ihn in einer Zimmerecke auf dem Boden, stöhnend und wimmernd. Er hatte die neuen Sachen noch an, in Fetzen und zerrissen und verdreckt, und Blutkrusten klebten ihm an Mund und Händen. Ihr Herz hatte vor Schreck einen Sprung getan, als Raymond nicht schon auf ihre Schritte hin die Tür aufgemacht hatte, und als sie ihn fragen wollte, was ihm zugestoßen war, schrie sie so gellend auf, dass er Angst bekam und wild zu schluchzen anfing. Sie verstand nicht, was er erzählte; es war irgendetwas über die Straße und ihn ausgelacht, und sie sollen weg, und er will nie wieder auf die Straße dürfen, nie mehr wieder auf die Straße. Sie versuchte gar nicht erst, ihn nach einer Erklärung zu fragen. Sie nahm ihn in ihre Arme und wiegte ihn und erzählte ihm, immer und immer wieder, ist doch gar nicht so schlimm und gar nicht drum kümmern, und alles ist gut. Weder er noch sie glaubten, was sie sagte.

Aber ihre Stimme war weich und ihre Arme warm. Auch Raymonds Schluchzen wurde weicher, und schließlich zitterte es davon. Sie hielt ihn fest und wiegte ihn, schweigend und rhythmisch und sehr lange. Dann stellte sie ihn sanft auf die Füße und befreite seine Schultern von Mr Ewings altem Sonntagsjackett.

DAS BUTTERKREMHERZ
(The Custard Heart)

Keines Menschen Auge noch das einer wilden Bestie im Käfig noch das eines trauten Haustiers hatte Mrs Lanier je zu sehen bekommen, wenn sie nicht wehmütig war. Sie war der Wehmut ergeben wie unbedeutendere Künstler den Worten, der Farbe, dem Marmor. Mrs Lanier war keine von diesen unbedeutenderen; sie war eine von den wahren. Das gewiss ewig gültige Beispiel für den wahren Künstler ist jener Schauspieler bei Dickens, der sich von oben bis unten schwarz anmalte, um den Othello zu spielen. Und man darf annehmen, dass Mrs Lanier noch in ihrem Badezimmer wehmütig war und dass sie in weicher Wehmut durch die dunkle, geheimnisvolle Nacht schlummerte.

Falls dem Porträt, das Sir James Weir von ihr schuf, nichts zustößt, wird sie so dastehen, wehmütig über die Jahrhunderte hinweg. Er hat sie in voller Lebensgröße dargestellt, in lauter Gelbtönen, mit den zierlich aufgetürmten Locken, den schmalen, geschwungenen Füßen wie elegante Bananen, der glänzenden Fläche ihrer Abendrobe; Mrs Lanier trug eigentlich am Abend immer Weiß, aber Weiß ist beim Malen eine höllisch heikle Sache, und kann man von einem Mann erwarten, dass er seine gesamten sechs Wochen in den Vereinigten Staaten nur auf die Ausführung eines einzigen Auftrags verwendet? Wehmut ruht, unsterblich, in den dunklen Augen mit der traurigen Hoffnung, auf dem flehenden Mund, auf dem gesenkten kleinen Kopf über dem lieblichen langen Nacken, der gebeugt ist, als gebe er den drei Reihen lanierscher Perlen nach. Zwar äußerte ein Kritiker, als das Porträt ausgestellt wurde, in einer Zeitung die erstaunte Frage, weshalb eine Frau, die solche Perlen besaß, eigentlich Wehmut empfinden könnte; aber das kam zweifellos nur daher, dass er seine kleine Krämerseele für ein paar Groschen an den Besitzer der Konkurrenzgalerie verkauft hatte. Fest steht, dass niemand in Hinsicht Perlen Sir James das Wasser reichen konnte. Jede einzelne ist so deutlich und so individuell gestaltet wie das Gesicht jedes einzelnen Soldaten in einer Schlachtszene von Meissonier.

Eine Zeit lang trug Mrs Lanier aus der Verpflichtung des Modells, dem Porträt gleich zu sehen, an den Abenden Gelb. Sie hatte Roben aus Samt weich wie flüssige Sahne vom Land, und aus Satin, gelackt wie Butterblumen, und Chiffon, der sie umspielte wie goldene Dunstspiralen. Sie trug sie und hörte in scheuer Überraschung die Vergleiche mit gelben Narzissen und Schmetterlingen in der Sonne an; aber sie wusste Bescheid.

»Das bin einfach nicht ich«, seufzte sie schließlich und kehrte wieder zurück zu ihren lilienweißen Gewändern. Picasso hatte seine blaue Periode und Mrs Lanier ihre gelbe. Sie wussten beide, wann man aufhören muss.

Nachmittags trug Mrs Lanier dünnes, duftiges Schwarz, dazu die großartigen Perlen, die auf ihrer Brust weinten. Was sie am Morgen trug, das hätte nur Gwennie wissen können, die Zofe, die ihr das Frühstückstablett brachte; aber es muss selbstverständlich erlesen gewesen sein. Mr Lanier – denn gewiss gab es einen Mr Lanier; man hatte ihn sogar gesehen – schlich sich hinter ihrer Tür in sein Büro davon, und die Bediensteten schwebten und hauchten, damit Mrs Lanier die strahlende neue Grausamkeit des Tages so lange wie möglich erspart blieb. Erst wenn auf den Mittag die freundlicheren Stunden mit den kleineren Zahlen folgten, vermochte sie sich aufzuraffen und den stets wiederkehrenden Sorgen des Lebens ins Auge zu sehen.

Es gab fast jeden Tag Pflichten zu erfüllen, und Mrs Lanier nahm dafür all ihren Mut zusammen. Sie musste gleich in ihre Stadtlimousine steigen und neue Garderobe auswählen und die in Auftrag gegebenen Kleider anprobieren, bis sie ihrer eigenen Vollkommenheit entsprachen. Gewänder wie die ihren ereigneten sich nicht einfach; sie erforderten, wie große Dichtung, hartes Ringen. Aber Mrs Lanier ließ den Schutz ihres Hauses nur mit Grauen hinter sich, denn draußen waren überall so viele Unschöne und Traurige, die ihren Augen und ihrem Herzen zusetzten. Oft stand sie minutenlang verschüchtert vor dem Barockspiegel im Flur, bevor sie ihren Kopf aufzurichten vermochte, um tapfer hinauszuschreiten.

Für die Zartbesaiteten gibt es keinen Schutz, ganz gleich, wie gerade ihr Weg, wie unschuldig ihr Ziel. Manchmal stand sogar vor dem Schneider oder dem Kürschner oder dem Lingerie-Lädchen oder dem Putzmacher der Mrs Lanier ein Spalier von dünnen Mädchen und abgerissenen kleinen Männern, die Plakate in den kalten Händen hielten und in gemessenen, langsamen

Schritten auf und ab gingen, auf und ab. Ihre Gesichter waren blau und rau vom Wind und leer von dem eintönigen Dasein in der Tretmühle. Sie sahen so klein und arm und mitgenommen aus, dass Mrs Lanier sich vor Erbarmen die Hände aufs Herz schlug. Ihre Augen glänzten vor lauter Mitleid, und ihre lieblichen Lippen taten sich auf, als wollten sie etwas Aufmunterndes flüstern, während sie durch das schleppende Spalier ins Geschäft schritt.

Oft saßen Bleistiftverkäufer im Weg, so ein halbes Geschöpf auf einem Brett mit Rollen, das sich mit den Händen den Bürgersteig entlangschubste, oder ein Blinder, der hinter einem schwankenden Krückstock herschlurfte. Mrs Lanier musste stehen bleiben und auch schwanken, mit geschlossenen Augen, eine Hand am Hals, als Stütze für ihren schönen, erschütterten Kopf. Dann konnte man sehen, wie sie sich einen regelrechten Ruck gab, konnte sehen, wie die Anstrengung ihren Körper durchrieselte, als sie die Augen wieder aufschlug und diesen Elenden, blinden und sehenden gleichermaßen, ein Lächeln von solcher Zärtlichkeit, solch besorgtem Verständnis schenkte, dass es einem vorkam wie der erlesene, schwermütige Duft von Hyazinthen in der Luft. Manchmal, wenn so ein Mann nicht gar zu grässlich aussah, kam es sogar vor, dass sie eine Münze aus ihrer Börse fischte, ihren schmalen Arm ausstreckte, wobei sie die Münze so zierlich hielt, als hätte sie sie von einem silbernen Stamm gepflückt, und sie in seinen Becher fallen ließ. War er noch jung und neu in diesem Leben, dann bot er ihr Bleistifte im Gegenwert an; aber Mrs Lanier wollte kein Entgelt. Auf sanfteste, zartfühlendste Weise huschte sie davon und ließ ihn dort sitzend, sein schäbiges Warenangebot unangetastet, zurück, aber er war nun nicht mehr ein Arbeiter um seinen Lebensunterhalt wie Millionen andere, sondern abgesetzt von ihnen und auserlesen, umgeben vom Duft der Wohltätigkeit.

So war es, wenn Mrs Lanier aus dem Haus ging. Überall sah sie sie, die Zerlumpten, die Mühseligen, die Verzweifelten, und jedem Einzelnen schenkte sie ihren Blick, der beredt war auch ohne Worte.

»Nur Mut«, sagte er. »Und Sie – oh, wünschen Sie auch mir Mut!«

Oft war Mrs Lanier, wenn sie endlich wieder nach Hause kam, so welk wie eine Freesie. Ihre Zofe Gwennie musste sie dann beknien, dass sie sich hinlegte, damit sie wieder zu Kräften kam und ihr Kleid gegen ein duftigeres eintauschen und in ihren Salon hinuntergehen konnte, die Augen kummervoll verhangen, aber die edlen Brüste stolz aufgerichtet.

In ihrem Salon fand sie Zuflucht. Hier konnte ihr Herz genesen von den Schlägen der Zeit und wieder heil sein für die eigenen Sorgen. Dieser Raum schwebte über dem Leben, ein Ort von zarten Stoffen und blassen Farben, und nirgendwo eine Zeitung oder ein Buch, die vom Jammertal kündeten oder es gar beschrieben. Hinter der großen Fensterfläche schlängelte sich der Fluss und fuhren die stattlichen Schuten vorbei, beladen mit seltsamen Sachen in gobelinbunten Farben; und es gab keinen Grund, sich mit den Leuten gemein zu machen, die unbedingt erklären müssen, dass es Abfälle waren. Eine Insel mit einem glücklichen Namen lag gegenüber, und darauf standen in einer Reihe steife, solide Gebäude, naiv wie ein Gemälde von Rousseau. Manchmal konnte man auf der Insel die energischen Figuren von Krankenschwestern und Insassen beim Sport auf den Wiesen sehen. Möglich, dass hinter den vergitterten Fenstern in den Gebäuden erheblich weniger energische Figuren waren, aber danach hatte im Beisein von Mrs Lanier niemand zu fragen. Alle, die in ihren Salon kamen, kamen nur zu einem Zweck: ihr Herz gegen Verletzung zu beschirmen.

Hier in ihrem Salon, im wunderbaren Blau des Spätnachmittags, saß Mrs Lanier auf schillerndem Taft und war wehmütig. Und hierher in ihren Salon kamen junge Männer und versuchten, ihr zu helfen, das Leben zu ertragen.

Die Besuche der jungen Männer vollzogen sich in einem Turnus. Sie kamen immer in Grüppchen zu dritt oder zu viert oder zu sechst, eine Zeit lang; und dann war einer dabei, der noch ein bisschen blieb, wenn die anderen schon gegangen waren, der bald darauf ein bisschen früher kam als die anderen. Dann folgten die Tage, an denen Mrs Lanier für die anderen jungen Männer nicht mehr zu Hause war und der eine junge Mann in dem wunderschönen Blau mit ihr allein verweilte. Und dann war Mrs Lanier auch für den einen jungen Mann nicht mehr zu Hause, und Gwennie musste ihm am Telefon erzählen, wieder und wieder, dass Mrs Lanier ausgegangen war, dass Mrs Lanier krank sei, Mrs Lanier nicht gestört werden durfte. Wieder kamen junge Männer in Grüppchen; jener junge Mann war nicht dabei. Aber dabei war unter ihnen ein neuer junger Mann, der bald darauf ein bisschen länger blieb und ein bisschen früher kam, der zu guter Letzt wieder Gwennie am Telefon in den Ohren lag.

Gwennie – ihre verwitwete Mutter hatte sie Gwendola genannt und war dann, als hätte sie gemerkt, dass sich kein anderer Traum je erfüllen würde, gestorben – war klein und kräftig und unauffällig. Sie war auf einer Farm oben im Staat New York aufgezogen worden, von einem Onkel und einer Tante, die hart wie die Scholle ums Dasein kämpften. Nachdem auch sie gestorben waren, hatte sie nirgendwo mehr Verwandte. Sie kam nach New York, weil sie gehört hatte, es gäbe dort Arbeit; sie kam just zu der Zeit an, als Mrs Laniers Köchin eine Küchenhilfe brauchte. Und so hatte Mrs Lanier in ihrem eigenen Haus ihren Schatz gefunden.

Gwennies harte kleine Bauernmädchenfinger konnten unsichtbare Stiche nähen, konnten ein Plätteisen schwingen, als wäre es ein Zauberstab, konnten wie eine Sommerbrise durch Mrs Laniers Garderobe und Haare fahren. Sie war so eifrig, wie der Tag lang war; und ihre Tage dauerten häufig von Tagesanbruch bis Tagesanbruch. Sie war niemals müde, sie war niemals betrübt, sie war guter Dinge, ohne Aufhebens davon zu machen. An ihrer Anwesenheit oder ihrem Anblick war nichts, was ans Herz gerührt und ihm Unbehagen verursacht hätte.

Mrs Lanier sagte oft, dass sie gar nicht wüsste, wie sie ohne ihre kleine Gwennie auskommen würde; sollte ihre kleine Gwennie sie je verlassen, sagte sie, dann wüsste sie einfach nicht mehr weiter. Sie sah so verloren und zerbrechlich aus, wenn sie das sagte, dass man dann Gwennie ihre Anlage zum Heiraten oder Sterben richtig übelnahm. Doch es gab keinen zwingenden Grund zur Sorge, denn Gwennie war stark wie ein Pony und hatte keinen Verehrer. Sie hatte mit überhaupt niemandem Freundschaft geschlossen und schien das auch nicht als Versäumnis zu empfinden. Ihr Leben gehörte ganz Mrs Lanier; wie alle anderen, die in Mrs Laniers Nähe kommen durften, war auch Gwennie bestrebt, alles zu tun, um sie vor Schmerz zu bewahren.

Alle konnten zwar etwas dafür tun, dass jede Erinnerung an die Trauer überall in der Welt ausgesperrt blieb, aber mit Mrs Laniers privatem Kummer ließ sich die Sache schwieriger an. In ihrem Herzen wohnte eine so tiefe, so geheime Sehnsucht, dass oft Tage vergingen, bevor sie, im Dämmerlicht, einem neuen jungen Mann gegenüber, wieder darüber sprechen konnte.

»Wenn ich doch nur ein kleines Baby hätte«, seufzte sie dann, »ein kleines, kleines Baby, ich glaube, dann wäre ich fast glücklich.« Und sie schlang ihre zarten Arme untereinander und schaukelte sie langsam und sacht, so als wiegte sie das kleine Wesen ihrer innigen Träume. Dann war sie, verhinderte Madonna, am allerwehmütigsten, und der junge Mann hätte Leben oder Tod für sie hingegeben, je nach ihrem Geheiß.

Mrs Lanier erwähnte nie, warum ihr Wunsch unerfüllt geblieben war; der junge Mann wusste genau, sie war viel zu lieb, um jemanden zu beschuldigen, viel zu stolz, um es zu verraten. Aber jetzt, so nahe bei ihr im bleichen Licht, verstand er, und sein Blut geriet in Wallung vor

Zorn, dass ein solcher Tölpel wie Mr Lanier nie von jemandem kaltgemacht wurde. Er flehte Mrs Lanier an, sie möge ihm gestatten, sie der Hölle des Lebens zu entreißen und sie fast glücklich zu machen. Jedes Mal danach war Mrs Lanier für den jungen Mann gerade ausgegangen, krank oder durfte keinesfalls gestört werden.

Gwennie betrat den Salon nie, wenn nur ein einziger junger Mann da war; aber wenn die Grüppchen wiederkamen, war sie wieder unaufdringlich zu Diensten, zog einen Vorhang zurecht oder brachte ein frisches Glas. Das gesamte Personal im Hause Lanier war unaufdringlich, ging leise und hatte die richtigen Gesichter ohne besondere Merkmale. Wenn einmal Änderungen bei der Besetzung vorgenommen werden mussten, kümmerten sich Gwennie und die Haushälterin um Ersatz und verloren vor Mrs Lanier kein Wort darüber, damit sie nicht von Verlassenheitsgefühlen oder Trauer angefasst wurde durch leidvolle Geschichten. Die neuen Dienstboten sahen in ihrer Unauffälligkeit immer aus wie die alten. Das heißt, so war es, bis Kane kam, der neue Chauffeur.

Der alte Chauffeur war ersetzt worden, weil er schon zu lange der alte Chauffeur gewesen war. Es lastet grausam schwer auf dem zartfühlenden Herzen, wenn ein vertrautes Gesicht faltig und trocken wird, wenn vertraute Schultern täglich tiefer nach unten zu sacken scheinen und ein vertrauter Nacken zwischen den Muskelsträngen hohl wird. Der alte Chauffeur sah und hörte und arbeitete wie immer; aber mit ansehen zu müssen, wie er allmählich verfiel, das war zu viel für Mrs Lanier. Mit schmerzvoller Stimme hatte sie Gwennie mitgeteilt, dass sie seinen Anblick nicht mehr ertragen konnte. So war der alte Chauffeur gegangen und Kane gekommen.

Kane war jung, in seinen geraden Schultern und seinem festen, breiten Nacken lag nichts Deprimierendes für jemanden, der in der Stadtlimousine dahintersaß. Er stand da wie ein Triangel in seiner maßgeschneiderten Livree, hielt den Wagenschlag für Mrs Lanier auf und machte eine Verbeugung, wenn sie an ihm vorbeischritt. Aber wenn er nicht im Dienst war, trug er den Kopf gockelhaft hoch, und ein feines, gockelhaftes Lächeln lag auf seinem roten Mund.

Oft, wenn Kane in der Kälte draußen im Wagen auf Mrs Lanier wartete, sagte sie mitfühlend zu Gwennie, sie sollte ihn doch ins Dienstbotenzimmer bitten. Gwennie brachte ihm dann Kaffee und sah ihn an. Zweimal überhörte sie Mrs Laniers elektrische Emailklingel.

Gwennie fing jetzt an, ihre freien Abende einzuhalten; vorher hatte sie darauf verzichtet und war dageblieben und Mrs Lanier zur Hand gegangen. Aber eines Abends war Mrs Lanier nach einer Theatervorstellung und einer langen Unterhaltung im Flüsterton in ihrem Salon spät in ihr Zimmer gerauscht gekommen. Und Gwennie hatte nicht bereitgestanden, um ihr die weiße Robe auszuziehen und die Perlen wegzuschließen und das leuchtend helle Haar zu bürsten, das gelockt war wie Blütenblätter von Forsythien. Gwennie war noch nicht wieder zurück gewesen von ihrem freien Abend. Mrs Lanier hatte ein Stubenmädchen wecken und deren unbefriedigenden Beistand erlangen müssen.

Gwennie hatte am nächsten Morgen geweint beim

Anblick des Leids aus Mrs Laniers Augen; aber Tränen waren zu quälend für Mrs Lanier, und die Zofe hatte sofort aufgehört. Mrs Lanier hatte ihr zart den Arm getätschelt, und damit war die Sache erledigt gewesen, außer dass Mrs Laniers Augen dank dieser neuerlichen Verletzung noch dunkler und größer waren.

Kane wurde zum richtigen Trost für Mrs Lanier. Nach den traurigen Anblicken auf den Straßen tat es gut, zu sehen, wie Kane am Wagen stand, kernig und aufrecht und jung, und nichts auf der Welt war an ihm problematisch. Mrs Lanier gewöhnte sich an, ihn fast dankbar anzulächeln, doch auch wehmütig, so als suchte sie in ihm das Geheimnis des Nichttrraurigseins.

Und dann eines Tages erschien Kane nicht zum anberaumten Dienst. Der Wagen, der eigentlich bereit sein sollte, um Mrs Lanier zu ihrem Schneider zu bringen, stand noch immer in der Garage, und Kane war dort den ganzen Tag nicht aufgetaucht. Mrs Lanier hieß Gwennie sofort in seiner Unterkunft anrufen und nachforschen, was das zu bedeuten hatte. Und das Mädchen war vor ihr in Tränen ausgebrochen und hatte geschrien, sie hätte schon angerufen, immer und immer wieder, und er wäre nicht da, und niemand wüsste, wo er war. Der Ausbruch war bestimmt darauf zurückzuführen, dass Gwennie den Kopf verloren hatte vor lauter Kummer über Mrs Laniers Tageslauf, der so durcheinandergeraten war; oder vielleicht war ihr auch die heftige Erkältung, die sie sich offenbar zugezogen hatte, auf die Stimme geschlagen, denn auch ihre Augen waren entzündet und rot und ihr Gesicht bleich und verschwollen.

Von Kane gab es keine Spur mehr. Er hatte am Tag vor seinem Verschwinden seinen Lohn abgeholt, und das war das letzte Zeichen von ihm gewesen. Er ward nie mehr gehört oder gar gesehen. Zuerst war Mrs Lanier kaum fähig, an die Möglichkeit eines solchen Verrats überhaupt zu glauben. Ihr Herz, weich und süß wie eine vollendete *crème renversée*, bebte in ihrer Brust, und in ihren Augen lag der ferne Schimmer des Leidens.

»Oh, wie konnte er mir das antun?«, fragte sie Gwennie fassungslos. »Wie konnte er mir Ärmster das antun?«

Kanes Treubruch kam nie zur Sprache; er war ein zu schmerzhaftes Thema. Wenn ein Besucher unachtsamerweise fragte, was denn aus diesem schmucken Chauffeur geworden war, so legte Mrs Lanier die Hand über ihre geschlossenen Lider und schrak sachte zusammen. Der Besucher, der ungewollt ihren Kümmernissen Nahrung gegeben hatte, bekam selbstmörderische Anwandlungen und weihte sich erst recht hingebungsvoll ihrer Tröstung.

Gwennies Erkältung dauerte außergewöhnlich lange. Die Wochen vergingen, und immer noch waren Morgen für Morgen ihre Augen rot und ihr Gesicht weiß und aufgeplustert. Mrs Lanier musste oft wegsehen, wenn Gwennie ihr das Frühstückstablett auftrug.

Sie versorgte Mrs Lanier wieder umsichtig wie eh und je; sie achtete nicht auf ihre freien Zeiten, sondern blieb zu Hause zu weiteren Diensten. Sie war immer schon still gewesen, aber jetzt wurde sie beinah stumm, und das war eine zusätzliche Linderung. Sie arbeitete ohne Unterlass und schien richtig aufzublühen, denn abgesehen von den

Auswirkungen dieser seltsamen Erkältung sah sie rund und gesund aus.

»Seht nur«, sagte Mrs Lanier zärtlich neckend, wenn Gwennie das Grüppchen im Salon bediente, »seht nur, wie fett meine kleine Gwennie wird! Ist das nicht reizend?«

Die Wochen vergingen, und wieder vollzog sich ein Turnus mit jungen Männern. Bis schließlich der Tag kam, an dem Mrs Lanier für das Grüppchen nicht zu Hause war; an dem ein neuer junger Mann kommen und mit ihr allein sein würde, zum ersten Mal, in ihrem Salon. Mrs Lanier saß vor ihrem Spiegel und tupfte sich Parfüm auf den Hals, während Gwennie ihre goldenen Locken auftürmte.

Das edle Gesicht, das Mrs Lanier im Spiegel sah, zog ihre Aufmerksamkeit stärker an, und sie stellte das Parfüm ab und neigte sich ihm entgegen. Sie ließ den Kopf ein wenig zur Seite sinken und betrachtete das Gesicht aus der Nähe; sie sah, wie die wehmütigen Augen noch wehmütiger wurden, die Lippen sich zu einem flehenden Lächeln verzogen. Sie schlang die Arme dicht vor ihrer lieblichen Brust untereinander und schaukelte sie sacht, als wiegten sie ein Traumkind. Sie beobachtete, wie die Arme im Spiegel sanft hin- und herschwangen, ließ sie ein wenig langsamer schwingen.

»Wenn ich doch nur ein kleines Baby hätte«, seufzte sie. Sie schüttelte den Kopf. Leise räusperte sie sich und seufzte wieder, diesmal ein wenig tiefer. »Wenn ich doch nur ein kleines, kleines Baby hätte, ich glaube, dann wäre ich fast glücklich.«

Ein Geklapper hinter ihr ließ sie sich erstaunt umdrehen. Gwennie hatte die Haarbürste auf den Boden fallen lassen und stand schwankend da, das Gesicht in den Händen.

»Gwennie!«, sagte Mrs Lanier. »Gwennie!«

Die Zofe nahm die Hände vom Gesicht und sah aus, als stände sie unter einem grünen Licht.

»Ich bitte um Entschuldigung«, japste sie. »Entschuldigung. Bitte, verzeihen Sie mir. Ich – oh, mir wird schlecht!«

Sie rannte so heftig aus dem Zimmer, dass der Fußboden bebte.

Mrs Lanier saß da und sah ihr nach, die Hände auf ihrem wunden Herzen. Langsam drehte sie sich wieder zu ihrem Spiegel, und was sie dort sah, schlug sie in Bann; ein Künstler erkennt sein Meisterwerk. Und dies hier war die Vollendung ihrer Karriere, die vollkommen geläuterte Wehmut; dieser Ausdruck kummervoller Bestürzung hatte den Ausschlag gegeben. Sorgfältig bewahrte sie ihn im Gesicht, als sie sich vom Spiegel erhob und, die wunderbaren Hände noch immer wie ein Schild über dem Herzen, nach unten ging zu dem neuen jungen Mann.

DIE GESCHLECHTER
(The Sexes)

Der junge Mann mit dem sehenswürdigen Schlips blickte nervös das Sofa entlang auf das Mädchen in dem fransenbesetzten Kleid. Sie studierte eingehend ihr Taschentuch; es hätte das erste seiner Art sein können, das sie je zu Gesicht bekommen hatte, so groß war ihr Interesse an seinem Material, seiner Form und seinen Möglichkeiten. Der junge Mann räusperte sich, unnötigerweise und erfolglos, und verursachte ein schwaches, synkopisches Geräusch.

»Möchtest du 'ne Zigarette?«, sagte er.

»Nein, danke«, sagte sie. »Trotzdem vielen herzlichen Dank.«

»Tut mir leid, aber ich hab nur diese Marke«, sagte er. »Hast du deine eigenen mit?«

»Das weiß ich wirklich nicht«, sagte sie. »Wahrscheinlich habe ich sie dabei, danke.«

»Wenn nicht«, sagte er, »dann könnte ich ja mal kurz rüber an die Ecke laufen und dir welche holen.«

»Oh, danke, aber ich möchte auf gar keinen Fall, dass du dir solche Umstände machst. Es ist schrecklich lieb von dir, daran zu denken. Vielen herzlichen Dank.«

»Willst du um Gottes willen aufhören, mir dauernd danke zu sagen?«, sagte er.

»Wirklich«, sagte sie, »ich wusste ja nicht, dass ich etwas Unpassendes gesagt habe. Es tut mir schrecklich leid, wenn ich deine Gefühle verletzt habe. Ich weiß, was das für ein Gefühl ist, wenn man verletzt wird. Ich versichere dir, es war mir nicht bewusst, dass es eine Beleidigung ist, zu einem Menschen ›danke‹ zu sagen. Ich bin es nicht gerade gewohnt, von Leuten angebrüllt zu werden, nur weil ich zu ihnen ›danke‹ sage.«

»Ich hab dich nicht angeflucht!«, sagte er.

»Ach nein?«, sagte sie. »Ach so.«

»Mein Gott«, sagte er, »ich hab doch nur gesagt, ich hab bloß gefragt, ob ich nicht losgehen und dir Zigaretten holen könnte. Ist das vielleicht ein Grund, gleich an die Decke zu gehen?«

»Wer ist hier an die Decke gegangen?«, sagte sie. »Ich versichere dir, ich wusste nicht, dass es eine strafbare Handlung ist, zu sagen, dass es mir nicht im Traum einfallen würde, dir solche Umstände zu machen. Ich muss wohl leider schrecklich dumm sein oder was.«

»Möchtest du nun, dass ich losgehe und dir Zigaretten hole, ja oder nein?«, sagte er.

»Himmel«, sagte sie, »wenn du derart gerne gehen möchtest, dann fühle dich bitte nicht verpflichtet, hierbleiben zu müssen. Ich möchte auf gar keinen Fall, dass du dich verpflichtet fühlst, bleiben zu müssen.«

»Ach, komm mir bloß nicht so«, sagte er.

»Bloß nicht wie?«, sagte sie. »Ich komme dir überhaupt nicht irgendwie.«

»Was ist eigentlich los?«, sagte er.

»Gar nichts«, sagte sie. »Warum?«

»Du bist schon den ganzen Abend komisch«, sagte er. »Du hast kaum ein Wort zu mir gesagt, seit ich reingekommen bin.«

»Es tut mir furchtbar leid, dass du dich nicht gut unterhalten hast«, sagte sie. »Um Himmels willen, fühle dich nicht verpflichtet, hierbleiben und dich langweilen zu müssen. Ich versichere dir, es gibt Millionen Orte, an denen du viel mehr Spaß haben könntest. Es ist nur so, dass es mir ein klein wenig leidtut, dass ich das nicht früher gewusst habe, das ist alles. Als du gesagt hast, dass du heute Abend rüberkommst, habe ich eine Menge Verabredungen ins Theater und Ähnliches abgesagt. Aber das macht überhaupt nichts aus. Es wäre mir viel lieber, du würdest gehen und dich gut unterhalten. Es ist nicht sehr angenehm, hier zu sitzen und das Gefühl zu haben, einen Menschen zu Tode zu langweilen.«

»Ich langweile mich nicht!«, sagte er. »Ich möchte nirgendwohin gehen! Ach, Süße, willst du mir nicht sagen, was los ist? Ach, bitte!«

»Ich habe nicht die blasseste Ahnung, wovon du sprichst«, sagte sie. »Nichts auf der Welt ist los. Ich weiß nicht, was du meinst.«

»O doch, das weißt du«, sagte er. »Irgendwas stimmt nicht. Ist es etwas, das ich gemacht habe, oder was?«

»Himmel«, sagte sie, »ich versichere dir, dass es mich nichts angeht, was du tust. Es würde mir nicht einfallen, ein Recht zu haben, Kritik zu üben.«

»Willst du wohl aufhören, so daherzureden?«, sagte er. »Ja? Bitte?«

»Wie daherzureden?«, sagte sie.

»Du weißt schon«, sagte er. »So hast du heute auch am Telefon dahergeredet. Du warst derart rotznäsig, als ich dich angerufen habe, ich hatte Angst, mit dir zu reden.«

»Ich bitte um Entschuldigung«, sagte sie, »aber wie, sagtest du, bin ich gewesen?«

»Na ja, tut mir leid«, sagte er. »Ich hab das ja nicht so gemeint. Du bringst mich nur derart auf die Palme.«

»Weißt du«, sagte sie, »ich bin es halt nicht gewohnt, derartige Ausdrücke zu hören. Ich habe mir noch nie im Leben so etwas sagen lassen müssen.«

»Ich hab dir doch gesagt, dass es mir leidtut, oder?«, sagte er. »Ehrlich, Süße, ich habs nicht so gemeint. Ich weiß nicht, was mich dazu gebracht hat, so etwas zu sagen. Verzeihst du mir? Bitte?«

»Oh, aber sicher«, sagte sie. »Himmel, fühle dich nicht verpflichtet, dich bei mir entschuldigen zu müssen. Das macht überhaupt nichts aus. Es scheint nur ein klein wenig komisch zu sein, wenn jemand, den man für einen Gentleman zu halten gewohnt war, zu einem nach Hause kommt und einem gegenüber derartige Ausdrücke benutzt, das ist alles. Aber es macht überhaupt nicht das Geringste aus.«

»Ich glaube, dass nichts, was ich sage, dir etwas ausmacht«, sagte er. »Du scheinst sauer auf mich zu sein.«

»Ich bin sauer auf dich?«, sagte sie. »Ich kann nicht begreifen, was dir diesen Gedanken in den Kopf gesetzt hat. Warum sollte ich auf dich sauer sein?«

»Das frage ich dich«, sagte er. »Willst du mir nicht sagen, was ich angestellt habe? Habe ich etwas getan, was deine Gefühle verletzt hat, Süße? So wie du am Telefon warst, hab ich mir den ganzen Tag deinetwegen Sorgen gemacht. Ich konnte nicht die Spur arbeiten.«

»Ich möchte natürlich auf keinen Fall das Gefühl haben«, sagte sie, »dass ich deine Arbeit beeinträchtige. Ich weiß, dass es viele Mädchen gibt, die nichts dabei finden, etwas Derartiges zu tun, aber ich finde es furchtbar. Es ist jedenfalls nicht sehr schön, hier zu sitzen und sich von jemandem sagen lassen zu müssen, man beeinträchtige seine Berufsausübung.«

»Das hab ich nicht gesagt!«, sagte er. »Das hab ich nicht gesagt!«

»Ach, nein?«, sagte sie. »Ich hatte aber diesen Eindruck. Es muss wohl an meiner Dummheit liegen.«

»Ich glaub, ich geh wohl lieber«, sagte er. »Ich kann nichts recht machen. Alles, was ich sage, scheint dich bloß noch saurer zu machen. Wärs dir lieber, wenn ich gehe?«

»Bitte mach nur ruhig genau das, was du möchtest«, sagte sie. »Ich versichere dir, das Letzte, was ich tun möchte, ist, dich zu veranlassen hierzubleiben, wenn du lieber irgendwo anders wärst. Warum gehst du nicht irgendwohin, wo du dich nicht langweilst? Warum gehst du nicht zu Florence Leaming rüber? Ich weiß, dass sie dich liebend gern bei sich hätte.«

»Ich will nicht zu Florence Leaming rübergehen!«, sagte er. »Weshalb sollte ich zu Florence Leaming rübergehen wollen? Die fällt mir auf die Nerven.«

»Ach, wirklich?«, sagte sie. »Sie schien dir nicht gerade auf die Nerven zu fallen gestern Abend auf Elsies Party, stelle ich fest. Ich stelle fest, dass du nicht einmal mit jemand anderem reden konntest, so sehr fiel sie dir auf die Nerven.«

»Klar, und weißt du auch, warum ich mit ihr geredet habe?«, sagte er.

»Tja, ich nehme an, dass du sie attraktiv findest«, sagte sie. »Ich nehme an, manche Leute finden das. Das ist doch ganz natürlich. Manche Leute finden sie ganz hübsch.«

»Ich weiß nicht, ob sie hübsch ist oder nicht«, sagte er. »Ich würd sie nicht erkennen, wenn ich sie wiedersehen würde. Ich hab nur deshalb mit ihr geredet, weil du mich gestern Abend wie Luft behandelt hast. Ich bin hergekommen und hab versucht, mit dir zu reden, und du hast bloß ›Oh, guten Abend‹ gesagt – einfach so: ›Oh, guten Abend‹ – und hast dich umgedreht und mich überhaupt nicht angesehen.«

»Ich habe dich nicht angesehen?«, sagte sie. »Oh, das ist schrecklich komisch. Oh, das ist fabelhaft. Du entschuldigst doch, dass ich lache?«

»Nur zu, lach dich krank«, sagte er. »Aber so wars.«

»Nun, in dem Moment, als du ins Zimmer gekommen bist«, sagte sie, »hast du angefangen, ein solches Getue um Florence Leaming zu veranstalten, dass ich dachte, du wolltest niemanden sonst sehen. Ihr zwei schient euch so blendend miteinander unterhalten zu haben, dass ich mich, weiß der Himmel, auf keinen Fall aufdrängen wollte.«

»Mein Gott«, sagte er, »diese Dingsda kam her und fing an, auf mich einzureden, noch bevor ich überhaupt jemanden gesehen hatte, und was konnte ich da schon machen? Ich konnte ihr doch nicht eine vor den Latz knallen, oder?«

»Ich habe jedenfalls nicht gesehen, dass du es versucht hättest«, sagte sie.

»Du hast aber gesehen, dass ich versucht habe, mit dir zu reden, oder?«, sagte er. »Und was hast du gemacht? ›Oh, guten Abend.‹ Dann ist wieder diese Dingsda hergekommen, und da blieb mir doch gar nichts anderes übrig. Florence Leaming! Ich finde sie grässlich. Weißt du, wofür ich die halte? Ich halte sie für eine verdammt dumme Pute. Dafür halte ich sie.«

»Nun ja«, sagte sie, »das ist auch der Eindruck, den sie auf mich schon immer gemacht hat, aber ich weiß nicht. Ich habe Leute sagen hören, sie sei hübsch. Ehrlich.«

»Also die kann nicht hübsch sein, wenn sie im gleichen Zimmer ist wie du«, sagte er.

»Sie hat eine schrecklich komische Nase«, sagte sie. »Mir tut ein Mädchen mit so einer Nase wirklich leid.«

»Sie hat eine furchtbare Nase«, sagte er. »Du hast eine schöne Nase. Mann, hast du eine hübsche Nase.«

»Oh, das habe ich nicht«, sagte sie. »Du bist ja verrückt.«

»Und schöne Augen«, sagte er, »und schöne Haare und einen schönen Mund. Und schöne Hände. Lass mich eins von diesen Händchen halten. Ah, was'n feines Händchen! Wer hat die hübschesten Hände von der Welt? Wer ist das süßeste Mädchen von der Welt?«

»Das weiß ich nicht«, sagte sie. »Wer denn?«

»Das weißt du nicht?«, sagte er. »Und ob du das weißt!«

»Nein«, sagte sie. »Wer denn? Florence Leaming?«

»Ach, zum Teufel mit Florence Leaming«, sagte er. »Wegen Florence Leaming sauer zu sein! Und ich schlafe die ganze letzte Nacht nicht und arbeite den ganzen Tag nicht einen Strich, weil du nicht mit mir geredet hast! Ein Mädchen wie du ist sauer wegen einem Mädchen wie Florence Leaming!«

»Ich finde, du bist einfach vollkommen verrückt«, sagte sie. »Ich war nicht sauer! Was um alles in der Welt hat dich denn auf diesen Gedanken gebracht? Du bist schlicht verrückt. Au, meine neue Perlenkette! Warte eine Sekunde, bis ich sie abgenommen habe. So!«

DER WALZER
(The Waltz)

Oh, vielen Dank. Schrecklich gern.
Ich will nicht mit ihm tanzen. Ich will mit niemandem tanzen. Und selbst wenn ich es wollte, dann nicht mit dem. Der wäre ziemlich weit unten auf der Liste der letzten zehn. Ich habe gesehen, wie der tanzt; es sieht aus wie etwas, das man in der Walpurgisnacht treibt. Wenn man sich vorstellt, dass ich vor nicht einmal einer Viertelstunde hier saß und zutiefst das arme Mädchen bedauerte, mit dem er tanzte. Und jetzt soll ich das arme Mädchen sein. Tja, ja. Die Welt ist doch klein!

Und wie toll die Welt ist. Eine wahre Wucht. Ihre Ereignisse sind doch so faszinierend unvorhersagbar. Da war ich, kümmerte mich um meine eigenen Angelegenheiten, ohne irgendeiner Menschenseele auch nur das Geringste zuleide zu tun. Und dann tritt der da in mein Leben, ganz Lächeln und Großstadtmanieren, um sich von mir die Gunst einer unvergesslichen Mazurka gewähren zu lassen. Und dabei kennt er kaum meinen Namen, geschweige denn, wofür er steht. Er steht für Verzweiflung, Bestürzung, Sinnlosigkeit, Erniedrigung und vorsätzlichen Mord, aber davon hat der da keinen blassen Schimmer. Ich habe auch keinen blassen Schimmer, wie sein Name ist; ich habe keine Ahnung, wie er heißt. Ich würde auf Kretin tippen, so wie der dreinschaut. Wie geht es Ihnen, Herr Kretin? Und was macht Ihr reizender kleiner Bruder, der mit den beiden Köpfen?

Ach, warum musste er denn ausgerechnet zu mir kommen mit seinem niedrigen Ansinnen? Warum kann er mich nicht in Frieden lassen? Ich verlange doch so wenig – nur allein gelassen zu werden in meiner stillen Tischecke, den ganzen Abend über all meinem stummen Gram hingegeben. Und da muss der daherkommen, mit seinen Verbeugungen und Kratzfüßen und seinen Darf-ich-um-diesen bitten. Und ich musste hingehen und ihm sagen, dass ich schrecklich gern mit ihm tanze. Ich kann nicht begreifen, weshalb ich nicht auf der Stelle tot umgefallen bin. Jawohl, und tot umfallen wäre die reinste Landpartie im Vergleich dazu, mit diesem Knaben einen Tanz durchzustehen. Aber was konnte ich denn machen? Alle am Tisch waren aufgestanden, um zu tanzen, außer ihm und mir. Da saß ich, in der Falle. In einer Falle gefangen wie eine Falle in einer Falle.

Was kann man denn sagen, wenn einen einer zum Tanzen auffordert? Ich werde ganz bestimmt nicht mit Ihnen tanzen, und wenn der Teufel auf Stelzen kommt. Tja, vielen Dank, das würde ich furchtbar gern, aber ich liege gerade in den Wehen. O ja, lassen Sie uns unbedingt miteinander tanzen – es ist so nett, einen Mann kennenzulernen, der keinen Bammel vor einer Ansteckung mit meiner Beriberi hat. Nein. Mir blieb doch gar nichts anderes übrig, als schrecklich gern zu sagen. Na schön, bringen wir es hinter uns. Auf gehts, schneller Bomber, hinaus aufs Spielfeld. Du hast den Anstoß gewonnen; du kannst führen.

Tja, ich glaube, es ist eigentlich eher ein Walzer. Oder nicht? Wir könnten ja mal einen Moment der Musik zuhö-

ren. Sollen wir? Oh, ja, es ist ein Walzer. Ob mir das etwas
ausmacht? Aber nein, ich bin ganz begeistert. Ich würde
liebend gern mit Ihnen Walzer tanzen.

Ich würde liebend gern mit Ihnen Walzer tanzen. Ich
würde liebend gern mit Ihnen Walzer tanzen. Ich würde
mir liebend gern die Mandeln rausnehmen lassen, ich
wäre liebend gern mitten in der Nacht in einem brennenden Schiff auf hoher See. Jetzt ist es sowieso zu spät.
Wir nehmen allmählich Fahrt auf. Oh. Oje. Oje, oje. Oh,
das ist ja noch schlimmer, als ich es mir vorgestellt habe.
Das ist wohl auch das einzige stets verlässliche Naturge-
setz – alles ist immer schlimmer, als man sichs vorgestellt
hat. Oh, wenn ich einen Begriff davon gehabt hätte, wie
dieser Tanz wirklich sein würde, hätte ich darauf bestanden, diese Runde auszusetzen. Na, letzten Endes wird es
wohl aufs Gleiche hinauslaufen. Wir werden uns gleich
auf den Boden setzen, wenn der so weitermacht.

Ich bin so froh, dass ich seine Aufmerksamkeit darauf gelenkt habe, dass sie jetzt einen Walzer spielen.
Weiß der Himmel, was passiert wäre, wenn er gedacht
hätte, es sei etwas Schnelles; wir wären glatt durch die
Seitenwände des Gebäudes geschossen. Warum will er
dauernd irgendwohin, wo er nicht ist? Warum können
wir nicht mal lange genug an einem Ort bleiben, um uns
zu akklimatisieren? Es ist dieses ständige Hetzen, Hetzen, Hetzen, was der Fluch des amerikanischen Lebens
ist. Das ist der Grund, weshalb wir alle so – *Autsch!* Um
Gottes willen, nicht *treten*, du Idiot; das Spiel hat doch
erst angefangen. Oh, mein Schienbein. Mein armes, armes Schienbein, das ich schon als kleines Mädchen hatte!

O nein, nein, nein. Du liebe Güte, nein. Es hat über-
haupt kein bisschen wehgetan. Und außerdem war es
meine Schuld. Das war es wirklich. Ehrlich. Ach, Sie sagen
das doch nur aus purer Höflichkeit. Es war wirklich ganz
allein meine Schuld.

Ich frage mich, was ich machen soll – ihn auf der Stelle
umbringen, mit meinen bloßen Händen, oder abwarten,
bis er von selbst ermattet. Vielleicht ist es das Beste, keine
Szene zu machen. Ich glaube, ich halte mich schlicht und
einfach zurück und sehe zu, bis ihm das Tempo den Rest
gibt. Er kann das ja nicht ewig durchhalten – er ist auch
nur aus Fleisch und Blut. Sterben muss er, und sterben
wird er für das, was er mir angetan. Ich will ja nicht
überempfindlich sein, aber das macht mir niemand weis,
dass dieser Tritt nicht vorbedacht war. Freud sagt, es
gibt keine Zufälle. Ich habe kein zurückgezogenes Leben
geführt, ich habe schon Tanzpartner erlebt, die mir die
Schuhe zertrampelt und das Kleid zerfetzt haben; aber
wenn es ans Treten geht, dann bin ich die geschändete
Weiblichkeit in Person. Wenn du mir gegen das Schienbein trittst, *lächele.*

Vielleicht hat er es gar nicht böswillig getan. Vielleicht
ist das nur seine Art, seine gehobene Stimmung zu zeigen. Vermutlich sollte ich froh sein, dass sich wenigstens
einer von uns so glänzend amüsiert. Vermutlich sollte
ich mich glücklich preisen, wenn er mich lebend zurück-
bringt. Vielleicht ist es pingelig, von einem praktisch Unbekannten zu verlangen, dass er einem die Schienbeine
so lässt, wie er sie vorgefunden hat. Schließlich tut der
arme Knabe ja nur sein Bestes. Wahrscheinlich ist er hin-

ter dem Mond aufgewachsen und hat nie keine Bildung nicht gehabt. Ich wette, sie mussten ihn auf den Rücken werfen, um ihm die Schuhe anzuziehen.

Ja, toll, nicht wahr? Einfach toll. Das ist ein toller Walzer. Nicht wahr? Oh, ich finde ihn auch toll.

Na, ich werde von diesem vielseitigen Stürmertalent ja geradezu angezogen. Er ist mein Held. Er hat das Herz eines Löwen und die Sehnen eines Büffels. Seht ihn euch an – nie der geringste Gedanke an die Folgen, nie die geringste Angst um sein Gesicht, wirft sich in jedes Getümmel, mit glänzenden Augen, mit glühenden Wangen. Und soll etwa geschrieben stehen, dass ich zauderte? Nein und tausendmal nein. Was bedeuten mir schon die nächsten Jahre in einem Gipsverband? Komm schon, Muskelprotz, mittendurch! Wer will schon ewig leben?

Oh. Oje. Oh, er ist in Ordnung, dem Himmel sei Dank. Eine Zeit lang dachte ich, sie müssten ihn vom Spielfeld tragen. Ach, ich könnte es nicht verwinden, wenn ihm etwas passieren würde. Ich liebe ihn. Ich liebe ihn mehr als jeden anderen auf der Welt. Seht euch den Elan an, den er in einen öden, banalen Walzer legt; wie verweichlicht die anderen Kämpfer neben ihm wirken. Er ist Jugend und Energie und Kühnheit, er ist Stärke und Frohsinn und – *Autsch!* Von meinem Spann runter, du ungeschlachter Trottel! Wofür hältst du mich eigentlich – eine Laufplanke? Autsch!

Nein, natürlich hat es nicht wehgetan. Aber kein bisschen. Ehrlich. Und es war allein meine Schuld. Wissen Sie, dieser kleine Schritt von Ihnen – der ist zwar absolut toll, aber am Anfang ist er eben ein klein bisschen tückisch

nachzumachen. Oh, den haben Sie sich selbst ausgedacht?
Wirklich? Also Sie sind ja ganz erstaunlich! Oh, ich glaube,
jetzt hab ich's. Oh, ich finde ihn toll. Ich habe Ihnen dabei
zugesehen, als Sie vorhin getanzt haben. Er ist ungeheuer
wirkungsvoll, wenn man zuschaut.

Er ist ungeheuer wirkungsvoll, wenn man zuschaut.
Ich wette, ich bin ungeheuer wirkungsvoll, wenn man
mir zuschaut. Die Haare hängen mir ins Gesicht, mein
Rock wickelt sich um mich herum, ich kann den kalten
Schweiß auf meiner Stirn fühlen. Ich muss aussehen wie
etwas aus dem »Untergang des Hauses Usher«. So etwas
setzt einer Frau meines Alters entsetzlich zu. Und er hat
sich diesen kleinen Schritt selbst ausgedacht, der mit
seiner degenerierten Verschlagenheit. Und am Anfang
war er ein klein bisschen tückisch, aber jetzt, glaube ich,
hab ich's. Zweimal Stolpern, Schliddern und ein Zwan-
zig-Meter-Sprint; genau. Ich habs. Ich hab auch noch ein
paar andere Dinge, darunter ein zersplittertes Schienbein
und ein verbittertes Herz. Ich hasse diese Kreatur, an die
ich gefesselt bin. Ich hasste ihn schon in dem Moment,
als ich seine lüsterne, brutale Visage sah. Und nun bin ich
die ganzen fünfunddreißig Jahre, die dieser Walzer schon
dauert, in seiner verruchten Umarmung gefangen. Hört
das Orchester denn nie zu spielen auf? Oder muss diese
obszöne Travestie eines Tanzes bis zum Sankt-Nimmer-
leins-Tag weitergehen?

Oh, sie spielen noch eine Zugabe. Oh, fein. Oh, das ist
toll. Müde? Ich bin überhaupt nicht müde. Ich würde am
liebsten endlos so weitermachen.

Ich bin überhaupt nicht müde. Ich bin nur tot, das ist

alles. Tot, und wofür? Und die Musik wird nie zu spielen aufhören, und wir werden so weitermachen, Affenzahn-Charlie und ich, bis in alle Ewigkeit. Vermutlich wird es mir nach den ersten hunderttausend Jahren nichts mehr ausmachen. Vermutlich wird dann nichts mehr zählen, weder Hitze noch Schmerz noch gebrochenes Herz noch gnadenlose, quälende Müdigkeit. Na ja. Mir kann es nicht früh genug so weit sein.

Ich frage mich, warum ich ihm nicht gesagt habe, dass ich müde bin. Ich frage mich, warum ich nicht vorgeschlagen habe, an den Tisch zurückzugehen. Ich hätte anregen können, dass wir einfach der Musik zuhören. Ja, und wenn er eingewilligt hätte, dann wäre es das erste Quäntchen Beachtung gewesen, das er ihr den ganzen Abend geschenkt hat. George Jean Nathan hat gesagt, die herrlichen Rhythmen des Walzers sollten schweigend angehört werden und nicht von sonderbaren Verrenkungen des menschlichen Körpers begleitet sein. Ich glaube, das hat er gesagt. Ich glaube, es war George Jean Nathan. Aber ganz egal, was er gesagt hat und wer er war und was er heute treibt, er ist besser dran als ich. Das steht fest. Jeder, der nicht mit diesem wild gewordenen Trampeltier tanzt, das ich da habe, ist fein raus.

Aber wenn wir wieder am Tisch wären, dann müßte ich wahrscheinlich mit ihm reden. Seht ihn euch an – was könnte man schon zu so einem Typ sagen! Sind Sie dieses Jahr in den Zirkus gegangen, welches Eis essen Sie am liebsten, wie buchstabieren Sie Hund? Ich denke, ich bin hier genauso gut dran. So gut dran jedenfalls wie in einer auf Hochtouren laufenden Betonmischmaschine.

Ich bin jetzt jenseits von guten und bösen Gefühlen. Wenn er mir auf den Fuß tritt, merke ich es nur noch am Geräusch der splitternden Knochen. Und alle Ereignisse meines Lebens ziehen vor meinen Augen vorbei. Da war die Zeit, als ich in der Karibik in einen Hurrikan geriet, da war der Tag, als ich mir bei dem Taxizusammenstoß den Kopf zerschmetterte, da war der Abend, als das betrunkene Frauenzimmer ihrer einzigen wahren Liebe einen bronzenen Aschenbecher nachwarf und mich erwischte, da war der Sommer, in dem das Segelboot dauernd kenterte. Ach, was für ein unbeschwertes, friedvolles Dasein mir doch beschieden war, ehe ich mich mit diesem Sausewind da einließ. Ich wusste nicht, was Sorgen sind, bevor ich zu diesem *danse macabre* eingezogen wurde. Ich glaube, mein Verstand beginnt, sich zu verwirren. Es scheint mir fast, als ob das Orchester aufgehört hätte. Das kann natürlich nicht sein; das könnte nie, niemals der Fall sein. Und doch ist in meinen Ohren eine Stille wie von Engelszungen …

Oh, sie haben aufgehört, wie gemein von ihnen. Sie haben für heute Schluss gemacht. Oh, verflixt. Oh, glauben Sie, dass sie das tun würden? Glauben Sie das wirklich, wenn Sie ihnen zwanzig Dollar geben würden? Oh, das wäre toll. Und hören Sie, sagen Sie ihnen doch bitte, dass sie das gleiche Stück spielen sollen. Ich würde einfach schrecklich gerne weiter Walzer tanzen.

EIN TELEFONANRUF
(A Telephone Call)

Bitte, lieber Gott, lass ihn jetzt telefonieren. Lieber Gott, lass ihn jetzt anrufen. Ich will Dich auch um nichts mehr bitten, wirklich nicht. Das ist doch nicht zu viel verlangt. Es wäre eine solche Kleinigkeit für Dich, lieber Gott, so eine winzige, winzige Kleinigkeit. Nur lass ihn jetzt telefonieren. Bitte, lieber Gott. Bitte, bitte, bitte.

Wenn ich nicht daran denke, dann würde das Telefon vielleicht läuten. Manchmal tut es das. Wenn ich doch an etwas anderes denken könnte. Wenn ich doch an etwas anderes denken könnte. Angenommen, ich zähle in Fünferschritten bis fünfhundert, dann läutet es bis dahin vielleicht. Ich werde langsam zählen. Ich werde nicht mogeln. Und wenn es läutet, wenn ich bei dreihundert bin, dann werde ich nicht aufhören; ich werde nicht abnehmen, ehe ich bei fünfhundert bin. Fünf, zehn, fünfzehn, zwanzig, fünfundzwanzig, dreißig, fünfunddreißig, vierzig, fünfundvierzig, fünfzig … Oh, bitte, läute. Bitte.

Das ist das letzte Mal, dass ich auf die Uhr schaue. Ich werde nicht mehr darauf schauen. Es ist zehn Minuten nach sieben. Er sagte, er würde um fünf Uhr telefonieren. »Ich rufe dich um fünf an, Darling.« Ich glaube, da sagte er »Darling«. Ich bin fast sicher, dass er es da gesagt hat. Ich weiß, dass er mich zweimal »Darling« genannt hat, und das andere Mal war, als er Auf Wiedersehen sagte. »Auf Wiedersehen, Darling.« Er war beschäftigt, und er kann im Büro nicht viel sagen, aber er hat mich zweimal »Darling« genannt. Es konnte ihm doch nicht unangenehm gewesen sein, mein Anruf. Ich weiß, dass man sie nicht dauernd anrufen soll – ich weiß, sie mögen das nicht. Wenn man es doch tut, dann wissen sie, dass man an sie denkt und sich nach ihnen sehnt, und das bringt sie dazu, dass sie einen hassen. Aber ich hatte ihn doch seit drei Tagen nicht gesprochen – seit drei Tagen nicht. Und ich hab ihn ja auch nur gefragt, wie es ihm geht; das war genau so, als ob ihn sonst jemand angerufen hätte. Das kann ihm doch nicht unangenehm gewesen sein. Er konnte doch nicht denken, dass ich ihn stören wollte. »Aber nein, natürlich störst du nicht«, sagte er. Und er sagte, er würde mich anrufen. Er brauchte das nicht zu sagen. Ich hab ihn nicht darum gebeten, wirklich nicht. Ich bin mir da ganz sicher. Ich glaube nicht, dass er sagen würde, er telefoniert mit mir, und dann tut er es einfach nie. Bitte, lass ihn das nicht tun, lieber Gott. Bitte nicht.

»Ich rufe dich um fünf an, Darling.« »Auf Wiedersehen, Darling.« Er war beschäftigt, und er war in Eile, und es waren Leute in der Nähe, aber er nannte mich zweimal »Darling«. Das gehört mir, das gehört mir. Das habe ich, auch wenn ich ihn nie mehr wiedersehe. Oh, aber das ist so wenig. Das ist nicht genug. Nichts ist genug, wenn ich ihn nie wiedersehe. Bitte, lass mich ihn wiedersehen, lieber Gott. Bitte, ich sehne mich so sehr nach ihm. Ich sehne mich so sehr nach ihm. Ich will gut sein, lieber Gott. Ich will versuchen, besser zu sein, das will ich, wenn Du mich ihn wiedersehen lässt. Wenn Du ihn telefonieren lässt. Oh, lass ihn jetzt telefonieren.

Ach, lass Dir meine inständige Bitte nicht zu gering

erscheinen, lieber Gott. Du sitzt dort oben, so weiß und alt, mit all den Engeln um Dich herum und den Sternen, die vorüberziehen. Und ich komme mit der Bitte um einen Telefonanruf zu Dir. Ach, lache nicht, lieber Gott. Sieh mal, Du weißt nicht, wie das ist. Du bist so sicher, dort auf Deinem Thron, mit dem Himmelsblau, das unter Dir kreist. Nichts kann Dich berühren; niemand kann Dir eigenhändig das Herz im Leibe umdrehen. Das sind Qualen, lieber Gott, das sind schlimme, schlimme Qualen. Willst Du mir denn nicht helfen? Um Deines Sohnes willen, hilf mir. Du hast doch gesagt, dass Du alles tun würdest, worum man Dich in Seinem Namen bittet. O lieber Gott, im Namen Deines einzigen geliebten Sohnes, Jesus Christus, unseres Herrn, lass ihn jetzt telefonieren.

Ich muss damit aufhören. Ich muss mich anders verhalten. Schau. Nehmen wir einmal an, ein junger Mann sagt, dass er ein Mädchen anrufen wird, und dann kommt etwas dazwischen, und er ruft eben nicht an. Das ist doch nicht so schlimm, oder? Also das passiert doch überall auf der Welt, genau in diesem Moment. Ach, was kümmert es mich, was überall auf der Welt passiert? Warum kann das Telefon nicht läuten? Warum nicht, warum nicht? Könntest du nicht läuten? O bitte, könntest du das nicht tun? Du verdammter hässlicher, funkelnder Apparat. Es würde dir wohl wehtun zu läuten, was? Oh, das würde dir wohl wehtun. Verdammt noch mal, ich reiß dir deine dreckigen Wurzeln aus der Wand, ich schlage dir deine selbstgefällige schwarze Visage in kleine Stücke. Verdammt noch mal, verdammt.

Nein, nein, nein. Ich muss aufhören. Ich muss an etwas

anderes denken. Ich werde Folgendes tun. Ich werde die Uhr in das andere Zimmer stellen. Dann kann ich nicht darauf schauen. Wenn ich unbedingt darauf schauen muss, dann muss ich ins Schlafzimmer gehen, und dann habe ich etwas zu tun. Vielleicht ruft er mich an, bevor ich wieder darauf schaue. Ich werde ganz lieb zu ihm sein, wenn er mich anruft. Wenn er sagt, dass er mich heute Abend nicht sehen kann, dann sage ich: »Aber das macht doch nichts, Schatz. Aber das macht doch überhaupt nichts.« Ich werde so sein, wie ich war, als ich ihn kennenlernte. Dann wird er mich vielleicht auch wieder mögen. Ich war immer lieb, anfangs. Oh, es ist so leicht, zu Menschen nett zu sein, bevor man sie liebt.

Ich glaube, er muss mich immer noch ein bisschen mögen. Er hätte mich heute doch nicht zweimal »Darling« genannt, wenn er mich nicht immer noch ein bisschen mögen würde. Es ist nicht alles aus, wenn er mich immer noch ein bisschen mag; auch wenn es nur ein klein, klein bisschen ist. Sieh mal, lieber Gott, wenn Du ihn nur telefonieren ließest, dann würde ich Dich um nichts mehr bitten müssen. Ich würde lieb zu ihm sein, ich würde fröhlich sein, ich würde genau so sein, wie ich früher war, und dann würde er mich auch wieder lieben. Und dann würde ich Dich nie mehr um etwas bitten müssen. Verstehst Du das nicht, lieber Gott? Willst Du ihn denn nicht bitte telefonieren lassen? Ach, bitte, bitte, bitte?

Bestrafst Du mich, lieber Gott, weil ich schlecht war? Bist Du zornig auf mich, weil ich das getan habe? Oh, aber, lieber Gott, es gibt doch so viele schlechte Menschen – Du kannst doch nicht nur gegen mich streng sein. Und es war ja nichts sehr Schlechtes; es kann nichts Schlechtes gewesen sein. Wir haben niemandem wehgetan, lieber Gott. Etwas ist doch nur schlecht, wenn es anderen wehtut. Wir haben keiner einzigen Menschenseele wehgetan; Du weißt das. Du weißt, dass es nichts Schlechtes war, nicht wahr, lieber Gott? Willst Du ihn jetzt denn nicht telefonieren lassen?

Wenn er nicht telefoniert, dann weiß ich, dass Gott zornig auf mich ist. Ich werde in Fünferschritten bis fünfhundert zählen, und wenn er mich bis dahin nicht angerufen hat, dann weiß ich, dass Gott mir nicht helfen wird, nie wieder. Das wird das Zeichen sein. Fünf, zehn, fünfzehn, zwanzig, fünfundzwanzig, dreißig, fünfunddreißig, vierzig, fünfundvierzig, fünfzig, fünfundfünfzig … Es war schlecht. Ich wusste, dass es schlecht war. Na schön, lieber Gott, schick mich in die Hölle. Du glaubst wohl, dass Du mir mit Deiner Hölle Angst einjagen kannst, ja? Du glaubst wohl, dass Deine Hölle schlimmer ist als meine.

Ich darf nicht. Ich darf das nicht. Nehmen wir einmal an, er ruft mich ein bisschen zu spät an – das ist doch kein Grund, hysterisch zu werden. Vielleicht ruft er gar nicht an – vielleicht kommt er direkt hierher, ohne zu telefonieren. Er wird verärgert sein, wenn er sieht, dass ich geweint habe. Sie mögen es nicht, wenn man weint. Er weint nicht. Ich wünschte bei Gott, ich könnte ihn zum Weinen bringen. Ich wünschte, ich könnte ihn dazu bringen, dass er weint und auf den Boden trampelt und im Innern schwer und groß und schmerzhaft sein Herz spürt. Ich wünschte, ich könnte ihm höllisch wehtun.

Er wünscht mir das nicht. Ich glaube nicht, dass er auch nur eine Ahnung davon hat, wie mir seinetwegen zumute ist. Ich wünschte, er könnte es wissen, ohne dass ich es ihm sage. Sie mögen es nicht, wenn man ihnen sagt, dass sie einen zum Weinen gebracht haben. Sie mögen es nicht, wenn man ihnen sagt, dass man ihretwegen unglücklich ist. Wenn man es doch tut, dann halten sie einen für tyrannisch und anmaßend. Und dann hassen sie einen. Sie hassen einen, wann immer man etwas sagt, das man wirklich denkt. Man muss ihnen ständig etwas vormachen. Ach, ich dachte, dass wir das nicht nötig hätten; ich dachte, das sei etwas so Großes, dass ich immer sagen könnte, was ich meine. Ich vermute, dass man das nicht kann, niemals. Ich vermute, dass es niemals etwas gibt, das dafür groß genug ist. Oh, wenn er doch nur telefonieren würde, dann würde ich ihm auch nicht sagen, dass ich seinetwegen traurig war. Sie hassen traurige Menschen. Ich würde so lieb und so fröhlich sein, dass er mich einfach gernhaben müsste. Wenn er doch nur telefonieren würde. Wenn er doch nur telefonieren würde.

Vielleicht macht er Folgendes. Vielleicht kommt er hierher, ohne mich anzurufen. Vielleicht ist er schon auf dem Weg. Es könnte ihm etwas zugestoßen sein. Nein, ihm könnte nie etwas zustoßen. Ich kann mir nicht vorstellen, dass ihm etwas zustößt. Ich stelle mir nie vor, dass er überfahren wurde. Ich sehe ihn nie still und lang und tot daliegen. Ich wünschte, er wäre tot. Das ist ein furchtbarer Wunsch. Das ist ein schöner Wunsch. Wenn er tot wäre, würde er mir gehören. Wenn er tot wäre, würde ich nie an jetzt und an die letzten Wochen denken. Ich würde mich nur an die schönen Zeiten erinnern. Es wäre einfach wunderbar. Ich wünschte, er wäre tot. Ich wünschte, er wäre tot, tot, tot.

Das ist albern. Es ist albern, sich zu wünschen, dass Leute tot wären, nur weil sie nicht genau in der Minute anrufen, in der sie anrufen wollten. Vielleicht geht die Uhr vor; ich weiß nicht, ob sie richtig geht. Vielleicht hat er sich eigentlich kaum verspätet. Alles Mögliche könnte schuld sein, dass er sich ein bisschen verspätet hat. Vielleicht musste er im Büro bleiben. Vielleicht ist er nach Hause gegangen, um mich von dort anzurufen, und dann ist jemand gekommen. Er telefoniert nicht gerne vor anderen mit mir. Vielleicht macht er sich Sorgen, nur ein klein, klein bisschen, weil er mich warten lässt. Vielleicht hofft er sogar, dass ich ihn anrufe. Ich könnte das tun. Ich könnte ihn anrufen.

Ich darf nicht. Ich darf nicht, ich darf nicht. O lieber Gott, lass mich nicht ihn anrufen. Bitte, halte mich davon zurück. Ich weiß, lieber Gott, genauso gut wie Du, wenn er um mich besorgt wäre, dann würde er telefonieren, ganz egal, wo er wäre oder wie viele Leute um ihn herum wären. Bitte, mach, dass ich das weiß, lieber Gott. Ich bitte Dich nicht, es mir leicht zu machen – das kannst Du nicht, auch wenn Du eine Welt machen konntest. Nur lass es mich wissen, lieber Gott. Lass mich nicht weiter hoffen. Lass mich nicht tröstliche Dinge zu mir sagen. Bitte, lass mich nicht hoffen, gütiger Gott. Bitte nicht.

Ich werde ihn nicht anrufen. Ich werde ihn nie wieder anrufen, solange ich lebe. Er kann warten, bis er schwarz wird, bevor ich mit ihm telefoniere. Du brauchst mir keine Kraft zu geben, lieber Gott; die habe ich selbst. Wenn er wollte, könnte er mich erreichen. Er weiß, wo ich bin. Er weiß, dass ich hier warte. Er ist sich meiner so sicher, so sicher. Ich frage mich, warum sie einen hassen, sobald sie sich sicher sind. Ich finde, dass es doch schön sein müsste, sicher zu sein.

Es wäre so einfach, ihn anzurufen. Dann wüsste ich Bescheid. Vielleicht wäre das gar nicht so dumm. Vielleicht wäre ihm das gar nicht unangenehm. Vielleicht würde er sich freuen. Vielleicht hat er versucht, mich zu erreichen. Manchmal versuchen die Leute wieder und wieder, einen telefonisch zu erreichen, und es heißt, der Teilnehmer antwortet nicht. Ich sage das nicht so daher, um mir zu helfen; das kommt wirklich vor. Du weißt, dass das wirklich vorkommt, lieber Gott. Oh, lieber Gott, halte mich vom Telefon fern. Halte mich fern. Lass mich noch ein klein bisschen Stolz haben. Ich glaube, ich werde ihn brauchen, lieber Gott. Ich glaube, er wird alles sein, was mir bleibt.

Ach, was nützt mir der Stolz, wenn ich es nicht aushalte, nicht mit ihm zu sprechen? Stolz von der Art ist solch eine alberne, armselige Kleinigkeit. Der echte Stolz, der große Stolz, besteht darin, keinen Stolz zu haben. Ich sage das nicht, nur weil ich ihn anrufen möchte. Nein. Es ist wahr, ich weiß, dass es wahr ist. Ich will groß sein. Ich will über kleinlichem Stolz stehen.

Bitte, lieber Gott, halte mich davon zurück, ihn anzurufen. Bitte, lieber Gott.

Ich sehe nicht ein, was Stolz damit zu tun hat. Die Sache ist doch viel zu geringfügig, als dass ich Stolz ins

Spiel bringe, als dass ich deswegen ein Theater mache. Ich habe ihn ja vielleicht missverstanden. Vielleicht hat er gesagt, dass ich ihn anrufen soll, um fünf. »Ruf mich um fünf an, Darling.« Er könnte das gesagt haben, unbedingt. Es ist durchaus möglich, dass ich ihn nicht richtig verstanden habe. »Ruf mich um fünf an, Darling.« Ich bin fast sicher, dass er das gesagt hat. Lieber Gott, lass mich nicht so zu mir sprechen. Gib mir Gewissheit, bitte, gib mir Gewissheit.

Ich werde an etwas anderes denken. Ich werde einfach ruhig dasitzen. Wenn ich doch stillsitzen könnte. Wenn ich doch stillsitzen könnte. Vielleicht könnte ich lesen. Ach, alle Bücher handeln von Leuten, die sich lieben, aufrichtig und innig lieben. Weshalb müssen sie ausgerechnet darüber schreiben? Wissen sie denn nicht, dass es nicht wahr ist? Wissen sie denn nicht, dass es eine Lüge ist, eine gottverdammte Lüge? Weshalb müssen sie ausgerechnet darüber berichten, wo sie doch wissen, wie weh das tut? Verdammt noch mal, verdammt, verdammt.

Ich tue es nicht. Ich werde ruhig sein. Das ist doch kein Grund, sich aufzuregen. Schau. Nehmen wir einmal an, ich würde ihn nicht sehr gut kennen. Nehmen wir einmal an, er wäre ein anderes Mädchen. Dann würde ich einfach telefonieren und sagen: »Also hör mal, was ist denn mit dir los?« Das würde ich tun, und ich würde noch nicht einmal darüber nachdenken. Warum kann ich nicht ungezwungen und natürlich sein, nur weil ich ihn liebe? Ich kann so sein. Ehrlich, ich kann das. Ich werde ihn anrufen und ganz unbefangen und freundlich sein. Du wirst schon sehen, lieber Gott. Oh, lass mich ihn nicht anrufen. Bitte nicht, bitte nicht.

Lieber Gott, wirst Du ihn wirklich nicht mich anrufen lassen? Bist Du sicher, lieber Gott? Könntest Du Dich nicht bitte erbarmen? Bestimmt nicht? Ich verlange ja nicht, dass Du ihn jetzt in diesem Moment telefonieren lässt, lieber Gott; nur lass es ihn in einem kleinen Weilchen tun. Ich werde in Fünferschritten bis fünfhundert zählen. Ich werde es ganz langsam und ganz ordentlich tun. Wenn er dann nicht telefoniert hat, rufe ich ihn an. Bestimmt. Oh, bitte, lieber Gott, lieber gütiger Gott, mein Heiliger Vater im Himmel, lass ihn vorher anrufen. Bitte, lieber Gott. Bitte.

Fünf, zehn, fünfzehn, zwanzig, fünfundzwanzig, dreißig, fünfunddreißig …

DER LETZTE TEE
(The Last Tea)

Der junge Mann in dem schokoladenbraunen Anzug setzte sich an den Tisch, an dem das Mädchen mit der künstlichen Kamelie schon seit vierzig Minuten saß.

»Ich bin wohl spät dran«, sagte er. »Tut mir leid, dass du warten musstest.«

»Ach du lieber Himmel«, sagte sie. »Ich bin ja selbst gerade erst gekommen, gerade vor einer Sekunde. Ich habe nur einfach schon mal bestellt, weil ich unbedingt eine Tasse Tee haben musste. Ich war selbst spät dran. Ich bin nicht länger als eine Minute hier.«

»Das ist gut«, sagte er. »He, he, immer langsam mit dem Zucker – ein Würfel genügt völlig. Und nimm das Gebäck da weg. Schauderhaft! Mir gehts vielleicht schauderhaft!«

»Ach«, sagte sie, »tatsächlich? Ach. Was ist denn los?«

»Oh, ich bin fix und fertig«, sagte er. »Ich bin in schauderhafter Verfassung.«

»Ach, das arme Bübchen«, sagte sie. »Fühlt es sich elend? Ach, und da hat es den weiten Weg gemacht, nur um mich hier zu treffen! Das hättest du nicht tun sollen – ich hätte dafür Verständnis gehabt. Ach, man muss sich mal vorstellen, dass es den ganzen weiten Weg gemacht hat, wo ihm doch so schlecht ist!«

»Oh, das ist schon in Ordnung«, sagte er. »Ich kann ebenso gut hier wie woanders sein. Ein Ort ist so gut wie

239

jeder andere, so wie ich mich heut fühle. Oh, ich bin völlig erschossen.«

»Aber das ist ja furchtbar«, sagte sie. »Ja, du armer kranker Kerl. Himmel, es wird doch nicht die Grippe sein. Es heißt, dass sie ziemlich umgeht.«

»Grippe!«, sagte er. »Ich wollte, das wäre alles, was mir fehlt. Oh, ich bin vergiftet. Ich bin erledigt. Ich rühre das Zeug meiner Lebtag nicht mehr an. Weißt du, wann ich ins Bett gekommen bin? Zwanzig Minuten nach fünf heut früh. Was das für eine Nacht war! Was das für ein Abend war!«

»Ich dachte«, sagte sie, »dass du im Büro bleiben und länger arbeiten wolltest. Du hast gesagt, du würdest diese Woche jeden Abend arbeiten.«

»Tja, ich weiß«, sagte er. »Aber es machte mich ganz kribbelig, wenn ich daran dachte, dort hinzugehen und am Schreibtisch zu sitzen. Ich bin zu May gegangen – sie hat eine Party gegeben. Apropos, da war jemand da, der gesagt hat, dass er dich kennt.«

»Ehrlich?«, sagte sie. »Mann oder Frau?«

»Biene«, sagte er. »Namens Carol McCall. Apropos, wieso habe ich eigentlich nicht schon früher von ihr erfahren? So ein tolles Mädchen. Das ist vielleicht ein Klasseweib!«

»Ach, wirklich?«, sagte sie. »Das ist komisch – ich habe noch nie von jemandem gehört, der das findet. Ich habe Leute sagen hören, dass sie eigentlich ganz nett aussähe, wenn sie sich nicht so aufdonnern würde. Aber ich habe noch nie von jemandem gehört, der sie reizend findet.«

»Reizend ist das richtige Wort«, sagte er. »Die hat da vielleicht ein Paar Augen im Kopf!«

»Wirklich?«, sagte sie. »Sie sind mir nie besonders aufgefallen. Aber ich habe sie ja auch lange nicht gesehen – manchmal verändern sich die Menschen irgendwie.«

»Sie sagt, sie sei früher mit dir zur Schule gegangen«, sagte er.

»Na ja, wir gingen in die gleiche Schule«, sagte sie. »Ich ging rein zufällig in eine öffentliche Schule, weil sie zufällig ganz in der Nähe von uns lag und meine Mutter es hasste, wenn ich Straßen überqueren musste. Aber sie war drei oder vier Klassen über mir. Sie ist viel älter als ich.«

»Die ist drei oder vier Klassen über allen«, sagte er. »Tanzen! Und ob die schwofen kann! ›Leg noch 'nen Zahn drauf, Schätzchen‹, hab ich dauernd zu ihr gesagt. Ich muss ganz schön angesäuselt gewesen sein.«

»Ich war auch tanzen gestern Abend«, sagte sie. »Mit Wally Dillon. Er liegt mir ja ständig in den Ohren, mit ihm auszugehen. Er ist ein fantastischer Tänzer. Himmel! Ich weiß überhaupt nicht, wann ich eigentlich nach Hause gekommen bin. Ich muss ja grässlich aussehen. Stimmts?«

»Du siehst schon ganz in Ordnung aus«, sagte er.

»Wally ist verrückt«, sagte sie. »Was der so alles sagt! Aus irgendeinem verrückten Grund hat er es sich in den Kopf gesetzt, dass ich wunderschöne Augen habe, und, na ja, da hat er eben davon geredet, bis ich nicht mehr wusste, wo ich hinschauen soll, so verlegen war ich. Ich wurde so rot, dass ich dachte, jeder im Lokal würde zu mir herschauen. Ich wurde so rot wie eine Tomate. Wunderschöne Augen! Ist der nicht verrückt?«

»Der ist schon in Ordnung«, sagte er. »Apropos, die kleine McCall, die hat alle möglichen Angebote, zum Film zu gehen. ›Nun geh schon zu und geh hin‹, hab ich ihr gesagt. Aber sie sagt, sie hätte keine Lust dazu.«

»Da war ein Mann droben am See im vorletzten Sommer«, sagte sie. »Er war Regisseur oder so etwas bei einem der großen Filmbosse – oh, er hatte jede Menge Einfluss! Und er bestand dauernd darauf, dass ich in Filmen auftreten müsse. Sagte, ich müsse solche Rollen wie die Garbo spielen. Ich habe ihn nur ausgelacht. Stell dir das mal vor!«

»Sie hat Tausende von Angeboten bekommen«, sagte er. »Ich habe ihr gesagt, sie soll hingehen und zum Film gehen. Sie bekommt immer laufend solche Angebote.«

»Ach, wirklich?«, sagte sie. »Ach, übrigens, ich wusste, dass ich dich noch etwas fragen wollte. Hast du mich gestern Abend zufällig angerufen?«

»Ich?«, sagte er. »Nein, ich hab dich nicht angerufen.«

»Während ich aus war, sagte Mutter, war dauernd diese Männerstimme dran«, sagte sie. »Ich dachte, vielleicht warst das zufällig du. Ich überlege mir, wer das gewesen sein könnte. Oh – ich glaube, ich weiß, wer das war. Ja, der war es!«

»Nein, ich habe dich nicht angerufen«, sagte er. »Ich hätte das Telefon gestern Abend gar nicht sehen können. Was ich heute Morgen für einen Kopf aufhatte! Ich hab

Carol angerufen, so gegen zehn, und die sagte, sie fühle sich großartig. Das Mädchen ist vielleicht trinkfest!«

»Ich bin da komisch«, sagte sie. »Mir wird einfach irgendwie schlecht, wenn ich eine Frau trinken sehe. Das ist nun mal so meine Art, nehme ich an. Bei einem Mann macht es mir nicht so viel aus, aber mir wird absolut übel, wenn ich sehe, wie sich eine Frau betrinkt. So bin ich halt nun einmal.«

»Und wie die den Alkohol verträgt!«, sagte er. »Und fühlt sich dann am nächsten Tag großartig. Was für eine Frau! He, was machst du denn da? Ich will keinen Tee mehr, danke. Ich bin doch keiner von diesen Teeknaben. Und diese Teestuben machen mich ganz kribbelig. Schau dir bloß mal all die alten Tanten an. Da muss einem ja ganz kribbelig werden.«

»Ja, wenn du lieber woanders wärst, um zu trinken, mit ich weiß nicht was für Leuten«, sagte sie, »dann kann ich mir beim besten Willen nicht vorstellen, wie ich das verhindern soll. Himmel, es gibt genug Leute, die froh genug sind, mich zum Tee auszuführen. Ich weiß nicht, wie viele Leute mich dauernd anrufen und mir in den Ohren liegen, weil sie mich zum Tee ausführen wollen. Sehr viele Leute!«

»Schon gut, schon gut, ich bin ja da oder etwa nicht?«, sagte er. »Reg dich schon ab.«

»Ich könnte sie den ganzen Tag lang aufzählen«, sagte sie.

»Schon gut«, sagte er. »Weshalb bist du denn sauer?«

»Himmel, es geht mich ja nichts an, was du tust«, sagte sie. »Aber ich hasse es, mit anzusehen, wie du deine Zeit mit Leuten verschwendest, die auch nicht annähernd gut genug für dich sind. Das ist alles.«

»Kein Grund, dir meinetwegen Sorgen zu machen«, sagte er. »Ich bin schon in Ordnung. Bestimmt. Du musst dir keine Sorgen machen.«

»Es ist nur, dass ich es nicht gern sehe, wie du deine Zeit verschwendest«, sagte sie, »indem du die ganze Nacht aufbleibst und dich am nächsten Tag dann schauderhaft fühlst. Ach, ich habe ja ganz vergessen, dass ihm so schlecht ist. Ach, es war gemein von mir, ihn auszuschimpfen, wo ihm doch so elend ist. Armes Bübchen. Wie fühlt es sich denn jetzt?«

»Oh, ich bin ganz in Ordnung«, sagte er. »Mir gehts prima. Möchtest du noch etwas? Wie wärs dann mit der Rechnung? Ich muss noch vor sechs telefonieren.«

»Ach, wirklich?«, sagte sie. »Carol anrufen?«

»Sie hat gesagt, um diese Zeit wäre sie vermutlich zu Hause«, sagte er.

»Siehst du sie heute Abend?«, sagte sie.

»Sie gibt mir Bescheid, wenn ich anrufe«, sagte er. »Sie hat vermutlich rund eine Million Verabredungen. Warum?«

»Ich hab nur so gedacht«, sagte sie. »Himmel, ich muss mich sputen! Ich esse mit Wally zu Abend, und er ist so verrückt, dass er vermutlich schon da ist. Er hat mich heute rund hundertmal angerufen.«

»Warte, bis ich bezahlt habe«, sagte er, »dann bring ich dich zum Bus.«

»Ach, mach dir keine Umstände«, sagte sie. »Es ist ja gleich an der Ecke. Ich muss mich sputen. Ich nehme an, du willst hierbleiben und deine Freundin von hier aus anrufen?«

»Das ist eine Idee«, sagte er. »Bist du auch bestimmt in Ordnung?«

»Ganz bestimmt«, sagte sie. Eilig sammelte sie ihre Handschuhe und ihre Tasche ein und verließ ihren Stuhl. Er erhob sich, allerdings nicht ganz, als sie neben ihm stehen blieb.

»Wann seh ich dich wieder?«, sagte sie.

»Ich ruf dich an«, sagte er. »Ich bin unheimlich beschäftigt, im Büro und so. Hör zu, ich mache Folgendes. Ich ruf dich mal an.«

»Ehrlich, ich habe ja so viele Verabredungen!«, sagte sie. »Es ist schrecklich. Ich weiß nicht, wann ich eine freie Minute habe. Aber du rufst an, ja?«

»Mach ich«, sagte er. »Pass auf dich auf.«

»Und pass du auf dich auf«, sagte sie. »Hoffentlich bist du bald wieder in Ordnung.«

»Oh, mir gehts prima«, sagte er. »Meine Lebensgeister fangen gerade an zurückzukehren.«

»Lass mich auf jeden Fall wissen, wie es dir geht«, sagte sie. »Ja? Ganz bestimmt? Also dann, auf Wiedersehen. Oh, und amüsier dich gut heute Abend.«

»Danke«, sagte er. »Hoffentlich amüsierst du dich auch.«

»Oh, das werde ich bestimmt«, sagte sie. »Ich nehme es jedenfalls an. Ich muss mich tummeln! Oh, das hätte ich ja fast vergessen! Vielen Dank für den Tee. Es war sehr nett.«

»Red keinen Unsinn«, sagte er.

»Aber es war wirklich nett«, sagte sie. »Na denn. Also vergiss nicht, mich anzurufen, hörst du? Bestimmt nicht? Na denn, auf Wiedersehen.«

»Bis dann«, sagte er.

Sie ging durch die schmale Gasse zwischen den blau gestrichenen Tischen weiter.

DER LEBENSSTANDARD
(The Standard of Living)

Annabel und Midge kamen mit der arroganten lang-samen Gehweise von Müßiggängern aus der Tee-stube, denn ihr Samstagnachmittag dehnte sich vor ihnen aus. Sie hatten, wie es ihre Gewohnheit war, ein Mittag-essen aus Zucker, Kohlehydraten, Ölen und Butterfet-ten zu sich genommen. Meist aßen sie Sandwiches aus schwammigem frischem Weißbrot, geschmiert mit But-ter und Mayonnaise; sie aßen dicke Stücke Kuchen, die feucht unter Eiskrem und Schlagsahne und mit gehackten Nüssen angereicherter geschmolzener Schokolade lagen. Als Abwechslung aßen sie Pastetchen, die Perlen min-derwertigen Öls ausschwitzten und weiche Fleischreste enthielten, die in blasser, erstarrender Sauce versanken; sie aßen Törtchen, elastisch unter hartem Zuckerguss, mit einer unbestimmbaren gelben süßen Masse gefüllt, die nicht mehr fest und noch nicht flüssig war, wie in der Sonne liegen gelassene Salbe. Sie wählten keine anderen Arten von Speisen, zogen sie auch nicht in Betracht. Und ihre Haut glich den Blumenblättern von Buschwindrös-chen, und ihre Bäuche waren so flach und ihre Seiten so schlank wie die junger indianischer Krieger.

Annabel und Midge waren beste Freundinnen prak-tisch seit dem Tag, an dem Midge eine Anstellung als Stenotypistin bei der Firma gefunden hatte, die Anna-bel beschäftigte. Inzwischen hatte sich Annabel, die zwei Jahre länger in der Stenografenabteilung war, auf ein Gehalt von achtzehn Dollar und fünfzig Cents in der Woche emporgearbeitet; Midge war noch bei sechzehn Dollar. Jedes Mädchen lebte daheim bei seiner Familie und bezahlte die Hälfte seines Lohnes für deren Lebensunterhalt.

Die Mädchen saßen Seite an Seite an ihren Schreibtischen, sie nahmen jeden Tag zusammen das Mittagessen ein, zusammen machten sie sich am Ende des Arbeitstages auf den Heimweg. Viele ihrer Abende und die meisten ihrer Sonntage wurden in Gesellschaft der anderen verbracht. Häufig schlossen sich ihnen zwei junge Herren an, doch keinem solchen Quartett war Dauer beschieden; die zwei jungen Männer machten schon bald, unbeweint, zwei anderen jungen Männern Platz, und Weinen wäre auch wirklich unangebracht gewesen, da die neuen Begleiter kaum von ihren Vorgängern zu unterscheiden waren. Unweigerlich verbrachten die Mädchen die schönen Mußestunden ihrer hochsommerlichen Samstagnachmittage gemeinsam. Beständiger Gebrauch hatte das Gewebe ihrer Freundschaft nicht zerschlissen.

Sie sahen sich gleich, obwohl die Ähnlichkeit nicht in ihren Gesichtszügen lag. Sie lag in der Form ihrer Körper, ihren Bewegungen, ihrem Stil und ihrem Aufzug. Annabel und Midge taten, und zwar in vollem Maße, all das, was junge Büroangestellte dringend gebeten werden, nicht zu tun. Sie malten ihre Lippen und ihre Nägel an, sie färbten ihre Wimpern dunkler und hellten ihr Haar auf, und Parfüm schien sie wie eine schimmernde Wolke zu umgeben. Sie trugen dünne, leuchtende Kleider, knapp an der Brust und hoch an den Beinen, und stark geneigte Pumps, neckisch gebunden. Sie sahen auffällig aus und billig und bezaubernd.

Als sie nun zur Fifth Avenue hinübergingen mit ihren vom heißen Wind herumgewirbelten Röcken, schlug ihnen hörbare Bewunderung entgegen. Junge Männer, lethargisch an Zeitungskiosken gruppiert, zollten ihnen Gemurmel, Ausrufe, selbst – als höchste Huldigung – Pfiffe. Annabel und Midge gingen vorbei, ohne sich zu einer Beschleunigung herabzulassen; sie trugen ihre Köpfe noch höher und setzten ihre Füße mit exquisiter Genauigkeit auf, als schritten sie über die Nacken von Bauern.

Stets gingen die Mädchen an ihren freien Nachmittagen auf der Fifth Avenue spazieren, denn das Gelände war ideal für ihr Lieblingsspiel. Das Spiel konnte überall gespielt werden und wurde auch in der Tat überall gespielt, aber die großen Schaufenster regten die beiden Spielerinnen zu Höchstleistungen an.

Annabel hatte das Spiel erfunden; das heißt eigentlich aus einem alten weiterentwickelt. Im Grunde genommen war es nichts anderes als das altehrwürdige Vergnügen des Was-würdest-du-tun-wenn-du-eine-Million-Dollar-hättest. Doch Annabel hatte dafür neue Regeln aufgestellt, hatte es eingeengt, es verschärft, es strenger gemacht. Wie alle Spiele war es umso faszinierender, je komplizierter es war.

Annabels Version ging folgendermaßen: Man muss sich vorstellen, dass jemand stirbt und einem eine runde Million Dollar hinterlässt. Doch an dieses Legat ist eine

Bedingung geknüpft. In dem Testament ist verfügt, dass man jeden Cent des Geldes für sich selbst ausgeben muss.

Hierin lag das Risiko des Spiels. Wenn man dies vergaß und unter seinen Ausgaben beispielsweise die Miete für eine neue Wohnung für seine Familie aufführte, dann musste man aussetzen, und der andere Spieler kam an die Reihe. Es war erstaunlich, wie viele – und darunter auch einige der Experten – durch derartige Flüchtigkeitsfehler ihren Zug verscherzten.

Es war natürlich unbedingt erforderlich, dass es mit leidenschaftlichem Ernst gespielt wurde. Jeder Kauf musste sorgfältig erwogen und, notfalls, mit Argumenten verteidigt werden. Es lag kein Reiz darin, unüberlegt draufloszuspielen. Einmal hatte Annabel das Spiel Sylvia vorgestellt, einer Kollegin in dem Büro. Sie erklärte Sylvia die Regeln und eröffnete mit der Frage: »Was würdest du als Erstes tun?« Sylvia hatte nicht einmal den Anstand gezeigt, auch nur eine Sekunde zu zögern. »Nun«, sagte sie, »als Erstes würde ich losgehen und jemanden anheuern, der Gary Coopers Frau erschießt, und dann …« Mit ihr machte es offensichtlich keinen Spaß.

Doch Annabel und Midge waren zweifellos dazu bestimmt, Gefährtinnen zu sein, denn Midge spielte das Spiel auf Anhieb meisterhaft. Sie war es, die noch Feinheiten hinzufügte, die das Ganze genüsslicher machten. Midges Neuerungen zufolge war der Exzentriker, der starb und das Geld hinterließ, nicht jemand, den man mochte oder auch nur kannte. Es war jemand, der einen irgendwo gesehen hatte und gedacht hatte: »Dieses Mädchen sollte viele hübsche Dinge haben. Ihr will ich eine

Million Dollar hinterlassen, wenn ich sterbe.« Und der Tod sollte weder vorzeitig noch qualvoll sein. Der Wohltäter, reich an Jahren und auf den Tod wohl vorbereitet, sollte sanft im Schlaf verscheiden und direkt in den Himmel eingehen. Diese Ausschmückungen gestatteten Annabel und Midge, ihr Spiel in dem Luxus eines ruhigen Gewissens zu spielen.

Midge spielte mit einem Ernst, der nicht nur angemessen, sondern auch extrem war. Die einzige Belastung ihrer Freundschaft hatte sich aus einer Ankündigung ergeben, die Annabel einmal gemacht hatte, das Erste, was sie von ihrer Million Dollar kaufen würde, wäre ein Silberfuchsmantel. Es war, als ob sie Midge einen Schlag mitten ins Gesicht versetzt hätte. Als Midge sich wieder gefangen hatte, rief sie, dass sie sich von Annabel so etwas nicht vorstellen könne – Silberfuchsmäntel sind ordinär! Annabel verteidigte ihren Geschmack mit der scharfen Entgegnung, dass sie keineswegs ordinär sind. Midge sagte daraufhin, eben doch. Sie setzte hinzu, dass alle Welt einen Silberfuchsmantel hat. Sie fuhr fort, wobei sie vielleicht etwas den Kopf verlor, zu verkünden, dass sie selbst nicht einmal tot in einem Silberfuchsmantel gesehen werden wolle.

Während der nächsten Tage, in denen sich die Mädchen ebenfalls ständig sahen, war ihre Unterhaltung behutsam und spärlich, und sie spielten nicht ein einziges Mal ihr Spiel. Dann, eines Morgens, kam Annabel, kaum hatte sie das Büro betreten, zu Midge und sagte, dass sie es sich anders überlegt hätte. Sie würde sich keinen Silberfuchsmantel von irgendeinem Teil ihrer Million Dollar kaufen. Unmittelbar nach Erhalt des Legats würde sie sich einen Nerzmantel aussuchen.

Midge lächelte, und ihre Augen strahlten. »Ich glaube«, sagte sie, »da tust du genau das Richtige.«

Als sie nun die Fifth Avenue entlanggingen, spielten sie das Spiel erneut. Es war einer jener Tage, von denen der September wiederholt heimgesucht wird; heiß und blendend, mit Staubpartikeln im Wind. Die Menschen schlafften und schlurften matt dahin, doch die Mädchen hielten sich aufrecht und schritten in gerader Linie aus, wie es sich für junge Erbinnen bei der Nachmittagspromenade schickte. Es war nicht mehr notwendig, das Spiel mit seiner formalen Eröffnung zu beginnen. Annabel kam direkt zur Sache.

»Na schön«, sagte sie. »Du hast nun also eine Million Dollar. Was würdest du nun als Erstes tun?«

»Nun, als Erstes«, sagte Midge, »würde ich mir einen Nerzmantel kaufen.« Aber sie sagte es mechanisch, wie als auswendig gelernte Antwort auf eine erwartete Frage.

»Ja«, sagte Annabel, »ich glaube, das solltest du. Die schrecklich dunkle Art Nerz.« Aber auch sie sprach automatisch. Es war zu heiß; Pelz, wie dunkel und glänzend und geschmeidig auch immer, war eine grässliche Vorstellung.

Sie schritten ein Weilchen schweigend dahin. Dann wurde Midges Aufmerksamkeit von einem Schaufenster erregt. Kühles, wundervolles Schimmern hob sich darin auf keuschem und elegantem Dunkel ab.

»Nein«, sagte Midge, »ich nehme es zurück. Ich würde mir als Erstes keinen Nerzmantel kaufen. Weißt du, was ich tun würde? Ich würde mir eine Perlenkette kaufen. Echte Perlen.«

Annabels Blick folgte dem von Midge.

»Ja«, sagte sie langsam. »Ich glaube, das ist eine ganz gute Idee. Und das wäre auch vernünftig. Weil man Perlen zu allem tragen kann.«

Gemeinsam traten sie an das Schaufenster und drängten sich dicht heran. Es enthielt nur einen Gegenstand – zwei Reihen großer, gleichmäßiger Perlen, die mit einem schweren Smaragd um einen kleinen rosaroten Samthals geschlossen waren.

»Was meinst du, was die kosten?«, sagte Annabel.

»Mann, das weiß ich nicht«, sagte Midge. »'ne Menge, nehme ich an.«

»So an die tausend Dollar?«, sagte Annabel.

»Oh, eher mehr, nehme ich an«, sagte Midge. »Wegen dem Smaragd.«

»Dann so an die zehntausend Dollar?«, sagte Annabel.

»Mann, ich habe keine Ahnung«, sagte Midge.

Annabel wurde vom Teufel geritten. »Jede Wette, dass du nicht reingehst und nach dem Preis fragst«, sagte sie.

»Und ob!«, sagte Midge.

»Jede Wette«, sagte Annabel.

»Also so ein Geschäft ist doch heute Nachmittag gar nicht geöffnet«, sagte Midge.

»Das ist es aber doch«, sagte Annabel. »Gerade sind Leute rausgekommen. Und da ist ja auch ein Türsteher. Jede Wette.«

»Na gut«, sagte Midge. »Aber du musst mitkommen.«

Sie sprachen dem Türsteher ihren Dank dafür aus, eiskalt, dass er sie in das Geschäft hineingeleitete. Es war kühl und still, ein großzügiger, ansprechender Raum mit getäfelten Wänden und weichem Teppich. Doch die Mädchen trugen einen Ausdruck tiefster Verachtung, als ob sie in einem Schweinestall stünden.

Ein schlanker, makelloser Verkäufer trat zu ihnen und verbeugte sich. Sein gepflegtes Gesicht zeigte keine Verwunderung über ihr Aussehen an.

»Guten Tag«, sagte er. Er gab zu verstehen, dass er ihn nie vergessen würde, wenn sie ihm die Gunst gewähren würden, seinen leise gesprochenen Gruß zu erwidern.

»Guten Tag«, sagten Annabel und Midge gleichzeitig und in gleichem frostigem Tonfall.

»Womit darf ich –?«, sagte der Verkäufer.

»Ach, wir sehen uns nur um«, sagte Annabel. Es war, als ob sie die Worte von einer Estrade herabwerfe.

Der Verkäufer verbeugte sich.

»Meine Freundin und ich kamen nur gerade zufällig vorbei«, sagte Midge; sie hielt inne und schien diesem Satz nachzulauschen. »Meine Freundin hier und ich«, fuhr sie fort, »fragten uns nur gerade zufällig, was wohl die Perlen kosten, die Sie in Ihrem Fenster haben.«

»Ah, ja«, sagte der Verkäufer. »Die zweireihige Schnur. Die kostet zweihundertundfünfzigtausend Dollar.«

»Aha«, sagte Midge.

Der Verkäufer verbeugte sich. »Ein außergewöhnlich schöner Halsschmuck«, sagte er. »Möchten Sie ihn sich gerne näher ansehen?«

»Nein, danke«, sagte Annabel.

»Meine Freundin und ich kamen nur gerade zufällig

vorbei«, sagte Midge. Sie wandten sich zum Gehen; zum Gang dorthin, nach ihrer Haltung zu schließen, wo der Schinderkarren ihrer harrte. Der Verkäufer eilte voraus und öffnete die Tür. Er verbeugte sich, als sie an ihm vorbeirauschten.

Die Mädchen gingen weiter die Avenue entlang, und noch immer lag Verachtung in ihren Gesichtern.

»Ehrlich!«, sagte Annabel. »Kannst du dir so was vorstellen?«

»Zweihundertundfünfzigtausend Dollar!«, erwiderte Midge. »Das ist ja schon allein eine Viertelmillion Dollar!«

»Der hat vielleicht Nerven!«, sagte Annabel.

Sie gingen weiter. Langsam schwand die Verachtung, langsam und vollständig, als ob sie von ihnen abfalle, und mit ihr schwanden erhabene Haltung und erhabener Gang. Sie ließen die Schultern hängen und schlurften mit den Füßen; sie stießen zusammen, ohne es zu bemerken oder sich zu entschuldigen, und prallten wieder zurück. Sie schwiegen, und ihre Augen blickten düster.

Plötzlich richtete sich Midge kerzengerade auf, warf den Kopf zurück und sprach, klar und deutlich.

»Hör mal, Annabel«, sagte sie. »Pass auf. Stell dir vor, da ist diese schrecklich reiche Person, verstehst du? Du kennst diese Person nicht, aber diese Person hat dich irgendwo gesehen und möchte etwas für dich tun. Nun, es ist eine schrecklich alte Person, verstehst du? Und nun stirbt diese Person, als ob sie einfach einschlafen würde, und hinterlässt dir zehn Millionen Dollar. Also, was würdest du als Erstes tun?«

ARRANGEMENT IN SCHWARZ UND WEISS
(*Arrangement in Black and White*)

Die Frau mit den verschlungenen blassroten Samtmohnblumen in den aufgehellten goldgelben
Haaren durchmaß den überfüllten Raum in einer interessanten Gangart, die einen Hopser mit einer Seitwärts-
bewegung verband, und packte den mageren Arm ihres
Gastgebers.

»Jetzt habe ich Sie erwischt!«, sagte sie. »Jetzt können
Sie nicht mehr entkommen!«

»Ach, hallo«, sagte ihr Gastgeber. »Tja. Wie geht es
Ihnen?«

»Oh, mir gehts bestens«, sagte sie. »Ganz einfach bestens. Hören Sie. Ich möchte, dass Sie mir den allerfurcht-
barsten Gefallen tun. Würden Sie das? Würden Sie bitte?
Wenn ich ganz lieb Bitte sage?«

»Worum geht es denn?«, sagte ihr Gastgeber.

»Hören Sie«, sagte sie. »Ich möchte Walter Williams
kennenlernen. Ehrlich, ich bin ganz einfach verrückt auf
den Mann. Ach, wenn der singt! Wenn der diese Spirituals singt! Also ich habe zu Burton gesagt: ›Es ist ein
Glück für dich, dass Walter Williams Farbiger ist‹, habe
ich gesagt, ›sonst hättest du jede Menge Gründe, eifersüchtig zu sein.‹ Ich würde ihn wirklich wahnsinnig gern
kennenlernen. Ich würde ihm gern sagen, dass ich ihn
singen gehört habe. Seien Sie ein Engel, und stellen Sie
mich ihm vor!«

»Aber natürlich«, sagte ihr Gastgeber. »Ich dachte, Sie

kennen ihn schon. Die Party ist ja für ihn. Wo ist er übrigens?«

»Er ist dort drüben beim Bücherschrank«, sagte sie. »Warten wir noch, bis die Leute da mit ihm zu reden aufhören. Also ich finde es einfach fabelhaft von Ihnen, dass Sie diese absolut fabelhafte Party für ihn geben und ihn mit all diesen Weißen zusammenbringen und alles. Ist er denn nicht furchtbar dankbar?«

»Ich hoffe nicht«, sagte ihr Gastgeber.

»Ich finde, dass es wirklich furchtbar nett ist«, sagte sie. »Ich finde es wirklich. Ich sehe nicht ein, warum um alles auf der Welt es nicht absolut in Ordnung ist, Farbige kennenzulernen. Ich habe da überhaupt keine Ressentiments – nicht die kleinste Spur. Burton – ach, der ist da ganz anders. Wissen Sie, er kommt eben aus Virginia, und Sie wissen ja, wie die sind.«

»Ist er heute Abend auch hier?«, sagte ihr Gastgeber.

»Nein, er konnte nicht«, sagte sie. »Ich bin heute Abend eine richtiggehende Strohwitwe. Ich habe zu ihm gesagt, wie ich gegangen bin: ›Wer weiß, was ich anstelle‹, habe ich gesagt. Er war ja so todmüde, dass er sich nicht mehr rühren konnte. Ist das nicht eine Schande?«

»Ah«, sagte ihr Gastgeber.

»Warten Sie nur, bis ich ihm erzähle, dass ich Walter Williams kennengelernt habe!«, sagte sie. »Das haut ihn glatt um. Ach, wir haben ständig Auseinandersetzungen wegen der Farbigen. Ich sage die unmöglichsten Sachen zu ihm, so reg ich mich auf. ›Ach, sei doch nicht so beschränkt‹, sage ich immer. Aber das muss ich doch zu Burtons Gunsten sagen, er ist kolossal aufgeschlossener als ein Haufen von diesen Südstaatlern. Er hat Farbige wirklich schrecklich gern. Also er sagt selbst, dass er keine weißen Dienstboten nehmen würde. Und wissen Sie, er hatte diese alte farbige Kinderfrau, diese richtiggehende alte Nigger-Amme, und die liebt er unheimlich. Tja, jedes Mal, wenn er nach Hause geht, geht er in die Küche hinaus, um sie zu sehen. Das macht er wirklich, bis auf den heutigen Tag. Er sagt eben nur, er sagt, dass er nicht das Geringste gegen Farbige hat, solange sie nur wissen, wo sie hingehören. Er tut auch dauernd was für sie – gibt ihnen Kleider und was weiß ich noch alles. Das Einzige, was er sagt, er sagt, dass er sich nicht für eine Million Dollar mit einem von ihnen an einen Tisch setzen würde. ›Ach‹, sage ich immer zu ihm, ›du machst mich krank, wenn du so daherredest.‹ Ich bin einfach furchtbar zu ihm. Bin ich nicht furchtbar?«

»O nein, nein, nein«, sagte ihr Gastgeber. »Nein, nein.«

»Doch, das bin ich«, sagte sie. »Ich weiß es doch. Armer Burton! Ich dagegen, ich denke da überhaupt nicht so. Ich habe nicht die geringsten Ressentiments gegenüber Farbigen. Tja, ich bin sogar ganz verrückt auf einige. Sie sind genau wie Kinder – genauso unbekümmert, und immer singen und lachen sie und so. Sind sie nicht die glücklichsten Wesen, die Sie je im Leben gesehen haben? Ehrlich, ich muss schon lachen, wenn ich sie nur höre. Oh, ich mag sie. Ich mag sie wirklich. Nun passen Sie mal auf, ich habe doch diese schwarze Waschfrau, ich habe sie schon seit Jahren, und ich bin ihr treu ergeben. Sie ist ein richtiges Original. Und ich kann Ihnen versichern, dass ich sie als meine Freundin ansehe. Genau als das sehe ich sie an. Wie ich immer zu Burton sage: ›Ja, um Himmels willen, wir sind doch alle Menschen!‹ Oder etwa nicht?«

»Doch«, sagte ihr Gastgeber. »Allerdings.«

»Was diesen Walter Williams angeht«, sagte sie. »Ich finde, dass ein Mann wie der ein richtiger Künstler ist. Das finde ich. Ich finde, dass er schrecklich viel Anerkennung verdient. Du meine Güte, ich bin so verrückt auf Musik und so was, dass es mir ganz egal ist, was für eine Hautfarbe er hat. Ich finde ganz ehrlich, wenn jemand ein Künstler ist, dann sollte niemand irgendwelche Ressentiments haben, ihn auch kennenzulernen. Genau das sage ich jedenfalls immer zu Burton. Finden Sie nicht, dass ich recht habe?«

»Doch, doch«, sagte ihr Gastgeber. »Bestimmt.«

»Genau so denke ich nun mal«, sagte sie. »Ich kann es einfach nicht begreifen, wenn Leute engstirnig sind. Also ich finde jedenfalls, dass es eine Ehre ist, einen Mann wie Walter Williams kennenzulernen. Unbedingt, ja, du meine Güte, der liebe Gott hat ihn doch genauso geschaffen, wie er jeden von uns geschaffen hat. Oder etwa nicht?«

»Gewiss«, sagte ihr Gastgeber. »Ja, in der Tat.«

»Genau das sage ich auch«, sagte sie. »Oh, ich werde so wütend, wenn Leute gegenüber Farbigen engstirnig sind. Ich muss mich zusammennehmen, damit ich nichts sage. Natürlich gebe ich zu, wenn man einen schlechten Farbigen erwischt, dann sind sie einfach furchtbar. Aber wie ich immer zu Burton sage, es gibt auch einige schlechte Weiße auf der Welt. Oder etwa nicht?«

»Ich denke schon«, sagte ihr Gastgeber.

»Also ich würde mich wirklich freuen, wenn ein Mann wie Walter Williams mal zu mir nach Hause kommen und für uns singen würde«, sagte sie. »Natürlich könnte ich ihn wegen Burton nicht einladen, aber *ich* hätte da überhaupt keine Ressentiments. Ach, und wie der singen kann! Ist es nicht fabelhaft, wie die alle Musik in sich haben? Sie scheint geradezu *in* ihnen zu stecken. Kommen Sie, gehen wir hinüber, und reden wir mit ihm. Hören Sie, was soll ich machen, wenn ich vorgestellt werde? Soll ich ihm die Hand schütteln? Oder was?«

»Tja, machen Sie, was immer Sie möchten«, sagte ihr Gastgeber.

»Ich glaube, ich sollte es wohl besser tun«, sagte sie. »Ich würde um nichts in der Welt wollen, dass er denkt, ich hätte irgendwelche Vorbehalte. Ich denke, dass ich ihm am besten die Hand schüttele, so wie ich es bei jedem anderen auch tun würde. Genau das werde ich rundheraus machen.«

Sie kamen bei dem großen jungen Neger an, der neben dem Bücherschrank stand. Der Gastgeber stellte vor; der Neger verbeugte sich.

»Guten Abend«, sagte er.

Die Frau mit den blassroten Samtmohnblumen streckte ihre Hand auf Armeslänge aus und hielt sie so, damit alle Welt es sehen konnte, bis der Neger sie nahm, sie schüttelte und sie ihr zurückgab.

»Oh, guten Abend, Mr Williams«, sagte sie. »Tja, guten Abend. Ich habe gerade gesagt, wie schrecklich gut mir Ihr Singen gefallen hat. Ich bin in Ihren Konzerten gewesen, und wir haben Sie auf dem Grammophon und so. Ach, es gefällt mir ja so gut!«

Sie sprach mit großer Deutlichkeit und bewegte ihre Lippen peinlich genau, wie im Gespräch mit einem Tauben.

»Das freut mich«, sagte er.

»Ich bin ganz einfach verrückt auf die ›Water Boy‹-Nummer, die Sie singen«, sagte sie. »Ehrlich, die geht mir nicht aus dem Sinn. Ich mache meinen Mann fast verrückt, weil ich ständig herumlaufe und sie summe. Oh, er wird vor Wut so schwarz wie ein –. Tja. Ach, sagen Sie, wo um alles auf der Welt bekommen Sie bloß alle Ihre Lieder her? Wie kommen Sie bloß an sie ran?«

»Nun«, sagte er, »es gibt da viele verschiedene –«

»Die singen Sie wohl wahnsinnig gern«, sagte sie. »Das muss doch mehr Spaß machen. All diese reizenden alten Spirituals – ach, ich liebe sie einfach! Tja, was machen Sie denn jetzt so? Singen Sie eigentlich noch? Warum geben Sie denn nicht mal wieder ein Konzert?«

»Ich gebe eines am Sechzehnten dieses Monats«, sagte er.

»Also ich werde da sein«, sagte sie. »Ich werde da sein, wenn ich es irgendwie einrichten kann. Sie können auf mich zählen. Du meine Güte, da kommt ja ein ganzer Schwung Menschen, die mit Ihnen reden wollen. Sie sind ja ein richtiggehender Ehrengast! Ach, wer ist denn die Frau in Weiß? Ich habe sie schon irgendwo gesehen.«

»Das ist Katharine Burke«, sagte ihr Gastgeber.

»Du lieber Himmel«, sagte sie, »das ist Katharine Burke? Die sieht ja völlig anders aus als auf der Bühne.

Ich dachte, dass sie viel hübscher sei. Ich hatte ja keine Ahnung, dass sie so furchtbar dunkel ist. Also die sieht ja fast wie –. Oh, ich finde, sie ist eine wunderbare Schauspielerin! Finden Sie nicht auch, dass sie eine wunderbare Schauspielerin ist, Mr Williams? Oh, ich finde, sie ist fabelhaft. Oder etwa nicht?«

»Doch, doch«, sagte er.

»Oh, ich finde das auch«, sagte sie. »Einfach wunderbar. Du meine Güte, wir müssen auch anderen die Chance geben, mit dem Ehrengast zu reden. Also vergessen Sie nicht, Mr Williams, dass ich in diesem Konzert sein werde, wenn ich es irgendwie einrichten kann. Ich werde da sein und applaudieren wie wild. Und wenn ich nicht kommen kann, dann sage ich jedenfalls allen, die ich kenne, dass sie hingehen sollen. Vergessen Sie es nicht!«

»Bestimmt nicht«, sagte er. »Vielen Dank.«

Der Gastgeber nahm ihren Arm und schob sie in das angrenzende Zimmer.

»Oh, mein Lieber«, sagte sie. »Ich bin ja fast gestorben! Ehrlich, ich gebe Ihnen mein Wort, ich bin fast eingegangen. Haben Sie diesen furchtbaren Fauxpas gehört, den ich begangen habe? Ich wollte gerade sagen, dass Katharine Burke fast wie ein Nigger aussieht. Ich konnte mich gerade noch rechtzeitig bremsen. Ach, meinen Sie, dass er es bemerkt hat?«

»Das glaube ich nicht«, sagte ihr Gastgeber.

»Dem Himmel sei Dank«, sagte sie, »denn ich möchte ihn auf gar keinen Fall in Verlegenheit bringen. Eigentlich ist er doch schrecklich nett. Genauso nett, wie er nur

262

sein kann. Nette Manieren und so. Wissen Sie, bei vielen Farbigen ist es doch so, wenn man ihnen den kleinen Finger gibt, dann nehmen sie gleich die ganze Hand. Aber er probiert nichts in dieser Richtung. Nun, dafür hat er wohl zu viel Verstand, nehme ich an. Finden Sie nicht auch?«

»Doch«, sagte ihr Gastgeber.

»Er hat mir gefallen«, sagte sie. »Ich habe überhaupt keine Ressentiments, weil er Farbiger ist. Ich war genauso unbefangen wie bei jedem anderen. Habe genauso unbefangen mit ihm geredet und so. Aber, ehrlich, ich konnte mir kaum das Lachen verkneifen. Ich musste dauernd an Burton denken. Oh, warten Sie nur, bis ich Burton erzähle, dass ich ihn ›Mister‹ genannt habe!«

MRS HOFSTADTER
AUS DER JOSEPHINE STREET
(Mrs Hofstadter on Josephine Street)

In dem Sommer mieteten der Colonel und ich einen Bungalow namens 947 West Catalpa Boulevard, von dem das Gerücht ging, er sei komplett möbliert: drei Gabeln, aber vierundzwanzig Messerbänkchen. Dann gingen wir in ein Stellenvermittlungsbüro, um eine Perle zu suchen. Die Dame in dem Stellenvermittlungsbüro war terrassenförmig gebaut; sie bestand aus einheitlichem Rosa, vermutlich überall, und weitreichender Fähigkeit. Sie biss in jedes ihrer Worte und schien es schmackhaft zu finden, und sie beendete jeden Satz bis auf den letzten Krümel. Wenn ich in Gegenwart solcher Leute bin, werde ich häufig gefragt: »Was ist denn heute mit der Kleinen los? Hat sie etwa ihre Zunge verschluckt?« Aber der Colonel würde ihnen gegenüber am liebsten darüber loslegen, was er aus Philadelphia Jack O'Brien gemacht hat.

Daher führte der Colonel das Wort für unsere Seite. Die Dame in dem Stellenvermittlungsbüro bekam prompt den Eindruck von mir als etwas, das gewöhnlich in der geschlossenen Abteilung verwahrt wird; sie nickte mir kurz, freundlich zu, was wohl besagen sollte: »Bleib du mal schön brav da sitzen und zähl deine zwölf Finger ab«, und dann ließen sie und der Colonel mich aus der ganzen Sache heraus. Wir wollten, sagte der Colonel, einen Mann; einen Mann, der einkauft, kocht, serviert, dafür sorgt, dass die Zigarettendosen gefüllt sind, und der das Häuschen putzt. Wir wollten einen Mann, sagte er, weil Dienstmädchen, jedenfalls nach unserer Erfahrung, die meiste Zeit über redeten. Wir seien bereits völlig entnervt vor lauter unverlangten Autobiografien. Wir müssten darauf bestehen, sagte er, dass unser Diener, vor allen anderen Dingen, still sei.

»Meine Frau«, sagte der Colonel – die Dame und ich warteten, dass er hinzufügen würde: »Eine geborene von Neanderthal« –, »meine Frau darf niemals gestört werden.«

»Verstehe«, sagte die Dame. Sie seufzte ein wenig.

»Sie schreibt«, sagte der Colonel.

»Und schon ziemlich bald«, folgerten die Dame und ich, »müssen wir uns nach jemandem umsehen, der ein paar Stunden in der Woche ins Haus kommt und ihr das Lesen beibringt.«

Der Colonel sprach weiter von unseren Wünschen. Es war nur wenig. Eine ganz einfache Kost, sagte er. Die Dame nickte ihm mitfühlend zu; sicherlich sah sie ihn im Geiste mit ausgestrecktem Teller dastehen, wie er versuchte, mich davon abzubringen, Dreck zu essen. Ein ganz ruhiges Leben, sagte er, eine ganz frühe Schlafenszeit, ganz wenige Gäste – ja, es war eigentlich ein Urlaub, bei uns zu leben. Wir wollten nur jemanden zwischen uns und dem Telefon, jemanden, der junge Herren, die für Zeitschriftenabonnements werben, an der Tür abwimmelte, jemanden, der im Übrigen und so weit wie möglich die Klappe hielt.

»Sie brauchen kein Wort mehr zu sagen!«, sagte die

Dame. Sie schmatzte das »sagen«, als ob es mit Salz und Zwiebeln abgeschmeckt worden wäre. »Nicht ein einziges Wort. Ich habe genau das Richtige!«

Horace Wrenn, sagte sie, war das Richtige. Er war Farbiger, sagte sie, aber ausgezeichnet. Ich grübelte so eingehend über die Wahl dieses »aber« nach, dass ich mehrere Gänge ihres Wortgelages verpasste. Als ich mich wieder einschaltete, war ein neuer Name aufgetaucht.

»Er ist hin und wieder bei Mrs Hofstadter«, sagte sie. Sie blickte triumphierend drein. Ich blickte drein, als ob ich mein Lebtag lang gehört hätte, dass jemand, der jemals bei Mrs Hofstadter gewesen war, hin oder wieder, zweifelsohne das Richtige sei. Der Colonel blickte wie gewöhnlich drein.

»Mrs Hofstadter aus der Josephine Street«, erläuterte die Dame. »Das ist unsere reizendste Wohngegend. Sie hat dort ein reizendes Haus. Sie ist eine unserer reizendsten Familien. Mrs Hofstadter – warten Sie nur, bis Sie sehen, was *sie* sagt!«

Sie entnahm ihrem Schreibtisch ein Blatt Briefpapier, das mit einer Handschrift ähnlich den kleineren Flüssen auf Landkarten bedeckt war. Es war das Empfehlungsschreiben der Mrs Hofstadter aus der Josephine Street für Horace Wrenn, und es muss eine Art Mischung gewesen sein aus dem achtundneunzigsten Psalm und Senator Vests Loblied auf seinen Hund. Was immer es auch war, es war zu gut, um von unsereins in Augenschein genommen zu werden. Die Dame hielt es fest und ließ ihren Blick über seine Zeilen wandern, begleitet von Glucks- und Schmatzlauten der Verzückung und Ausrufen wie:

»Nun sehen Sie sich nur das mal an – ›ehrlich, sparsam, guter Tranchierer‹ –, na bitte!« und »also, das ist mir mal ein Empfehlungsschreiben!«

Dann schloss sie den Brief in ihrem Schreibtisch ein und sprach mit dem Colonel. Er ist nur schwer einzunehmen, aber sie schaffte es, und zwar tüchtig. Sie beglückwünschte ihn als ein Glückskind reinsten Wassers. Sie verwunderte sich, dass es ihm vergönnt war, ohne jede Anstrengung die blaue Rose zu finden. Sie beneidete ihn um das Leben, das ihm bevorstand, wenn die Vollkommenheit bei ihm Einzug hielt. Sie schmachtete nach den köstlichen Gerichten, den artigen Aufmerksamkeiten, die ihm, in stetigem Schweigen, von der Tüchtigkeit und Bescheidenheit in Menschengestalt dargeboten und erwiesen werden sollten. Er sollte, wie sie ihm sagte, einfach alles haben, und zwar ohne einen Finger zu rühren oder eine Frage zu beantworten. Es war nur ein kleiner Haken dabei, sagte sie; und der Colonel ergraute. Horace könne nicht vor übermorgen zu uns kommen. Die Tochter der Mrs Hofstadter aus der Josephine Street heiratete nämlich, und Horace hatte den Empfang unter sich. Die Bereitschaft des Colonels, zu warten, war rührend mit anzuhören.

»Nun, das wär ja dann alles«, sagte die Dame munter. Sie stand auf. »Also Sie sind doch das reinste Sonntagskind. Sie gehen jetzt einfach hübsch nach Hause und warten auf Horace.« Ihre Miene setzte hinzu: »Und nehmen Sie Klein Doofchen, Das Mädchen, Das Wie Jedes Andere Ist, Bis Der Mond Am Himmel Aufzieht, mit. Schwachsinnige sind hier unerwünscht!«

Wir gingen nach Hause, lieblichen Gedanken an das uns bevorstehende Luxusleben nachhängend; obgleich der Colonel, der zur Schwermut neigt, sich ein wenig Sorgen zu machen begann, weil Horace möglicherweise nicht mit uns nach New York zurückgehen würde, wenn der Sommer vorbei war.

Bis zum Eintreffen von Horace taten wir das, was man Sich-irgendwie-Behelfen nennt, was eine hochtrabende Bezeichnung dafür ist. Es wurde nach unparteilicher Probezeit für das Beste befunden, wenn ich mich aus der Küche ganz heraushielte. Daher übernahm der Colonel das Kochen, und überall schlichen sich ständig Tomaten ein, was bei ihm Verfolgungswahn auslöste. Es wurde außerdem für besser befunden, wenn ich alle anderen Zimmer mied. Als ich das letzte Mal die Betten machte, kam der Colonel herein und begutachtete das Resultat.

»Was ist das?«, erkundigte er sich. »Ein Studentenulk?«

Horace traf am Nachmittag ein, um die kühle Tageszeit herum. Weder Klingel noch Türklopfer kündigten sein Kommen an; er war einfach bei uns im Wohnzimmer. Er hatte einen Koffer aus einem lederähnlichen Material bei sich, und auf dem Kopf behielt er einen breiten weißen Strohhut mit herabhängender Krempe, der ziemlich genauso aussah wie etwas, das eine Herzogin sich für den Besuch von Gartengesellschaften aufsetzt. Er war groß und breit gebaut, und in seinem mächtigen kohlschwarzen Gesicht saß eine mit Gold eingefasste Brille.

Er sprach zu uns. Wie eingefettet glitten die Worte von seinen dicken Lippen, und sein Tonfall war der eines Menschen, der Kranken zuredet.

»Da«, sagte er, »ist Horace. Horace ist gekommen, um für Sie zu sorgen.«

Er stellte seinen Koffer hin und nahm seinen Hut ab, sodass sich geöltes Haar, purpurfarben im Sonnenlicht, enthüllte, auf dem dünne, fahle Linien ein Karomuster bildeten; Horace gebrauchte ein Haarnetz. Er legte seinen Hut auf den Tisch. Er trat näher und gab jedem von uns eine seiner Hände. Ich erhielt die linke, deren Mittelfinger fehlte; an seiner statt war eine große, eckige Lücke zurückgelassen.

»Ich möchte, dass Sie spüren«, sagte er, »dass ich das hier als mein Zuhause betrachten werde. Als mein Heim will ich es betrachten. Ich versuche immer, das Richtige zu denken. Als ich meinen Freunden erzählt habe, dass ich hierherkommen würde, da habe ich zu ihnen gesagt, ich habe gesagt: ›Das ist von nun an mein Zuhause.‹ Sie werden meine Freunde noch kennenlernen; jawohl, das werden Sie. Ich möchte, dass Sie meine Freunde kennenlernen. Meine Freunde können Ihnen mehr über mich erzählen als ich. Mrs Hofstadter sagt zu mir immer: ›Horace‹, sagt sie, ›so etwas habe ich noch nie gehört‹, sagt sie. ›Deine Freunde können dich einfach nicht genug loben.‹ Ich habe sehr viele Freunde, Herrenbekanntschaften und Damenbekanntschaften. Mrs Hofstadter erklärt mir immer: ›Horace‹, sagt sie, ›ich habe noch nie jemanden mit so viel Freunden gesehen.‹ Die Mrs Hofstadter aus der Josephine Street. Sie hat ein reizendes Haus dort; Sie müssen ihr Haus einmal sehen. Als ich ihr gesagt habe, dass ich hierherkomme: ›Ach, du liebe Güte, Horace‹, hat sie gesagt, ›was soll ich bloß ohne dich anfangen?‹ Ich bin bei Mrs Hofstadter schon seit Jahren im Dienst, dort in der Josephine Street. ›Ach, du liebe Güte, Horace‹, hat sie gesagt, ›wie soll ich bloß ohne Horace zurechtkommen?‹ Aber ich hatte versprochen, zu Euch Herrschaften hierherzukommen, und Horace bricht sein Wort nie. Ich bin ein feiner Mensch, und ich versuche immer, mich fein zu verhalten.«

»Tja, hören Sie«, sagte der Colonel, »ich zeige Ihnen jetzt wohl besser, wo Ihr Zimmer ist, und dann können Sie –«

»Ich möchte«, sagte Horace, »dass Sie mich kennenlernen. Und ich werde auch Sie kennenlernen; jawohl, das werde ich. Ich versuche immer, das Richtige für die Herrschaften zu tun, bei denen ich im Dienst bin. Ich möchte auch, dass Sie mein Mädchen kennenlernen. Wenn ich meinen Freunden erzähle, dass ich eine Tochter habe, die im September zwölf wird, ›Horace‹, sagen sie, ›ich kann es kaum glauben!‹ Sie werden das Mädchen von mir kennenlernen; jawohl, das werden Sie. Sie wird hierherkommen, und sie wird frank und frei mit Ihnen sprechen; jawohl, und sie wird sich an das Klavier dort setzen und spielen – den ganzen Tag lang spielen. Ich sage das nicht, weil ich ihr Vater bin, aber das ist das aufgeweckteste Mädchen, das Sie je gesehen haben. Die Leute sagen, sie ist ganz genau wie Horace. Die Mrs Hofstadter aus der Josephine Street, die hat zu mir gesagt: ›Horace‹, hat sie gesagt, ›ich kann kaum auseinanderhalten, wer das Mädchen ist und wer Horace ist.‹ Oh, von der Seite ihrer Mutter hat dieses Mädchen nichts! Ich konnte mit ihrer Mutter nie auskommen. Ich versuche, nie etwas Unfreundliches über jemanden zu sagen. Ich bin ein feiner Mensch, und ich versuche immer, mich fein zu verhalten. Aber mit ihrer Mutter konnte ich es nie länger als fünfzehn Minuten hintereinander aushalten.«

»Hören Sie«, sagte der Colonel, »die Küche ist dort drüben, und Ihr Zimmer ist gleich dahinter, und Sie können –«

»Und wissen Sie«, sagte Horace, »mein Mädchen, das wird doch alle Tage, die die Woche lang ist, für eine Weiße gehalten. Jawohl, Sir. Ich wette mit Ihnen, dass es hundert Leute gibt, hier in dieser Stadt, die es sich nie träumen lassen würden, dass das Mädchen von mir eine Farbige ist. Und Sie werden auch meine Schwester kennenlernen, schon in allernächster Zeit. Meine Schwester ist so ziemlich die beste Friseuse, die Ihnen je unter Ihre Augen gekommen ist. Und fasst auch nie einen farbigen Kopf an. Sie ist ziemlich genau so, wie ich bin. Ich versuche, nie etwas Unfreundliches zu sagen, ich habe nichts gegen Farbige einzuwenden, aber Horace verkehrt nun mal nicht mit ihnen, das ist alles.«

Ich musste an einen Mann denken, den ich früher gekannt hatte, namens Aaron Eisenberg, der seinen Namen in Erik Colton änderte. Es wurde nie etwas aus ihm.

»Hören Sie«, sagte der Colonel, »Ihr Zimmer ist gleich hinter der Küche, und wenn Sie eine weiße Jacke bei sich haben, könnnen Sie –«

»Ob Horace eine weiße Jacke hat!«, sagte Horace. »Und ob Horace eine weiße Jacke hat! Also, wenn Sie Horace in seiner weißen Jacke da sehen, dann werden Sie sagen, genauso wie die Mrs Hofstadter aus der Josephine

Street sagt: ›Horace‹, werden Sie sagen, ›ich habe noch nie jemanden hübscher aussehen sehen.‹ Jawohl, Sir, ich habe eine weiße Jacke. Ich vergesse nie etwas; das ist etwas, was ich nicht tue. Und wissen Sie, was Horace jetzt für Sie tun wird? Wissen Sie, was er jetzt tun wird? Nun, er wird da in die Küche hinausgehen, genau, als wäre es der Mrs Hofstadter ihre reizende große Küche, und er wird Ihnen das beste Abendessen zubereiten, das Sie in Ihrem Leben jemals nur gegessen haben. Ich versuche immer, alle glücklich zu machen; wenn andere glücklich sind, dann bin ich auch glücklich. So bin ich nun mal. Mrs Hofstadter hat zu mir gesagt, wie sie da in ihrem reizenden Haus in der Josephine Street sitzt: ›Horace‹, hat sie gesagt, ›ich weiß nicht, wer diese Leute sind, wo du da hingehst‹, hat sie gesagt, ›aber eins kann ich dir sagen‹, hat Mrs Hofstadter gesagt, ›sie werden glücklich sein.‹ Ich habe nur gesagt: ›Vielen Dank, Mrs Hofstadter.‹ Mehr habe ich nicht gesagt. Ich bin seit vielen Jahren bei ihr im Dienst. Und Sie werden das reizende Haus von ihr eines schönen Tages sehen; jawohl, das werden Sie.«

Er sammelte seinen Hut und seinen Koffer ein, lächelte uns langsam zu und ging in die Küche.

Der Colonel trat an das Fenster, wo er eine Weile stand und hinaussah.

Ich sagte: »Weißt du, ich glaube, wenn wir unsere Karten richtig ausspielen, dann können wir herausbekommen, wofür Horace früher gearbeitet hat.«

»Für *wen* Horace früher gearbeitet hat«, sagte der Colonel mechanisch.

Horace kehrte zurück. Er trug eine weiße Jacke und

eine Schürze, die ihm vorne bis zum Schuhleder reichte. Mir kamen Speisewagen in den Sinn, und ich erinnerte mich, ohne Vergnügen, an eingemachte Feigen mit Sahne.

»Da ist Horace«, sagte er. »Jetzt ist Horace ganz bereit, zu versuchen, Sie glücklich zu machen. Wissen Sie, was Horace eines schönen Tages für Sie tun wird? Wissen Sie, was er tun wird? Nun, er wird Ihnen mal einfach einen von seinen Mint Juleps machen, *das* wird er tun! Die Mrs Hofstadter aus der Josephine Street sagt immer: ›Horace‹, sagt sie, ›wann machst du denn mal wieder einen von deinen Mint Juleps?‹ Nun, ich will Ihnen sagen, was Horace tut; es ist ihm egal, wie viel Mühe er sich macht, wenn er andere glücklich macht. Erst geht er an die Arbeit, und er nimmt ein wenig Ananassirup, und er gibt ihn in ein Glas, und dann gibt er mal gerade ein gaanz, gaanz klein bisschen von dem Saft aus den Flaschen mit den roten Kirschen hinein, und dann gibt er den Gin und das Ginger Ale hinein, und dann holt er sich ein großes, langes Stück Ananas, und er legt das hinein, und wenn er dann die Orange hineintut und die olle kleine Kirsche drauflegt – tja! Das tut *Horace*, wenn er einen Mint Julep zubereitet.«

Der Colonel ist ein Südstaatler alten Schlages. Er ging aus dem Zimmer.

Horace kam mit gesenktem Kopf auf mich zu, einen mächtigen Zeigefinger in Höhe meiner Augen ausgestreckt. Mein Schrecken währte nur einen Augenblick. Dann erkannte ich es als gigantische Koketterie.

»Warten Sie nur«, sagte er, »warten Sie nur, bis Sie hören, wie das Telefon da läuten wird, sobald meine

Freunde herausfinden, dass hier Horace sein Zuhause ist. Also ich wette mit Ihnen, dass genau in dieser Minute der Mrs Hofstadter aus der Josephine Street ihr Telefon drauflosläutet, erst dieser und dann jener: ›Wo ist Horace!‹ ›Wie kann ich Horace erreichen?‹ Ich spreche nicht über mich, ich versuche immer, einfach so zu sein, wie ich möchte, dass Sie zu mir sind, aber Sie werden noch sagen, dass Sie nie jemanden gesehen haben, wo so viele Damenbekanntschaften hat. Jawohl, Sir, und wenn Sie sie kennenlernen, werden Sie sagen: ›Horace‹, werden Sie sagen, ›also Horace, jeden Tag, den die Woche lang ist, würde ich jede von ihnen für so weiß wie mich halten.‹ Das werden Sie sagen. Warten Sie nur, bis Sie hören, was hier los sein wird, wenn das Telefon anfängt: ›Wie geht es dir, Horace?‹ ›Was treibst du denn so, Horace?‹ ›Wann sehe ich dich, Horace?‹ Ich werde nicht über mich selbst sprechen, genauso wenig, wie ich möchte, dass Sie über sich sprechen, aber warten Sie nur, bis Sie all die Freunde sehen, die ich habe. Also, die Mrs Hofstadter aus der Josephine Street sagt immer: ›Horace‹, sagt sie, ›ich habe noch nie –‹«

Der Colonel kam zurück. »Hören Sie, Horace«, sagte er, »würden Sie bitte –«

»Übrigens, wo wir gerade von Freunden sprechen«, sagte Horace, »da will ich Ihnen doch mal gern erzählen, dass da gestern bei der Hochzeit von der Tochter von der Mrs Hofstadter aus der Josephine Street nicht ein einziger Gast da war, der nicht ein Freund von Horace war. Da waren sie alle, oh, hundert, hundertfuffzig Leute, die alle frank und frei heraussagten: ›Hallo, Horace‹, ›Freut mich, dich zu sehen, Horace.‹ Jawohl, Sir, und kein einziges farbiges Gesicht darunter. Ich habe nur gesagt: ›Vielen Dank.‹ Ich versuche immer, das Richtige zu sagen, und das habe ich gesagt. Die Mrs Hofstadter, die hat zu mir gesagt: ›Horace‹, hat sie gesagt –«

»Horace«, sagte ich, ohne zu wissen, dass es mein einziger vollständiger Satz zu ihm bleiben würde, »könnte ich bitte ein Glas Wasser haben?«

»Ob Sie ein Glas Wasser haben könnten!«, sagte Horace. »Und ob Sie ein Glas Wasser haben können! Nun werde ich Ihnen mal sagen, was Horace tun wird. Er wird da in die Küche hinausgehen, und er wird Ihnen mal einfach das größte, kälteste Glas Wasser bringen, das Sie in Ihrem Leben je gehabt haben. Nichts wird zu gut sein für Sie, jetzt, wo Horace da ist. Also, er wird für Sie mal einfach so sorgen, wie wenn Sie die Mrs Hofstadter wären, drüben in ihrem reizenden Haus in der Josephine Street; jawohl, das wird er.«

Er ging, mit schalkhaft über die Schulter zurückgewandtem Kopf, um sein Abschiedslächeln auszustrahlen.

Der Colonel sagte: »Ich frage mich, welche Mrs Hofstadter das ist.«

»Ich verwechsle sie ständig mit der, die irgendwo in der Nähe der Josephine Street wohnt«, sagte ich.

Horace kehrte mit dem Wasser zurück und sprach zu uns. Während seiner Vorbereitungen für das Abendessen sprach er zu uns. Während des Abendessens, das um sechs Uhr stattfand, gemäß der in dem reizenden Haus der Mrs Hofstadter aus der Josephine Street bestehenden Sitte, sprach er zu uns. Wir saßen da. Einmal bat der

Colonel Horace um etwas und war danach für alle Zeiten kuriert. Lieber auf eine Handreichung verzichten, als wortreiche und lobende Beteuerungen der feinfühligen Vollendung ihrer Ausführung heraufzubeschwören.

Ich kann mich nicht auf die Speisefolge besinnen. Ich kann mich, während langsam Übelkeit in mir aufsteigt, dunkel erinnern an wächserne graue Soße, schwabbelige rosa Gelatine und Butter von Körpertemperatur, Spezialitäten, die vorzüglicher waren als alles, was Mrs Hofstadter aus der Josephine Street jemals nur gegessen hatte. Über genauere Einzelheiten zieht die Erinnerung ihren barmherzigen grauen Schleier. Den zieht sie im Übrigen über alle Ereignisse von Horace' Aufenthalt bei uns. Ich weiß nicht, wie lange das war. Es gab keine Tage, es gab keine Nächte, es gab keine Zeit. Es gab nur Raum; Raum, erfüllt von Horace.

Der Colonel, wir leben schließlich in einer Männerwelt, war tagsüber nicht im Bungalow. Horace war da. Horace war immer da. Ich habe noch nie jemanden erlebt, der so in einem Haus anwesend war wie Horace. Ich erlebte nie, dass er eine Tür öffnete, ich hörte nie seine näher kommenden Schritte; Horace war draußen, und dann, tausendmal häufiger, war Horace drinnen.

Ich saß an meiner Schreibmaschine, und Horace stand auf der anderen Seite von ihr und sprach zu mir.

Und abends, wenn der Colonel zurückkehrte, sprach Horace zu uns. Seine ganze Konversation galt uns, denn keiner seiner Freunde, weder Herrenbekanntschaften noch Damenbekanntschaften, rief ihn je an, um zu plaudern; es könnte sein, dass Mrs Hofstadter aus der Josephine Street es nicht übers Herz bringen konnte, seine Telefonnummer weiterzugeben. Der Colonel und ich sahen einander nicht an; nach einer Weile wichen wir dem Blick des anderen aus. Vielleicht geschah es deshalb, weil wir einander nicht in unserer Schmach sehen wollten. Ich weiß es nicht; ich weiß nichts über jene Tage. Ich bin sicher, nach bestätigenden Aussagen, dass wir nicht dachten, und zwar keiner von uns: »Um Himmels willen, was für eine elende Kreatur habe ich da bloß geheiratet?« Wir hatten keine Gedanken, keine Lebensgeister, keine Strategien. Wir hörten auf, von Zimmer zu Zimmer zu gehen, selbst von Stuhl zu Stuhl. Wir blieben, wo wir waren, zwei widerliche, tote Wesen, die langsam in warmem, süßlichem Öl ertränkt wurden. Da waren wir, in alle Ewigkeit, bis zum Ende aller Tage, zusammen mit Horace.

Aber es kam ein Ende. Ich weiß bis heute nicht, was es herbeigeführt hat, noch habe ich es je erfahren wollen. Wenn die Begnadigung eintrifft, ist es einem ja schließlich egal, was den Gouverneur zur Unterschrift bewogen hat. Der Colonel sagte später, dass Horace es einmal zu oft gesagt habe; aber mehr habe ich nie erfahren. Ich weiß nur, dass ich eines Morgens, eines himmlischen Morgens voller Sonnenschein, in das Wohnzimmer kam und die erhobene Stimme des Colonels in der Küche hörte. Leute, die an der Stadt zufällig um diese Zeit in Zügen vorbeifuhren, hätten ebenfalls die erhobene Stimme des Colonels in der Küche hören können.

Er gab, wie es schien, Horace einen Rat. »Sie gehen«, lautete er, »und Sie gehen jetzt!«

Ich hörte Horace' Stimme, die eines Menschen, der ein schwieriges Kind besänftigt, aber sie war so leise, dass ich nur wenige Worte aufschnappte. – »so zu mir gesprochen«, verstand ich, und – »reizendsten Leute in der Stadt. Also, die Mrs Hofstadter aus der Josephine Street, die würde nie jemals –«

Dann setzte sich wieder die Stimme des Colonels durch. Er gab abermals einen Rat. Er schlug vorerst einmal vor, Horace möge Mrs Hofstadter nehmen und möge ihr reizendes Haus nehmen und möge ihre ganze gottverdammte Josephine Street nehmen –.

Der Colonel war frei. Er war so frei, dass er kerzengerade auf der sonnenbeschienenen Veranda stand und seine Augen an der Kehrseite von Horace labte, der sich auf dem Weg entfernte. Die Worte der Mrs Hofstadter aus der Josephine Street hatten sich bewahrheitet. Sie hatte nicht gewusst, wer diese Leute waren, wo Horace da hinging, aber sie hatte gewusst, dass sie glücklich sein würden. Wir waren allein; vielleicht würden uns wieder überall Tomaten verfolgen, aber das war auch das Schlimmste, was uns passieren konnte.

Es dauerte zehn Minuten, bis das Telefon läutete. Verrückt vor Freude über die Rückkehr meiner Zunge, nahm ich ab. Ich hörte eine volle Stimme, die wie warmes Leinsamenöl durch die Leitung rann.

»Hier«, sagte sie, »ist Horace. Horace ist am Apparat. Ich bin ein feiner Mensch, und ich versuche immer, mich fein zu verhalten, und ich möchte Ihnen sagen, dass es mir leidtut, dass Horace Ihr Haus so überstürzt verlassen hat; jawohl, es tut mir leid: Ich möchte Sie wissen lassen, dass Horace wieder in Ihr Haus zurückkommen wird und genauso zu Diensten sein wird wie seit vielen Jahren der –«

Aber irgendwie geriet der Hörer auf seinen Platz, und ich musste nie wieder diesen Namen hören.

DÄMMERUNG VOR DEM FEUERWERK
(Dusk Before Fireworks)

Er war in der Tat ein sehr gut aussehender junger Mann, wie geschaffen zur Belästigung. Seine Stimme war intim wie das Rascheln von Bettlaken, und er küsste leicht. Nicht aufzuzählen waren die Geschenke in Form von Charvet-Taschentüchern, *Art-moderne*-Aschenbechern, monogrammbestickten Hausmänteln, goldenen Schlüsselanhängern und Zigarettenetuis aus dünnem Holz, eingelegt mit Ansichten von Pariser Vespasiennes, die ihm von allzu schnell zuversichtlichen Damen geschickt wurden und mit dem Geld ahnungsloser Ehemänner bezahlt waren, das überall auf der Welt akzeptabel ist. Jede Frau, die seine kleine, quadratische Wohnung besuchte, brannte sogleich vor Verlangen, deren Neudekoration in die Hand zu nehmen. Während seiner Mietzeit hatten drei verschiedene Damen diesen Ehrgeiz umgesetzt. Jede hatte, als kurzlebiges Denkmal, viel zu viel satinierten Chintz hinterlassen.

Der grelle Glanz des jüngsten Polstermaterials wurde jetzt von der Dämmerung eines Aprilabends gemildert. Ein weicher Schimmer von Violett und Grau lag auf Sesseln und Vorhängen anstelle des Tagesmusters aus bombastisch großen Klatschmohnpaaren und kleinen, traurigen Elefanten. (Die letzte der selbst ernannten Ausstatterinnen war eine Dame, die ihrem Wesen durch das Sammeln von jeglicher Art Elefanten, außer den lebenden oder ausgestopften, zusätzlichen Reiz verliehen hatte; ihre Wahl des Chintzes war weniger um des modernen Zuschnitts willen getroffen worden als in der Zuversicht, die melancholischen Erinnerungen an ihr Hobby und demgemäß auch an sie selbst immerdar wachzuhalten. Unglücklicherweise zeigten sich dann gerade die Mohnblumen, Sinnbilder des Vergessens, als im Muster vorherrschend.)

Der sehr gut aussehende junge Mann war in einem Sessel ausgestreckt, der keine Beine und eine niedrige Rückenlehne hatte. Es bedurfte einer gewissen Anstrengung, an diesem Sessel einen anderen Vorzug zu erkennen als einen forcierten Tribut an die Modernität. Zweifellos war er eine Gefahr für alle, die mit ihm umgingen; sie machten keineswegs den günstigsten Eindruck in seinen Armen, und sie hätten sich niemals wünschen können, so im Gedächtnis behalten zu werden, wie sie aussahen, wenn sie sich in seine Tiefen hinabließen oder sich aus ihnen wieder emporwanden. Das heißt, alle außer dem jungen Mann. Er war ein langer junger Mann, breit in den Schultern und an der Brust und schmal überall sonst, und seine Muskeln gehorchten augenblicklich jedem Befehl. Ob er aufstand oder lag, umherging oder regungslos war, stets geschah es in Anmut. Mehrere Männer konnten ihn nicht leiden, aber nur eine Frau hasste ihn wirklich. Das war seine Schwester. Sie war stämmig, und sie hatte strähniges Haar.

Auf dem Sofa gegenüber dem problematischen Sessel saß eine zierliche und ruhig gekleidete junge Frau. Ihr Kleid war nicht mehr als matte, dunkle Seide und ein wenig Chiffon, doch die regelmäßig dafür eintreffende

Rechnung forderte, in grimmigem Schwarz und Weiß, eine Summe nahe an die zweihundert. Der sehr gut aussehende junge Mann hatte einmal gesagt, dass er Frauen gern in unaufdringlicher und konservativer, aber tadellos gearbeiteter Garderobe sah. Die junge Frau war eine jener Unglücklichen, die sich an jedes Wort erinnern. Das setzte ihrem Wohlbefinden besonders zu, als sich später herausstellte, dass der junge Mann auch eine Schwäche für Damen hatte, die Kleidern von schludriger Machart zugeneigt waren und Farben ähnlich dem Klang großer Jahrmarkttrompeten den Vorzug gaben.

Die junge Frau war in den Augen der meisten Betrachter gemäßigt hübsch; aber es gab einige, hauptsächlich von der Hand in den Mund lebende Personen, Künstler und dergleichen, die sich an ihr nicht sattsehen konnten. Ein halbes Jahr zuvor war sie noch lieblicher anzuschauen gewesen. Jetzt lag Spannung um ihren Mund und Unruhe auf ihrer Stirn, und ihre Augen sahen müde und bekümmert drein. Das sanfte Dämmerlicht stand ihr gut. Der junge Mann, der es mit ihr teilte, konnte all dies nicht sehen.

Sie streckte die Arme in die Höhe und verschränkte die Finger über dem Kopf.

»Ah, das ist angenehm«, sagte sie. »Es ist angenehm, hier zu sein.«

»Es ist angenehm und friedlich«, sagte er. »O Gott. Warum können die Menschen nicht einfach friedlich sein? Das ist doch nicht zu viel verlangt, oder? Warum muss es nur ständig solchen Ärger geben?«

Sie ließ die Hände in den Schoß sinken.

»Den muss es überhaupt nicht geben«, sagte sie. Sie hatte eine ruhige Stimme, und sie sprach jedes ihrer Worte mit der ihm gebührenden Höflichkeit aus, als ob sie Achtung vor der Sprache hätte. »Es brauchte nie Ärger zu geben.«

»Es gibt aber eine ganze Menge davon, Liebste«, sagte er.

»Gewiss gibt es das«, sagte sie. »Es gibt genauso viel Ärger wie Hunderte von kleinen schrillen, überflüssigen Menschen. Es sind die Zweitklassigen, die Ärger anrichten, nicht die Erstklassigen. Du brauchtest nie wieder einen Hauch davon in deinem wunderbaren Leben zu haben, wenn – verzeih bitte meinen Fingerzeig – du es nur fertigbrächtest, dich gegen diese Horde keifender Weiber abzuschirmen, die deinem leicht überfüllten Bekanntenkreis angehören, mein Guter. Du, ich meine das wirklich, Hobie, Schätzchen. Ich habe dir das schon so lange einmal sagen wollen. Aber es ist schauderhaft schwer auszusprechen. Wenn ich es ausspreche, dann lässt mich das genau wie eine von denen klingen – lässt mich billig und eifersüchtig erscheinen. Sicher weißt du, nach all dieser Zeit, dass ich das nicht bin. Ich mache mir nur einfach solche Sorgen um dich. Du bist so edel, du bist so liebenswert, dass es mich fast umbringt, mit anzusehen, wie du von einem Haufen Weiber wie Margot Wadsworth und Mrs Holt und Evie Maynard und Ähnlichen verschlungen wirst. Du bist doch so viel besser. Du weißt, dass ich es nur deshalb sage. Du weißt, dass ich nicht die Spur Eifersucht in mir habe. Eifersüchtig! Du lieber Himmel, wenn ich eifersüchtig sein wollte, dann wäre ich es auf jemanden, der es wert ist, und nicht auf blöde, dumme, faule, nichtswürdige, selbstsüchtige, hysterische, ordinäre, liederliche, sexbesessene –«

»Liebling!«, sagte er.

»Na ja, tut mir leid«, sagte sie. »Es tut mir so leid. Ich wollte mich damit wirklich nicht über gewisse Freundinnen von dir auslassen. Vielleicht ist ja die Art, wie sie sich benehmen, nicht ihre Schuld«, sagte sie unwahrheitsgemäß. »Schließlich kann man nicht erwarten, dass sie wissen, wie es ist. Die Ärmsten, sie werden nie wissen, wie schön es sein kann, wie herrlich es immer ist mit uns beiden allein. So ist es doch, oder? Ach, Hobie, ist es nicht so?«

Der junge Mann hob seine trägen Lider und sah sie an. Er lächelte mit einem Winkel seines wundervoll geschwungenen Mundes.

»M-hm«, sagte er.

Er wandte die Augen von ihr ab und machte sich an einem Aschenbecher und einer erloschenen Zigarette zu schaffen. Aber er lächelte noch immer.

»Bitte nicht«, sagte sie. »Du hast versprochen, dass du nicht mehr erwähnst – was letzten Mittwoch war. Du hast gesagt, dass du nie wieder daran denkst. Ach, was hat mich nur dazu gebracht! Szenen machen. Wutanfälle. In die Nacht hinausrennen. Und dann zurückgekrochen kommen. Ich, die dir beweisen wollte, wie anders eine Frau sein kann! O bitte, bitte, lass uns nicht mehr daran denken. Nur sag mir, dass ich nicht so schrecklich war, wie ich weiss, dass ich war.«

»Liebling«, sagte er, denn er war oft ein junger Mann

einfacher Worte, »du warst das Schlimmste, was ich je erlebt habe.«

»Also sprach Sir Hubert persönlich!«, sagte sie. »Oje. Oje, oje. Was kann ich bloß sagen? ›Entschuldigung‹ ist nicht annähernd genug. Ich bin niedergeschmettert. Ich bin am Boden zerstört. Würdest du bitte etwas unternehmen, um mich wieder ganz zu machen?«

Sie streckte die Arme nach ihm aus.

Der junge Mann stand auf, kam herüber zum Sofa und küsste sie. Er hatte einen kurzen, gutmütigen Kuss vorgehabt, einen kurzen Halt auf seinem beabsichtigten Abstecher hinaus in die kleine Küche, um dort Cocktails zu mixen. Aber ihre Arme umklammerten ihn so fest und so freudig, dass er den Plan aufgab. Er zog sie auf die Füße und verließ sie nicht.

Bald darauf bewegte sie den Kopf und verbarg ihr Gesicht über seinem Herzen.

»Hör zu«, sagte sie in den Stoff. »Ich möchte es jetzt einmal aussprechen und dann nie wieder davon anfangen. Ich möchte dir sagen, dass es so etwas wie letzten Mittwoch nie, nie wieder geben wird. Was uns verbindet, ist viel zu schön, um jemals in den Schmutz gezogen zu werden. Ich verspreche, oh, ich verspreche dir, ich werde nie wie – wie all die anderen sein.«

»Das könntest du auch gar nicht, Kit«, sagte er.

»Ach, denke das immer«, sagte sie, »und sag es manchmal. Es ist so schön zu hören. Ja, Hobie?«

»Für deine Größe«, sagte er, »redest du furchtbar viel.« Seine Finger glitten unter ihr Kinn, und er hielt ihr Gesicht der größeren Bequemlichkeit halber fest.

Nach einer Weile bewegte sie sich wieder.

»Rate mal, wer ich jetzt, in diesem Moment, lieber wäre als irgendjemand sonst auf der Welt«, sagte sie.

»Wer denn?«, sagte er.

»Ich«, sagte sie.

Das Telefon läutete.

Das Telefon war im Schlafzimmer des jungen Mannes, wo es in häufigem Schweigen auf dem Tischchen neben seinem Bett stand. Das Schlafgemach besaß keine Tür; ein Sachverhalt, der auch Nachteile hatte. Nur ein mit einem Vorhang versehener Bogen trennte seinen Intimbereich von der des Wohnzimmers. Ein weiterer Bogen, von dem ebenfalls Chintz flutete, führte vom Schlafzimmer in einen winzigen Flur, an dem das Badezimmer und die kleine Küche lagen. Nur durch das Betreten eines dieser beiden Räume, das Schließen der Tür hinter sich und das volle Aufdrehen der Wasserhähne konnte es eine zweite in der Wohnung befindliche Person vermeiden, mitzuhören, was am Telefon gesprochen wurde. Der junge Mann dachte manchmal daran, in eine Wohnung von besser abgestimmter Anordnung umzuziehen.

»Das verdammte Telefon klingelt«, sagte der junge Mann.

»Ja«, sagte die junge Frau. »Ausgerechnet jetzt.«

»Lass uns einfach nicht drangehen«, sagte er. »Soll es doch einfach weiterklingeln.«

»Nein, das musst du nicht«, sagte sie. »Ich muss groß und stark sein. Außerdem ist es vielleicht nur jemand, der gerade gestorben ist und dir zwanzig Millionen Dollar hinterlassen hat. Vielleicht ist es ja gar keine andere

Frau. Und wenn doch, was macht das mir schon aus? Siehst du, wie lieb und vernünftig ich bin? Schau nur, wie großzügig ich bin.«

»Das kannst du dir auch leisten, Herzchen«, sagte er.

»Das weiß ich«, sagte sie. »Schließlich, wer immer sie auch ist, sie ist weit fort am Ende einer Leitung, und ich bin hier.«

Sie lächelte zu ihm hinauf. Daher dauerte es fast eine halbe Minute, bis er zum Telefon ging.

Noch immer lächelnd, beugte die junge Frau den Kopf zurück, schloss die Augen und breitete die Arme weit aus. Ein langer Seufzer hob ihre Brust. So stand sie da und ließ sich dann wieder auf dem Sofa nieder. Sie versuchte, leise zu pfeifen, doch die hervorkommenden Töne wollten nicht der gewünschten Melodie ähneln, und sie fühlte sich, obwohl beteiligt, vage im Stich gelassen. Dann blickte sie sich in dem von der Dämmerung erfüllten Zimmer um. Dann bedachte sie ihre Fingernägel, wobei sie die geschlossene Hand jeweils dicht vor die Augen hielt, und fand nichts auszusetzen. Dann strich sie ihren Rock über den Beinen glatt und schüttelte die Chiffonrüschen an ihren Handgelenken aus. Dann breitete sie ihr Taschentüchlein auf den Knien aus und fuhr mit exquisiter Sorgfalt dem »Katherine« nach, das in Schreibschrift in eine seiner Ecken eingestickt war. Dann gab sie es auf und hörte nur noch zu.

»Ja?«, sagte der junge Mann. »Hallo? Hallo. Ich habe Ihnen doch gesagt, dass hier Mr Ogden ist. Nun, ich bin ja am Apparat. Ich bin schon die ganze Zeit am Apparat. Sie waren plötzlich weg, nicht ich. Hallo? Also jetzt hören Sie mal – Hallo? He. Verdammt noch mal, was soll das? Nun melden Sie sich doch. Fräulein! Hallo, *ja*, hier ist Mr Ogden. Wer? Oh, hallo, Connie. Wie geht es dir, Schätzchen? Was? Du bist was? Oh, das ist aber schade. Was ist los? Und warum kannst du nicht? Wo bist du, in Greenwich? Ah, ich verstehe. Wann, jetzt? Tja, Connie, es ist nur so, dass ich gleich weggehen muss. Wenn du also jetzt in die Stadt kämst, dann wäre das nicht sehr –. Also das geht wirklich nicht, Schätzchen. Ich lasse die Leute ja bereits warten. Ich sage, dass ich jetzt schon spät dran bin, ich wollte gerade aus dem Haus gehen, als du angerufen hast. Tja, das kann ich eigentlich nicht sagen, Connie, weil nicht abzusehen ist, wann ich mich loseisen kann. Schau, warum wartest du nicht und kommst erst morgen in die Stadt? Was? Kannst du mir das nicht jetzt sagen? Oh, tja, also, Connie, es besteht kein Grund, so zu reden. Aber selbstverständlich würde ich alles nur Menschenmögliche tun, aber ich sage dir doch, dass ich heute Abend nicht kann. Nein, nein, nein, nein, nein, das ist es überhaupt nicht. Nein, überhaupt nichts dergleichen, wenn ich es dir doch sage. Es sind Freunde meiner Schwester, und es ist einfach etwas, um das man nicht herumkommt. Sei doch ein braves Mädchen und geh früh zu Bett, und dann fühlst du dich morgen auch wieder besser, ja? Hm? Machst du das? Was? Aber natürlich, Connie. Ich versuche es später, wenn ich kann, Schätzchen. Na schön, wenn du willst, aber ich weiß nicht, um wie viel Uhr ich nach Hause komme. Natürlich tue ich das. Natürlich tue ich das. Ja, *bitte*, Connie. Sei ein braves Mädchen, ja? Wiederhören, Schätzchen.«

Der junge Mann kehrte durch den Chintz zurück. Er sah ziemlich mitgenommen aus. Was ihm natürlich gut stand.

»Gott«, sagte er nur.

Die junge Frau auf dem Sofa sah ihn an wie durch pures Eis.

»Und wie *geht* es der lieben Mrs Holt?«, sagte sie.

»Großartig«, sagte er. »Prima. In fabelhafter Form.« Er ließ sich erschöpft in den tiefen Sessel sinken. »Sie sagt, sie hat mir etwas mitzuteilen.«

»Es kann ja wohl nicht ihr Alter sein«, sagte sie.

Er lächelte ohne Begeisterung. »Sie sagt, es sei zu ernst, um es am Telefon zu sagen«, sagte er.

»Dann könnte es doch ihr Alter sein«, sagte sie. »Sie hat Angst, es könnte sich wie ihre Telefonnummer anhören.«

»Etwa zweimal in der Woche«, sagte er, »hat Connie etwas, das sie einem sofort mitteilen muss und das sie unter keinen Umständen dem Telefon anvertrauen kann. In der Regel stellt sich dann heraus, dass sie den Butler wieder beim Trinken erwischt hat.«

»Ich verstehe«, sagte sie.

»Tja«, sagte er. »Arme kleine Connie.«

»Arme kleine Connie«, sagte sie. »Oh, mein Gott. Diese Säbelzahntigerin. Arme kleine Connie.«

»Liebling, warum müssen wir unsere Zeit über Connie Holt verschwenden?«, sagte er. »Können wir nicht einfach friedlich sein?«

»Nicht solange diese Bestie die Gassen durchstreift«, sagte sie. »Kommt sie heute Abend noch in die Stadt?«

»Tja, sie wollte«, sagte er, »aber dann hat sie mehr oder weniger gesagt, dass sie doch nicht kommt.«

»Oh, die kommt«, sagte sie. »Du solltest mal schleunigst aus dieser Traumwelt herabsteigen. Sie wird wie von der Tarantel gestochen aus Greenwich herausschießen, wenn sie glaubt, dass eine Möglichkeit besteht, dich zu sehen. Ach, Hobie, du willst die alte Schachtel doch nicht tatsächlich sehen, stimmts? Stimmts? Denn wenn du das willst – Tja, vermutlich willst du das doch. Sicher, wenn sie etwas hat, das sie dir sofort mitteilen muss, dann möchtest du sie natürlich sehen. Schau, Hobie, du weißt, dass du mich jederzeit sehen kannst. Es ist überhaupt nicht wichtig, dass du mich heute Abend siehst. Warum rufst du nicht Mrs Holt an und sagst ihr, sie soll den nächsten Zug nehmen? Mit dem Zug wäre sie doch schneller hier als mit dem Auto, nicht wahr? Bitte lass dich nicht abhalten. Ich habe nichts dagegen. Wirklich nicht.«

»Weißt du«, sagte er, »ich wusste, dass das kommen würde. Ich konnte es schon daran erkennen, wie du warst, als ich vom Telefon zurückkam. Oh, Kit, was bringt dich nur dazu, so zu reden? Du weißt verdammt gut, das Letzte, was ich will, ist, Connie Holt zu sehen. Du weißt, wie sehr ich bei dir sein möchte. Warum musst du eine solche Staatsaktion daraus machen? Ich habe dich beobachtet, wie du dagesessen bist und dich absichtlich hineingesteigert hast, aus heiterem Himmel. Was soll das Ganze? Herrgott, was haben die Frauen bloß?«

»Bitte nenne mich nicht ›Frauen‹«, sagte sie.

»Es tut mir leid, Liebling«, sagte er. »Ich wollte nichts

Unanständiges sagen.« Er lächelte sie an. Sie fühlte ihr Herz dahinschmelzen, aber sie tat ihr Bestes, sich nicht so leicht überreden zu lassen.

»Zweifellos«, sagte sie, und ihre Worte fielen wie Schnee bei Windstille, »habe ich unüberlegt gesprochen. Falls ich, was wohl der Fall gewesen sein muss, etwas gesagt habe, das dich gekränkt haben sollte, so kann ich dich nur bitten, mir zu glauben, dass das ein Malheur meinerseits war und nicht meine Absicht. Die Höflichkeit schien mir lediglich zu gebieten, dich darauf hinzuweisen, dass du dich nicht verpflichtet fühlen musst, den Abend mit mir zu verbringen, wenn du eigentlich lieber in Gesellschaft von Mrs Holt sein möchtest. Ich hatte nur das Gefühl – Ach, zum Teufel damit. Ich bring es einfach nicht fertig. Natürlich habe ich es nicht ernst gemeint, Liebster. Wenn du gesagt hättest: ›Na schön‹, und hingegangen wärst und ihr gesagt hättest, sie solle kommen, dann wäre ich gestorben. Ich habe es nur gesagt, weil ich dich sagen hören wollte, dass du bei mir sein willst. Ach, ich brauch es so, dich das sagen zu hören, Hobie. Es ist – es ist das, was mich am Leben erhält, Liebling.«

»Kit«, sagte er, »das solltest du eigentlich wissen, auch ohne dass ich es sage. Du weißt das doch. Das Gefühl zu haben, Dinge aussprechen zu müssen – *das* macht alles kaputt.«

»Vermutlich ist das so«, sagte sie. »Vermutlich weiß ich das sogar. Nur – nur, ich bin so durcheinander, dass ich einfach – ich kann einfach so nicht weitermachen. Ich muss es hin und wieder bestätigt bekommen. Am Anfang brauchte ich es nicht, als alles noch so heiter und sicher war, aber jetzt – nun, jetzt ist es eben nicht mehr so. Es scheint so viele andere zu geben, dass – Darum brauche ich es so schrecklich, dass du mir sagst, dass es nur mich und sonst niemanden gibt. Oh, ich habe es vorhin einfach *gebraucht*, dass du mir das sagst. Schau mal, Hobie. Was glaubst du, wie ich mir vorkomme, wenn ich hier sitze und höre, wie du Connie Holt anlügst – wenn ich dich sagen höre, du müsstest mit Freunden deiner Schwester ausgehen? Warum konntest du denn nicht sagen, dass du eine Verabredung mit mir hast? Schämst du dich meiner, Hobie? Ist das der Grund?«

»Oh, Kit«, sagte er, »um Himmels willen! Ich weiß nicht, warum ich das gesagt habe. Ich hab es gesagt, ohne auch nur nachzudenken. Ich hab es – na, irgendwie instinktiv gesagt, nehme ich an, weil das das Einfachste war. Vermutlich bin ich einfach schwach.«

»Nein!«, sagte sie. »Du und schwach? Also wirklich! Hast du noch irgendwelche Neuigkeiten auf Lager?«

»Aber ich weiß es doch«, sagte er. »Ich weiß, dass es schwach ist, alles Erdenkliche zu tun, nur um einer Szene aus dem Weg zu gehen.«

»Was genau«, sagte sie, »bedeutet dir eigentlich Mrs Holt und du ihr, dass sie eine Szene machen könnte, wenn sie erfährt, dass du eine Verabredung mit einer anderen Frau hast?«

»O Gott!«, sagte er. »Ich habe dir doch gesagt, dass mir Connie Holt völlig schnuppe ist. Sie bedeutet mir gar nichts. Willst du jetzt um Gottes willen damit aufhören?«

»Oh, sie bedeutet dir gar nichts«, sagte sie. »Ich verstehe. Deshalb hast du sie also nach jedem Wort ›Schätzchen‹ genannt.«

»Falls ich das getan habe«, sagte er, »dann hab ich's nicht bemerkt. Herrgott, das hat doch nichts zu bedeuten. Es ist nichts als eine – eine Art Nervosität vermutlich. Ich sag es, wenn ich nicht weiß, wie ich jemanden anreden soll. Ich nenne sogar das Fräulein vom Amt ›Schätzchen‹.«

»Ganz bestimmt!«, sagte sie.

Sie starrten sich an. Es war der junge Mann, der als Erster nachgab. Er ging und setzte sich dicht neben sie auf das Sofa, und eine Zeit lang war nur Gemurmel. Dann sagte er: »Hörst du jetzt auf? Hörst du damit auf? Willst du immer genau wie jetzt sein – einfach lieb und so, wie du eigentlich sein solltest, und kein Krach?«

»Ja«, sagte sie. »Ehrlich, ich meine es. Wir wollen nie wieder etwas zwischen uns kommen lassen. Wer ist schon Mrs Holt! Der Teufel soll sie holen.«

»Der Teufel soll sie holen«, sagte er. Es herrschte abermals Stille, während der junge Mann mehrere Dinge tat, auf die er sich außerordentlich gut verstand.

Plötzlich machte die junge Frau ihre Arme steif und schob ihn von sich weg.

»Und woher weiß ich«, sagte sie, »ob du so, wie du mit mir über Connie Holt sprichst, nicht auch mit ihr über mich sprichst, wenn ich nicht dabei bin? Woher weiß ich das?«

»O mein Gott«, sagte er. »O du lieber, gütiger Gott. Gerade, wo alles in Ordnung war. Ach, hör auf damit, Kindchen, bitte. Lass uns einfach ganz ruhig sein. So. Siehst du?«

Etwas später sagte er: »Hör mal, Süßes, wie wäre es mit einem Cocktail? Wäre das nicht eine gute Idee? Ich mach welche. Und möchtest du gerne das Licht anhaben?«

»O nein«, sagte sie. »Mir gefällt es besser in der Dämmerung, so wie jetzt. Das ist schön. Dämmerung ist irgendwie so persönlich. Und dabei kann man auch die Lampenschirme nicht sehen. Hobie, wenn du wüsstest, wie ich deine Lampenschirme hasse!«

»Ehrlich?«, sagte er mit eher erstaunter als gekränkter Stimme. Er schaute die Schirme an, als sähe er sie zum ersten Mal. Sie waren aus Pergament, oder einem ähnlichen Material, und auf jeden war ein Panorama des rechten Seine-Ufers gemalt, in dem die winzigen Fenster der Gebäude, auf Anweisung eines überragenden Geistes, ausgeschnitten waren, damit Licht durchkommen konnte. »Was ist damit, Kit?«

»Liebster, wenn du das nicht weißt, dann kann ich es dir nie erklären«, sagte sie. »Unter anderem sind sie abgeschmackt, unpassend und unschön. Sie sind genau das, was Evie Maynard aussuchen würde. Sie glaubt, nur weil sie Ansichten von Paris zeigen, seien sie geradezu wahnsinnig mondän. Sie ist der nicht ungewöhnliche Typ Frau, der jede Anspielung auf *la belle France* für eine Aufforderung zum Tanz hält. ›Nicht ungewöhnlich.‹ Wenn das nicht das freundlichste Wortgemälde ist, das je gemalt wurde von dieser –«

»Gefällt es dir denn nicht, wie sie die Wohnung renoviert hat?«, sagte er.

»Herzchen«, sagte sie, »ich finde es abscheulich. Das weißt du.«

294

»Möchtest du sie gerne neu herrichten?«, sagte er.

»Ganz bestimmt nicht«, sagte sie. »Sag mal, Hobie, erinnerst du dich nicht mehr an mich? Ich bin diejenige, die deine Wohnung *nicht* renovieren will. Kannst du mich jetzt wieder einordnen? Aber falls ich es je tatsächlich tun sollte, dann würde ich als Erstes die Wände in zartem Hellgrau streichen – nein, vermutlich würde ich zuerst den ganzen Chintz herunterreißen und zum Fenster hinauswerfen, und dann würde ich –«

Das Telefon läutete.

Der junge Mann warf der jungen Frau einen betretenen Blick zu und saß dann regungslos da. Das Schrillen des Apparats zerschnitt die Dämmerung wie eine kleine Schere.

»Ich glaube«, sagte die junge Frau mit ausgesuchter Artigkeit, »dass dein Telefon läutet. Lass dich durch mich nicht davon abhalten, es zu beantworten. Im Übrigen muss ich mir ohnehin dringend die Nase pudern.«

Sie sprang auf, stürmte durch das Schlafzimmer und ins Badezimmer. Man hörte das Geräusch einer sich schließenden Tür, das Knirschen eines entschlossen umgedrehten Schlüssels und dann unverzüglich das Rauschen von fließendem Wasser.

Als sie nach einer Weile in das Wohnzimmer zurückkehrte, goss der junge Mann gerade eine helle, kalte Flüssigkeit in kleine Gläser. Er reichte ihr eines und lächelte sie über das Glas hinweg an. Es war sein melancholisches Lächeln, eines seiner besten.

»Hobie«, sagte sie, »gibt es hier irgendwo in der Nähe einen Reitstall, wo sie wilde Pferde vermieten?«

»Was?«, sagte er.

»Denn wenn es das gibt«, sagte sie, »dann wünschte ich, du würdest dort anrufen und darum bitten, dass man zehn herüberschickt. Ich möchte dir nämlich beweisen, dass sie mich nicht dazu bringen könnten, zu fragen, wer am Telefon war.«

»Oh«, sagte er und nippte an seinem Cocktail. »Ist er trocken genug, Süßes? Du magst sie doch trocken, stimmts? Ist er dir auch bestimmt recht so? Wirklich? Oh, warte einen Moment, Liebling. Lass *mich* deine Zigarette anzünden. So. Ist es dir auch wirklich recht so?«

»Ich halte das nicht aus«, sagte sie. »Ich habe gerade meine ganze Entschlusskraft verloren – vielleicht findet das Dienstmädchen sie morgen früh auf dem Fußboden. Hobart Ogden, wer war das am Telefon?«

»Oh, das?«, sagte er. »Tja, das war eine gewisse Dame, die ungenannt bleiben soll.«

»Das sollte sie wohl tatsächlich«, sagte sie. »Zweifellos hat sie auch alle anderen Qualitäten einer –. Nun, ich habe es nicht ausgesprochen, ich bewahre kaltes Blut. Ach, Liebster, war das wieder Connie Holt?«

»Nein, das war ja das Komische«, sagte er. »Das war Evie Maynard. Wo wir doch gerade von ihr gesprochen haben.«

»Tja, ja, tja, ja«, sagte sie. »Die Welt ist doch klein. Und was geht ihr so durch den Kopf, wenn ich ihr derart schmeicheln darf? Ist ihr Butler auch betrunken?«

»Evie hat keinen Butler«, sagte er. Er versuchte wieder zu lächeln, fand es jedoch besser, davon abzulassen und mit Umsicht das Glas der jungen Frau aufzufüllen. »Nein, sie ist nur überspannt, wie immer. Sie gibt eine Cocktailparty in ihrer Wohnung, und jetzt wollen sie alle einen Bummel durch die Stadt machen, das ist alles.«

»Glücklicherweise«, sagte sie, »musstest du ja mit diesen Freunden deiner Schwester ausgehen. Du wolltest gerade aus dem Haus gehen, als sie anrief.«

»Das habe ich überhaupt nicht zu ihr gesagt!«, sagte er. »Ich habe gesagt, dass ich eine Verabredung hätte, auf die ich mich schon die ganze Woche gefreut habe.«

»Oh, du hast doch nicht etwa irgendwelche Namen erwähnt?«, sagte sie.

»Dazu besteht kein Anlass, bei Evie Maynard«, sagte er. »Das geht sie nichts an, genauso wenig wie das, was sie tut und mit wem sie es tut, mich etwas angeht. Sie bedeutet nichts in meinem Leben. Das weißt du. Ich habe sie kaum gesehen, seit sie die Wohnung eingerichtet hat. Es ist mir gleichgültig, ob ich sie wiedersehe. Es wäre mir sogar recht, wenn ich sie nie wiedersehen würde.«

»Ich glaube, das ließe sich einrichten, falls dir das wirklich am Herzen liegen sollte«, sagte sie.

»Nun, ich tue, was ich kann«, sagte er. »Sie wollte gleich auf einen Cocktail herkommen, sie und ein paar von diesen Raumausstatter-Knaben, die sie bei sich hat, und ich habe klipp und klar Nein gesagt.«

»Und du glaubst, das würde sie abhalten?«, sagte sie. »O nein. Die wird herkommen. Die und ihre gefiederten Freunde. Lass mich mal sehen – sie müssten eigentlich ziemlich genau in dem Moment eintreffen, in dem Mrs Holt es sich überlegt hat und in die Stadt gekommen ist. Tja. Das trifft sich ja dann alles zu einem gemütlichen Abend.«

»Ein toller Abend«, sagte er. »Und wenn ich das sagen darf, du tust alles in deiner Macht Stehende, um ihn noch schlimmer zu machen, du kleines Süßes.« Er schenkte wieder Cocktails ein. »Oh, Kit, warum musst du so gemein sein? Hör auf, Liebling. Es sieht dir gar nicht ähnlich. Es steht dir gar nicht.«

»Ich weiß, dass es scheußlich ist«, sagte sie. »Es ist – na ja, ich tue es wohl nur aus Notwehr, Hobie. Wenn ich keine gemeinen Dinge sagen würde, dann würde ich losheulen. Ich habe Angst zu heulen; es würde so lange dauern, bis ich aufhören könnte. Ich – ach, ich bin so gekränkt, Lieber. Ich weiß nicht, was ich glauben soll. All diese Frauen. All diese schrecklichen Frauen. Wenn sie vornehm wären, wenn sie nett und freundlich und gescheit wären, dann würde mir das nichts ausmachen. Oder vielleicht doch. Ich weiß es nicht. Ich weiß eigentlich überhaupt nichts mehr. In meinem Kopf dreht sich alles. Ich dachte, was uns verbindet, sei etwas ganz Besonderes. Tja – das war es wohl nicht. Manchmal glaube ich, dass es besser wäre, ich sähe dich nie wieder. Aber dann weiß ich, dass ich das nicht aushalten könnte. Ich bin schon zu tief drin. Ich würde alles tun, um bei dir zu sein! Und darum bin ich für dich nur eine von vielen. Und früher war ich doch an erster Stelle, Hobie – oh, das war ich! Das war ich!«

»Das warst du!«, sagte er. »Und das bist du!«

»Und das werde ich immer sein?«, sagte sie.

»Und das wirst du immer sein«, sagte er, »solange du

298

nur du selbst bist. Bitte sei wieder lieb, Kit. So, Liebling. So, Kindchen.«

Wieder waren sie sich nahe, und wieder war kein Geräusch zu hören.

Das Telefon läutete.

Sie zuckten zusammen, als ob sie der gleiche Pfeil durchbohrt hätte. Dann trat die junge Frau langsam zurück.

»Weißt du«, sagte sie nachdenklich, »das ist meine Schuld. Ich habe das ausgelöst. Ich. Ich war diejenige, die sagte, dass wir uns hier treffen wollten und nicht bei mir zu Hause. Ich habe gesagt, dass wir hier ungestört wären und dass ich mit dir über so viel zu reden hätte. Ich habe gesagt, wir könnten hier ungestört und allein sein. Ja. Das habe ich gesagt.«

»Ich gebe dir mein Wort«, sagte er, »dass das verdammte Ding seit einer Woche nicht geläutet hat.«

»Was für ein Glück für mich«, sagte sie, »dass ich zufällig hier war, als es das letzte Mal geläutet hat. Ich bin ja auch als Fräulein Glückspilz bekannt. Tja. Oh, bitte nimm doch ab, Hobie. Es macht mich noch viel verrückter, wenn es so weiterläutet.«

»Ich hoffe bei Gott«, sagte der junge Mann, »dass sich jemand verwählt hat.« Er drückte sie fest an sich. »Liebling«, sagte er. Dann ging er zum Telefon.

»Hallo«, sagte er in den Hörer. »Ja? Oh, hallo. Wie geht es dir, Schätzchen – wie geht es dir? Ach, tatsächlich? Oh, das ist aber schade. Ja, siehst du, ich war mit diesen Freunden meiner – ich war ziemlich lange aus. Ach, tatsächlich? Ach, das ist aber schade, Schätzchen, dass du so lange aufgeblieben bist. Nein, das habe ich nicht gesagt, Margot, ich habe gesagt, dass ich vorbeikommen würde, wenn ich es irgendwie einrichten könnte. Genau das habe ich gesagt. Das habe ich. Tja, dann hast du mich missverstanden. Tja, das musst du wohl. Also das ist doch kein Grund, verstimmt zu sein. Hör mal, was ich gesagt habe, ich habe gesagt, dass ich kommen würde, falls ich es einrichten könnte, dass ich aber nicht glaube, dass es möglich sein würde. Wenn du mal nachdenkst, dann wirst du dich daran erinnern, Schätzchen. Tja, es tut mir furchtbar leid, aber ich verstehe nicht, weshalb du deswegen so ein Theater machst. Es war doch nur ein Missverständnis, nichts weiter. Nun beruhige dich doch und sei ein braves kleines Mädchen, ja? Also heute Abend kann ich nicht, Schätzchen. Weil ich *nicht kann*. Tja, ich habe eine Verabredung, die schon seit langer Zeit besteht. Ja. O nein, nichts dergleichen! Jetzt komm aber, Margot! Margot, bitte tu das nicht! Auf keinen Fall! Ich sage dir doch, dass ich nicht da bin. Na schön, dann komm eben, aber ich werde nicht da sein. Hör mal, ich kann nicht mit dir reden, wenn du so bist. Ich rufe dich morgen an, Schätzchen. Ich sage dir doch, ich werde nicht *hier* sein. Bitte sei vernünftig. Natürlich tue ich das. Schau. Ich muss jetzt los. Ich rufe dich an, Schätzchen. Wiederhören.«

Der junge Mann kam ins Wohnzimmer zurück und schickte seine leicht unsichere Stimme voraus.

»Wie wärs mit einem weiteren Cocktail, Süßes?«, sagte er. »Meinst du nicht, dass wir eigentlich –« Durch die zunehmende Dunkelheit sah er die junge Frau. Sie stand aufrecht und steif da. Ihre Pelzstola war um ihre Schultern geschlungen, und sie zog gerade den zweiten Handschuh an.

»Was soll das?«, sagte der junge Mann.

»Es tut mir sehr leid«, sagte die junge Frau, »aber ich muss wirklich nach Hause gehen.«

»Ach, tatsächlich?«, sagte er. »Darf ich fragen, warum?«

»Es ist lieb von dir«, sagte sie, »genug Neugierde aufzubringen und danach zu fragen. Vielen herzlichen Dank. Nun, ganz zufällig ist es so, dass ich das nicht mehr aushalten kann. Ich glaube, es gibt da irgendwo ein Sprichwort über einen Krug und einen Brunnen. Es kommt zweifellos aus dem Chinesischen. Da kommen sie ja oft her. Na denn, gute Nacht, Hobie, und vielen Dank für die köstlichen Cocktails. Sie haben mich wunderbar aufgeheitert.«

Sie streckte ihre Hand aus. Er nahm sie fest in beide Hände.

»Also jetzt hör mal«, sagte er. »Bitte tu das nicht, Kit. Bitte nicht, Liebling. Bitte. Jetzt bist du wieder genauso wie letzten Mittwoch.«

»Ja«, sagte sie. »Und genau aus dem gleichen Grund. Bitte gib mir meine Hand zurück. Danke. Also, gute Nacht, Hobie, und viel Glück weiterhin.«

»Na schön«, sagte er. »Wenn du es so haben willst.«

»Haben willst!«, sagte sie. »Es ist nicht das, was *ich* will. Ich hatte nur das Gefühl, dass es für dich wohl angenehmer wäre, wenn du allein sein könntest, um deine Telefonanrufe entgegenzunehmen. Bestimmt kannst du mir keinen Vorwurf daraus machen, dass ich mich ein bisschen *de trop* fühle.«

»Herrgott, glaubst du etwa, dass ich mit diesen Närrinnen sprechen will?«, sagte er. »Aber was soll ich machen? Den Telefonhörer abnehmen? Möchtest du, dass ich das mache?«

»Das ist einer von deinen guten Tricks«, sagte sie. »Ich vermute, dass du das am Mittwochabend gemacht hast, als ich dauernd anrufen wollte, als ich zu Hause Höllenqualen ausstand.«

»Das habe ich nicht gemacht!«, sagte er. »Das Amt muss die falsche Nummer angerufen haben. Ich sage dir, ich war die ganze Zeit allein hier, während du weg warst.«

»Das hast du jedenfalls gesagt«, sagte sie.

»Ich lüge dich nicht an, Kit«, sagte er.

»Das«, sagte sie, »ist die empörendste Lüge, die du mir je geboten hast. Gute Nacht, Hobie.«

Nur die Augen und die Stimme des jungen Mannes verrieten seinen Ärger. Sein wundervoll geschwungener Mund verzog sich nicht. Er nahm ihre Hand und beugte sich darüber.

»Gute Nacht, Kit«, sagte er.

»Gute Nacht«, sagte sie. »Nun, gute Nacht. Es tut mir leid, dass es so enden muss. Aber wenn du es nun einmal anders haben willst – dann willst du es eben anders haben. Du kannst nicht sie und mich zugleich haben. Gute Nacht, Hobie.«

»Gute Nacht, Kit«, sagte er.

»Es tut mir leid«, sagte sie. »Es ist eigentlich sehr schade. Stimmts?«

»Du willst es ja so«, sagte er.

»Ich?«, sagte sie. »*Du* willst es doch so.«

»Oh, Kit, kannst du das denn nicht verstehen?«, sagte er. »Früher hast du es doch verstanden. Weißt du denn nicht, wie ich bin? Ich sage nun mal Dinge, die nichts zu bedeuten haben, nur um des lieben Friedens willen, nur damit es keinen Krach gibt. Das bringt mich eben in Schwierigkeiten. Man braucht es nicht zu tun, ich weiß. Du bist da glücklicher dran als ich.«

»Glücklicher?«, sagte sie. »Merkwürdiges Wort.«

»Nun, dann eben stärker«, sagte er. »Edler. Ehrlicher. Anständiger. All das. Ach, tu das nicht, Kit. Bitte. Bitte zieh diese Dinger aus und komm und setz dich.«

»Mich setzen?«, sagte sie. »Und warten, bis sich die Damen versammeln?«

»Sie kommen nicht«, sagte er.

»Woher weißt du das?«, sagte sie. »Früher sind sie doch auch hergekommen, stimmts? Woher weißt du, dass sie heute Abend nicht kommen?«

»Ich weiß es nicht!«, sagte er. »Ich weiß nicht, was zum Teufel sie tun. Ich weiß ja nicht einmal, was zum Teufel du tust. Und ich habe gedacht, du wärst anders!«

»Ich war anders«, sagte sie, »solange du gedacht hast, dass ich anders bin.«

»Ach, Kit«, sagte er. »Kit. Liebling. Komm und sei wieder so wie früher. Komm und sei lieb und friedlich. Schau. Lass uns noch einen Cocktail trinken, nur auf uns, und dann lass uns in ein ruhiges Lokal zum Essen gehen, wo wir reden können. Wollen wir?«

»Tja –«, sagte sie. »Wenn du meinst –«

»Das meine ich«, sagte er.

Das Telefon läutete.

»O mein *Gott*!«, kreischte die junge Frau. »Geh und nimm ab, du verdammter – du verdammter *Deckhengst*!«

Sie stürzte zur Tür, öffnete sie und war fort. Sie war schließlich anders. Sie schlug die Tür weder zu, noch ließ sie sie sperrangelweit offen.

Der junge Mann stand da, und er schüttelte langsam seinen bemerkenswerten Kopf. Wiederum langsam drehte er sich um und ging ins Schlafzimmer.

Er sprach in den Telefonhörer, zunächst trübsinnig, dann schien er am Hören und am Sprechen gleichermaßen Gefallen zu finden. Er benutzte einen Frauennamen als Anrede. Es war nicht Connie; es war nicht Evie; es war nicht Margot. Mit glühenden Worten beschwor er die Unsichtbare, sich mit ihm zu treffen; lau willigte er ein, an Ort und Stelle ihr Kommen zu erwarten. Er beschwor sie dann, seine Klingel erst dreimal und dann zweimal zu betätigen, um eingelassen zu werden. Nein, nein, nein, sagte er, dies war nicht aus einem Grund, der ihr in den Sinn gekommen sein mochte; es war nur so, dass ein Geschäftsfreund von ihm davon gesprochen habe, vorbeizuschauen, und er sichergehen wolle, dass keine derartigen ungebetenen Gäste kämen. Er sprach von seinen Erwartungen, ja seinen Verheißungen, eines angenehmen und friedlichen Abends. Er sagte »auf Wiedersehen«, und er sagte »Schätzchen«.

Der sehr gut aussehende junge Mann legte den Hörer auf und sah lange auf das Zifferblatt seiner Armbanduhr, das nun schwach leuchtete. Er schien zu rechnen.

So lange für eine junge Frau, um zu Hause anzukommen und sich auf die Couch zu werfen, so lange für Tränen, so lange für Erschöpfung, so lange für Reue, so lange für wiedererwachende Zärtlichkeit. Nachdenklich nahm er den Hörer von der Gabel und legte ihn auf das Tischchen.

Dann ging er in das Wohnzimmer und verscheuchte die Dunkelheit mit den winzigen Strahlen, die durch die kleinen offenen Fenster in den Panoramen von Paris fielen.

DU WARST GANZ PRIMA
(You Were Perfectly Fine)

Der blasse junge Mann ließ sich behutsam in den Sessel gleiten und drehte den Kopf zur Seite, sodass Wange und Schläfe auf dem lindernd kühlen Chintz zu liegen kamen.

»O Mann«, sagte er. »O Mann, o Mann, o Mann. Oh.«

Das Mädchen mit den hellwachen Augen, das anmutig und gerade auf der Couch saß, lächelte ihn strahlend an.

»Nicht ganz auf dem Damm heute?«, sagte sie.

»Oh, mir gehts großartig«, sagte er. »Fabelhaft geht es mir. Weißt du, wann ich aufgestanden bin? Schlag vier Uhr nachmittags. Ich hab immer wieder versucht hochzukommen, und jedes Mal, wenn ich den Kopf vom Kissen genommen hab, kullerte er unter das Bett. Das ist nicht mein Kopf, was ich da aufhabe. Ich glaube, es ist etwas, das einst Walt Whitman gehört hat. O Mann, o Mann, o Mann.«

»Glaubst du, ein Drink würde dir vielleicht guttun?«, sagte sie.

»Um den Kater zu ertränken?«, sagte er. »Oh, nein, vielen Dank. Bitte sprich nie wieder von so etwas. Damit bin ich fertig. Damit bin ich endgültig fertig. Schau dir diese Hand an; ruhig wie ein Zappelphilipp. Sag mal, war ich gestern Abend eigentlich sehr unmöglich?«

»Ach Gott«, sagte sie, »alle waren ziemlich gehobener Stimmung. Du warst ganz in Ordnung.«

»Tja«, sagte er. »Ich muss umwerfend gewesen sein. Sind alle sauer auf mich?«

»Du liebe Güte, nein«, sagte sie. »Alle dachten, du warst furchtbar lustig. Nun gut, Jim Pierson war während des Essens mal einen Moment lang ungehalten. Aber es gelang irgendwie, ihn auf seinem Platz festzuhalten und ihn allmählich zu besänftigen. Ich glaube nicht, dass man es an den anderen Tischen überhaupt bemerkt hat. Jedenfalls kaum jemand.«

»Er wollte mir eine verpassen?«, sagte er. »Gütiger Himmel. Was habe ich ihm denn getan?«

»Nun, du hast gar nichts getan«, sagte sie. »Du warst ganz prima. Aber du weißt ja, wie reizbar Jim wird, wenn er glaubt, jemand mache zu viel Aufhebens von Elinor.«

»Habe ich denn Annäherungsversuche bei Elinor gemacht?«, sagte er. »War es das?«

»Natürlich nicht«, sagte sie. »Das war nur zum Spaß, nichts weiter. Sie fand, du seist ungemein witzig. Sie amüsierte sich glänzend. Sie war nur ein einziges Mal ein klein wenig verstimmt, wie du ihr den Muschelsaft über den Rücken gegossen hast.«

»Mein Gott«, sagte er. »Muschelsaft über diesen Rücken. Und jeder Wirbel eine kleine Vanderbuilt. Lieber Gott. Was soll ich bloß tun?«

»Ach, sie kommt schon wieder in Ordnung«, sagte sie. »Schick ihr einfach ein paar Blumen oder irgendwas. Mach dir deshalb keine Gedanken. Das hat nichts zu bedeuten.«

»Nein, ich mache mir keine Gedanken«, sagte er. »Ich habe überhaupt nicht die geringsten Sorgen. Ich bin fein raus. O Mann, o Mann. Habe ich sonst noch etwas Aufregendes zum Besten gegeben?«

»Du warst prima«, sagte sie. »Mach doch kein solches Theater deswegen. Alle waren ganz begeistert von dir. Der Oberkellner war zwar etwas besorgt, weil du immer weitersingen wolltest, aber eigentlich hatte er nichts dagegen. Er hat nur gesagt, er befürchte, dass das Lokal wieder geschlossen würde, wenn es solchen Lärm gebe. Aber es machte ihm nicht das Geringste aus, jedenfalls ihm nicht. Ich glaube, er freute sich, dass du dich so gut amüsiert hast. Ach, du hast ja nur einfach drauflosgesungen, etwa eine Stunde lang. Und so furchtbar laut war es eigentlich gar nicht.«

»Ich habe also gesungen«, sagte er. »Das muss ja ein Hochgenuss gewesen sein. Ich habe gesungen.«

»Erinnerst du dich denn nicht?«, sagte sie. »Du hast einfach ein Lied nach dem anderen hingelegt. Das ganze Lokal hörte dir zu. Alle waren hocherfreut. Du hast nur dauernd darauf bestanden, so ein Lied über irgendwelche eigenartigen Füsiliere zu singen, und alle mussten dich dauernd zum Schweigen bringen, und du hast dauernd versucht, wieder damit anzufangen. Du warst wunderbar. Wir haben alle versucht, dich zu überreden, mal eine Minute mit dem Singen aufzuhören und etwas zu dir zu nehmen, aber du wolltest partout nichts davon wissen. Was warst du lustig.«

»Habe ich denn nichts gegessen?«, sagte er.

»Ach, keinen Bissen«, sagte sie. »Jedes Mal, wenn der Kellner dir etwas anbot, hast du es ihm umgehend zurückgegeben, denn du hast gesagt, er sei dein verschollener Bruder, der in der Wiege von einer Zigeunerbande vertauscht worden ist, und dass alles, was dein sei, auch sein sei. Er wollte sich vor Lachen ausschütten.«

»Bestimmt«, sagte er. »Bestimmt war ich sehr ulkig. Ich muss ja der Liebling der Gesellschaft gewesen sein. Und was passierte dann, nach meinem überwältigenden Erfolg bei dem Kellner?«

»Nun, eigentlich nicht viel«, sagte sie. »Du hast nur eine gewisse Abneigung gegen einen alten Mann mit weißen Haaren gefasst, der auf der anderen Seite des Raumes saß, weil dir seine Krawatte nicht behagte und du ihm das sagen wolltest. Aber wir haben dich hinausgeschafft, bevor er richtig auf Touren kam.«

»Oh, das haben wir geschafft«, sagte er. »Konnte ich gehen?«

»Gehen? Aber natürlich«, sagte sie. »Du warst völlig okay. Allerdings war da diese tückische vereiste Stelle auf dem Bürgersteig, und da hast du dich ganz schön kräftig hingesetzt, mein armer Schatz. Du liebe Güte, das hätte doch jedem passieren können.«

»Na klar«, sagte er. »Louisa Alcott oder sonst jemandem. Ich bin also auf dem Bürgersteig hingefallen. Das würde erklären, weshalb mir mein … Ja. Ich verstehe. Und was dann, wenn es dir nichts ausmacht?«

»Also wirklich, Peter!«, sagte sie. »Du kannst doch nicht dasitzen und behaupten, dass du dich nicht mehr erinnerst, was danach passiert ist! Ich dachte zwar, du warst beim Essen vielleicht ein klein wenig beschwipst – oh – oh, du warst vollkommen okay und so, aber ich wusste, dass du ziemlich fröhlicher Stimmung warst.

Aber du warst ja so ernst, nachdem du hingefallen bist –
so kannte ich dich gar nicht. Weißt du nicht mehr, wie
du zu mir gesagt hast, ich hätte noch nie dein wahres Ich
gesehen? Oh, Peter, ich könnte es einfach nicht ertragen,
wenn du dich nicht mehr an die herrliche lange Fahrt
erinnern würdest, die wir miteinander in dem Taxi unternommen haben. Bitte, daran erinnerst du dich doch
wohl?! Ich glaube, es würde mich einfach umbringen,
wenn du das nicht mehr wüsstest.«

»O ja«, sagte er. »Fahrt im Taxi. O ja, sicher. Ziemlich
lange Fahrt, was?«

»Immer und immer wieder um den ganzen Park herum«, sagte sie. »Ach, und wie die Bäume im Mondlicht
geschimmert haben. Und du hast gesagt, du hättest bisher gar nicht gewusst, dass du wirklich eine Seele hast.«

»Ja«, sagte er. »Das habe ich gesagt. Das war typisch.«

»Du hast solch herrliche, herrliche Sachen gesagt«,
sagte sie. »Und ich hatte die ganze Zeit überhaupt nicht
geahnt, was du für mich empfindest, und ich hätte mich
nie getraut, dich wissen zu lassen, was ich für dich empfinde. Und dann gestern Abend – oh, Peter, mein Lieb-
chen, ich glaube, diese Taxifahrt war das Wichtigste, was
uns im Leben je passiert ist.«

»Ja«, sagte er. »Das kann ich mir durchaus vorstellen.«

»Und wir werden zusammen so glücklich sein«, sagte
sie. »Ach, ich würde es am liebsten allen erzählen! Aber
ich weiß nicht – ich glaube, es wäre vielleicht viel netter,
wenn wir es ganz für uns behalten würden.«

»Das glaube ich auch«, sagte er.

»Ist das nicht herrlich?«, sagte sie.

310

»Ja«, sagte er. »Großartig.«

»Herrlich!«, sagte sie.

»Hör mal«, sagte er, »hast du etwas dagegen, wenn ich mir einen Drink genehmige? Ich meine, nur so als Medizin, weißt du. Ich rühre das Zeug mein Lebtag nicht mehr an, verlass dich drauf. Aber ich glaube, dass ich gleich einen Schwächeanfall bekomme.«

»Ach, ich glaube, es würde dir guttun«, sagte sie. »Du armer Kerl, es ist ein Jammer, dass du dich so scheußlich fühlst. Ich werde dir einen Whisky mit Soda machen.«

»Offen gestanden«, sagte er, »begreife ich nicht, wieso du überhaupt noch mit mir sprechen kannst, nachdem ich mich wie ein Idiot benommen habe gestern Abend. Ich glaube, ich trete am besten in ein Kloster in Tibet ein.«

»Du närrischer Dummkopf, du!«, sagte sie. »Als ob ich dich jetzt jemals fortlassen könnte! Hör auf, so daherzureden. Du warst ganz prima.«

Sie sprang von der Couch auf, küsste ihn flüchtig auf die Stirn und lief aus dem Zimmer.

Der blasse junge Mann schaute ihr nach und schüttelte den Kopf lange und bedächtig, um ihn dann in seine feuchten und zitternden Hände sinken zu lassen.

»O Mann«, sagte er. »O Mann, o Mann, oh, Mann.«

DA WÄREN WIR
(Here We Are)

Der junge Mann in dem neuen blauen Anzug kam damit zu Ende, die glänzenden Gepäckstücke in sicheren Ecken des Abteils erster Klasse zu verstauen. Der Zug hatte sich in Kurven geworfen und auf gerade Streckenabschnitte gestürzt und dabei die Bewahrung des Gleichgewichts zu einer anerkennenswerten und prekären Leistung gemacht; und der junge Mann hatte die Reisetaschen mit konzentrierter Sorgfalt gehoben und gedrückt und geschoben und gerückt.

Gleichwohl sind acht Minuten eine lange Zeit, um zwei Koffer und eine Hutschachtel unterzubringen.

Er setzte sich, an rauen grünen Plüsch zurückgelehnt, auf den Platz gegenüber dem Mädchen in Beige. Sie sah so neu aus wie ein gepelltes Ei. Ihr Hut, ihr Pelz, ihr Kleid, ihre Handschuhe schimmerten und starrten vor Neuheit. Auf dem gewölbten Teil der dünnen, glatten Sohle des einen beigen Schuhs klebte ein kleines Rechteck aus weißem Papier, auf dem der Preis stand, der für den Pumps und sein Gegenstück festgesetzt und bezahlt worden war, und der Name des Geschäfts, das beide geliefert hatte.

Sie hatte hingerissen aus dem Fenster gestarrt und die großen verwitterten Reklametafeln verschlungen, die Errungenschaften wie Kabeljau ohne Gräten und Drahtgitter, denen kein Rost etwas anhaben kann, lobpriesen. Als sich der junge Mann setzte, wandte sie sich artig von der

Scheibe ab, sah ihm in die Augen, begann ein Lächeln und brachte es etwa halb zuwege und ließ ihren Blick knapp oberhalb seiner rechten Schulter ruhen.

»Tja!«, sagte der junge Mann.

»Tja!«, sagte sie.

»Tja, da wären wir«, sagte er.

»Da wären wir«, sagte sie. »Stimmts?«

»Und ob das stimmt«, sagte er. »Jawoll. Da wären wir.«

»Tja!«, sagte sie.

»Tja!«, sagte er. »Tja. Wie fühlt man sich denn so als alte verheiratete Frau?«

»Oh, es ist noch zu früh, um mich danach zu fragen«, sagte sie. »Jedenfalls – ich meine. Na ja, ich meine nur, du liebe Güte, wir sind doch erst ungefähr drei Stunden verheiratet, stimmts?«

Der junge Mann studierte seine Armbanduhr, als hätte er sich gerade erst die Fertigkeit der Zeitbestimmung zu eigen gemacht.

»Wir sind jetzt«, sagte er, »genau zwei Stunden und sechsundzwanzig Minuten verheiratet.«

»Ach«, sagte sie. »Es scheint schon länger zu sein.«

»Nein«, sagte er. »Es ist ja noch nicht einmal halb sechs.«

»Es kommt mir viel später vor«, sagte sie. »Ich glaube, das ist, weil es schon so früh dunkel wird.«

»Das trifft tatsächlich zu«, sagte er. »Die Nächte werden von nun an ziemlich lang sein. Ich meine. Ich meine nur – es wird eben schon früh dunkel.«

»Ich hatte keine Ahnung, wie viel Uhr es ist«, sagte sie. »Alles ging so durcheinander, ich weiß irgendwie gar

313

nicht, wo ich bin oder was überhaupt los ist. Zurück von der Kirche, und dann alle diese Menschen, und dann das ganze Umziehen, und dann von allen beworfen werden und dergleichen. Du liebe Güte, ich verstehe nicht, wie man das jeden Tag tun kann.«

»Was tun kann?«, sagte er.

»Heiraten«, sagte sie. »Wenn man an all die Menschen denkt, überall auf der Welt, die einfach heiraten, als ob es nichts wäre. Chinesen und jedermann. Als ob es einfach gar nichts wäre.«

»Na, wir wollen uns mal nicht den Kopf zerbrechen über Menschen überall auf der Welt«, sagte er. »Lass uns doch nicht über einen Haufen Chinesen nachdenken. Wir können doch an etwas Besseres denken. Ich meine. Ich meine nur – was gehen die uns schon an?«

»Ich weiß ja«, sagte sie. »Aber ich musste nur irgendwie daran denken, wie sie alle, allüberall, es ständig tun. Jedenfalls, ich meine – heiraten, weißt du. Und es ist – es ist eben irgendwie so eine große Sache, dass einem ganz komisch wird. Man denkt daran, wie sie, sie alle, es alle einfach tun, als ob es gar nichts wäre. Und wer von ihnen weiß schon, was anschließend passiert?«

»Sollen sie sich doch den Kopf zerbrechen«, sagte er. »Wir haben das nicht nötig. Wir wissen sehr wohl, was anschließend passiert. Ich meine. Ich meine nur – wir wissen eben, dass es toll wird. Wir wissen eben, dass wir glücklich werden. Stimmts?«

»Ja, natürlich«, sagte sie. »Man denkt nur an all die Menschen, und man muss irgendwie dauernd daran denken. Dabei wird einem ganz komisch zumute. Bei furchtbar vielen Leuten, die heiraten, da läuft es eben nicht so gut. Und ich glaube, dass sie alle gedacht haben müssen, es würde toll.«

»Jetzt lass das doch«, sagte er. »So fängt man doch keine Hochzeitsreise an, mit derart viel Nachdenken. Sieh dir uns an – richtig verheiratet und alles erledigt. Ich meine. Die Hochzeit erledigt und all das.«

»Ach, es war schön, stimmts?«, sagte sie. »Hat dir mein Schleier auch wirklich gefallen?«

»Du hast toll ausgesehen«, sagte er. »Einfach toll.«

»Oh, da bin ich aber schrecklich froh«, sagte sie. »Ellie und Louise haben entzückend ausgesehen, stimmts? Ich bin schrecklich froh, dass sie sich doch noch für Rosa entschieden haben. Sie haben einfach entzückend ausgesehen.«

»Du, hör mal«, sagte er. »Ich möchte dir etwas erzählen. Als ich da vorne in der alten Kirche stand und auf dich gewartet habe und die beiden Brautjungfern sah, da habe ich bei mir gedacht, da habe ich doch gedacht: ›Ich wusste ja gar nicht, dass Louise so aussehen kann!‹ Also da fielen einem ja fast die Augen aus dem Kopf.«

»Ach, wirklich?«, sagte sie. »Komisch. Sicher, alle fanden ihr Kleid und ihren Hut entzückend, aber viele Leute fanden doch, dass sie irgendwie müde aussieht. Das haben die Leute in letzter Zeit häufig gesagt. Ich sage dann immer zu ihnen, ich finde es furchtbar gemein von ihnen, herumzulaufen und das über sie zu erzählen. Ich sage dann immer zu ihnen, sie dürfen nicht vergessen, dass Louise nicht mehr so schrecklich jung ist und dass sie damit rechnen müssen, dass sie halt jetzt so aussieht.

Louise kann noch so oft sagen, sie sei dreiundzwanzig, sie ist trotzdem weit eher an die siebenundzwanzig.«

»Na, auf der Hochzeit war sie jedenfalls eine Wucht«, sagte er. »Junge, Junge!«

»Da bin ich aber schrecklich froh«, sagte sie. »Ich bin froh, dass einer das fand. Wie fandest du denn, dass Ellie aussah?«

»Also, ich habe sie mir eigentlich gar nicht ange-schaut«, sagte er.

»Ach, wirklich?«, sagte sie. »Na, das finde ich ein star-kes Stück. Eigentlich sollte ich das ja nicht von meiner eigenen Schwester sagen, aber ich habe noch nie jeman-den so wundervoll gesehen, wie Ellie heute aussah. Und dabei immer so lieb und selbstlos. Und du hast sie nicht einmal bemerkt. Aber du beachtest Ellie ja ohnehin nie. Glaub ja nicht, dass ich das nicht gemerkt habe. Es macht mich ganz krank. Es macht mich einfach ganz krank, dass du meine eigene Schwester nicht magst.«

»Aber ich mag sie doch!«, sagte er. »Ich bin ganz ver-rückt auf Ellie. Ich finde, sie ist ein tolles Mädchen.«

»Glaub ja nicht, dass das Ellie etwas ausmacht!«, sagte sie. »Ellie hat genug Leute, die ganz verrückt auf sie sind. Ihr ist es egal, ob du sie magst oder nicht. Bild dir bloß nicht ein, dass sie sich darum kümmert! Das Einzige ist nur, das machts mir eben schrecklich schwer, dass du sie nicht magst, das ist das Einzige. Ich denke dauernd da-ran, wenn wir zurückkommen und in die Wohnung zie-hen und so, dann wird es für mich furchtbar schwer sein, dass du nicht willst, dass mich meine eigene Schwester besuchen kommt. Es wird es mir furchtbar schwer ma-

chen, dass du meine Familie nie dahaben willst. Ich weiß
ja, was du von meiner Familie hältst. Glaub ja nicht, dass
ich das nicht gemerkt habe. Nur, wenn du sie nie sehen
willst, dann ist das ganz allein dein Schaden. Nicht ihrer.
Bilde dir bloß nichts ein!«

»Jetzt hör aber mal!«, sagte er. »Was soll das ganze Gerede, dass ich deine Familie nicht dahaben will? Du weißt
doch, was ich von deiner Familie halte. Ich finde deine
alte Dame – ich finde deine Mutter prima. Und Ellie.
Und deinen Vater. Was soll also das ganze Gerede?«

»Na, ich habe es jedenfalls gemerkt«, sagte sie. »Und
ob ich das gemerkt habe. Es gibt viele Leute, die heiraten
und denken, dass es toll wird und so, und dann geht alles
kaputt, weil die Leute die Familien der Leute nicht mögen oder was Ähnliches. Du brauchst mir gar nichts zu
erzählen! Ich hab es doch erlebt.«

»Herzchen«, sagte er, »was soll das Ganze? Weshalb
regst du dich denn so auf? Du, schau, wir sind doch
auf der Hochzeitsreise. Weshalb versuchst du, Streit anzufangen? Ah, ich glaube, du bist einfach irgendwie nervös.«

»Ich?«, sagte sie. »Weshalb sollte ich nervös sein? Ich
meine. Ich meine nur, du liebe Güte, ich bin doch nicht
nervös.«

»Weißt du«, sagte er, »es heißt oft, dass junge Frauen
irgendwie nervös und zappelig werden, weil sie daran
denken, dass – ich meine. Ich meine nur – es ist eben,
wie du gesagt hast, alles ist irgendwie durcheinander und
so, gerade jetzt. Aber hinterher wird alles gut sein. Ich
meine. Ich meine nur – na ja, schau, Herzchen, du

scheinst es nicht gerade sehr bequem zu haben. Willst du nicht deinen Hut abnehmen? Und lass uns nie wieder streiten, nie wieder. Ja?«

»Ach, es tut mir leid, dass ich wütend war«, sagte sie. »Ich glaube, mir war tatsächlich ein bisschen komisch zumute. Ganz durcheinander, und dann an all die Menschen allüberall denken müssen, und dann irgendwie weit weg sein, hier, ganz allein mit dir. Es ist irgendwie so anders. Es ist irgendwie so eine große Sache. Man kann doch niemandem einen Vorwurf machen, nur weil er denkt, oder? Ja, lass uns nie, nie wieder streiten. Wir werden nicht so sein wie so viele andere. Wir werden nicht streiten oder bösartig sein oder dergleichen. Ja?«

»Ganz bestimmt nicht, verlass dich drauf«, sagte er.

»Ich glaube, ich nehme den blöden alten Hut ab«, sagte sie. »Er drückt mich. Würdest du ihn bitte ins Gepäcknetz legen, Schatz? Gefällt er dir, Liebling?«

»Steht dir gut«, sagte er.

»Nein, ich meine«, sagte sie, »ob er dir wirklich gefällt?«

»Tja, ich will mal so sagen«, sagte er. »Ich weiß, dass das die neue Mode ist und ähnlich, und vermutlich ist er ja toll. Von so was verstehe ich nichts. Mir gefällt die Art von Hut wie der blaue, den du mal gehabt hast. Mann, der Hut hat mir gefallen.«

»Ach, wirklich?«, sagte sie. »Na, das ist ja reizend. Das ist ja großartig. Das Erste, was du zu mir sagst, kaum dass du mich in einen Zug bekommen hast, weg von meiner Familie und so, das ist, dass dir mein Hut nicht gefällt. Das Erste, was du zu deiner Frau sagst, du findest, dass sie bei Hüten einen schlechten Geschmack hat. Das ist ja wirklich reizend!«

»Aber, Herzchen«, sagte er. »Ich habe nie etwas Derartiges gesagt. Ich habe nur gesagt –«

»Was dir nicht klar zu sein scheint«, sagte sie, »dieser Hut hat zweiundzwanzig Dollar gekostet. Zweiundzwanzig Dollar. Und das scheußliche alte blaue Ding, auf das du angeblich so verrückt bist, das hat drei fünfundneunzig gekostet.«

»Ist mir völlig schnuppe, was sie gekostet haben«, sagte er. »Ich habe nur gesagt – ich habe gesagt, dass mir der blaue Hut gefallen hat. Ich verstehe nichts von Hüten. Ich bin ganz verrückt auf den da, wenn ich mich erst einmal daran gewöhnt habe. Er ist nur irgendwie nicht so wie deine anderen Hüte. Ich versteh nichts von den neuen Moden. Was verstehe ich schon von Damenhüten?«

»Es ist jammerschade«, sagte sie, »dass du nicht jemanden geheiratet hast, der die Art von Hüten kauft, die dir gefällt. Hüte, die drei fünfundneunzig kosten. Warum hast du nicht Louise geheiratet? Du findest doch immer, dass sie so wundervoll aussieht. Du wärst ganz begeistert von ihrem Geschmack bei Hüten. Warum hast du nicht sie geheiratet?«

»Also wirklich, Herzchen«, sagte er. »Um Himmels willen!«

»Warum hast du nicht sie geheiratet?«, sagte sie. »Seit wir in diesen Zug gestiegen sind, hast du nichts anderes getan, als von ihr geredet. Und ich konnte dasitzen und mir anhören, wie wundervoll Louise deiner Meinung nach ist. Das ist ja vielleicht reizend, mich ganz allein mit dir hierher zu bekommen und mir dann ins Gesicht von Louise vorzuschwärmen. Warum hast du nicht sie gebeten, dich zu heiraten? Ich bin sicher, sie hätte mit beiden Händen zugegriffen. Es gibt nicht allzu viele Leute, die sie bitten, sie zu heiraten. Es ist jammerschade, dass du nicht sie geheiratet hast. Ich bin sicher, ihr wärt auch viel glücklicher gewesen.«

»Hör mal, Kindchen«, sagte er, »da du gerade bei diesem Thema bist, warum hast du eigentlich nicht Joe Brooks geheiratet? Ich nehme an, der hätte dir so viele Zweiundzwanzig-Dollar-Hüte schenken können, wie du nur wolltest, das nehme ich doch stark an!«

»Na, ich bin mir gar nicht so sicher, dass es mir nicht tatsächlich leidtut«, sagte sie. »So! Joe Brooks hätte nicht gewartet, bis er mich irgendwo ganz allein gehabt hätte, und sich dann über meinen Kleidergeschmack lustig gemacht. Joe Brooks hat mich immer sehr gerngehabt. So!«

»Oh, ja«, sagte er. »Er hat dich sehr gern. Er hat dich sogar so gerngehabt, dass er nicht einmal ein Hochzeitsgeschenk geschickt hat. So gern hat er dich gehabt.«

»Zufällig weiß ich ganz genau«, sagte sie, »dass er geschäftlich unterwegs war, und sobald er zurückkommt, wird er mir alles geben, was ich für die Wohnung haben möchte.«

»Pass mal gut auf«, sagte er. »Ich will nichts, was er dir schenkt, in unserer Wohnung haben. Alles, was er dir schenkt, werfe ich schnurstracks zum Fenster hinaus. So viel halte ich nämlich von deinem Freund Joe Brooks. Und wieso weißt du überhaupt, wo er ist und was er tun wird? Hat er dir etwa geschrieben?«

»Ich nehme doch an, dass meine Freunde mit mir korrespondieren können«, sagte sie. »Ich habe nicht gehört, dass es dagegen ein Gesetz gibt.«

»Und ich nehme stark an, dass sie das eben nicht können!«, sagte er. »Na, was sagst du jetzt? Ich lasse meine Frau doch nicht einen Haufen Briefe von billigen Handlungsreisenden bekommen!«

»Joe Brooks ist kein billiger Handlungsreisender!«, sagte sie. »Überhaupt nicht! Er bekommt ein wunderbares Gehalt.«

»Ach, ja?«, sagte er. »Wo hast du denn das her?«

»Das hat er mir selbst erzählt«, sagte sie.

»Ach, das hat er dir selbst erzählt«, sagte er. »Ich verstehe. Das hat er dir selbst erzählt.«

»Du hast nicht das geringste Recht, über Joe Brooks zu reden«, sagte sie. »Du mit deiner Freundin Louise. Du redest doch über nichts anderes als über Louise.«

»Ach, um Himmels willen!«, sagte er. »Was kümmert mich Louise? Ich habe nur gedacht, sie sei eine Freundin von dir, nichts weiter. Deshalb habe ich sie doch überhaupt nur wahrgenommen.«

»Na, heute hast du jedenfalls eine Menge Notiz von ihr genommen«, sagte sie. »An unserem Hochzeitstag! Du hast selbst gesagt, als du da in der Kirche standest, da hast du dauernd an sie denken müssen. Und das vorne am Altar. Oh, und das in Anwesenheit Gottes! Und du hast an nichts anderes gedacht als an Louise.«

»Pass auf, Herzchen«, sagte er, »ich hätte das nie sagen sollen. Wer weiß denn schon, was für verrückte Gedanken einem durch den Kopf gehen, wenn man dasteht und darauf wartet, getraut zu werden? Ich habe dir das doch nur erzählt, weil es irgendwie so verrückt war. Ich dachte, dass es dich zum Lachen bringt.«

»Ich weiß ja«, sagte sie. »Ich bin heute eben irgendwie durcheinander. Ich habe es dir doch gesagt. Weil alles so ungewohnt ist und so. Und weil ich ständig an all die Menschen überall auf der Welt denken muss, und weil wir jetzt ganz alleine hier sind und so. Ich weiß, dass man da ganz durcheinander wird. Ich dachte nur, weil du dauernd darüber geredet hast, wie wundervoll Louise aussah, du hättest das bös und vorbedacht getan.«

»Ich habe noch nie etwas mit Bosheit und Vorbedacht getan!«, sagte er. »Ich habe dir das von Louise nur erzählt, weil ich dachte, dass es dich zum Lachen bringen würde.«

»Ich habe nicht lachen müssen«, sagte sie.

»Nein, das sehe ich«, sagte er. »Das war ganz bestimmt nicht der Fall. Ach, Kindchen, und dabei sollten wir tatsächlich lachen. Hols der Teufel, Herzblättchen, wir sind doch auf der Hochzeitsreise. Was ist denn bloß los?«

»Ich weiß es nicht«, sagte sie. »Wir haben uns früher oft gezankt, als wir miteinander gingen und dann verlobt waren und so, aber ich dachte, dass nach der Hochzeit alles ganz anders sein würde. Und jetzt komme ich mir irgendwie ganz komisch vor und so. Ich komme mir irgendwie so allein vor.«

»Tja, weißt du, Liebling«, sagte er, »eigentlich sind wir ja noch nicht richtig verheiratet. Ich meine. Ich meine nur – hinterher wird eben alles anders sein. Ach, zum Teufel. Ich meine, wir sind eben noch nicht lange verheiratet.«

»Nein«, sagte sie.

»Na, jetzt müssen wir ja nicht mehr lange warten«, sagte er. »Ich meine nur – in etwa zwanzig Minuten sind wir in New York. Dann können wir zu Abend essen und mal sehen, wozu wir Lust haben. Das heißt, ich meine. Möchtest du heute Abend irgendetwas Spezielles tun?«

»Was?«, sagte sie.

»Was ich meine, ist«, sagte er, »würdest du gerne ins Theater gehen oder so?«

»Also, was immer du willst«, sagte sie. »Ich hatte nur irgendwie nicht gedacht, dass die Leute ins Theater oder sonst wohin gehen in ihrer – ich meine nur, ich muss unbedingt ein paar Briefe schreiben. Bitte erinnere mich daran.«

»Oh«, sagte er. »Du willst heute Abend Briefe schreiben?«

»Ja, weißt du«, sagte sie, »ich habe mich einfach schrecklich benommen. Vor lauter Aufregung und so. Da habe ich mich bei der armen alten Mrs Sprague gar nicht für ihren Kompottlöffel bedankt, und ich habe noch gar nichts wegen der Buchstützen unternommen, die die McMasters geschickt haben. Das ist einfach ganz furchtbar von mir. Ich muss ihnen noch heute Abend schreiben.«

»Und wenn du deine Briefe zu Ende geschrieben hast«, sagte er, »könnte ich dir vielleicht eine Zeitschrift oder ein Päckchen Erdnüsse besorgen.«

»Was?«, sagte sie.

»Ich meine«, sagte er, »ich möchte auf keinen Fall, dass du dich mit mir langweilst.«

»Als ob ich mich mit dir langweilen könnte!«, sagte sie. »Dummerchen! Wir sind doch verheiratet, oder nicht? Langweilen!«

»Ich hatte mir gedacht«, sagte er, »ich hatte gedacht, wenn wir ankommen, dann könnten wir direkt ins Biltmore gehen und jedenfalls unsere Koffer dort lassen, und vielleicht im Zimmer ein kleines Abendessen zu uns nehmen, ganz ungestört, und dann machen, wozu wir Lust haben. Ich meine. Ich meine nur – lass uns eben vom Bahnhof aus direkt hingehen.«

»Oh, ja, bitte«, sagte sie. »Ich bin so froh, dass wir ins Biltmore gehen. Ich liebe es einfach. Die beiden Male, die ich in New York übernachtet habe, da haben wir immer dort übernachtet, Papa und Mama und Ellie und ich, und ich war ganz verrückt auf das Hotel. Ich schlafe dort immer so gut. Ich schlafe sofort ein, wenn ich den Kopf aufs Kissen lege.«

»Ach, ja?«, sagte er.

»Jedenfalls, ich meine nur«, sagte sie. »Dort oben ist es so ruhig.«

»Wir könnten ja morgen Abend ins Theater gehen statt heute Abend«, sagte er. »Glaubst du nicht auch, dass das besser wäre?«

»Ja, das wäre wohl besser«, sagte sie.

Er stand auf, hielt sich einen Augenblick im Gleichgewicht, machte einen Schritt und setzte sich neben sie.

»Musst du diese Briefe wirklich heute Abend schreiben?«, sagte er.

»Na ja«, sagte sie, »ich nehme nicht an, dass sie schneller dort wären, als wenn ich sie erst morgen schreibe.«

Es herrschte Stille, in der einiges vor sich ging.

»Und wir werden nie mehr streiten, ja?«, sagte er.

»Oh, nein«, sagte sie. »Nie mehr! Ich weiß nicht, was mich dazu gebracht hat. Es war nur alles irgendwie so komisch, so wie ein Albtraum, wie ich da an all die Menschen denken musste, die ständig heiraten; und bei so vielen von ihnen da geht alles schief, weil sie streiten und so. Ich war ganz durcheinander, als ich daran dachte. Oh, ich möchte nicht so sein wie sie. Aber das werden wir auch nicht, oder?«

»Ganz bestimmt nicht«, sagte er.

»Wir werden uns nicht kaputtmachen«, sagte sie. »Wir werden nicht streiten. Alles wird anders sein, jetzt, wo wir verheiratet sind. Alles wird wunderbar sein. Würdest du mir bitte meinen Hut herunterreichen, Liebling? Es wird Zeit, dass ich ihn aufsetze. Danke. Ach, es tut mir so leid, dass er dir nicht gefällt.«

»Aber er gefällt mir doch!«, sagte er.

»Du hast gesagt, dass er dir nicht gefällt«, sagte sie. »Du hast gesagt, dass du ihn einfach schrecklich findest.«

»Das habe ich nie gesagt«, sagte er. »Du bist ja verrückt.«

»Na schön, ich bin also verrückt«, sagte sie. »Vielen herzlichen Dank. Aber das hast du gesagt. Nicht dass es darauf ankommt – das ist nur eine Lappalie. Aber es wird einem schon ganz schön komisch zumute, wenn man bedenkt, dass man hingegangen ist und jemanden geheiratet hat, der sagt, bei Hüten habe man einfach einen schrecklichen Geschmack. Und dann auch noch hingeht und sagt, man sei verrückt.«

»Jetzt hör mir mal zu«, sagte er. »Niemand hat etwas Derartiges gesagt. Ich liebe diesen Hut doch. Je mehr ich ihn mir anschaue, desto besser gefällt er mir. Ich finde, er ist toll.«

»Das hast du vorhin aber nicht gesagt«, sagte sie.

»Herzchen«, sagte er. »Willst du wohl damit aufhören? Weshalb musst du denn wieder damit anfangen? Ich liebe den verdammten Hut. Ich meine, ich liebe deinen Hut. Ich liebe alles, was du anhast. Was soll ich denn noch sagen?«

»Na ja, ich möchte eben nicht, dass du es in dem Ton sagst«, sagte sie.

»Ich habe gesagt, dass ich ihn toll finde«, sagte er. »Mehr habe ich nicht gesagt.«

»Findest du wirklich?«, sagte sie. »Ganz ehrlich? Ach, da bin ich aber froh. Ich fände es grässlich, wenn dir mein Hut nicht gefallen würde. Es wäre – ich weiß nicht, es wäre irgendwie so ein schlechter Anfang.«

»Also ich bin ganz verrückt darauf«, sagte er. »Das hätten wir also geklärt, dem Himmel sei Dank. Ach, Kindchen. Kindchen, Süßes. Wir werden keinen schlechten Anfang haben. Schau uns an – wir sind auf der Hochzeitsreise. Schon bald sind wir richtiggehende alte Eheleute. Ich meine. Ich meine eben, in ein paar Minuten werden wir in New York ankommen und dann ins Hotel gehen, und dann wird alles gut sein. Ich meine – na, schau uns doch an! Da wären wir also verheiratet! Da wären wir also!«

»Ja, da wären wir«, sagte sie. »Stimmts?«

ZU SCHADE
(Too Bad)

I

M eine Liebe«, sagte Mrs Marshall zu Mrs Ames, »ich war noch nie im Leben so überrascht. Nie im Leben. Also, Grace und ich waren so – einfach *so*.«

Zur Erläuterung hielt sie die rechte Hand in die Höhe, den ausgestreckten Zeige- und Mittelfinger dicht aneinandergepresst.

Mrs Ames schüttelte traurig den Kopf und bot die Zimtbrötchen an.

»Stellen Sie sich das vor!«, sagte Mrs Marshall und lehnte, wenn auch sehnsüchtigen Blickes, ab. »Wir sollten letzten Dienstag bei ihnen zu Abend essen, und dann bekam ich diesen Brief von Grace aus diesem kleinen Ort droben in Connecticut, sie schreibt, sie werde dort oben bleiben, für wie lange, wisse sie noch nicht, und sie glaube, wenn sie zurückkomme, werde sie vermutlich nur ein großes Zimmer mit Kochnische nehmen. Ernest wohne derzeit drüben im Club, schrieb sie.«

»Aber was haben sie denn mit ihrer Wohnung gemacht?« Die Stimme von Mrs Ames war schrill vor Besorgnis.

»Also, die hat anscheinend seine Schwester übernommen, samt Möbeln und allem – erinnern Sie mich übrigens daran, dass ich sie besuchen muss«, sagte Mrs Marshall. »Sie wollten ohnehin in die Stadt ziehen, und sie suchten nach etwas Passendem.«

»Geht es ihr denn nicht schrecklich nahe – seiner Schwester?«, fragte Mrs Ames.

»Oh – schrecklich.« Mrs Marshall tat das Wort als unzulänglich ab. »Meine Liebe, bedenken Sie, wie nahe das jedem geht, der die beiden kannte. Bedenken Sie, wie nahe das mir geht. Ich weiß nicht, wann mich etwas mehr deprimiert hat. Ja, wenn es jemand anderes als die Weldons gewesen wäre!«

Mrs Ames nickte.

»Das habe ich auch gesagt«, berichtete sie.

»Das sagen doch einfach alle.« Mrs Marshall wischte umgehend jede unverdiente Anerkennung beiseite. »Wenn man bedenkt, dass sich die Weldons trennen! Also, ich habe ja immer wieder zu Jim gesagt: ›Tja, das ist jedenfalls mal ein glücklich verheiratetes Paar‹, sagte ich immer, ›so kongenial und mit dieser netten Wohnung und allem.‹ Und dann, aus heiterem Himmel, gehen sie hin und trennen sich. Ich kann einfach nicht begreifen, was um alles in der Welt sie dazu gebracht hat. Es scheint einfach zu furchtbar zu sein!«

Wiederum nickte Mrs Ames langsam und traurig.

»Ja, es scheint immer zu schade zu sein, etwas Derartiges«, sagte sie. »Es ist doch zu schade.«

II

Mrs Grace Weldon schlenderte durch das aufgeräumte Wohnzimmer und verlieh ihm jenen gewissen weiblichen Schliff. Sie war nicht eben gut im Verleihen von Schliff.

Die Idee selber war reizvoll und ansprechend. Bevor sie verheiratet war, hatte sie davon geträumt, geruhsam in ihrer neuen Wohnung umherzugehen, hier geschickt eine Vase zu verrücken oder dort eine Blume aufzurichten und es dadurch von einem Haus in ein Heim zu verwandeln. Selbst jetzt, nach sieben Ehejahren, sah sie sich im Geiste noch gern bei dieser anmutigen Tätigkeit.

Aber obgleich sie sich jeden Abend gewissenhaft bemühte, sobald die rosenrot schimmernden Lampen angezündet waren, war sie stets ein wenig verwirrt, wie man eigentlich diese kleinen Wunder anstellte, die einem Raum ein völlig anderes Gesicht geben. Das Wohnzimmer, so schien ihr, sah doch ganz gut aus, so wie es war, so gut jedenfalls, wie es jemals aussehen würde mit dieser Kamineinfassung und den gleichen alten Möbeln. Delia, eines der allerweiblichsten Wesen, hatte es früher am Tag mit all dem Schliff ihrer persönlichen Prägung versehen, und ihr Werk war seither in keiner Weise beeinträchtigt worden. Aber die Aufgabe, einer Sache ein völlig anderes Gesicht zu geben, so hatte Mrs Weldon stets gehört, konnte niemals der Dienerschaft überlassen werden. Schliff oblag der Hausfrau. Und Mrs Weldon war nicht die Person, die sich einer übernommenen Pflicht entzog.

Mit einer geradezu mitleiderregenden Miene der Unsicherheit näherte sie sich dem Kaminsims, nahm eine kleine japanische Vase auf und stand mit ihr in der Hand da, während sie sich hilflos im Zimmer umsah. Das weiß lackierte Bücherregal zog ihre Aufmerksamkeit auf sich, und dankbar schritt sie zu ihm hinüber und stellte die Vase da ab, wobei sie vorsichtig diverse Nippsachen umgruppierte, um Platz zu schaffen. Um das Gedränge zu mildern, griff sie zu einer gerahmten Fotografie von Mr Weldons Schwester in Abendkleid und Brille, schaute sich wieder überall um und stellte sie dann schüchtern auf dem Klavier ab. Sie strich einschmeichelnd den Klavierüberwurf glatt, rückte die Notenhefte von *A Day in Venice, To a Wild Rose* und Kreislers *Caprice Viennois* zurecht, die sich stets auf dem Notenständer befanden, ging hinüber zum Teetisch und nahm einen Platzwechsel zwischen dem Milchkännchen und der Zuckerdose vor.

Dann trat sie zurück und inspizierte ihre Neuerungen. Es war erstaunlich, wie wenig sie das Zimmer veränderten.

Seufzend wandte Mrs Weldon ihre Aufmerksamkeit einer Schale mit Narzissen zu, die schon etwas über ihre erste Frische hinaus waren. Hier gab es nichts für sie zu tun; die allwissende Delia hatte ihnen frisches Wasser gegeben, ihre Stiele gekürzt und die bereits verwelkteren Schwestern entfernt. Dennoch beugte sich Mrs Weldon über sie und zupfte behutsam an ihnen herum.

Sie hielt sich gern für einen Menschen, bei dem Blumen gedeihen, der immer Blühendes um sich haben muss, um wahrhaft glücklich zu sein. Wenn ihre Wohnzimmerblumen abstarben, vergaß sie fast nie, am nächsten Tag im Blumengeschäft vorbeizuschauen und einen neuen Strauß zu besorgen. Sie erzählte den Leuten, in kleinen vertraulichen Ergüssen, dass sie Blumen liebte. Es lag etwas geradezu Entschuldigendes in der Art, wie sie ihr zartes Bekenntnis vorbrachte, als bäte sie ihre

Zuhörer, sie hinsichtlich ihres Geschmacks nicht für zu exzentrisch zu halten. Es hatte fast den Anschein, als erwarte sie von dem Betreffenden, bei ihren Worten erschreckt zurückzuweichen und auszurufen: »Doch nicht wirklich! Ja, wo *soll* das bloß hinführen?«

Sie hatte noch weitere kleine Geständnisse ihrer Schwächen zur Hand, die sie von Zeit zu Zeit ablegte; stets mit einem kleinen Zögern, als wäre es ihr verständlicherweise peinlich, ihr Herz zu offenbaren, sprach sie von ihrer Liebe zu Farben, dem Land, vergnügten Stunden, einem wirklich interessanten Stück, schönen Stoffen, gut gemachten Kleidern und Sonnenschein. Doch es war ihre Zuneigung zu Blumen, die sie am häufigsten eingestand. Sie schien zu glauben, dass diese, mehr noch als ihre anderen Voreingenommenheiten, sie von der Masse abhob.

Mrs Weldon gab den betagten Narzissen nun einen letzten leichten Klaps und inspizierte noch einmal das Zimmer, um zu sehen, ob sich noch weitere Verschönerungen anboten. Ihre Lippen zogen sich zusammen, als ihr die kleine japanische Vase ins Auge fiel; an ihrem ursprünglichen Platz hatte sie sich eindeutig besser gemacht. Sie stellte sie zurück, und der Ärger, den der Anblick des Kaminsimses ihr stets bereitete, stieg in ihr auf.

Sie hatte die Kamineinfassung vom ersten Moment an gehasst, als sie sich die Wohnung angesehen hatten. Es gab noch anderes, was sie ebenfalls stets daran gehasst hatte – den langen, schmalen Flur, das dunkle Esszimmer, den unzureichenden Schrankraum. Aber Ernest hatte die Wohnung allem Anschein nach durchaus gemocht, und so hatte sie nichts gesagt, weder damals noch seither. Was hatte es schließlich für einen Zweck, deswegen viel Aufhebens zu machen? Vermutlich gab es überall Nachteile, ganz egal, wo sie lebten. Es hatte jedenfalls genug gegeben in ihrer letzten Wohnung.

So hatten sie die Wohnung für fünf Jahre gemietet – vier Jahre und drei Monate Mietzeit blieben noch. Mrs Weldon fühlte sich plötzlich erschöpft. Sie legte sich auf die Chaiselongue und presste ihre dünne Hand gegen ihr stumpfes braunes Haar.

Mr Weldon kam die Straße herunter, fast waagrecht vornübergebeugt in seinem Kampf mit dem Wind vom Fluss. Ihm gingen wieder die allabendlichen düsteren Gedanken durch den Kopf, in der Nähe des Riverside Drive zu wohnen, fünf Straßen von einem U-Bahnhof entfernt – zwei dieser Straßen von heftigen Windstößen durchtobt. Er mochte die Wohnung nicht sehr, selbst wenn er dort ankam. Sobald er das Esszimmer gesehen hatte, war ihm klar gewesen, dass sie immer bei künstlichem Licht würden frühstücken müssen – eine Sache, die er hasste. Aber Grace hatte das, wie es schien, nie bemerkt, und so war er still gewesen. Es machte ohnehin nicht viel aus, sagte er sich. Mit ziemlicher Sicherheit war überall irgendetwas nicht in Ordnung. Das Esszimmer war nicht viel schlimmer als das Schlafzimmer zum Hof in ihrer letzten Wohnung. Grace hatte sich allem Anschein nach auch daran nie gestoßen.

Mrs Weldon öffnete die Tür auf sein Läuten.

»Na?«, sagte sie heiter.

Sie lächelten sich strahlend an.

»Hal-lo«, sagte er. »Na? Zu Hause?«

Sie küssten sich flüchtig. Sie sah mit höflichem Interesse zu, wie er Hut und Mantel aufhängte, die Abendzeitungen aus der Tasche nahm und ihr eine aushändigte.

»Die Zeitungen mitgebracht?«, sagte sie und nahm sie.

Sie ging ihm durch den schmalen Flur in das Wohnzimmer voraus, wo er sich langsam in seinen großen Sessel sinken ließ, mit einem Geräusch zwischen einem Seufzer und einem Stöhnen. Sie setzte sich ihm gegenüber auf die Chaiselongue. Wieder lächelten sie sich strahlend an.

»Na, was hast du heute denn so getrieben?«, erkundigte er sich.

Sie hatte die Frage erwartet. Sie hatte sich zurechtgelegt, bevor er heimkam, wie sie ihm all die kleinen Begebenheiten ihres Tages erzählen würde – wie die Frau im Lebensmittelladen eine Auseinandersetzung mit der Kassiererin gehabt hatte und wie Delia zum Mittagessen mit mäßigem Erfolg einen neuen Salat ausprobiert hatte und wie Alice Marshall zum Tee gekommen war und dass es stimmte, dass Norma Matthews wieder ein Kind erwartete. Sie hatte daraus eine lebhafte kleine Geschichte gesponnen und mit Bedacht amüsante Beschreibungen gewählt; hatte geglaubt, dass sie sie gut und mit Esprit erzählen würde und dass er vielleicht über die Schilderung des Zwischenfalls im Lebensmittelgeschäft lachen würde. Aber nun, da sie darüber nachdachte, erschien sie ihr wie eine lange, öde Tirade. Sie hatte nicht die Energie, damit anzufangen. Und er entfaltete bereits seine Zeitung.

»Ach, eigentlich nichts«, sagte sie mit einem munteren kleinen Lachen. »Hast du einen angenehmen Tag verbracht?«

»Nun –«, begann er. Er hatte mit dem Gedanken gespielt, ihr zu erzählen, wie er das Geschäft mit Detroit schließlich doch noch unter Dach und Fach gebracht hatte und wie entzückt J. G. allem Anschein nach darüber gewesen war. Aber sein Interesse erlahmte, kaum dass er zu sprechen begann. Außerdem war sie ganz davon in Anspruch genommen, einen losen Faden an den Wollfransen eines der Kissen neben ihr abzureißen.

»Ach, ganz leidlich«, sagte er.

»Müde?«, fragte sie.

»Nicht sehr«, antwortete er. »Warum – möchtest du heute Abend etwas unternehmen?«

»Tja, nur wenn du willst«, sagte sie strahlend. »Was immer du möchtest.«

»Was immer *du* möchtest«, korrigierte er sie.

Das Thema war beendet. Zum dritten Mal wurde ein Lächeln ausgetauscht, und dann versteckte er sich fast völlig hinter seiner Zeitung.

Mrs Weldon wandte sich ebenfalls der Zeitung zu. Aber es war ein schlechter Abend für Neuigkeiten – eine lange Rede von irgendwem, ein Plan für eine Mülldeponie, ein projektiertes Luftschiff, ein vier Tage alter mysteriöser Mordfall. Niemand, den sie kannte, war gestorben oder hatte sich verlobt oder geheiratet oder hatte an einer Festlichkeit teilgenommen. Die auf der Frauenseite abgebildeten Modelle waren für Miss Vierzehn-bis-Sechzehn. Die Reklamen betrafen weitgehend Brot und Soßen und Herrenbekleidung und Räumungsverkäufe von Küchengeräten. Sie legte die Zeitung weg.

Sie fragte sich, wie Ernest einer Zeitung so viel Vergnügen abgewinnen konnte. Er konnte sich fast eine Stunde lang mit einer beschäftigen und dann zu einer anderen greifen und die gleichen Nachrichten mit unvermindertem Interesse von vorne bis hinten durchgehen. Sie wünschte, dass sie das könnte. Sie wünschte, mehr noch als das, dass ihr etwas zu sagen einfallen würde. Sie sah sich im Zimmer nach einer Anregung um.

»Schon meine hübschen Närrchenzissen bemerkt?«, sagte sie, angeregt. Jedem anderen gegenüber hätte sie sie Narzissen genannt.

Mr Weldon blickte in Richtung der Blumen.

»M-hm«, sagte er zur Bestätigung und wandte sich wieder den Nachrichten zu.

Sie schaute ihn an und schüttelte verzweifelt den Kopf. Er sah es nicht hinter der Zeitung; und sie sah nicht, dass er nicht las. Er wartete, die Hände um das bedruckte Blatt gekrampft, bis die Knöchel blauweiß waren, auf ihre nächste Äußerung.

Sie kam.

»Ich liebe Blumen«, sagte sie in einer ihrer kleinen vertraulichen Anwandlungen.

Ihr Mann antwortete nicht. Er seufzte, sein Griff lockerte sich, und er las weiter.

Mrs Weldon durchsuchte das Zimmer nach einer weiteren Anregung.

»Ernie«, sagte sie, »ich sitze gerade so gemütlich. Würdest du nicht bitte aufstehen und mir mein Taschentuch vom Klavier holen?«

Er erhob sich sofort. »Aber natürlich«, sagte er.

Die Art und Weise, Leute zu bitten, einem Taschentücher zu bringen, dachte er, als er zu seinem Sessel zurückging, bestand darin, sie darum zu bitten, und nicht darin, sie denken zu lassen, man erweise ihnen einen Gefallen. Entweder freiheraus fragen, ob sie es tun würden oder nicht, oder aber aufstehen und sich sein Taschentuch selbst holen.

»Vielen herzlichen Dank«, sagte seine Frau überschwänglich.

Delia erschien in der Türöffnung. »Abendessen«, murmelte sie verschämt, als ob dies ein nicht ganz anständiges Wort für eine junge Frau sei, und verschwand.

»Abendessen, Ernie«, rief Mrs Weldon munter und erhob sich.

»Noch einen Moment«, ertönte es undeutlich hinter der Zeitung hervor.

Mrs Weldon wartete. Dann ging sie mit zusammengekniffenen Lippen hinüber und nahm ihrem Mann spielerisch die Zeitung aus der Hand. Sie lächelte ihn vorsichtig an, und er lächelte zurück.

»Geh schon mal rein«, sagte er und stand auf. »Ich komme gleich nach. Ich muss mir nur noch die Hände waschen.«

Sie blickte ihm nach, und in ihrem Innern fand eine Art Vulkanausbruch statt. Man sollte meinen, dass er nur ein einziges Mal – nur an einem einzigen Abend – hingehen und sich die Hände waschen könnte, bevor zum Abendessen gerufen wurde. Nur ein einziges Mal – das schien doch nicht zu viel verlangt. Aber sie sagte nichts. Es war bei Gott ärgerlich, aber letztendlich nicht der Mühe wert, deshalb viel Aufhebens zu machen.

Sie wartete, fröhlich und strahlend, höflich davon absehend, mit ihrer Suppe anzufangen, als er sich an den Tisch setzte.

»Oh, Tomatensuppe, was?«, sagte er.

»Ja«, antwortete sie. »Die magst du doch, nicht wahr?«

»Wer – ich?«, sagte er. »Oh, ja. Ja, in der Tat.«

Sie lächelte ihn an.

»Ja, ich dachte mir, dass du sie magst«, sagte sie.

»Du magst sie doch auch, nicht wahr?«, erkundigte er sich.

»Oh, ja«, versicherte sie ihm. »Ja, ich mag sie sogar sehr. Ich esse schrecklich gern Tomatensuppe.«

»Ja«, sagte er, »es gibt kaum etwas Besseres an einem kalten Abend als Tomatensuppe.«

Sie nickte.

»Das finde ich auch«, gestand sie.

Im Laufe ihres Ehelebens hatte es bei ihnen vermutlich dreimal im Monat Tomatensuppe zum Abendessen gegeben.

Die Suppe war gegessen, und Delia brachte das Fleisch herein.

»Na, das sieht aber gut aus«, sagte Mr Weldon und schnitt es auf. »Wir haben lange kein Steak mehr gehabt.«

»Oh, doch, das haben wir, Ern«, sagte seine Frau eifrig. »Das hatten wir – lass mich überlegen, an welchem

Abend waren die Baileys da? –, das hatten wir Mittwoch-abend – nein, Donnerstagabend. Erinnerst du dich nicht?«

»Tatsächlich?«, sagte er. »Ja, du hast vermutlich recht. Es schien mir nur irgendwie länger her zu sein.«

Mrs Weldon lächelte höflich. Ihr fiel nichts ein, um den Meinungsaustausch in die Länge zu ziehen.

Worüber unterhielten sich Eheleute eigentlich, wenn sie miteinander allein waren? Sie hatte Ehepaare – nicht zweifelhafte, sondern Leute, von denen sie wirklich wusste, dass sie Mann und Frau waren – im Theater oder in der Eisenbahn gesehen, die sich so angeregt miteinander unterhielten, als ob sie bloß Bekannte wären. Sie beobachtete sie immer voller Verwunderung und fragte sich, was um alles in der Welt sie sich zu sagen fanden.

Sie konnte sich recht gut mit anderen Leuten unterhalten. Die Zeit schien ihr nie auszureichen, um ihren Freundinnen alles zu erzählen, was sie ihnen sagen wollte; sie dachte daran, wie sie noch nachmittags auf Alice Marshall eingeredet hatte. Männer wie Frauen fanden es reizvoll, ihr zuzuhören; nicht brillant, nicht besonders witzig, aber doch amüsant und anregend. Sie war nie um Worte verlegen, nie bewusst um Gesprächs-stoff bemüht. Sie hatte ein gutes Gedächtnis für die neu-esten Klatschgeschichten oder kleine Anekdoten über Prominente, die sie irgendwo gelesen oder gehört hatte, und verstand es, sie unterhaltsam wiederzugeben. Dinge, die die Leute zu ihr sagten, animierten sie zu prompten Erwiderungen und zu weiteren amüsanten Schilderun-gen. Nicht dass diese Leute vor Geist gesprüht hätten; es war nur so, dass sie mit ihr sprachen.

Das war der Trick dabei. Wenn niemand etwas zu einem sagt, wie soll man da ein Gespräch fortsetzen? Im Stillen war sie immer erbittert und verärgert über Ernest, weil er ihr nicht aushalf.

Ernest schien ebenfalls recht redselig, wenn er mit anderen zusammen war. Die Leute sprachen sie ständig an und sagten ihr, wie sehr sie sich gefreut hätten, ihren Mann kennenzulernen, und wie kurzweilig er sei. Sie taten dies nicht einfach aus Höflichkeit. Es bestand kein Grund, weshalb sie sich die Mühe machen sollten, das zu sagen.

Selbst wenn sie und Ernest ein anderes Ehepaar zum Abendessen oder zum Bridge eingeladen hatten, redeten und lachten sie beide den ganzen Abend lang unbekümmert. Aber kaum sagten die Gäste Gute Nacht und was für ein furchtbar netter Abend es gewesen sei, und die Tür hatte sich hinter ihnen geschlossen, standen die Weldons wieder da, ohne sich etwas zu sagen zu haben. Es wäre intim und amüsant gewesen, miteinander über die Kleidung und die Bridgekünste und die vermutlichen häuslichen und finanziellen Angelegenheiten ihrer Gäste zu sprechen, und sie tat es am nächsten Tag auch, unter großer Anteilnahme, mit Alice Marshall oder einer anderen Freundin. Aber mit Ernest konnte sie es nicht. Sobald sie damit anfing, stellte sie fest, dass sie es einfach nicht über sich brachte.

So räumten sie denn den Kartentisch weg und leerten die Aschenbecher, mit vielen »Oh, Entschuldigung« und »Nein, nein – ich war dir im Weg«, und dann sagte Ernest meist: »Na, ich geh wohl schon mal zu Bett«, und sie antwortete dann: »Ist gut – ich komme in einer Minute nach«, und dann lächelten sie sich fröhlich an, und wieder war ein Abend vorbei.

Sie versuchte, sich daran zu erinnern, worüber sie sich früher unterhalten hatten, vor der Heirat, als sie noch verlobt waren. Es schien ihr, dass sie einander nie viel zu sagen gehabt hatten. Aber damals hatte sie sich darüber keine Gedanken gemacht; sie hatte sogar, als sie miteinander gingen, die Befriedigung eines Menschen empfunden, der recht hat, denn sie hatte immer gehört, dass wahre Liebe sprachlos ist. Außerdem hatte es damals immer Küsse und Ähnliches gegeben, die einen in Anspruch nahmen. Aber es hatte sich herausgestellt, dass die wahre Ehe anscheinend ebenso stumm war. Und man kann sich ja nicht auf Küsse und all das Übrige verlassen, um die Abende zu verbringen, nach sieben Jahren.

Man sollte meinen, dass man sich daran gewöhnen würde, in sieben Jahren, einsehen würde, dass das nun einmal so ist, und es dabei bewenden lassen. Aber das tut man eben nicht. So etwas geht einem auf die Nerven. Es ist kein Schweigen von jener anheimelnden, angenehmen Art, in das Menschen gelegentlich gemeinsam versinken. Es gibt einem ein Gefühl, als ob man etwas dagegen unternehmen müsste, als ob man seine Pflicht nicht erfüllte. Man hat das Gefühl, das eine Gastgeberin beschleicht, wenn ihre Party schlecht läuft, wenn ihre Gäste in Ecken herumsitzen und es ablehnen, sich zu den anderen zu begeben. Es macht nervös und unsicher, und man redet verzweifelt über Tomatensuppe und sagt Dinge wie »Närrchenzissen«.

Mrs Weldon fahndete im Geist nach einem Thema, das sie ihrem Mann anbieten könnte. Da war Alice Marshalls neue Abmagerungsmethode – nein, das war ziemlich langweilig. Da war diese Meldung, die sie in der Morgenzeitung über einen siebenundachtzigjährigen Mann gelesen hatte, der, als vierte Ehefrau, ein Mädchen von zwanzig genommen hatte – das hatte er vermutlich schon gesehen, und solange er es nicht für erwähnenswert gehalten hatte, würde er es auch nicht für hörenswert halten. Da war diese Sache, die der kleine Junge der Baileys über Jesus gesagt hatte – nein, das hatte sie ihm schon gestern Abend erzählt.

Sie schaute zu ihm hinüber, wie er gedankenlos seine Rhabarber-Pie aß. Sie wünschte, er würde sich nicht dieses fettige Zeug auf den Kopf schmieren. Vielleicht war es notwendig, wenn ihm wirklich die Haare ausfielen, aber er hätte wohl doch ein reizvolleres Mittel finden können, wenn er nur so viel Zartgefühl an den Tag legen würde, danach zu suchen. Und wieso mussten ihm eigentlich die Haare ausfallen? Es war etwas fast Abstoßendes an Leuten mit Haarausfall.

»Schmeckt dir die Pie, Ernie?«, fragte sie lebhaft.

»Tja, ich weiß nicht«, sagte er und dachte darüber nach. »Ich bin nicht gerade scharf auf Rhabarber, glaube ich. Du etwa?«

»Nein, ich bin nicht gerade furchtbar scharf darauf«, antwortete sie. »Aber ich bin ja eigentlich auf Pie überhaupt nicht scharf.«

»Wirklich nicht?«, sagte er, höflich erstaunt. »Ich mag Pie eigentlich sehr gern – manche jedenfalls.«

»Tatsächlich?« Das höfliche Erstaunen lag nun auf ihrer Seite.

»Na ja«, sagte er. »Ich mag eine schöne Heidelbeer-Pie oder eine schöne Zitronencreme-Pie oder eine –« Er verlor das Interesse an der Sache, und seine Stimme erstarb.

Er vermied es, ihre linke Hand anzusehen, die mit der Handfläche nach oben auf der Tischkante lag. Die langen, grauweißen Enden ihrer Nägel ragten über die Spitzen ihrer Finger hinaus, und der Anblick berührte ihn unangenehm. Warum in Gottes Namen musste sie ihre Fingernägel so widernatürlich lang tragen und sie so entsetzlich spitz feilen? Wenn er etwas nicht ausstehen konnte, dann eine Frau mit spitzen Fingernägeln.

Sie kehrten ins Wohnzimmer zurück, wo sich Mr Weldon wieder in seinen Sessel gleiten ließ und nach der zweiten Zeitung griff.

»Ganz sicher, dass du heute Abend nichts Besonderes unternehmen möchtest?«, fragte er fürsorglich. »Beispielsweise ins Kino gehen oder so?«

»Oh, nein«, sagte sie. »Außer wenn du etwas unternehmen willst.«

»Nein, nein«, antwortete er. »Ich habe nur gedacht, dass du vielleicht willst.«

»Nur wenn du willst«, sagte sie.

Er machte sich an seine Zeitung, und sie ging ziellos im Zimmer umher. Sie hatte vergessen, sich ein neues Buch aus der Bibliothek zu holen, und es war ihr noch nie im Leben eingefallen, ein bereits beendetes Buch noch einmal zu lesen. Sie dachte flüchtig daran, eine Patience zu legen, aber sie hatte nicht genug dafür übrig, um sich die Mühe zu machen, die Karten zu holen und den Tisch aufzubauen. Es gab eine Näharbeit, die sie erledigen konnte, und sie dachte, dass sie alsbald ins Schlafzimmer gehen und das Nachthemd holen könnte, das sie sich machte. Ja, das würde sie vermutlich tun, in einem Weilchen.

Ernest würde eifrig lesen und etwa in der Mitte der Zeitung laut zu gähnen beginnen. Etwas passierte in Mrs Weldon, wenn er das tat. Sie würde murmeln, dass sie mit Delia sprechen müsste, und in die Küche eilen. Sie würde ziemlich lange dort bleiben, vage in Töpfe schauen und sich halbherzig nach Wäschelisten erkundigen, und wenn sie zurückkehrte, würde er bereits verschwunden sein, um sich zum Schlafengehen fertig zu machen.

Im Jahr verliefen von ihren Abenden dreihundert auf diese Weise. Sieben mal dreihundert ist über zweitausend.

Mrs Weldon ging ins Schlafzimmer und holte ihre Näharbeit. Sie setzte sich, hielt den rosa Satin auf den Knien fest und begann, das Oberteil des halb fertigen Kleidungsstücks mit schmaler Spitze einzufassen. Es war eine diffizile Tätigkeit. Der dünne Faden verknotete sich und zog sich zusammen, und sie konnte das Licht nicht so einstellen, dass der Schatten ihres Kopfes nicht auf ihre Arbeit fiel. Ihr wurde von der Überanstrengung ihrer Augen leicht übel.

Mr Weldon blätterte eine Seite um und gähnte laut. »Uh-hah-hah-hah-hah-«, machte er in absteigender Tonfolge. Er gähnte erneut, und diesmal ging er die Tonleiter nach oben.

III

»Meine Liebe«, sagte Mrs Ames zu Mrs Marshall, »glauben Sie wirklich nicht, dass da eine andere Frau im Spiel gewesen sein muss?«

»Oh, ich kann mir so etwas beim besten Willen nicht denken«, sagte Mrs Marshall. »Nicht bei Ernest Weldon. So hingebungsvoll – jeden Abend um halb sieben zu Hause, und so ein guter Gesellschafter, und so fidel und alles. Ich kann mir nicht vorstellen, dass es das gewesen sein könnte.«

»Manchmal«, bemerkte Mrs Ames, »sind es gerade diese furchtbar fidelen Männer.«

»Ja, ich weiß«, sagte Mrs Marshall. »Aber doch nicht Ernest Weldon. Also, ich sagte immer zu Jim: ›Ich habe noch nie im Leben einen so hingebungsvollen Ehemann erlebt‹, sagte ich. Oh, nicht Ernest Weldon.«

»Ich nehme nicht an«, begann Mrs Ames und zögerte. »Ich nehme doch nicht an«, fuhr sie fort und drückte unverwandt die aufgeweichte Zitronenscheibe in ihrer Tasse mit dem Teelöffel aus, »dass Grace – dass es jemals jemanden gab – oder so etwas?«

»Himmel, aber nein«, rief Mrs Marshall. »Grace Weldon hat diesem Mann doch ihr Leben geopfert. Es war immer Ernest hier und Ernest da. Ich kann es einfach nicht begreifen. Wenn es irgendeinen denkbaren Grund gegeben hätte – wenn sie sich je gestritten hätten oder wenn Ernest trinken würde oder so etwas. Aber sie kamen so wunderbar miteinander aus – also, es hat fast den Anschein, als ob sie verrückt gewesen sein müssten, hinzugehen und so etwas zu tun. Na, ich kann Ihnen auch nicht annähernd schildern, wie melancholisch mich das gemacht hat. Es scheint einfach furchtbar zu sein.«

»Ja«, sagte Mrs Ames, »es ist ganz gewiss zu schade.«

MR DURANT
(Mr Durant)

Seit guten zehn Tagen hatte Mr Durant keine derartige Seelenruhe mehr gekannt. Er gab sich ihr hin, hüllte sich in sie ein, warm und weich, wie in einen neuen und kostspieligen Mantel. Gott, für den Mr Durant eine gutmütige Zuneigung hegte, war droben im Himmel, und Mr Durants Welt war wieder in heiler Ordnung.

Eigenartig, wie diese wiedererlangte Gelassenheit seine Freude an der gewohnten Umgebung steigerte. Er schaute zurück auf das Gummiwerk, das er soeben für heute verlassen hatte, und nickte beifällig dem massiven roten Gebäudekomplex zu, den sechs ordentlichen Stockwerken, die eindrucksvoll in die Dunkelheit emporragten. Man konnte lange suchen, dachte er, ehe man eine rührigere Firma fand; und ein behagliches, besitzergreifendes Gefühl, davon ein Teil zu sein, stieg in ihm auf.

Er blickte liebenswürdig die Center Street hinunter und stellte fest, wie friedlich die Lichter strahlten. Selbst das nasse, eingedrückte Pflaster, das mit tiefen Pfützen übersät war, nährte sein Vergnügen, indem es das sanfte Leuchten darüber reflektierte. Und um sein Wohlbehagen zu vervollständigen, kam die Bahn, auf die er wartete, mit bewundernswerter Pünktlichkeit weit drunten am Schienenstrang in Sicht. Er dachte, mit einer gewissen aufgeräumten Zärtlichkeit, an das Ziel, zu dem sie ihn bringen würde; an sein Abendessen – es war Fischauf-

lauf-Tag –, an seine Kinder, an seine Frau, in der genann-
ten Reihenfolge. Dann wandte er seine wohlwollende
Aufmerksamkeit dem Mädchen zu, das neben ihm stand
und offensichtlich ebenfalls auf die Center-Street-Bahn
wartete. Er war entzückt, heftiges Interesse für sie zu
verspüren. Er betrachtete es als ihm eindeutig zur Ehre
gereichend, dass er derartigen Dingen erneut normale
Beachtung schenken konnte. Zwanzig Jahre jünger – so
fühlte er sich.

Ziemlich schäbig war sie, in ihrer genoppten Jacke,
deren Zottigkeit hie und da abgewetzt war. Aber es lag
etwas in der Art, wie ihr billiger, doch aparter Turban
in ihre Stirn gedrückt war, in der Art, wie ihre schmächtige Figur sich unter der losen Jacke bewegte. Mr Durant
spitzte die Zunge und strich damit sanft über seine kühle,
glatte Oberlippe.

Die Bahn näherte sich, kam ratternd vor ihnen zum
Stehen. Mr Durant trat ritterlich zur Seite, um dem Mädchen den Vortritt zu lassen. Er half ihr nicht beim Einsteigen, doch die umsichtige Art, wie er diesen Vorgang
überwachte, vermittelte den Eindruck, als hätte er ihr
tatsächlich beigestanden.

Ihr enger kurzer Rock rutschte an ihren schmächtigen,
hübschen Beinen hinauf, als sie die hohe Stufe nahm. In
einem ihrer dünnen Seidenstrümpfe war eine Laufmasche. Das Mädchen war sich ihrer zweifellos nicht bewusst; sie war ziemlich weit hinten nahe der Naht und
ging, vermutlich vom Hüftgürtel aus, bis auf halbe Höhe
der Wade. Mr Durant hatte das sonderbare Verlangen,
seinen Daumennagel in das gegenwärtige Ende der Lauf-

masche zu stecken und sie nach unten zu ziehen, bis die feine Linie der fallen gelassenen Maschen die Oberkante des flachen Schuhs des Mädchens erreichte. Ein nachsichtiges Lächeln ob dieses Einfalls spielte um seinen Mund, das sich zu einem Grinsen als leutseligem Abendgruß für den Schaffner ausweitete, als er die Bahn bestieg und den Fahrpreis entrichtete.

Das Mädchen setzte sich irgendwo ziemlich weit vorne hin. Mr Durant fand einen ihm genehmen Platz weit hinten und renkte sich den Hals aus, um einen Blick auf sie zu werfen. Er konnte undeutlich eine Windung ihres Turbans und ein kleines Stück ihrer stark geschminkten Wange sehen, jedoch nur um den Preis einer angespannten und alsbald schmerzhaften Kopfhaltung. Erwärmt von der Gewissheit, dass es immer andere geben würde, ließ er von ihr ab und machte es sich bequem. Er hatte eine Fahrt von etwa zwanzig Minuten vor sich. Er gestattete seinem Kopf, sanft nach hinten zu fallen, ließ seine Augenlider sinken und gab sich seinen Gedanken hin. Nun, da alles zufriedenstellend aus der Welt geschafft war, konnte er unbeschwert, fast lachend daran denken. Letzte Woche dagegen, und sogar während eines Teils der Woche davor, hatte er mit aller Kraft versuchen müssen, sie zurückzudrängen, wann immer sie ihm gewaltsam in den Sinn kam. Sie hatte sogar seinen Schlaf beeinträchtigt. Und obwohl er nun durch seine neu gewonnene belustigte Geisteshaltung geschützt war, fühlte Mr Durant noch Entrüstung in sich aufsteigen, wenn er sich an jene schlaflosen Nächte erinnerte.

Er hatte Rose vor etwa drei Monaten kennengelernt.

Sie war in sein Büro geschickt worden, um für ihn Briefe aufzunehmen. Mr Durant war stellvertretender Leiter der Kreditabteilung der Gummigesellschaft; seine Frau pflegte ihn als einen der leitenden Angestellten der Gesellschaft zu bezeichnen, und obwohl sie oft in seiner Gegenwart zu anderen so von ihm sprach, bemühte er sich nie, sich eingehender über seine Position auszulassen. Ihm standen ein Zimmer, ein Schreibtisch und ein Telefon für sich allein zu; aber keine Stenotypistin. Wenn er etwas zu diktieren wünschte oder Briefe mit der Maschine abgeschrieben haben wollte, telefonierte er bei den verschiedenen anderen leitenden Angestellten herum, bis er ein Mädchen fand, das gerade selbst nicht zu sehr beschäftigt war. Auf diese Weise war Rose zu ihm gekommen.

Sie war nicht hübsch. Eindeutig nicht. Aber sie hatte eine gewisse liebliche Zerbrechlichkeit an sich und eine fast verzweifelte Schüchternheit, die Mr Durant einmal anziehend gefunden hatte, an die er nun aber mit irritierender Verärgerung dachte. Sie war zwanzig, und der Zauber der Jugend umgab sie. Wenn sie sich über ihre Arbeit beugte und ihr Rücken weiß durch die leichte Bluse schimmerte, ihr sauberes Haar sich glatt in ihrem schmächtigen Nacken rollte, ihre geraden kindlichen Beine am Knie übereinandergeschlagen waren, um ihren Block zu stützen, dann hatte sie einen unbestreitbaren Reiz.

Aber nicht hübsch – nein. Ihr Haar war nicht von der Art, die sich gut aufstecken ließ, ihre Augenwimpern und Lippen waren zu blass, sie hatte nicht viel Geschick darin, ihre billigen Kleider auszusuchen und zu tragen. Als Mr Durant die ganze Sache Revue passieren ließ, empfand er Erstaunen, dass Rose ihn überhaupt je für sich eingenommen hatte. Aber es war ein tolerantes Erstaunen, kein ungeduldiges. Rückblickend sah er sich in der ganzen Affäre bereits schlicht als einen Mann von Format.

Es kam ihm nicht in den Sinn, auch nur einen Funken Überraschung zu empfinden, dass Rose derart lebhaft auf ihn reagiert hatte, einen unerschütterlich verheirateten Mann von neunundvierzig. Er sah sich nie auf diese Art. Lachend pflegte er zu Rose zu sagen, dass er alt genug sei, ihr Vater zu sein, aber keiner von beiden glaubte es je wirklich. Er betrachtete ihre Zuneigung zu ihm als die natürlichste Sache der Welt – da war sie, aus einer viel kleineren Stadt stammend, nie die Sorte Mädchen mit vielen Bewunderern um sich; natürlich war sie von den Aufmerksamkeiten eines Mannes geblendet, der, wie Mr Durant es ausdrückte, sich seiner Blüte näherte. Er war von der Vorstellung bezaubert gewesen, dass es in ihrem Leben keine anderen Männer gegeben hatte; seit Kurzem jedoch, weit davon entfernt, sich geschmeichelt zu fühlen, der erste und einzige zu sein, kam es ihm eher so vor, als ob sie ihn heimtückisch ausgenutzt und in diese Lage gebracht hätte.

Es war dann alles erstaunlich leicht gewesen. Mr Durant wusste es praktisch von dem Moment an, als er sie zum ersten Mal sah. Dies schmälerte den Reiz der Sache in seinen Augen nicht. Hindernisse entmutigten ihn eher, als dass sie ihn anspornten. Das Wichtigste war, Scherereien zu vermeiden.

Rose war kein kokettes Mädchen. Sie hatte jene eigenartige Direktheit, die manche sehr schüchterne Menschen besitzen. Selbstverständlich gab es da ihre Bedenken, aber Mr Durant zerstreute sie klug. Nicht, dass er ein Meister dieser Technik gewesen wäre. Er hatte einige Erlebnisse gehabt, wahrscheinlich ein Drittel der Zahl, die er üblicherweise gehabt zu haben glaubte, doch keines hatte ihn viel über die feinen Nuancen des Werbens gelehrt. Aber schließlich erforderte Rose' Naivität auch äußerst wenig.

Sie war ohnehin nie jemand, der viel von ihm verlangte. Sie dachte nie daran, zwischen ihm und seiner Frau Unfrieden zu stiften, bat ihn nie, seine Familie zu verlassen und mit ihr fortzugehen, auch nur für einen Tag. Mr Durant schätzte sie deswegen. Es schaltete eine Menge sonst wahrscheinlichen Ärgers aus.

Es war verblüffend, wie frei sie waren, wie wenig Lügen notwendig war. Sie blieben nach Dienstschluss im Büro – Mr Durant fand viele Briefe, die diktiert werden mussten. Niemand dachte sich etwas dabei. Rose war tagsüber meist beschäftigt, und es war nur rücksichtsvoll, dass Mr Durant nicht die Zeit ihres Arbeitgebers beanspruchte, nur natürlich, dass er eine so gute Stenotypistin wie sie haben wollte, um seine Korrespondenz zu erledigen.

Rose' einzige Verwandte, eine verheiratete Schwester, lebte in einer anderen Stadt. Das Mädchen wohnte bei einer Bekannten namens Ruby, die ebenfalls im Gummiwerk angestellt war, und Ruby, die stark von ihren eigenen Herzensangelegenheiten in Anspruch genommen wurde, schien es nie merkwürdig zu finden, dass Rose zu spät zum Abendessen kam oder überhaupt nicht dazu erschien. Mr Durant konnte seiner Frau ohne Weiteres verständlich machen, dass er von dringenden Geschäften aufgehalten wurde. Es steigerte für sie nur seine Bedeutsamkeit und trieb sie dazu an, besonders appetitliche Gerichte zuzubereiten und sie bis zu seiner Rückkehr umsichtig warm zu halten. Manchmal, bedeutend in ihrem Schuldbewusstsein, löschten Rose und er das Licht in dem kleinen Büro und verschlossen die Tür, um durch diese Winkelzüge die anderen Angestellten denken zu lassen, dass sie längst nach Hause gegangen seien. Aber niemand rüttelte jemals auch nur Einlass begehrend am Türgriff.

Es war alles so einfach, dass Mr Durant daran nie als etwas außerhalb des allgemein Üblichen dachte. Sein Interesse für Rose minderte nicht seine Empfänglichkeit für reizvolle Beine oder aufreizende Blicke am Rande. Es war ein Liebesabenteuer von der geruhsamsten, wohltuendsten Art. Es besaß, für ihn, sogar eine gewisse heimelige Eigenschaft.

Und dann musste alles dummerweise ruiniert werden. »Hätt ich mir denken können«, sagte sich Mr Durant mit tiefer Bitterkeit.

Vor zehn Tagen war Rose weinend in sein Büro gekommen. Sie war so bedacht gewesen, immerhin, bis nach Dienstschluss zu warten, aber alle Welt hätte hereinkommen und sie dort flennen sehen können; Mr Durant glaubte, es nur der effizienten Handhabung seines persönlichen Gottes zu verdanken zu haben, dass nicht doch jemand gekommen war. Sie heulte, wie er es schwungvoll ausdrückte, an allen Ecken und Enden. Die Farbe wich aus ihren Wangen und sammelte sich feucht in ihrer Nase, und Ränder von lebhaftem Rosa bildeten sich um ihre blassen Augenwimpern. Selbst ihr Haar wurde in Mitleidenschaft gezogen; es löste sich von den Nadeln, und lose Strähnen fielen ihr kraftlos in den Nacken. Mr Durant konnte ihren Anblick nicht ausstehen, sich aber auch nicht zu einer Berührung überwinden.

Seine ganze Energie war darauf ausgerichtet, sie zu bestürmen, doch um Gottes willen still zu sein; er fragte sie nicht, was los war. Aber es kam heraus, zwischen Ausbrüchen von unangenehm klingendem Schluchzen. Sie war »in Schwierigkeiten«. Weder damals noch in den darauffolgenden Tagen benutzten sie und Mr Durant je eine weniger taktvolle Redewendung, um ihren Zustand zu beschreiben. Selbst in ihren Gedanken nannten sie ihn so.

Sie hatte es, sagte sie, seit einiger Zeit befürchtet, aber sie hatte ihn nicht damit belästigen wollen, bis sie absolut sicher war. »Wollte mich nicht belästigen!«, dachte Mr Durant.

Natürlich war er wütend. Arglosigkeit ist eine wünschenswerte Sache, eine niedliche Sache, eine ansprechende Sache, dort wo sie angebracht ist; zu weit getrieben, ist sie jedoch bloß lächerlich. Mr Durant wünschte bei Gott, dass er Rose nie gesehen hätte. Er machte ihr diesen Wunsch verständlich.

Aber dadurch ließ sich die Sache nicht aus der Welt schaffen. Seinen Freunden gegenüber hatte er oft aufgeräumt bemerkt, dass er sich »auskannte«. Pannen wie diese ließen sich, wie es Leute von Welt nannten, »beheben« – Damen der New Yorker Gesellschaft, so hatte er gehört, dachten sich faktisch nichts dabei. Auch diese Panne ließ sich beheben. Er veranlasste Rose, nach Hause zu gehen, und sagte ihr, sie solle sich keine Gedanken machen, er werde schon dafür sorgen, dass alles in Ordnung kam. Das Wichtigste war, dass sie von der Bildfläche verschwand, mit dieser Nase und diesen Augen.

Aber sich auskennen und diese Kenntnis in die Praxis umsetzen, erwiesen sich als zwei völlig verschiedene Dinge. Mr Durant wusste nicht, wen er um Auskunft angehen sollte. Er sah sich im Geiste seine Busenfreunde fragen, ob sie ihm jemanden nennen könnten, »zu dem« dieses Mädchen, von dem er gehört hatte, gehen könnte«. Er konnte seine Stimme die Worte aussprechen hören, konnte das nervöse Lachen hören, das sie begleiten würde, ihre schreckliche Plattheit, wenn sie über seine Lippen kamen. Sich einer Person anzuvertrauen hieß, sich mindestens einer Person zu viel anzuvertrauen. Man lebte zwar in einer aufblühenden Stadt, aber sie war immer noch klein genug, dass sich Klatsch wie ein Lauffeuer verbreitete. Nicht dass er auch nur einen Augenblick lang dachte, dass seine Frau eine derartige Sache glauben würde, falls sie ihr zu Ohren kam; aber was hätte es schon für einen Sinn, sie zu beunruhigen?

Mr Durant wurde blass und zerfahren wegen dieser Sache, als die Tage dahingingen. Seine Frau sorgte sich so lange, bis sie einen ihrer Krankheitsanfälle bekam, weil er beim Essen stets verdrießlich eine zweite Portion ablehnte. Täglich stieg in ihm wachsender Zorn auf, dass er in ein Komplott verstrickt worden sein sollte, um einen Weg zu finden, der das Gesetz seines Landes brechen würde – wahrscheinlich das Gesetz jedes Landes der Welt. Jedenfalls jeder anständigen, christlichen Gemeinde.

Es war schließlich Ruby, die ihnen aus der Patsche half. Als Rose ihm gestand, dass sie zusammengebrochen war und Ruby alles erzählt hatte, steigerte sich seine Wut ins Wortlose. Ruby war die Sekretärin des Vizepräsidenten der Gummigesellschaft. Das wäre ja vielleicht reizend, wenn sie alles ausplaudern würde! Er hatte die ganze Nacht lang mit weit aufgerissenen Augen neben seiner Frau gelegen. Ihm schauderte bei dem Gedanken an eine zufällige Begegnung mit Ruby auf dem Korridor.

Aber Ruby hatte es wunderbar einfach gemacht, als sie sich tatsächlich begegneten. Es gab keine vorwurfsvollen Blicke, kein kaltes Abwenden des Gesichts. Sie hatte ihm wie üblich lächelnd »Guten Morgen« gewünscht und einen kurzen Blick nach oben angefügt, schalkhaft, verständnisvoll, mit gerade einer winzigen Spur Bewunderung darin. Es herrschte ein Gefühl der Vertrautheit, eines geteilten Geheimnisses, das sie wohlig miteinander verband. Ein prima Mädchen, diese Ruby!

Ruby hatte alles ohne jegliches Aufheben arrangiert. Mr Durant war nicht unmittelbar mit der Planung befasst. Er erfuhr davon nur durch Rose bei den seltenen Gelegenheiten, da er sie sehen musste. Ruby wusste, über irgendwelche dunklen Freunde, die sie hatte, von »einer Frau«. Es käme auf fünfundzwanzig Dollar. Mr Durant hatte ritterlich darauf bestanden, Rose das Geld zu geben. Sie hatte zu plärren begonnen, als sie es nehmen sollte, aber er hatte sich letztlich durchgesetzt. Nicht dass er die fünfundzwanzig Dollar nicht sehr gut selbst hätte gebrauchen können, gerade jetzt, mit Juniors Zähnen und allem!

Aber nun war ja alles vorbei. Die unbezahlbare Ruby war mit Rose zu »der Frau« gegangen; hatte sie noch am gleichen Nachmittag zum Bahnhof gebracht und in einen Zug zu ihrer Schwester gesetzt. Sie hatte sogar daran gedacht, der Schwester zuvor zu telegrafieren, dass Rose die Grippe gehabt hätte und nun Ruhe brauche.

Mr Durant hatte Rose gedrängt, es einfach als einen kurzen Urlaub zu betrachten. Er versprach zudem, ein gutes Wort für sie einzulegen, wann immer sie ihre Stellung wiederhaben wollte. Aber Rose war bei diesem Gedanken wieder ganz rosa um die Nase geworden. Sie hatte ihre krächzenden Schluchzer herausgeschluchzt, hatte dann ihr Gesicht von ihrem zerknüllten Taschentuch gehoben und mit völlig fremder Entschiedenheit gesagt, dass sie die Gummiwerke oder Ruby oder Mr Durant nie wiedersehen wolle. Er hatte nachsichtig gelacht, hatte sich überwunden, ihren schmalen Rücken zu tätscheln. In seiner Erleichterung über den Ausgang der Dinge konnte er großzügig sein, selbst zu den Nachtragenden.

Er lachte lautlos in sich hinein, als er diese letzte Szene Revue passieren ließ. »Sie hat wohl gemeint, sie würde mich ärgern, wie sie sagte, sie kommt nie mehr zurück«, sagte er sich. »Sie hat wohl gemeint, ich hätte wohl vor ihr auf die Knie sinken und sie anflehen sollen.«

Es war schön, in der Gewissheit zu verweilen, dass die Sache endgültig vorbei war. Mr Durant hatte irgendwo eine Redewendung aufgeschnappt, die perfekt zu dieser Situation zu passen schien. Für ihn war es ein bewundernswert forscher Ausdruck. Es lag etwas Elegantes darin; es war etwas von der Art, die man von Männern zu hören erwartete, die ohne Befangenheit Gamaschen trugen und Spazierstöcke schwangen. Er wandte sie nun mit Befriedigung an.

»Und damit basta«, sagte er sich. Er war nicht sicher, dass er es nicht laut sagte.

Die Bahn verlangsamte ihre Fahrt, und das Mädchen in der genoppten Jacke kam auf die Tür zu. Sie wurde gegen Mr Durant geworfen – er hätte geschworen, dass sie es absichtlich tat –, äußerte lachend ein Wort der Entschuldigung, schenkte ihm, wie er es auffasste, einen einladenden Blick. Er erhob sich halb, um ihr nachzugehen, sank dann aber wieder zurück. Schließlich war es ein regnerischer Abend, und seine Ecke war fünf Straßen weiter. Wieder überkam ihn die wohlige Gewissheit, dass es immer andere geben würde.

Bester Laune verließ er die Bahn an seiner Straße und ging in Richtung seines Hauses. Es war ein scheußlicher Abend, doch die eindringende Kälte und der dunkle Regen ließen nur umso plastischer das Bild hervortreten von dem warmen, erleuchteten Haus, der großen Schüssel mit dampfendem Fischauflauf, den wohlerzogenen Kindern und der braven Ehefrau, die ihn erwarteten. Er ging ziemlich langsam, um all dies durch das Warten noch besser erscheinen zu lassen, und summte ein wenig, während er den ordentlichen Bürgersteig entlangging, vorbei an den soliden, ehrbar schäbigen Häusern.

Zwei Mädchen rannten an ihm vorbei, die ihre Hände über den Köpfen hielten, um ihre Hüte vor der Nässe zu schützen. Er genoss das Klappern ihrer Absätze auf dem Pflaster, ihre kurzen, atemlosen Lachsalven, ihre Arme, die in einer Haltung erhoben waren, die die klaren Linien ihrer Körper hervortreten ließ. Er wusste, wer sie waren – sie wohnten drei Türen von ihm entfernt, in dem Haus mit dem Laternenpfahl davor. Ihr frischer Liebreiz war ihm oft aufgefallen und im Gedächtnis geblieben. Er beeilte sich, um sehen zu können, wie sie die Treppe hinaufliefen und ihre kurzen engen Röcke dabei an ihren Beinen hinaufrutschten. Ihm kam wieder das Mädchen mit der Laufmasche in den Sinn, und ergötzliche Gedanken erfüllten ihn, als er sein eigenes Haus betrat.

Seine Kinder rannten lärmend herbei, um ihn zu begrüßen, als er die Tür aufschloss. Etwas Aufregendes war im Gange, denn Junior und Charlotte waren im Allgemeinen zu gut erzogen, um anderen Menschen Unbehagen zu verursachen, indem sie auf sie losstürzten und einredeten. Es waren nette, vernünftige Kinder, gut in der Schule und peinlich darauf bedacht, sich die Zähne zu putzen, die Wahrheit zu sagen und Spielkameraden zu meiden, die unanständige Ausdrücke benutzten. Junior würde einmal das genaue Ebenbild seines Vaters sein, wenn ihm die Zahnspangen abgenommen wurden, und die kleine Charlotte ähnelte stark ihrer Mutter. Freunde redeten oft darüber, was für ein nettes Arrangement das doch sei.

Mr Durant lächelte gutmütig trotz ihres Spektakels, während er sorgfältig Mantel und Hut aufhängte. Selbst das Unterbringen seiner Kopfbedeckung auf dem kühlen, glänzenden Knopf der Hutablage bereitete ihm Freude. Alles war erfreulich, heute Abend. Selbst der Lärm der Kinder konnte ihn nicht aus der Ruhe bringen.

Schließlich entdeckte er die Ursache des Durcheinanders. Es war ein verirrtes Hündchen, das an die Hintertür gekommen war. Sie waren draußen in der Küche, um Freda zu helfen, und Charlotte dachte, sie hätte etwas kratzen hören, und Freda sagte, Unsinn, aber Charlotte ging trotzdem zur Tür, und da war dieses Hündchen, das versuchte, aus der Nässe ins Haus zu kommen. Mutter half ihnen, es zu baden, und Freda gab ihm zu fressen, und jetzt war es im Wohnzimmer. Oh, Vater, konnten sie es nicht behalten, bitte, konnten sie es denn nicht bitte behalten, bitte, Vater, bitte? Es hatte kein Halsband um – also gehörte es doch auch niemandem. Mutter sagte, in Ordnung, wenn Vater einverstanden war, und Freda war es auch recht.

Mr Durant lächelte noch immer sein gütiges Lächeln. »Wir werden sehen«, sagte er.

Die Kinder sahen enttäuscht aus, aber nicht verzagt. Ihnen wäre mehr Leidenschaft lieber gewesen, aber »wir werden sehen« bedeutete, wie sie aus Erfahrung wussten, eine Tendenz in die richtige Richtung.

Mr Durant schritt ins Wohnzimmer, um den Besucher zu begutachten. Er war keine Schönheit. Nur allzu offensichtlich war er das lebende Souvenir einer Mutter, die nie hatte Nein sagen können. Es war ein ziemlich stämmiges kleines Tier mit zottigem weißem Fell und einigen verwegen platzierten schwarzen Flecken. Es hatte einen Anflug von Sealyham-Terrier an sich, aber dies war fast vollständig von zahllosen Anklängen an andere Rassen überlagert. Es sah, alles in allem, wie eine Fotomontage aus beliebten Hunden aus. Aber man konnte auf den ersten Blick erkennen, dass es das gewisse Etwas besaß. Deswegen waren schon Zepter ausgeschlagen worden.

Es lag nun am Feuer und wedelte sehnsüchtig mit seinem tragisch langen Schwanz, während seine Augen Mr Durant anflehten, zu einem gerechten Urteil zu kommen. Die Kinder hatten ihm befohlen, sich hinzulegen, und daher bewegte es sich nicht. Das war das Mindeste, was es tun konnte, um ihnen zu danken.

Mr Durant erwärmte sich für das Tier. Er hatte nichts gegen Hunde, und er sah sich im Geiste eigentlich ganz gern als weichherzigen Burschen, der freundlosen Tieren Schutz gewährte. Er bückte sich und streckte eine Hand nach ihm aus.

»Na, du«, sagte er jovial. »Komm mal her, Bürschchen.«

Das Hündchen rannte, vor Begeisterung zappelnd, zu ihm. Es bedeckte seine kalte Hand mit freudigen, doch respektvollen Küssen und legte dann seinen warmen, schweren Kopf in Mr Durants Hand. »Du bist ohne jeden Zweifel der größte Mann von ganz Amerika«, sagten seine Augen.

Mr Durant genoss Wertschätzung und Dankbarkeit. Er tätschelte den Hund gnädig.

»Na, du, wie würde es dir denn gefallen, bei uns zu wohnen?«, sagte er. »Ich glaube, du kannst dich darauf einrichten, dich hier niederzulassen.« Charlotte drückte heftig Juniors Arm. Keines der Kinder hielt es jedoch für richtig, das Glück herauszufordern, indem sie auf der Stelle Kommentare dazu abgaben.

Mrs Durant kam aus der Küche herein, erhitzt von ihren letzten Vorbereitungen für den Auflauf. Eine sorgenvolle Linie lag zwischen ihren Augen. Teils waren die Sorgen auf das Abendessen zurückzuführen und teils auf den störenden Eintritt des Hündchens in das Familienleben. Alles, was nicht von vornherein in ihrem Tagesablauf eingeschlossen war, versetzte Mrs Durant in einen Zustand ähnlich dem eines Genesenden von einer Schützengrabenneurose. Ihre Hände flatterten nervös und begannen mit Gesten, die sie nie beendeten.

Erleichterung glättete ihre Züge, als sie ihren Mann das Hündchen streicheln sah. Die Kinder, ihr gegenüber stets ungezwungen, gaben ihr Schweigen auf und sprangen um sie herum und schrien, dass Vater gesagt habe, es könne bleiben.

»Na also – habe ich euch nicht gesagt, was für einen lieben, guten Vater ihr habt?«, sagte sie in dem Tonfall, den Eltern anwenden, wenn sie zufällig richtig geraten haben. »Das ist schön, Vater. Mit dem großen Hof und allem, glaube ich, kriegen wir das schon hin. Sie scheint wirklich eine schrecklich brave kleine –«

Mr Durants Hand hörte abrupt zu streicheln auf, als ob der Nacken des Hundes glühend heiß anzufassen geworden wäre. Er stand auf und sah seine Frau wie einen

Fremden an, der plötzlich begonnen hat, sich toll zu benehmen.

»Sie?«, sagte er. Er behielt den Gesichtsausdruck bei und wiederholte das Wort. »Sie?«

Mrs Durants Hände flatterten.

»Nun«, begann sie, als wollte sie sich in eine Aufzählung mildernder Umstände stürzen. »Nun – ja«, schloss sie.

Die Kinder und der Hund sahen Mr Durant nervös an, da sie spürten, dass etwas nicht stimmte. Charlotte wimmerte wortlos.

»Ruhe!«, sagte ihr Vater und fiel plötzlich über sie her. »Ich habe doch gesagt, dass er bleiben kann, oder? Habt ihr jemals erlebt, dass Vater ein Versprechen gebrochen hat?«

Charlotte murmelte artig: »Nein, Vater«, aber überzeugt klang es nicht gerade. Sie war jedoch ein einsichtiges Kind, und sie beschloss, die ganze Angelegenheit Gott zu überlassen. Dem sie gelegentlich mit einem Gebet ein bisschen nachhelfen wollte.

Mr Durant sah seine Frau finster an und machte eine knappe Kopfbewegung. Das bedeutete, dass er sie sprechen wollte, nur unter Erwachsenen, in der Ungestörtheit des kleinen Zimmers auf der anderen Seite des Flurs, das »Vaters Reich« genannt wurde.

Er hatte die Ausgestaltung seines privaten Reiches beaufsichtigt, hatte dafür gesorgt, dass es zu einem wahrhaft maskulinen Raum gemacht wurde. Eine rote Tapete bedeckte die Wände bis zu dem Holzregal, auf dem dekorative Bierkrüge einheimischer Produktion standen. Leere

Pfeifenständer – Mr Durant rauchte Zigarren – waren in unregelmäßigen Abständen auf die rote Tapete genagelt. An einer Wand hing eine mittelmäßige Reproduktion einer Zeichnung von einer jungen Frau mit Flügeln wie ein Vampir, und auf einer anderen eine aquarellierte Fotografie des »September-Morgens«, deren Farben ein wenig über die Ränder der Figur hinausliefen, als ob die Gefühle des Künstlers seine Hand unsicher gemacht hätten. Auf dem Tisch war bewusst nachlässig eine gegerbte und fransenbesetzte Tierhaut ausgebreitet, auf die das Profil einer unbekannten Indianerin gemalt war, und der Schaukelstuhl enthielt ein Lederkissen, das in Brandmalerei das Bild eines Mädchens in Fechtkleidung zeigte, die ihre peinlich altmodische Figur unterstrich.

Mr Durants Bücher waren hinter dem Glas des Bücherschranks aufgereiht. Es waren lauter große, dicke Bücher mit buntem Einband, und sie rechtfertigten seinen Stolz in ihrer Zurschaustellung. Es handelte sich hauptsächlich um Erzählungen über Favoritinnen des französischen Hofes sowie einige Bände über seltsame persönliche Angewohnheiten diverser Monarchen und die Abenteuer ehemaliger russischer Mönche. Mrs Durant, die nie Zeit hatte, um zum Lesen zu kommen, betrachtete sie mit Ehrfurcht und hielt ihren Mann für einen der führenden Bücherliebhaber des Landes. Es gab auch Bücher im Wohnzimmer, doch diese hatte sie geerbt oder geschenkt bekommen. Sie hatte einige auf dem Wohnzimmertisch angeordnet; sie sahen aus, als ob sie dort von einer Bibelgesellschaft ausgelegt worden wären.

Mr Durant hielt sich für einen unermüdlichen Sammler und einen unersättlichen Leser. Aber er war immer enttäuscht von seinen Büchern, nachdem er sie bestellt hatte. Sie waren nie so gut, wie ihn die Reklame hatte glauben lassen.

In diesen Raum ging Mr Durant seiner Frau voraus und wandte sich ihr zu, noch immer mit finsterem Blick. Seine Ruhe war nicht zerstört, aber sie hatte kleine Löcher bekommen. Dauernd musste etwas Lästiges auf den Plan treten. Hätte er sich doch denken können.

»Du weißt doch ganz genau, Fan, dass wir diesen Hund nicht im Haus haben können«, sagte er zu ihr. Er benutzte die leise Stimme, die Unterwäsche und Badezimmerartikeln und ähnlich beklemmenden Dingen vorbehalten war. In seinem Tonfall lag das ganze Wohlwollen, das man einem zurückgebliebenen Kind entgegenbringt, doch dahinter lag eine an den Fels von Gibraltar gemahnende Unerschütterlichkeit. »Du musst verrückt sein, das auch nur einen Moment lang anzunehmen. Um keinen Preis der Welt würde ich je eine Hündin ins Haus nehmen. So etwas ist doch widerlich, einfach widerlich.«

»Ja, aber, Vater –«, begann Mrs Durant, und ihre Hände fingen wieder zu zucken an.

»Widerlich«, wiederholte er. »Du weißt, was passiert, wenn man ein Weibchen im Haus hat. Sämtliche Männchen der Nachbarschaft sind hinter ihr her. Kaum dass man es sich versieht, bekommt sie schon Junge – und wie sie aussehen, wenn sie sie gehabt haben und alles! Das wäre mal ein schöner Anblick für die Kinder, stimmts? Ich würde doch denken, dass du dabei an die Kinder denkst, Fan. Nein, meine Liebe, in diesem Haus wird es nichts dergleichen geben, nicht solange ich etwas zu sagen habe. Widerlich!«

»Aber die Kinder«, sagte sie. »Sie werden einfach ganz –«

»Nun überlass mal alles einfach mir«, beruhigte er sie. »Ich habe ihnen gesagt, dass der Hund bleiben kann, und ich habe noch nie ein Versprechen gebrochen, stimmts? Ich werde Folgendes tun – ich warte, bis sie schlafen, und dann nehme ich das Hündchen einfach und setze es vor die Tür. Morgen früh kannst du ihnen dann sagen, dass es während der Nacht fortgelaufen sei, ja?«

Sie nickte. Ihr Mann tätschelte ihre Schulter in der nach Trauerkleidung riechenden schwarzen Seide. Seine Zufriedenheit mit der Welt war erneut intakt, wiederhergestellt durch diese einfache Lösung des kleinen Problems. Wieder hüllte sich sein Geist in das Wissen ein, dass alles völlig geregelt, völlig bereit für einen schönen, neuen Anfang war. Sein Arm war noch immer um die Schulter seiner Frau gelegt, als sie zum Essen hineingingen.

DER WUNDERBARE ALTE HERR
(The Wonderful Old Gentleman)

Auch mit jahrelanger Anstrengung hätten die Bains ihr Wohnzimmer nicht gelungener zu einem kleinen, bewundernswert vollständigen Museum gestalten können, das an Mühe, Unbehaglichkeit und an Grabstätten gemahnte. Dabei hatten sie es gar nicht auf diese Wirkung angelegt. Einige der Gegenstände im Raum waren Hochzeitsgeschenke; einige waren dann und wann als Ersatz aufgestellt worden, wenn ihre Vorgänger dem Alter oder dem Verschleiß erlegen waren; ein paar waren vom alten Herrn mitgebracht worden, als er vor gut fünf Jahren sein Zuhause bei den Bains eingerichtet hatte.

Es war merkwürdig, wie perfekt sie alle sich in das Ganze einfügten. Es war, als wären sie von einem einzigen Sammler aus Leidenschaft ausgesucht worden, für den die Zeit keine Rolle spielte, wenn er nur am Ende das bainsche Wohnzimmer in ein trautes Schreckenskabinett, leicht abgewandelt für den häuslichen Gebrauch, zu verwandeln vermochte.

Es war ein hochgebauter Raum mit schwerem, düsterem altem Holzwerk, das verharrende und unausweichliche Gedanken an silberne Griffe und emsige Würmer heraufbeschwor. Die Tapete hatte die Farbe von schalem Senf. Ihr Muster, einst eine vorlaute Angelegenheit von dunklen Tönen, beklatscht mit gleißendem Gold, war zu Linien und Klecksen verblasst, die sich vor den Augen feinfühliger Menschen auflösten in

Horden zerschmetterter Köpfe und gemarterter Profile, augenlos die einen, die andern mit blutklaffenden Mündern.

Die Möbelstücke waren dunkel und ausladend und neigten zu qualvollem Knacken – plötzlichen scharfen Knacklauten, die sich ihrem verbissenen Schweigen nur gerade am letzten Punkt des noch Erträglichen zu entringen schienen. Ein muffiger, erdiger Geruch entströmte ihren verblichenen Gobelinkissen, und sosehr sich Mrs Bain auch abplagen mochte, immer wieder sammelte sich fusseliger, grauer Staub in den Ritzen.

Die Tischplatte in der Zimmermitte wurde getragen von den unaufhörlich angespannten Armen dreier geschnitzter Figuren, nachhaltig weiblich bis hinunter zur Taille, daraufhin in ein Gewirr von Schnörkeln und Schuppen auslaufend. Auf ihr ruhte eine Reihe unanfechtbarer Bücher, seitlich gestützt durch die angespannten Schultermuskeln zweier bronzefarbener Gipselefanten in ewig währender öder Mühsal.

Auf dem schweren, schnitzereiverzierten Kamin war die fröhlich bemalte Figur eines lockigen Bauernjungen so genial sitzend angebracht, dass das eine seiner Beine über den Sims herabbaumelte. Er war immerdar am Werk, einen Dorn aus seinem pummeligen Fuß zu ziehen, das pausbäckige Gesicht verzogen, wirklichkeitsgetreu, von grausamen Schmerzen. Unmittelbar über ihm hing ein Stahlstich, der ein Wagenrennen wiedergab, mit wehendem Staub, wild schwankenden Streitwagen, grimmig auf ihre Pferde lospeitschenden Lenkern, welche Pferde vom Künstler knapp vor dem Augenblick eingefangen worden waren, da ihre Herzen bersten und sie in ihren Bahnen zusammenbrechen mussten.

Die gegenüberliegende Wand war dem religiösen Bereich der Künste zugetan; ein Stahlstich der Kreuzigung Christi, freigebig an schauerlichen Details; ein Sepiadruck des Martyriums des heiligen Sebastian, mit tief in die sich am Pfahl windenden Arme einschneidenden Stricken, dicht gespickt mit Pfeilen im feisten, weichfühligen Leib; eine Aquarellkopie der Schmerzensreichen Mutter, die qualvollen Augen erhoben zu einem kalten Himmel, immerdar bittere Tränen auf den fahlen Wangen, noch fahler gemacht durch die das Haupt einhüllenden Leichentücher.

Unterhalb des Fensters hing ein Ölgemälde von zwei verirrten Schafen, verzweifelt aneinandergedrängt inmitten eines wütenden Schneesturms. Dies war einer der Beiträge des alten Herrn. Mrs Bain bemerkte gelegentlich von seinem Rahmen, dass sie dessen Wert nicht annähernd einzuschätzen vermochte.

Die Wandfläche neben der Tür war einem Exemplar der modernen Kunst vorbehalten, das einst Mr Bains Aufmerksamkeit in der Auslage eines Schreibwarengeschäfts auf sich gezogen hatte – ein Farbdruck, der einen Bahnübergang zeigte, dem erbarmungslos ein Eisenbahnzug entgegenjagte, wo eben ein niedriges rotes Automobil über die Geleise zu rasen versuchte, unmittelbar bevor es der eiserne Koloss für alle Ewigkeit zermalmen würde. Nervenschwache Besucher, die Stühle mit Ausblick auf diese Szene zugewiesen bekamen, wechselten zumeist bei der frühesten Gelegenheit ihre Sitze, ehe

sie sich mit ganzer Kraft der Unterhaltung zuzuwe
vermochten.

Unter den Nippsachen, die mit gewissenhafter Nachlässigkeit auf dem Tisch und dem Klavier angeordnet waren, befanden sich ein niedlicher vergoldeter Luzerner Löwe, ein kleiner, leicht angeschlagener gipserner Laokoon und ein wild wütendes Porzellankätzchen, ewig im Begriff, über eine hilflose und rundliche Porzellanmaus herzufallen. Letzteres war eines der Hochzeitsgeschenke des alten Herrn gewesen. Mrs Bain wies gern mit vor Ehrfurcht gesenkter Stimme auf sein unerhörtes Alter hin.

Die Aschenbecher, orientalischen Ursprungs, waren als groteske Köpfe ausgestaltet, mit Büscheln grauen Menschenhaars besetzt und versehen mit quellenden, toten, glasigen Augen und gaffend weit aufgerissenen Mündern, in die seine Asche abstreifen konnte, wer sich dazu ein Herz fasste. So hielten sich auch noch die entlegensten Nebensachen des Zimmers loyal an den Geist des Gesamtunternehmens und setzten dessen Wirkung fort.

Doch die drei Personen, die jetzt im bainschen Wohnzimmer saßen, wurden von dieser abgestimmten Komposition nicht im Geringsten bedrückt. Zwei von ihnen, Mr und Mrs Bain, hatten nicht nur achtundzwanzig Jahre der Gewöhnung gehabt, sondern waren auch von allem Anfang an deren ergebenste Bewunderer gewesen. Und keine Umgebung, so morbide sie auch sein mochte, hätte der aristokratischen Ruhe von Mrs Bains Schwester, Mrs Whittaker, etwas anhaben können.

Sie beehrte gnädig den Sessel, in dem sie nun saß, lächelte gütig das Glas Apfelwein an, das sie in der Hand hielt. Die Bains waren arm, und Mrs Whittaker hatte, wie man es sinnigerweise nennt, eine gute Partie gemacht, und keiner von ihnen verlor diese Tatsachen je aus den Augen.

Doch Mrs Whittakers Haltung wohlwollender Duldung war nicht auf ihre weniger gesegneten Verwandten beschränkt. Sie erstreckte sich auch auf Jugendfreunde, die Arbeiterklasse, die Künste, Politik, die Vereinigten Staaten im Allgemeinen und Gott, der ihr stets die besten Dienste hatte angedeihen lassen. Sie hätte Ihm jederzeit ein vorzügliches Zeugnis ausstellen können.

Die drei Personen saßen so gemütlich beisammen, als wollten sie den Abend miteinander verbringen. Es umgab sie eine Atmosphäre der Erwartung, eine nicht unangenehme kleine Nervosität, wie wenn man auf das Hochgehen des Vorhangs wartet. Mrs Bain hatte Apfelwein in den besten Gläsern hereingebracht und hatte einige ihrer Nussplätzchen auf dem Teller serviert, der von Hand mit Büscheln von Kirschen bemalt war – dem Teller, den sie früher für Sandwiches benutzt hatte, als sich, vor auch schon einigen Jahren, ihr Bridgeclub in ihrem Haus getroffen hatte.

Sie hatte heute Abend ein wenig darüber nachgedacht, bevor sie den Kirschenteller herausholte, sich dann schnell entschlossen und ihn beherzt mit Plätzchen gefüllt. Schließlich war es ein besonderer Anlass – zwanglos vielleicht, aber eben doch ein besonderer Anlass. Der alte Herr lag droben im Sterben. Nachmittags um fünf Uhr hatte der Arzt gesagt, dass es für ihn eine Überraschung wäre, wenn der alte Herr noch bis Mitternacht ausdauern sollte – eine große Überraschung, hatte er hinzugefügt.

Es bestand für sie kein Grund, sich am Bett des alten Herrn zu versammeln. Er hätte keinen von ihnen erkannt. In der Tat hatte er sie schon seit fast einem Jahr nicht mehr erkannt, sie mit falschen Namen angeredet und ihnen ernste, höfliche Fragen hinsichtlich der Gesundheit von Ehemännern oder Ehefrauen oder Kindern gestellt, die anderen Zweigen der Familie angehörten. Und er war nun völlig ohne Bewusstsein.

Miss Chester, die Krankenschwester, die bei ihm war seit »diesem letzten Schlag«, wie es Mrs Bain bedeutsam nannte, war absolut imstande, ihn zu versorgen und bei ihm zu wachen. Sie hatte versprochen, sie zu rufen, wenn sie, in ihren taktvollen Worten, irgendwelche Anzeichen sah.

So warteten die Töchter und der Schwiegersohn des alten Herrn in dem warmen Wohnzimmer und nippten an ihrem Apfelwein und unterhielten sich in leisem, artigem Ton.

Mrs Bain weinte ein wenig in den Gesprächspausen. Sie hatte schon immer leicht und oft geweint. Aber trotz ihrer jahrelangen Übung besorgte sie es nicht gut. Ihre Augenlider wurden rötlich und klebrig, und ihre Nase bereitete ihr einige Schwierigkeiten mit ständig erforderlichem Schniefen. Sie schniefte laut und gewissenhaft und nahm häufig ihr Pincenez ab, um sich die Augen mit einem zerknüllten Taschentuch zu reiben, das vor Feuchtigkeit grau war.

Mrs Whittaker hatte ebenfalls ein Taschentuch bei sich, aber sie schien es nur in Bereitschaft zu halten. Sie war, dem Anlass zu Ehren, mit ihrem schwarzen Crepe de Chine bekleidet, und sie hatte ihre Lapislazulinadel, ihr grünes Granatarmband und ihre Topas- und Amethyst- ringe daheim in ihrer Schreibtischschublade gelassen und nur ihr Lorgnon an seiner goldenen Kette anbehal- ten für den Fall, dass etwas gelesen werden musste.

Mrs Whittakers Kleidung war stets peinlich dem An- lass angemessen; folglich hatte ihr Auftreten stets jene Ruhe, der sich nur die korrekt Gekleideten erfreuen. Sie war eine Autorität darin, wo das Monogramm auf Wä- schestücken anzubringen war, wie man Arbeiter anlei- tet und was man in einem Kondolenzbrief schreibt. Das Wort »Lady« spielte in ihrer Unterhaltung eine große Rolle. Rasse, prophezeite sie oft, würde sich nun mal nicht verleugnen lassen.

Mrs Bain trug eine zerknitterte weiße Hemdbluse und den alten blauen Rock, den sie für »in der Küche« aufhob. Es war genügend Zeit zum Umziehen gewesen, nachdem sie ihrer Schwester telefonisch das Urteil des Arztes mitgeteilt hatte, aber sie war sich nicht ganz si- cher gewesen, ob es das Richtige wäre. Sie hatte gedacht, dass Mrs Whittaker vielleicht von ihr in einem solchen Moment eine gewisse konsternierte Unordentlichkeit erwartete oder sie vielleicht in verhaltener Weise selbst anstreben würde.

Nun betrachtete Mrs Bain die kunstvoll gelockte, penibel braune Frisur ihrer Schwester und strich sich nervös über das eigene zerzauste Haar, grau an der Stirn, mit fast hellgelben Strähnen in dem kleinen Knoten am Hinterkopf. Ihre Augenlider wurden wieder feucht und klebrig, und sie hängte ihren Kneifer über einen Zeigefinger, während sie das feuchte Taschentuch benutzte. Schließlich, so erinnerte sie sich und die anderen, war es ja ihr armer Vater.

Oh, aber es war doch wirklich das Beste so, legte Mrs Whittaker mit gütiger, geduldiger Stimme dar.

»Du willst doch nicht, dass es mit Vater so weitergeht«, betonte sie. Mr Bain sprach ihr nach, wie von dieser Überlegung beeindruckt. Mrs Bain hatte ihnen nichts zu erwidern. Nein, sie wollte nicht, dass es mit dem alten Herrn so weiterging.

Fünf Jahre zuvor hatte Mrs Whittaker entschieden, dass der alte Herr zu alt wurde, um allein zu leben nur mit der alten Annie, die für ihn kochte und für ihn sorgte. Es war nur noch eine Frage der Zeit, bevor es »einen schlechten Eindruck gemacht hätte«, dass er allein lebte, wo er doch Kinder hatte, die sich um ihn kümmern konnten. Mrs Whittaker gebot den Dingen stets Einhalt, bevor sie das Stadium erreichten, in dem sie einen schlechten Eindruck machten. So war er zu den Bains gezogen.

Ein Teil seiner Möbel war verkauft worden; für ein paar Sachen, beispielsweise sein Silber, seine Standuhr und den Perserteppich, den er auf der Weltausstellung gekauft hatte, hatte Mrs Whittaker in ihrem eigenen Haus noch Platz gefunden; und einige hatte er zu den Bains mitgebracht.

Mrs Whittakers Haus war viel größer als das ihrer

Schwester, und sie hatte drei Dienstboten und keine Kinder. Aber, wie sie ihren Freundinnen mitteilte, sie hatte sich zurückgehalten und Allie und Lewis den alten Herrn überlassen.

»Wisst ihr«, so erläuterte sie und senkte ihre Stimme in die Tonlage, die sie für weniger schöne Themen bereithielt, »Allie und Lewis sind – nun, sie haben nicht sehr viel.«

Daraus schloss man, dass der alte Herr große Dinge für die Bains tun würde, als er zu ihnen zog. Zwar nicht gerade, indem er Kostgeld zahlte – es ist ein bisschen viel, vom eigenen Vater Entgelt für Unterkunft und Verpflegung zu verlangen, als ob er ein Fremder wäre. Aber, so ließ Mrs Whittaker durchblicken, er konnte sehr viel dazu beitragen, notwendige Dinge für das Haus anzuschaffen und alles in Gang zu halten.

Und der alte Herr steuerte tatsächlich zum bainschen Haushalt bei. Er kaufte einen elektrischen Heizofen und einen elektrischen Ventilator, neue Gardinen, Doppelfenster und Beleuchtungskörper, allesamt für sein Schlafzimmer; und ließ sich ein nettes kleines Badezimmer für seinen persönlichen Gebrauch aus dem angrenzenden Gästezimmer machen.

Er suchte tagelang die Geschäfte ab, bis er eine Kaffeetasse fand, die für seinen Geschmack groß genug war; er kaufte mehrere ausladende Aschenbecher und ein Dutzend extragroßer Badetücher, die Mrs Bain mit seinen Initialen versah. Und jedes Jahr zu Weihnachten und zum Geburtstag gab er Mrs Bain ein rundes, neues glänzendes Zehn-Dollar-Goldstück. Selbstverständlich schenkte er auch Mrs Whittaker bei den entsprechenden Anlässen Goldstücke. Der alte Herr rühmte sich stets seines Gerechtigkeitssinns. Er sagte oft, dass es nicht seine Art sei, jemanden zu bevorzugen.

Mrs Whittaker war ihrem Vater an seinem Lebensabend eine wahre Cordelia. Sie kam ihn mehrmals im Monat besuchen und brachte ihm Gelee oder eingetopfte Hyazinthen mit. Manchmal ließ sie ihn von ihrem Chauffeur mit dem Wagen abholen, damit er eine bequeme Spazierfahrt durch die Stadt machen konnte und Mrs Bain die Möglichkeit hatte, mit dem Kochen aufzuhören und ihn zu begleiten. Wenn Mrs Whittaker mit ihrem Mann auf Reisen unterwegs war, versäumte sie es fast nie, ihrem Vater Ansichtskarten von diversen Sehenswürdigkeiten zu schicken.

Der alte Herr schätzte ihre Zuneigung und war stolz darauf. Er freute sich, wenn man ihm sagte, sie sei wie er.

»Die Hattie«, pflegte er zu Mrs Bain zu sagen, »das ist eine feine Frau – eine feine Frau.«

Sobald Mrs Whittaker gehört hatte, dass der alte Herr im Sterben lag, war sie sofort gekommen und hatte sich nur für das Umkleiden und das Abendessen Zeit genommen. Ihr Mann war mit einigen Männern in den Wäldern zum Fischen. Sie legte den Bains dar, dass es keinen Zweck hätte, ihn zu behelligen – es wäre ihm unmöglich gewesen, noch in der gleichen Nacht zurückzukommen. Sobald – nun ja, falls etwas passierte, würde sie ihm telegrafieren, und er konnte rechtzeitig zur Beerdigung zurückkehren.

Mrs Bain tat es leid, dass er fort war. Sie mochte ihren robusten, jovialen, lauten Schwager.

»Es ist zu schade, dass Clint nicht hier sein kann«, sagte sie, wie sie bereits mehrfach gesagt hatte. »Er trinkt so gern Apfelwein.«

»Vater«, sagte Mrs Whittaker, »hat Clint immer sehr gerngehabt.« Der alte Herr war bereits in die Vergangenheit geschlüpft.

»Jeder hat Clint gern«, stellte Mr Bain fest.

Er war in diesem »jeder« inbegriffen. Nach seinem letzten geschäftlichen Bankrott hatte Clint ihm den Büroposten gegeben, den er seither drüben in der Bürstenfabrik innehatte. Nach allgemeiner Auffassung war dies auf Betreiben von Mrs Whittaker geschehen, aber es war noch immer Clints Bürstenfabrik, und es war Clint, der ihm sein Gehalt zahlte. Und vierzig Dollar in der Woche sind unbestreitbar vierzig Dollar in der Woche.

»Ich hoffe, dass er auch bestimmt rechtzeitig zur Beerdigung da ist«, sagte Mrs Bain. »Sie wird wohl Mittwochmorgen sein, nicht wahr, Hat?«

Mrs Whittaker nickte.

»Oder vielleicht Mittwochnachmittag gegen zwei Uhr«, verbesserte sie. »Ich finde immer, dass das eine gute Zeit ist. Vater hat doch seinen Gehrock, Allie?«

»Oh, ja«, sagte Mrs Bain eifrig. »Und er ist auch sauber und in bester Ordnung. Er hat alles. Hattie, ich habe neulich bei Mr Newtons Beerdigung bemerkt, dass sie ihm einen eher blauen Schlips umgebunden hatten, daher nehme ich an, dass man das jetzt trägt – bei Mollie Newton ist immer alles genau richtig. Aber ich weiß nicht –«

»Ich finde«, sagte Mrs Whittaker entschieden, »dass es für einen alten Herrn nichts Schöneres gibt als Schwarz.«

»Armer alter Herr«, sagte Mr Bain und schüttelte den Kopf. »Er wäre fünfundachtzig gewesen, wenn er den September noch erlebt hätte. Na, es ist wohl das Beste so.«

Er nahm einen kleinen Schluck Apfelwein und ein weiteres Plätzchen.

»Ein wunderbares, wunderbares Leben«, fasste Mrs Whittaker zusammen. »Und ein wunderbarer, wunderbarer alter Herr.«

»Ja, das will ich meinen«, sagte Mrs Bain. »Und bis vor einem Jahr war er noch so an allem interessiert! Es hieß: ›Allie, wie viel musst du jetzt für deine Eier bezahlen?‹, und: ›Allie, warum wechselst du nicht deinen Metzger – dieser plündert dich aus‹, und: ›Allie, wer war das, mit dem du da am Telefon gesprochen hast‹, den ganzen Tag lang! Jeder hat sich immer darüber gewundert.«

»Und bis zu diesem Schlag ist er immer noch zu Tisch gekommen«, berichtete Mr Bain und lachte bei der Erinnerung daran in sich hinein. »Hat der immer ein Höllenspektakel gemacht, wenn Allie ihm sein Fleisch nicht schnell genug aufschnitt. War immer ein Choleriker, das kann ich euch sagen, der alte Herr. Duldete es nicht, dass wir Leute zum Essen dahatten – dafür hatte er nicht das Geringste übrig. Vierundachtzig Jahre alt und saß doch hier mit uns am Tisch!«

Sie wetteiferten mit Beispielen für die Klugheit und Lebendigkeit des alten Herrn, wie Eltern sich in Anekdoten frühreifer Kinder überbieten.

»Erst im letzten Jahr musste man ihm die Treppe hinauf- und hinunterhelfen«, sagte Mrs Bain. »Ging ganz allein die Treppe hinauf, und das mit über achtzig Jahren!«

Mrs Whittaker schmunzelte.

»Ich erinnere mich, dass du das einmal gesagt hast, als Clint dabei war«, bemerkte sie, »und Clint sagte: ›Na, wenn du mit achtzig nicht die Treppe hinaufgehen kannst, wann willst du es denn dann lernen.‹«

Mrs Bain lächelte höflich, weil ihr Schwager das gesagt hatte. Andernfalls hätte es sie schockiert und verletzt.

»Jawohl«, sagte Mr Bain. »Wunderbar.«

»Das Einzige, was ich mir gewünscht hätte«, sagte Mrs Bain nach einer Pause, »ich hätte mir gewünscht, dass er ein bisschen anders zu Paul gewesen wäre. Irgendwie habe ich mich nie ganz wohlgefühlt, seit Paul in diesen kalten Ort hoch droben im Westen gegangen ist.«

Mrs Whittakers Stimme senkte sich in die Tonlage, die sie für das Thema bereithielt, das wieder und immer wieder erörtert worden war.

»Sieh mal, Allie«, sagte sie, »du weißt selbst, dass es das Beste war, was passieren konnte. Vater hat es dir doch selbst gesagt, sogar sehr oft. Paul war jung, und er wollte, dass alle seine jungen Freunde im Haus ein und aus gehen, mit den Türen schlagen und allen möglichen Lärm machen, und das wäre für Vater eine schreckliche Zumutung gewesen. Du darfst nicht vergessen, dass Vater über achtzig Jahre alt war, Allie.«

»Ja, ich weiß«, sagte Mrs Bain. Ihre Augen wanderten

zu der Fotografie ihres Sohnes im Holzfällerhemd, und sie seufzte.

»Und außerdem«, betonte Mrs Whittaker triumphierend, »wäre ja jetzt, wo Miss Chester in Pauls Zimmer wohnt, gar kein Zimmer mehr für ihn da. Na, siehst du!«

Es gab eine ziemlich lange Pause. Dann tastete sich Mrs Bain an die andere Sache heran, die auf ihr lastete.

»Hattie«, sagte sie, »ich nehme an – ich nehme an, dass wir es Matt wissen lassen sollten?«

»Das würde ich nicht annehmen«, sagte Mrs Whittaker gelassen. Sie gab sich immer große Mühe mit ihren »würde« und »wäre«. »Ich hoffe nur, dass er es nicht rechtzeitig in den Zeitungen sieht, um noch zur Beerdigung zu kommen. Dir macht es ja vielleicht nichts aus, wenn dein Bruder betrunken bei den Trauerfeierlichkeiten erscheint, Allie, mir dagegen schon.«

»Aber ich dachte, er hätte sich gebessert«, sagte Mr Bain. »Dachte, er sei in Ordnung, seit er geheiratet hat.«

»Ja, ich weiß, ich weiß, Lewis«, sagte Mrs Whittaker ermattet. »Ich habe alles darüber gehört. Ich kann nur sagen, dass ich weiß, was Matt ist.«

»John Loomis hat mir erzählt«, berichtete Mr Bain, »dass er durch Akron gekommen ist und dass er haltgemacht hat, um Matt zu besuchen. Sagte, sie hätten eine nette kleine Wohnung da und dass er prima zurechtzukommen scheine. Sagte, sie scheine eine erstklassige Hausfrau zu sein.«

Mrs Whittaker lächelte.

»Ja«, sagte sie, »John Loomis und Matt waren immer

zwei vom gleichen Schlag – man konnte keinem von beiden je ein Wort glauben. Sicherlich schien sie eine gute
Hausfrau zu sein. Ich zweifle nicht daran, dass sie diese
Rolle sehr gut spielte. Matt hat sich nie viel darum ge-
schert, dass sie einmal fast ein Jahr lang beim Theater
war. Entschuldigt, aber ich wünsche nicht, dass diese
Frau zu Vaters Beerdigung kommt. Wenn ihr wissen
wollt, was ich glaube, ich glaube, dass Matts Heirat mit
einer Frau wie dieser viel dazu beigetragen hat, Vaters
Tod zu beschleunigen.«

Das Ehepaar Bain saß eingeschüchtert da.

»Und das nach allem, was Vater für Matt getan hat«,
setzte Mrs Whittaker mit schwankender Stimme hinzu.

»Ja, das würde ich auch sagen.« Mr Bain war froh,
beipflichten zu können. »Ich erinnere mich, wie der alte
Herr früher immer versucht hat, Matt zu helfen, vor-
wärtszukommen. Er ging dann hin, beispielsweise zu
Mr Fuller, als Matt damals in der Bank arbeitete, und
erklärte ihm alles. ›Also, Mr Fuller‹, sagte er, ›ich weiß
nicht, ob Sie es wissen, aber mein Sohn hier war schon
immer so etwas wie das schwarze Schaf der Familie. Er
ist quasi ein Trinker‹, sagte er, ›und er ist schon ein paarmal in Schwierigkeiten geraten, und wenn Sie ihn ein
bisschen im Auge behalten und darauf achten könnten,
dass er keine Dummheiten macht, dann würden Sie mir
damit einen Gefallen erweisen.‹

Mr Fuller hat es mir selbst erzählt. Sagte, es war wunderbar, wie der alte Herr frei damit herauskam und ganz
offen mit ihm darüber sprach. Sagte, er hätte ja keine

Ahnung gehabt, dass Matt so war – wollte alles darüber erfahren.«

Mrs Whittaker nickte traurig.

»Oh, ich weiß«, sagte sie. »Immer wieder hat Vater das getan. Und dann hat Matt mit ziemlicher Sicherheit einen seiner Trotzanfälle bekommen und ist nicht mehr an seinem Arbeitsplatz erschienen.«

»Und wenn Matt keine Arbeit hatte«, sagte Mrs Bain, »wie hat ihm Vater da sein Fahrgeld und was weiß ich noch alles gegeben! Als Matt schon ein erwachsener Mann war, an die dreißig Jahre alt, ist Vater noch mit ihm zu Newins & Malley gegangen und hat ihn komplett neu eingekleidet – hat alles selbst ausgesucht und bezahlt. Er hat früher immer gesagt, Matt sei ein Mensch, der wie eine Weihnachtsgans ausgenommen würde, wenn er allein in ein Geschäft ginge.«

»Tja, Vater hasste es nun einmal, wenn jemand in Gelddingen unbeholfen war«, bemerkte Mrs Whittaker. »Erinnert ihr euch noch, wie er immer gesagt hat: ›Jeder Narr kann Geld machen, aber es braucht einen klugen Mann, um es zu behalten‹?«

»Ich nehme an, er muss ein ziemlich reicher Mann sein«, sagte Mr Bain, den alten Herrn abrupt wieder in die Gegenwart versetzend.

»Ach – reich!« Mrs Whittakers Lächeln war von der gütigsten Art. »Aber Vater hat seine Angelegenheiten nun einmal sehr gut verwaltet, das hat er, und zwar bis zuletzt. Alles ist hervorragend geordnet, sagt Clint.«

»Er hat dir das Testament gezeigt, nicht wahr, Hat?«,

fragte Mrs Bain und presste mit ihren dünnen, harten Fingern kleine Falten in den Stoff ihres Ärmels.

»Ja«, sagte ihre Schwester. »Ja, das hat er. Er hat mir das Testament gezeigt. Vor etwas über einem Jahr war das, glaube ich, oder? Du weißt doch, kurz bevor er nachzulassen begann, damals.«

Sie biss ein wenig von ihrem Plätzchen ab.

»Furchtbar gut«, sagte sie. Sie brach in ein kleines glucksendes Lachen aus, das Lachen, das sie bei Teegesellschaften und Hochzeitsempfängen und eher förmlichen Festessen benutzte. »Wisst ihr«, fuhr sie fort wie jemand, der eine gute Geschichte zum Besten gibt, »er ist hingegangen und hat das ganze Geld mir hinterlassen. ›Aber, Vater!‹, habe ich gesagt, sobald ich diesen Teil gelesen hatte. Es scheint, dass er es sich irgendwie in den Kopf gesetzt hatte, dass es bei Clint und mir besser aufgehoben wäre als bei jedem anderen, und ihr wisst ja, wie Vater war, wenn er sich einmal etwas in den Kopf gesetzt hatte. Ihr könnt euch sicher vorstellen, wie mir zumute war. Ich konnte kein Wort herausbringen.«

Sie lachte wieder und schüttelte den Kopf vor belustigter Verwunderung.

»Ach, übrigens, Allie«, sagte sie, »er hat dir alle Möbel hinterlassen, die er hierher mitgebracht hat, und all die Sachen, die er seither dazugekauft hat. Und Lewis soll seine mehrbändige Thackeray-Ausgabe bekommen. Und das Geld, das er Lewis geliehen hat, um ihn damals in dem Eisenwarenladen über Wasser zu halten – das ist als Geschenk zu betrachten.«

Sie setzte sich zurück und blickte sie lächelnd an.

»Lewis hat fast das ganze Geld zurückgezahlt, das Vater ihm damals geliehen hat«, sagte Mrs Bain. »Es standen nur noch etwa zweihundert Dollar aus, und dann hätte er alles bezahlt gehabt.«

»Das ist als Geschenk zu betrachten«, beharrte Mrs Whittaker. Sie beugte sich vor und tätschelte ihrem Schwager den Arm. »Vater hat dich immer gerngehabt, Lewis«, sagte sie leise.

»Armer alter Herr«, murmelte Mr Bain.

»Stand – stand irgendetwas über Matt drin?«, fragte Mrs Bain.

»Oh, Allie!«, sagte Mrs Whittaker leicht tadelnd. »Wenn du mal an das ganze Geld denkst, das Vater wieder und wieder für Matt ausgegeben hat, dann scheint es mir doch, dass er mehr als genug getan hat – mehr als genug. Und als Matt dann wegging, um dort drüben zu leben, und diese Frau heiratete und nie ein Wort darüber verlor – Vater erfuhr ja alles nur von Fremden –, tja, ich glaube nicht, dass sich einer von uns vorstellen kann, wie das Vater verletzt hat. Er hat nie viel dazu gesagt, aber ich glaube nicht, dass er je darüber hinweggekommen ist. Ich bin immer so dankbar, dass unsere liebe arme Mutter es nicht mehr erleben musste, was aus Matt geworden ist.«

»Arme Mutter«, sagte Mrs Bain zittrig und setzte erneut das graue Taschentuch in Bewegung. »Ich höre sie noch, genau wie damals. ›Also Kinder‹, hat sie früher immer gesagt, ›lasst uns um Himmels willen alle miteinander versuchen, euren Vater bei Laune zu halten.‹ Ich habe sie es nicht einmal sagen hören, ich habe sie es hundertmal sagen hören. Erinnerst du dich noch, Hat?«

»Und ob ich mich noch erinnere!«, sagte Mrs Whittaker. »Und erinnerst du dich noch, wie sie immer Whist gespielt haben und wie wütend Vater immer wurde, wenn er verlor?«

»Ja«, rief Mrs Bain aufgeregt, »und wie Mutter immer mogeln musste, damit sie auch ganz bestimmt nichts von ihm gewonnen hat? Es ging ihr so in Fleisch und Blut über, dass sie es genauso gut konnte!«

Sie lachten leise, erfüllt von Erinnerungen an die vergangenen Zeiten. Eine angenehme, besinnliche Stille senkte sich über sie.

Mrs Bain unterdrückte mit einer Handbewegung ein Gähnen und sah auf die Uhr.

»Zehn Minuten vor elf«, sagte sie. »Du liebe Güte, ich hatte keine Ahnung, dass es schon so spät ist. Ich wünschte –« Sie hielt noch rechtzeitig inne, puterrot darüber, was ihr Wunsch gewesen wäre.

»Weißt du, Lew und ich haben uns angewöhnt, früh zu Bett zu gehen«, erläuterte sie. »Vater hatte so einen leichten Schlaf, dass wir niemanden einladen konnten so wie früher, bevor er hier einzog, um ein bisschen Bridge zu spielen oder so, weil er sonst gestört worden wäre. Und wenn wir mal ins Kino oder sonst wohin gehen wollten, schimpfte er derart, weil man ihn allein lassen wollte, dass wir es einfach aufgegeben haben.«

»Oh, der alte Herr ließ einen immer wissen, was er wollte«, sagte Mr Bain lächelnd. »Er war ein Wunder, das kann ich euch sagen. Fast fünfundachtzig Jahre alt!«

»Das muss man sich mal vorstellen«, sagte Mrs Whittaker.

Über ihnen ging eine Tür auf, und Schritte kamen schnell und keineswegs leichtfüßig die Treppe herunter. Miss Chester stürzte ins Zimmer.

»Oh, Mrs Bain!«, rief sie. »Oh, der alte Herr! Oh, er ist entschlafen! Ich bemerkte, dass er sich irgendwie bewegte und ein wenig wimmerte, und er schien zu versuchen, auf seine warme Milch zu deuten, als ob er etwas davon haben wollte. Da habe ich ihm die Tasse an den Mund gesetzt, und er fiel irgendwie zur Seite, und da war er schon entschlafen und die ganze Milch über ihm.«

Mrs Bain brach umgehend in heftiges Weinen aus. Ihr Mann legte liebevoll den Arm um sie und murmelte mehrmals: »Aber, aber.«

Mrs Whittaker erhob sich, stellte ihr Apfelweinglas vorsichtig auf dem Tisch ab, schüttelte ihr Taschentuch aus und schritt zur Tür.

»Ein schöner Tod«, verkündete sie. »Ein wunderbares, wunderbares Leben, und nun ein wunderschöner, friedlicher Tod. Oh, es ist das Beste so, Allie; es ist das Beste so.«

»Oh, das ist es, Mrs Bain; es ist das Beste so«, sagte Miss Chester ernsthaft. »Es ist eigentlich ein Segen. Das ist es wirklich.«

Gemeinsam bekamen sie Mrs Bain die Treppe hinauf.

SOLDATEN DER REPUBLIK
(Soldiers of the Republic)

An jenem Sonntagnachmittag saßen wir mit der Schwedin in dem großen Café in Valencia. Wir hatten Vermouth in dicken Kelchgläsern vor uns, jedes mit einem Würfel aus löcherigem grauem Eis darin. Der Kellner war so stolz auf das Eis, dass er es kaum ertragen konnte, die Gläser auf dem Tisch zu lassen und sich für immer davon zu trennen. Er ging seiner Arbeit nach – im ganzen Lokal klatschte man in die Hände und pfiff, um seine Aufmerksamkeit auf sich zu lenken –, doch er blickte über die Schulter zurück.

Draußen war Dunkelheit, jene plötzliche, neue Dunkelheit, die sich ohne Dämmerung auf den Tag herabstürzt; aber da keine Lichter auf den Straßen waren, schien sie so zäh und so alt wie die tiefe Nacht. Daher wunderte man sich, dass noch so viele Kleinkinder auf waren. Überall in dem Café gab es Kleinkinder, ohne Feierlichkeit ernste und auf nachsichtige Weise an ihrer Umwelt interessierte Kleinkinder.

An dem Tisch neben uns war ein besonders winziges; vielleicht sechs Monate alt. Sein Vater, ein kleiner Mann in einer großen Uniform, die ihm die Schultern herabzog, hielt es behutsam auf den Knien. Es tat überhaupt nichts, doch er und seine schmächtige junge Frau, deren Bauch bereits wieder dick war unter ihrem dünnen Kleid, saßen da und sahen es in einer Art Ekstase der Bewunderung an, während ihr Kaffee vor ihnen kalt wurde. Das

386

Kind war in sonntäglichem Weiß; sein Kleidchen war so sorgfältig geflickt, dass man den Stoff für ganz gehalten hätte, wenn sich die Flicken nicht durch ihre Weißschattierungen unterschieden hätten. In seinem Haar war eine Schleife aus neuem blauem Band, die in absoluter Ausgewogenheit von Schlaufen und Enden gebunden war. Das Band diente keinem Zweck; es gab nicht genug Haar, das hätte gezähmt werden müssen. Die Schleife war lediglich eine Verzierung, ein gewollter Hauch von Schick.

»Nun hör um Gottes willen damit auf!«, sagte ich zu mir. »Na schön, dann hat es eben ein Stück blaues Band im Haar. Na schön, dann hat seine Mutter eben am Essen gespart, nur damit es hübsch aussieht, wenn sein Vater auf Urlaub heimkommt. Na schön, dann ist das eben ihre Sache und nicht deine. Na schön, was gibts denn da für dich zu heulen?«

In dem großen, düsteren Raum war Gedränge und Betrieb. Am Morgen hatte es eine Bombardierung aus der Luft gegeben, umso schrecklicher am helllichten Tag. Aber niemand im Café saß angespannt und verkrampft da, niemand erzwang verzweifelt Vergessenheit. Man trank Kaffee oder in Flaschen abgefüllte Limonade in der frohgemuten, wohlverdienten Muße eines Sonntagnachmittags, plauderte über kleine, heitere Dinge, wobei alle gleichzeitig redeten, alle zuhörten und antworteten.

Es gab viele Soldaten in dem Lokal, allem Anschein nach in den Uniformen von zwanzig verschiedenen Armeen, bis man sah, dass die Vielfalt in der unterschiedlichen Art lag, in der das Tuch abgewetzt oder verschossen war. Nur wenige von ihnen waren verwundet worden;

hier und da sah man einen vorsichtig auftreten, auf eine Krücke oder zwei Spazierstöcke gestützt, aber so weit auf dem Wege der Besserung, dass sein Gesicht Farbe hatte. Es gab auch viele Männer in Zivil – einige davon Soldaten auf Heimaturlaub, einige davon im Staatsdienst, einige davon reine Vermutung. Es gab rundliche, gemütliche Ehefrauen, geschäftig Papierfächer wedelnd, und alte Frauen so still wie ihre Enkelkinder. Es gab viele hübsche Mädchen und einige Schönheiten, von denen man nicht beiläufig bemerkte: »Das ist mal ein reizender spanischer Typ«, sondern sagte: »Was für ein schönes Mädchen!« Die Kleider der Frauen waren nicht neu, und ihr Stoff war zu bescheiden, als dass er je fachmännisches Zuschneiden gerechtfertigt hätte.

»Es ist schon komisch«, sagte ich zu der Schwedin, »dass, wenn irgendwo keiner am besten gekleidet ist, man nicht wahrnimmt, dass jeder es nicht ist.«

»Bitte?«, sagte die Schwedin.

Niemand, außer einem vereinzelten Soldaten, trug einen Hut. Als wir nach Valencia gekommen waren, lebte ich zunächst in einem Zustand peinlicher Verwirrung, warum jedermann auf der Straße über mich lachte. Es war nicht etwa, weil »West End Avenue« auf meinem Gesicht geschrieben stand, wie vom Kreidegekritzel eines Zollbeamten hinterlassen. Man mag Amerikaner in Valencia, wo man gute erlebt hat – die Ärzte, die ihre Sprechzimmer verlassen hatten und gekommen waren, um zu helfen, die ruhigen jungen Krankenschwestern, die Männer der Internationalen Brigade. Aber wenn ich ausging, hielten Männer und Frauen höflich die Hände vor die feixenden Gesichter, und kleine Kinder, zu arglos, um sich zu verstellen, bogen sich vor Lachen und deuteten und riefen: »*Olé!*« Dann, ziemlich spät, machte ich meine Entdeckung und ließ meinen Hut fort; und es gab kein Gelächter mehr. Dabei war es nicht einer von diesen komischen Hüten; es war einfach ein Hut.

Das Café füllte sich zum Bersten, und ich ging von unserem Tisch weg, um mit einem Freund am anderen Ende des Raumes zu sprechen. Als ich an den Tisch zurückkam, saßen dort sechs Soldaten. Sie saßen zusammengepfercht da, und ich zwängte mich an ihnen vorbei zu meinem Stuhl durch. Sie sahen müde und staubig und klein aus, so wie gerade Verstorbene klein aussehen, und das Erste, was man an ihnen bemerkte, waren die Sehnen an ihren Hälsen. Ich kam mir vor wie ein Mastschwein.

Sie unterhielten sich alle mit der Schwedin. Sie kann Spanisch, Französisch, Deutsch, alle skandinavischen Sprachen, Italienisch und Englisch. Wenn sie einen Moment Zeit zum Bedauern hat, seufzt sie, ihr Holländisch sei so eingerostet, dass sie es nicht mehr sprechen kann, nur noch lesen, und das Gleiche gilt auch für ihr Rumänisch.

Sie hatten ihr erzählt, erzählte sie uns, dass sie gerade einen achtundvierzigstündigen Urlaub von den Schützengräben hinter sich hatten und dass sie für diesen Urlaub alle ihr Geld für Zigaretten zusammengelegt hatten, und etwas war schiefgegangen, und die Zigaretten waren nie bei ihnen angelangt. Ich hatte ein Päckchen amerikanische Zigaretten – verglichen mit ihnen, sind Rubine in Spanien nichts –, und ich holte es heraus und gab, durch

Nicken und Lächeln und so etwas wie Schwimmbewegungen, zu verstehen, dass ich es den sechs jungen Männern anbot, die sich nach Tabak sehnten. Als sie sahen, was ich meinte, stand jeder von ihnen auf und schüttelte mir die Hand. Süß von mir, meine Zigaretten mit den Männern auf ihrem Weg zurück in die Schützengräben zu teilen. Die barmherzige Samariterin. Das Mastschwein.

Jeder steckte sich seine Zigarette mit einer Vorrichtung aus gelber Schnur an, die stank, wenn sie brannte, und auch, wie die Schwedin übersetzte, als Zündschnur für Granaten benutzt wurde. Jeder bekam, was er bestellt hatte, ein Glas Kaffee, und jeder murmelte anerkennend wegen der winzigen Menge von grobem Zucker, der dabeilag. Dann redeten sie.

Sie redeten durch die Schwedin, aber uns gegenüber taten sie das, was wir alle tun, wenn wir in unserer Sprache mit jemandem sprechen, der sie nicht kennt. Sie sahen uns voll ins Gesicht und sprachen langsam und drückten ihre Worte mit exakten Bewegungen ihrer Lippen aus. Dann, als sie in Fahrt kamen, ließen sie sie so ungestüm, so eindringlich auf uns niederprasseln, dass sie sicher waren, wir müssten sie verstehen. Sie waren so überzeugt, wir würden alles verstehen, dass wir uns schämten, nichts zu verstehen.

Aber die Schwedin berichtete uns. Sie waren alle Bauern und Bauernsöhne, aus einem so armen Landstrich, dass man versucht, an die Existenz dieser Art Armut gar nicht zu denken. Ihr Dorf lag neben dem, wohin die alten Männer und die kranken Männer und die Frauen und

Kinder gegangen waren, an einem Feiertag, in die Stierkampfarena; und die Flugzeuge waren herübergekom-
men und hatten Bomben auf die Stierkampfarena geworfen, und die alten Männer und die kranken Männer und
die Frauen und die Kinder zählten über zweihundert.

Sie waren, alle sechs, seit über einem Jahr im Krieg gewesen, und die meiste Zeit davon in den Schützengräben.
Vier von ihnen waren verheiratet. Einer hatte ein Kind,
zwei hatten drei Kinder, einer hatte fünf. Sie hatten keine
Nachricht von ihren Familien gehabt, seit sie an die Front
gegangen waren. Es hatte keine Verbindung gegeben;
zwei von ihnen hatten schreiben gelernt von Männern,
die neben ihnen im Schützengraben kämpften, aber sie
hatten nicht gewagt, nach Hause zu schreiben. Sie gehörten einer Gewerkschaft an, und Gewerkschaftsmitglieder
werden ja hingerichtet, wenn man sie gefangen nimmt.
Das Dorf, in dem ihre Familien lebten, war erobert worden, und wenn deine Frau einen Brief von einem Ge-
werkschaftsmitglied bekommt, wer weiß, ob sie sie nicht
wegen dieser Beziehung erschießen?
    Sie erzählten uns, wie sie über ein Jahr lang von ihren
Familien nichts gehört hatten. Sie erzählten es nicht tapfer oder schrullig oder stoisch. Sie erzählten es, als ob –
Also, pass auf. Du bist seit über einem Jahr im Schützengraben und kämpfst. Du hast nichts von deiner Frau und
deinen Kindern gehört. Sie wissen nicht, ob du tot oder
lebendig oder erblindet bist. Du weißt nicht, wo sie sind
oder ob sie noch sind. Du musst mit jemandem reden. So
erzählten sie davon.

Einer von ihnen hatte vor ungefähr sechs Monaten von seiner Frau und seinen drei Kindern – sie hätten so schöne Augen, sagte er – durch einen Schwager in Frankreich gehört. Sie waren damals alle am Leben, wie man ihm sagte, und hatten jeden Tag einen Teller Bohnen. Aber seine Frau hatte sich nicht über das Essen beklagt, wie er hörte. Was ihr Kummer machte, war, dass sie kein Garn hatte, um die zerlumpten Kleider der Kinder auszubessern. Daher machte das auch ihm Kummer.

»Sie hat kein Garn«, sagte er uns immer wieder. »Meine Frau hat kein Garn zum Ausbessern. Kein Garn.«

Wir saßen da und hörten dem zu, was die Schwedin uns berichtete, dass sie sagten. Plötzlich sah einer von ihnen auf die Uhr, und dann gab es Aufgeregtheit. Sie sprangen auf, wie ein Mann, und es gab Rufe nach dem Kellner und eine hastige Unterredung mit ihm, und jeder von ihnen schüttelte jedem von uns die Hand. Wir machten wiederum Schwimmbewegungen, um ihnen auseinanderzusetzen, dass sie die restlichen Zigaretten mitnehmen sollten – vierzehn Zigaretten für sechs Soldaten, die in den Krieg ziehen –, und dann schüttelten sie uns abermals die Hand. Dann sagten wir alle so oft »*Salud!*«, wie das bei sechs von ihnen und drei von uns nötig war, und dann gingen sie im Gänsemarsch aus dem Café, alle sechs, so müde und staubig und klein, wie Männer eines mächtigen Haufens klein sind.

Nur die Schwedin sprach, nachdem sie gegangen waren. Die Schwedin ist schon seit Kriegsbeginn in Spanien. Sie hat zerschmetterte Männer gepflegt, und sie hat Tragbahren in die Schützengräben und, schwer beladen, ins Lazarett getragen. Sie hat zu viel gesehen und gehört, als dass es ihr die Sprache verschlägt.

Bald darauf war es Zeit zu gehen, und die Schwedin hob die Hände über den Kopf und schlug sie zweimal zusammen, um den Kellner zu rufen. Er kam, aber er schüttelte nur den Kopf und die Hand und ging weg.

Die Soldaten hatten unsere Getränke bezahlt.

DAS LIED DER HEMDEN, 1941
(Song of the Shirt, 1941)

Es war einer jener außerordentlich klaren Tage, die alles irgendwie größer aussehen lassen. Die Avenue schien sich breiter und länger dahinzuziehen, und die Häuser schienen höher in den Himmel zu ragen. Die Blumenkästen an den Fenstern waren nicht nur eine blühende Masse und ein verschwommener Farbklecks; sie waren wie vergrößert, sodass man die Struktur der Blüten und selbst die einzelnen Blumenblätter sehen konnte. In der Tat konnte man deutlich alle Arten von erfreulichen Dingen sehen, die normalerweise zu klein waren, um bemerkt zu werden – die grazilen Figurinen auf Kühlerhauben und die hübschen runden goldenen Knöpfe auf Fahnenstangen, die Blüten und Früchte auf Damenhüten und den weichen Schmelz, der auf die Augenlider unter ihnen aufgetragen war. Es sollte mehr solcher Tage geben.

Die außergewöhnliche Klarheit muss ihre Wirkung auch auf unsichtbare Gegenstände ausgeübt haben, denn Mrs Martindale schien, als sie innehielt, um die Avenue hinaufzusehen, tatsächlich zu spüren, wie ihr Herz größer als je zuvor in ihr wurde. Die Dimension von Mrs Martindales Herz war bei ihren Freunden berühmt, und wie Freunde nun mal sind, waren sie herumgelaufen und hatten darüber geschwätzt. Und so stand Mrs Martindales Name weit oben auf den Listen all jener Organisationen, die Aufrufe verschickten, Billette zu kaufen, und sie war häufig genötigt, sich bei der einen oder anderen Veranstaltung zugunsten der Wohltätigkeit an einem Tisch sitzend und aufmerksam ihrem Nachbarn lauschend fotografieren zu lassen. Ihr großes Herz wohnte, was ja leider so oft der Fall ist, nicht in einem großen Busen. Mrs Martindales Brüste waren bewundernswert, zierlich, aber fest, und zeigten nach rechts die eine, nach links die andere; böse aufeinander, wie es bei den Russen heißt.

Ihr Herz war nun umso wärmer wegen des prachtvollen Anblicks der Avenue. Alle Fahnen sahen nagelneu aus. Das Rot und das Weiß und das Blau waren so lebhaft, dass sie regelrecht zu vibrieren schienen, und die adretten Sterne schienen auf ihren Spitzen zu tanzen. Auch Mrs Martindale hatte eine Fahne, die am Revers ihrer Jacke befestigt war. Sie hatte Unmengen von Rubinen und Diamanten und Saphiren nutzlos herumliegen gehabt, die als Blumenmuster Abendtäschchen und Kosmetikköfferchen und Zigarettenetuis zierten; sie hatte den ganzen Bestand zu ihrem Juwelier gebracht, und er hatte sie zu einem entzückenden kleinen Sternenbanner zusammengesetzt. Es waren so viele gewesen, dass er eine gewellte Fahne anfertigen konnte, und das war von Vorteil, denn glatte Fahnen sahen immer hart und starr aus. Es gab auch zahlreiche Smaragde, die zuvor die Blätter und Stiele der Blumenmuster gebildet hatten, aber für das jetzige Modell natürlich nicht zu gebrauchen waren und daher in einem erhaben gearbeiteten Lederetui zurückblieben. Irgendwann einmal würde Mrs Martindale wohl mit ihrem Juwelier über eine Zusammenstellung konferieren, in der sie Verwendung fanden. Aber für derartige Dinge war jetzt keine Zeit.

Es gab viele Männer in Uniform, die unter den bunten Bannern die Avenue entlanggingen. Die Soldaten schritten schnell und sicher aus, jeder unterwegs zu einem Ziel. Die Matrosen, zu zweien, schlenderten, blieben an einer Ecke stehen und sahen eine Straße hinunter, gaben es auf und gingen langsamer ihrer unbekannten Wege. Mrs Martindales Herz wurde abermals größer, als sie sie betrachtete. Sie hatte eine Freundin, die es sich zur Gewohnheit machte, uniformierte Männer auf der Straße anzuhalten und ihnen einzeln für das zu danken, was sie für *sie* taten. Mrs Martindale fand, dass dies etwas zu weit ging. Dennoch verstand sie, ein klein wenig, was ihre Freundin meinte.

Und bestimmt hätte kein Soldat oder Matrose etwas dagegen einzuwenden gehabt, von Mrs Martindale angesprochen zu werden. Denn sie war reizend, und keine andere Frau war reizend wie sie. Sie war groß, und ihr Körper war fließend wie ein Sonett. Ihr Gesicht bestand nur aus Dreiecken, wie das einer Katze, und ihre Augen und ihr Haar waren blaugrau. Ihr Haar hörte in seinem Wuchs an Stirn und Schläfe nicht allmählich auf; es sprang abrupt, in großen dichten Wellen, aus einer geraden Linie über ihrem Gesicht hervor. Sein Blaugrau war nicht verfrüht. Mrs Martindale befand sich noch in den vorteilhaften Vierzigern. Gilt nicht der Nachmittag als die heiterste Zeit des Tages?

Wenn man sie sah, so grazil geformt, so vortrefflich vollendet, so sacht beschützt durch eben ihren Liebreiz, man hätte wohl gelacht, wäre einem gesagt worden, dass sie eine Arbeiterin war. »Ach, hör auf!«, hätte man gesagt, wenn man die unglückliche Art gehabt hätte, Skepsis auf diese Weise zum Ausdruck zu bringen. Aber man wäre weit mehr als ungebührlich gewesen; man wäre im Irrtum gewesen. Mrs Martindale arbeitete, und sie arbeitete hart. Sie arbeitete doppelt hart, weil sie in dem, was sie tat, ungeübt war und weil sie es ungern tat. Doch seit zwei Monaten hatte sie an fünf Nachmittagen in der Woche jeden Nachmittag gearbeitet und hatte sich keinen Augenblick gedrückt. Sie erhielt keine Vergütung für ihre regelmäßigen Dienste. Sie stellte sie unentgeltlich zur Verfügung, weil sie glaubte, dass man das tun musste. Sie glaubte, dass man tun musste, was man nur konnte, beharrlich und bescheiden. Sie praktizierte, was sie glaubte.

Die spezielle Dienststelle der Kriegshilfeorganisation, wo sich Mrs Martindale betätigte, war bei ihr und ihren Mitarbeiterinnen als das Hauptquartier bekannt; einige von ihnen hatten angefangen, es H. Q. zu nennen. Letztere gehörten der Gruppe an, die für die Einführung einer Uniform plädierte – der Zuschnitt stand noch nicht endgültig fest, aber man dachte an etwas Schwesterntrachtähnliches, nur mit einem weiteren Rock und einer langen blauen Pelerine und weißen Handschuhen. Mrs Martindale stimmte nicht mit dieser Partei überein. Es war ihr stets schwergefallen, mit lauter Stimme Widerspruch zu erheben, doch sie tat es, wenngleich leise. Sie sagte, dass, obschon natürlich nichts falsch sei an einer Uniform und selbstverständlich niemand unter keinen Umständen sagen könne, dass etwas falsch sei an der Idee, es doch schien – nun ja, es schien nicht ganz richtig, die Arbeit zum Vorwand für eine, nun ja, Kostümierung zu nehmen, wenn sie ihr diesen Ausdruck verzeihen wollten. Gewiss, sie trugen ihre Häubchen im Hauptquartier, und wenn einen irgendjemand mit Häubchen fotografieren wollte, dann sollte man das auch zulassen, weil es gut sei für die Organisation und deren Arbeit bekannt machte. Aber, bitte keine kompletten Uniformen, sagte Mrs Martindale. Wirklich nicht, *bitte*, sagte Mrs Martindale.

Das Hauptquartier war, wie viele sagten, die strengste Dienststelle sämtlicher Dienststellen sämtlicher Kriegshilfeorganisationen der Stadt. Es war kein Ort, wo man hereinschneite und strickte. Stricken, hat man es erst einmal erfasst, ist eine angenehme Arbeit, eine Erholung von den Bürden, die einem das Leben sonst auferlegt. Wenn man strickt, außer wenn man an solchen Stellen ist, wo man die Maschen zählen muss, hat man den Kopf noch genügend frei, um sich an Gesprächen zu beteiligen, und ist empfänglich für Neuigkeiten und freigebig damit. Doch im Hauptquartier wurde genäht. Dort wurde auf eine besonders schwierige und ermüdende Art genäht. Sie stellten jene kurzen, hemdartigen Kittel her, am Rücken mit Bändern geschlossen, die Patienten in Krankenhäusern angezogen werden. Jedes Kleidungsstück musste zwei Ärmel haben, und alle Kanten mussten sorgfältig eingefasst werden. Der Stoff war unangenehm anzufühlen und zu riechen und unduldsam gegenüber der Nadel des Neulings. Mrs Martindale hatte drei genäht und hatte ein weiteres fast zur Hälfte fertig. Sie hatte gedacht, nach dem ersten würden die anderen einfacher und schneller anzufertigen sein. Das war nicht der Fall gewesen.

Es gab Nähmaschinen im Hauptquartier, aber nur wenige Arbeiterinnen verstanden damit umzugehen. Mrs Martindale selbst hatte insgeheim Angst vor Maschinen; es hatte da eine böse Geschichte gegeben, deren Ursprung nie entdeckt worden war, von einer Frau, die ihren Daumen an die falsche Stelle legte, und herab kam die Nadel, mitten durch Nagel und alles hindurch. Außerdem war es irgendwie – man wusste nicht genau, wie man es ausdrücken sollte –, irgendwie ein größeres Opfer, ein größerer Dienst, Dinge von Hand anzufertigen. Sie machte weiter ihre Arbeit, die nie leichter wurde. Man hätte sich gewünscht, dass es mehr von ihrem Kaliber gäbe.

Denn viele der Arbeiterinnen hatten die ganze Sache schon aufgegeben, lange bevor ihr erstes Kleidungsstück fertig war. Und viele andere, die täglich zu erscheinen versprochen hatten, kamen nur hie und da. Es gab lediglich eine Handvoll wie Mrs Martindale.

Alle stellten ihre Dienste unentgeltlich zur Verfügung, obgleich es gewisse Zweifel hinsichtlich Mrs Corning gab, die das Hauptquartier leitete. Sie war es, die die Arbeit überwachte, die die Kleidungsstücke zuschnitt und den Arbeiterinnen erklärte, welche Teile an welche anderen Teile gehörten. (Es fiel nicht immer alles nach Plan aus. Eine freiwillige Näherin arbeitete sich mühselig bis zur Fertigstellung eines Hemdes durch, das einen einzigen Ärmel aufwies, der von der Mitte des Vorderteils herabhing. Es war unmöglich, ein Lachen zu unterdrücken; und eine scharfe Zunge schlug vor, ihn so abzugeben, wie er war, für den Fall, dass einmal ein Elefant eingeliefert werden sollte. Mrs Martindale war die Erste, die sagte: »Ach, nicht doch! Sie hat sich solche Mühe gegeben.«) Mrs Corning war eine unwirsche Person, bei allen verhasst. Die hohen Maßstäbe des Hauptquartiers waren zwar wichtig für die Moral der Arbeiterinnen, aber man war doch allgemein der Ansicht, dass Mrs Corning nicht so schrill zu schimpfen brauchte, wenn eine von ihnen das Ende ihres Fadens zwischen den Lippen anfeuchtete, bevor sie es in ihre Nadel stieß.

»Also wirklich«, hatte eine der Energischsten unter den Getadelten ihr geantwortet. »Wenn ein bisschen saubere Spucke das Schlimmste ist, was je an sie hinkommt ...«

Die Energische war nicht mehr in das Hauptquartier zurückgekehrt, und es gab Frauen, die ihr recht gaben. Der Zwischenfall vergrößerte die Anhängerschaft der Denkrichtung, die behauptete, dass Mrs Corning für das, was sie tat, bezahlt wurde.

Als Mrs Martindale in dem klaren Licht stehen blieb und die Avenue entlangblickte, geschah dies in einem Augenblick verdienter Muße. Sie hatte soeben das Hauptquartier verlassen. Sie sollte viele Wochen lang nicht mehr hingehen müssen, ebenso wenig wie die anderen Arbeiterinnen. Irgendwo hatte zweifellos der Kuckuck gerufen, denn der Sommer kam ins Land. Und da ohnehin jedermann die Stadt verließ, war es nur vernünftig, das Hauptquartier bis zum Herbst zu schließen.

Mrs Martindale hatte sich, und ohne deswegen Schuld-
gefühle zu empfinden, auf einen Urlaub von der ganzen
Näherei gefreut.

Nun, sie sollte ihn nicht haben, wie sich herausstellte.
Während die Arbeiterinnen sich fröhlich Lebewohl sagten und Verabredungen für den Herbst trafen, hatte sich
Mrs Corning laut geräuspert, um für Ruhe zu sorgen,
und hatte eine kurze Ansprache gehalten. Sie stand neben einem Tisch, auf dem sich zugeschnittene Teile von
Krankenhemden stapelten, die noch nicht zusammen-
genäht waren. Sie war eine taktlose Frau, und obwohl
vermutet werden darf, dass sie inständig wirken wollte,
klang sie nur übellaunig. Es herrschte, sagte sie, verzwei-
felter Bedarf, furchtbarer Bedarf an Krankenhaushem-
den. Mehr würden auf der Stelle benötigt, Hunderte, ja
Tausende davon; die Organisation habe am Morgen eine
Depesche erhalten, die drängte und flehte. Das Hauptquartier schließe bis September – was bedeutete, dass die
ganze Arbeit eingestellt wurde. Selbstverständlich hätten sie alle ihren Urlaub verdient. Und dennoch bliebe
ihr, angesichts des schrecklichen Bedarfs, nichts anderes
übrig, als zu fragen – sie bitte um Freiwillige, die Kittel
mitnehmen würden, um daran zu Hause zu arbeiten.

Es gab eine kurze Stille und dann ein Gemurmel von
Stimmen, die immer lauter und selbstbewusster wurden,
als die jeweiligen Besitzerinnen erkannten, dass die ihre
nicht die einzige war. Die meisten Arbeiterinnen wären
allem Anschein nach durchaus gewillt gewesen, hatten
jedoch das Gefühl, ihre ganze Zeit unbedingt ihren Kindern widmen zu müssen, die sie kaum *gesehen* hatten,

weil sie ja dauernd im Hauptquartier waren. Andere sagten, sie seien schlicht und einfach zu erschöpft, und mehr
sei dazu nicht zu sagen. Es muss eingeräumt werden, dass
Mrs Martindale einige Augenblicke lang die Gefühle der
letzteren Gruppe teilte. Dann trieb ihr die Scham die
Röte ins Gesicht, und rasch, ruhig, den blaugrauen Kopf
hoch erhoben, ging sie zu Mrs Corning.

»Mrs Corning«, sagte sie. »Ich würde gerne zwölf
übernehmen, bitte.«

Mrs Corning war netter, als Mrs Martindale sie je erlebt hatte. Sie streckte ihre Hand aus und ergriff Mrs Martindales Rechte.

»Danke«, sagte sie, und ihre schrille Stimme war sanft.

Doch dann musste sie umgehend wieder so sein, wie
sie immer war. Sie entriss Mrs Martindale ihre Hand und
wandte sich dem Tisch zu, wo sie Hemden zusammen-
zuraffen begann.

»Und bitte, Mrs Martindale«, sagte sie schrill, »seien
Sie doch so freundlich, und denken Sie daran, die Nähte
gerade anzubringen. Verwundete können unter schiefen
Nähten sehr zu leiden haben, wissen Sie. Und wenn Sie
es einrichten könnten, Ihre Stiche gleichmäßig lang zu
machen, dann würde das Hemd viel fachmännischer
aussehen und unserer Organisation ein höheres Ansehen
geben. Und die Zeit drängt schrecklich. Es eilt ihnen entsetzlich damit. Wenn Sie es also einrichten könnten, ein
bisschen flinker zu sein, dann wäre das eine große Hilfe.«

Also wirklich, wenn Mrs Martindale nicht angeboten
hätte, die Dinger zu nehmen, dann hätte sie …

Die zwölf noch in ihren Einzelteilen befindlichen

Hemden ergaben zusammen mit dem Hemd, das halb fertig war, ein gewaltiges Bündel. Mrs Martindale musste ihren Chauffeur heraufholen lassen, damit er es für sie zu ihrem Wagen trug. Während sie auf ihn wartete, traten einige der Arbeiterinnen, eher langsam, vor und erboten sich, daheim zu nähen. Vier war die höchste Zahl von versprochenen Hemden.

Mrs Martindale verabschiedete sich zwar von Mrs Corning, brachte jedoch keine Freude über die Hoffnung zum Ausdruck, sie im Herbst wiederzusehen. Man tut, was man kann, und man tut es, weil man sich dazu verpflichtet fühlt. Aber man kann nun einmal nicht mehr tun, als man tun kann.

Draußen auf der Avenue war Mrs Martindale wieder sie selbst. Sie vermied es, das große Paket anzuschauen, das der Chauffeur in den Wagen gelegt hatte. Schließlich konnte sie sich, und zwar mit Fug und Recht, eine Pause gönnen. Sie brauchte nicht unverzüglich nach Hause zu gehen und wieder mit dem Nähen anzufangen. Sie würde den Chauffeur mit dem Bündel nach Hause schicken und in der angenehmen Luft zu Fuß gehen und nicht an unfertige Hemden denken.

Doch die Männer in Uniform gingen unter den knatternden Fahnen die Avenue entlang, und in dem scharfen, reinen Licht konnte man alle ihre Gesichter sehen; ihre klaren Züge und ihre straffe Haut und ihre Augen, die selbstsicheren Augen der Soldaten und die sehnsüchtigen Augen der Matrosen. Sie waren alle so jung, und sie alle taten, was sie konnten, taten alles, was sie nur konnten, taten es beharrlich und bescheiden, ohne Fragen zu stellen und ohne Lob zu erwarten. Mrs Martindale legte ihre Hand auf ihr Herz. Irgendwann einmal, irgendwann würden vielleicht welche von ihnen in Krankenhausbetten liegen …

Mrs Martindale drückte ihre zierlichen Schultern durch und stieg in ihren Wagen. »Nach Hause, bitte«, sagte sie zu ihrem Chauffeur. »Und ich bin ziemlich in Eile.«

Zu Hause ließ Mrs Martindale ihr Dienstmädchen das unförmige Bündel auspacken und den Inhalt in ihren privaten Salon hinaufbringen. Mrs Martindale legte ihre Straßenkleidung ab und versteckte ihren Kopf, gleich hinter der ersten großen blaugrauen Welle, in dem weichen Leinenhäubchen, das sie im Hauptquartier üblicherweise getragen hatte. Sie betrat ihren Salon, der erst jüngst in der Farbe ihres Haares und ihrer Augen renoviert worden war; man hatte lange mischen und abstimmen müssen, aber es war ein Erfolg. Es gab Tupfer, vielmehr Kleckse, von Magentarot darin, denn Mrs Martindale komplementierte leuchtende Farben und ließ sie und sich dadurch lieblicher schimmern. Sie sah den hässlichen, hohen Stapel ungemachter Hemden an, und eine Sekunde lang zog sich ihr berühmtes Herz zusammen. Aber es dehnte sich wieder zu seiner normalen Größe aus, als sie fühlte, was sie zu tun hatte. Es hatte keinen Zweck, über die zwölf verdammten neuen Hemden nachzudenken. Ihre unmittelbare Aufgabe bestand darin, an dem Hemd weiterzumachen, das sie halb genäht hatte.

Sie ließ sich auf abgestepptem blaugrauem Satin nieder und machte sich an die Arbeit. Sie war an dem verhasstesten Teil des Kleidungsstückes – dem Einfassen des runden Halsausschnitts. Alles verzog sich, und nichts wurde gleichmäßig, und ein widerwärtiger kleisterartiger Geruch stieg aus dem dicken Stoff auf, und die Stiche, die sie sich abmühte, fein säuberlich anzubringen, kamen alle unterschiedlich lang und alle leicht grau zum Vorschein. Wieder und wieder musste sie sie wegen ihrer Unvollkommenheit auftrennen und ihre Nadel wieder neu einfädeln, ohne den Faden zwischen den Lippen anzufeuchten, und sie abermals wüst und unregelmäßig vorfinden. Ihr war fast übel von dem Kampf mit der harten, eintönigen Arbeit.

Ihr Dienstmädchen kam geziert herein und meldete ihr, dass Mrs Wyman sie am Telefon zu sprechen wünschte; Mrs Wyman wollte sie um einen Gefallen bitten. Dies waren zwei der Strafen, die sich mit dem Besitz eines so großen Herzens wie dem von Mrs Martindale verbanden – dauernd riefen Leute an, um sie um Gefälligkeiten zu bitten, und dauernd gab sie ihren Bitten statt. Sie legte ihre Näharbeit mit einem Seufzer nieder, der dies oder jenes bedeuten mochte, und ging zum Telefon.

Mrs Wyman hatte ebenfalls ein großes Herz, doch es war nicht gut untergebracht. Sie war eine beleibte, plumpe, albern gekleidete Person, mit schwabbeligen Wangen und hervorquellenden Augen. Sie sprach mit hastiger Schüchternheit, fügte Entschuldigungen ein, bevor sie angebracht waren, und war daher eine Plage, die man zu meiden suchte.

»Oh, meine Liebe«, sagte sie nun zu Mrs Martindale,

»es tut mir so leid, Sie zu belästigen. Bitte verzeihen Sie mir. Aber ich möchte Sie gern bitten, mir einen ganz riesigen Gefallen zu erweisen. Bitte verzeihen Sie mir. Aber ich möchte Sie fragen, ob Sie womöglich zufällig jemanden kennen, der womöglich für meine gute Mrs Christie Verwendung hätte?«

»Ihre Mrs Christie?«, fragte Mrs Martindale. »Tja, ich glaube nicht – oder doch?«

»Sie wissen schon«, sagte Mrs Wyman. »Ich hätte Sie um nichts in der Welt belästigt, bei allem, was Sie tun und allem, aber Sie kennen doch meine gute Mrs Christie. Sie hat diese Tochter, die Kinderlähmung hatte, und sie muss für sie sorgen, und ich weiß einfach nicht, *was* sie machen soll. Ich hätte Sie um nichts in der Welt belästigt, es ist nur, dass ich mir schon ständig Arbeiten ausgedacht habe, die sie für mich tun könnte, aber nächste Woche fahren wir nun auf die Ranch, und ich weiß wirklich nicht, was aus ihr werden soll. Und die verkrüppelte Tochter und alles. Sie werden einfach nichts zu *leben* haben!«

Mrs Martindale stieß ein leises kleines Stöhnen aus. »Oh, wie entsetzlich«, sagte sie. »Wie absolut entsetzlich! Oh, wenn ich doch nur – sagen Sie, was kann ich tun?«

»Nun, wenn Ihnen nur jemand einfallen würde, der für sie Verwendung hätte«, sagte Mrs Wyman. »Ich hätte Sie nicht belästigt, das hätte ich ganz bestimmt nicht, aber ich wusste einfach nicht, an wen ich mich wenden sollte. Und Mrs Christie ist wirklich eine wunderbare kleine Frau – sie kann alles. Natürlich ist es so, dass sie zu Hause arbeiten muss, weil sie sich um das verkrüppelte Kind kümmern will – daraus kann man ihr ja keinen Vorwurf machen, wirklich nicht. Aber sie holt die Sachen ab und bringt sie zurück. Und sie ist so flink und so tüchtig. Bitte verzeihen Sie, dass ich Sie belästige, aber wenn Ihnen nur jemand einfallen würde –«

»Oh, es muss jemanden geben!«, rief Mrs Martindale aus. »Mir wird jemand einfallen. Ich werde mir das Hirn zermartern, ganz bestimmt. Ich rufe Sie an, sobald ich etwas weiß.«

Mrs Martindale kehrte zu ihrem blaugrauen gesteppten Satin zurück. Wieder nahm sie das unfertige Hemd in die Hand. Ein Strahl des außergewöhnlich klaren Sonnenlichts schoss an einer Vase mit Kuckucksblumen vorbei und ließ sich auf dem welligen Haar unter dem reizenden Häubchen nieder. Doch Mrs Martindale drehte sich nicht nach ihm um. Ihre blaugrauen Augen waren auf die Plackerei ihrer Finger geheftet. Dieses Hemd, und dann die zwölf weiteren. Der Bedarf, der verzweifelte, furchtbare Bedarf und die schrecklich drängende Zeit. Sie machte einen Stich und noch einen Stich und noch einen Stich und noch einen Stich; sie besah sich die krumme Naht, zog den Faden aus der Nadel, trennte drei Stiche auf, fädelte die Nadel wieder ein und nähte weiter. Und während sie nähte, zermarterte sie sich, getreu ihrem Versprechen und ihrem Herzen, das Hirn.

DER HERRLICHE URLAUB
(The Lovely Leave)

Ihr Mann hatte telefoniert, ein Ferngespräch, um ihr von dem Urlaub zu berichten. Sie hatte den Anruf nicht erwartet, und sie hatte sich keine Sätze zurechtgelegt. Sie vertat volle Sekunden, um zu erklären, wie überrascht sie war, ihn zu hören, und zu berichten, dass es in New York stark regnete, und zu fragen, ob es bei ihm sehr heiß sei. Er hatte sie unterbrochen und gesagt, schau, er hätte keine Zeit, um lange zu reden; und er hatte ihr rasch berichtet, dass seine Staffel in der nächsten Woche auf einen anderen Flugplatz verlegt werden sollte und er auf dem Weg dorthin vierundzwanzig Stunden Urlaub hätte. Sie konnte ihn schlecht verstehen. Hinter seiner Stimme ertönte ein abgehackter Chor junger männlicher Stimmen, die alle die Silbe »He!« grölten.

»Ach, leg noch nicht auf«, sagte sie. »Bitte. Lass uns noch eine Minute reden, nur noch eine –«

»Schätzchen, ich muss gehen«, sagte er. »Die Jungs wollen schließlich alle mal ans Telefon. Bin heute in einer Woche bei dir, gegen fünf. Tschüs.«

Dann war ein Klicken zu hören gewesen, als sein Hörer auf die Gabel gelegt wurde. Langsam wiegte sie ihr Telefon und sah es dabei an, als ob alle Enttäuschungen und Bestürzungen und Trennungen dessen Schuld wären. Über es hatte sie seine Stimme gehört, von weit her. All die Monate hatte sie versucht, nicht an die große leere Entfernung zwischen ihnen zu denken; und nun ließ diese ferne Stimme sie erkennen, dass sie an nichts anderes gedacht hatte. Und seine Ausdrucksweise war kurz und bündig gewesen. Und hinter ihm waren fröhliche, ausgelassene junge Stimmen ertönt, Stimmen, die er jeden Tag hörte und sie nicht, Stimmen derjenigen, die sein neues Leben teilten. Und er hatte ihnen gehorcht und nicht ihr, als sie ihn noch um eine Minute bat. Sie nahm ihre Hand vom Telefon und hielt sie mit abgespreizten Fingern von sich weg, als ob sie etwas Ekliges angefasst hätte.

Dann redete sie sich zu, sie solle mit diesem Unsinn aufhören. Wenn man sich nach Dingen umsah, die einen verletzt und elend und überflüssig fühlen ließen, dann würde man sie mit Sicherheit auch finden, von Mal zu Mal leichter, so leicht schon bald, dass man nicht einmal merkte, wie man danach gesucht hatte. Einsame Frauen entwickelten oft Fertigkeiten auf diesem Gebiet. Sie durfte sich nie diesem trostlosen Verein anschließen.

Weswegen war sie überhaupt trübsinnig? Wenn er nur wenig Zeit zum Reden hatte, dann hatte er eben nur wenig Zeit zum Reden, das war alles. Jedenfalls hatte er Zeit gehabt, ihr mitzuteilen, dass er kam, zu sagen, dass sie bald beieinander sein würden. Und sie saß da und starrte missmutig auf das Telefon, das gute, treue Telefon, das ihr diese herrliche Nachricht gebracht hatte. Sie würde ihn in einer Woche sehen. Schon in einer Woche. Sie begann, auf ihrem Rücken und in ihrer Mitte kleine Schauer der Erregung zu verspüren, wie winzige Sprungfedern, die sich zu Spiralen entspannen.

Es durfte bei diesem Urlaub nichts verschwendet wer-

den. Sie dachte an die unnatürliche Scheu, die sie ergriffen hatte, als er voriges Mal nach Hause gekommen
war. Es war das erste Mal, dass sie ihn in Uniform gesehen hatte. Da stand er, in ihrer kleinen Wohnung, ein
schneidiger Fremder in fremden, schneidigen Kleidern.
Bis er zur Armee gegangen war, hatten sie während ihrer
ganzen Ehe nicht eine Nacht voneinander getrennt verbracht; und als sie ihn sah, schlug sie die Augen nieder
und zerknüllte ihr Taschentuch und konnte nur einsil-
bige Antworten herausbringen. Es durfte dieses Mal kein
derartiges Vergeuden der Minuten geben. Es durfte keine
derartige linkische Schüchternheit geben, damit ihnen
auch nicht ein einziger Augenblick ihrer vierundzwanzig
Stunden völliger Eintracht entging. O Gott, nur vierundzwanzig Stunden ...

Nein. Das war eben das Falscheste, was sie nur tun
konnte; das war genau die falsche Art zu denken. So hatte
sie voriges Mal alles verdorben. Sowie die Scheu sie verlassen hatte und sie ihn wieder zu kennen glaubte, hatte
sie zu zählen begonnen. Sie war so erfüllt von dem verzweifelten Bewusstsein der verrinnenden Stunden – nur
noch zwölf, nur noch fünf, o lieber Gott, nur noch eine
einzige –, dass sie keinen Platz hatte für Fröhlichkeit und
Unbefangenheit. Sie hatte die kostbare Zeit damit verbracht, sich gegen ihr Verstreichen aufzulehnen.

Sie hatte eine so jammervolle Haltung, eine so traurige und schwere Zunge gehabt, als die letzte Stunde
verstrich, dass er, von der gedrückten Stimmung gereizt,
barsch gesprochen hatte und sie in Streit geraten waren.
Als er zum Zug gehen musste, gab es beim Abschied kein

Aneinanderklammern, keine zärtlichen Worte zum Mitnehmen. Er war zur Tür gegangen und hatte sie geöffnet
und war mit den Schultern daran stehen geblieben, während er seine Fliegermütze ausschüttelte, sie aufsetzte
und sie mit großer Sorgfalt, einen Zoll über dem Auge,
einen Zoll über dem Ohr, ausrichtete. Sie stand mitten
im Wohnzimmer, kühl und schweigend, und sah ihn an.

Als seine Mütze genau so saß, wie sie sitzen sollte, sah
er sie an.

»Tja«, sagte er. Er räusperte sich. »Ich mache mich
jetzt wohl besser auf den Weg.«

»Das solltest du wohl«, sagte sie.

Er studierte eingehend seine Armbanduhr. »Ich werde
es gerade noch schaffen«, sagte er.

»Das wirst du wohl«, sagte sie.

Sie drehte sich um, nicht mit einem wirklichen Achselzucken, sondern nur mit dem Eindruck eines solchen,
und ging zum Fenster und schaute hinaus, als ob sie beiläufig nach dem Wetter sähe. Sie hörte die Tür laut ins
Schloss fallen und dann das Quietschen des Fahrstuhls.

Als sie wusste, dass er fort war, da war sie nicht mehr
kühl und still. Sie lief durch die kleine Wohnung, schlug
sich an die Brust und schluchzte.

Dann hatte sie zwei Monate Zeit, um darüber nachzudenken, was passiert war, um zu begreifen, wie sie den
hässlichen kleinen Scherbenhaufen angerichtet hatte. Sie
weinte in den Nächten.

Sie brauchte nicht länger darüber nachzugrübeln. Sie
hatte ihren Denkzettel; sie konnte vergessen, wie sie ihn
bekommen hatte. Dieser neue Urlaub würde derjenige

sein, der im Gedächtnis blieb, derjenige, der ihm und ihr immerdar bleiben würde. Sie sollte eine zweite Chance haben, noch einmal vierundzwanzig Stunden mit ihm. Schließlich ist das ja nicht gerade eine kurze Zeit; das heißt, wenn man sie sich nicht als eine dürftige kleine Reihe von Stunden vorstellt, die wie Perlen von einer zerrissenen Schnur fallen. Wenn man sie sich als einen ganzen langen Tag und eine ganze lange Nacht vorstellt, betörend und bezaubernd, dann ist man von seinem Glück geradezu überwältigt. Denn wie viele Menschen gibt es schon, denen die Erinnerung bleibt an einen ganzen langen Tag und eine ganze lange Nacht, betörend und bezaubernd, um sie in ihrem Herzen zu bewahren, bis sie sterben?

Wenn man etwas behalten will, dann muss man es pflegen. Mehr noch, man muss wissen, welcher Art Pflege es bedarf. Man muss die Spielregeln kennen und sich an sie halten. Sie konnte es. Sie hatte sie all die Monate befolgt, beim Schreiben der Briefe an ihn. Es waren diesbezüglich Regeln zu lernen gewesen, und die erste davon war die schwerste: Sage nie das zu ihm, was du möchtest, dass er zu dir sagt. Erkläre ihm nie, wie unsäglich er dir fehlt, wie es nicht besser wird, wie jeder Tag ohne ihn schlimmer ist als der Tag zuvor. Halte für ihn die heiteren Begebenheiten um dich herum fest, amüsante kleine Anekdoten, nicht unbedingt erfunden, aber doch reizvoll ausgeschmückt. Quäle ihn nicht mit dem Sehnen deines treuen Herzens, weil er dein Ehepartner, dein Mann, dein Liebster ist. Denn du schreibst an keinen von ihnen. Du schreibst an einen Soldaten.

Sie kannte diese Regeln. Sie hätte gesagt, dass sie lieber sterben würde, und sie hätte es fast buchstäblich gemeint, als ihrem Mann einen Brief voller Klagen oder Trauer oder kalter Wut zu schicken, einem Soldaten, der weit weg war, abgespannt und erschöpft von seiner Arbeit, und alles, was er hatte, für die große Sache hingab. Wenn sie schon in ihren Briefen all das sein konnte, was er von ihr erwartete, um wie viel leichter würde sie es dann erst sein, wenn sie beieinander waren. Briefe waren schwierig; jedes Wort musste überlegt und abgewogen werden. Wenn sie wieder beieinander waren, wenn sie einander sehen und hören und berühren konnten, dann würde es keine Gestelztheit geben. Sie würden miteinander reden und lachen. Sie würden Zärtlichkeit und Erregung empfinden. Es würde sein, als ob sie nie getrennt gewesen wären. Vielleicht waren sie das nie gewesen. Vielleicht, dass ein fremdes neues Leben und fremde leere Meilen und fremde fröhliche Stimmen einfach nicht existierten für zwei, die wirklich eins waren.

Sie hatte es gründlich durchdacht. Sie hatte sich die Gesetze eingeschärft, was man nicht tun durfte. Nun konnte sie sich der Ekstase der Erwartung seines Kommens hingeben.

Es war eine schöne Woche. Sie zählte wieder die Tage, aber nun war es süß, sie verstreichen zu sehen. Überübermorgen, übermorgen, morgen. Sie lag in der Dunkelheit wach, aber es war ein erregendes Wachen. Tagsüber hielt sie sich groß und gerade, voll Stolz auf ihren Krieger. Auf der Straße blickte sie mit belustigtem Mitleid auf Frauen, die neben Männern in Zivil gingen.

Sie kaufte ein neues Kleid; schwarz – er mochte schwarze Kleider –, einfach – er mochte schlichte Kleider – und so teuer, dass sie nicht an den Preis denken wollte. Sie ließ es anschreiben und war sich bewusst, dass sie in den kommenden Monaten die Rechnung zerreißen würde, ohne sie auch nur aus dem Umschlag genommen zu haben. Seis drum – jetzt war nicht der Zeitpunkt, an die kommenden Monate zu denken.

Der Tag des Urlaubs war ein Samstag. Sie errötete aus Dankbarkeit gegenüber der Armee für dieses Zusammentreffen, denn nach ein Uhr gehörte der Samstag ihr. Sie verließ ihr Büro, ohne sich Zeit zum Essen zu nehmen, und kaufte Parfüm und Toilettenwasser und Badeöl. Sie hatte von allem noch ein wenig in Flaschen auf ihrem Frisiertisch und in ihrem Badezimmer stehen, aber es gab ihr das Gefühl, begehrt und sicher zu sein, reiche neue Vorräte zu haben. Sie kaufte ein Nachthemd, ein entzückendes Ding aus weichem Chiffon, bedruckt mit kleinen Blumensträußen, mit unschuldigen Puffärmelchen und einem Prinzessausschnitt und einer blauen Schärpe. Es würde niemals einer Wäsche standhalten, eine Spezialreinigung würde sich seiner annehmen müssen – seis drum. Sie eilte damit nach Hause, um es in ein Satinduftkissen zu legen.

Dann ging sie abermals aus und kaufte die notwendigen Zutaten für Cocktails und Whisky-Sodas und schauderte bei den Preisen. Sie ging ein Dutzend Straßen weit, um die Sorte Salzgebäck zu kaufen, die er gern zu seinen Drinks aß. Auf dem Rückweg kam sie an einem Blumengeschäft vorbei, in dessen Schaufenster eingetopfte Fuchsien ausgestellt waren. Sie machte keinen Versuch, ihnen zu widerstehen. Sie waren zu verlockend, mit ihren zarten pergamentfarbenen umgestülpten Bechern und ihren anmutigen magentaroten Glocken. Sie kaufte sechs Töpfe. Wenn sie in der nächsten Woche auf das Mittagessen verzichtete – seis drum.

Als sie mit dem kleinen Wohnzimmer fertig war, sah es reizend und fröhlich aus. Sie ordnete die Fuchsientöpfe auf dem Fensterbrett an, sie zog einen Tisch aus und stellte Gläser und Flaschen darauf, sie schüttelte die Kissen auf und legte einladend bunte illustrierte Zeitschriften aus. Es war ein Raum, wo jemand, der erwartungsvoll eintrat, freudig aufgenommen wurde.

Bevor sie sich umzog, rief sie unten bei dem Mann an, der sowohl die Telefonzentrale als auch den Fahrstuhl bediente.

»Oh«, sagte sie, als er sich endlich meldete. »Oh, ich wollte nur sagen, wenn mein Mann, Lieutenant McVicker, kommt, dann schicken Sie ihn doch bitte gleich herauf.«

Es bestand keine Notwendigkeit für diesen Anruf. Der müde Pförtner hätte auch ohne den zusätzlichen Nachdruck einer telefonischen Ankündigung jeden in jede Wohnung gebracht. Aber sie wollte die Worte aussprechen. Sie wollte »mein Mann« sagen, und sie wollte »Lieutenant« sagen.

Sie sang, als sie ins Schlafzimmer ging, um sich anzukleiden. Sie hatte eine liebliche, unsichere dünne Stimme, die das angriffslustige Lied albern klingen ließ.

Auf steigen wir ins Blau, verwegen,
Fliegen empor in die Sonne so munter.
Dort sie kommen, unserem Feuer entgegen –
Los gehts, Jungs, gebt ihnen Zunder.

Sie sang weiter, eher gedankenverloren, während sie sich aufmerksam mit ihren Lippen und ihren Wimpern beschäftigte. Dann schwieg sie und hielt den Atem an, als sie das neue Kleid anzog. Es tat ihr gut. Es hatte schon seinen Grund, dass diese völlig schlichten schwarzen Kleider so viel kosteten. Sie stand da und besah sich mit eingehendem Interesse im Spiegel, als ob sie eine unbekannte Kleidermode sähe, deren Details sie sich einzuprägen suchte.

Als sie so dastand, läutete es. Es läutete dreimal, laut und kurz. Er war gekommen.

Sie rang nach Luft, und ihre Hände irrten über den Frisiertisch. Sie ergriff den Parfümzerstäuber und besprühte sich so heftig Kopf und Schultern, dass etwas von dem Duftwasser auf sie traf. Sie hatte sich schon früher parfümiert, aber sie wollte noch eine Minute haben, noch einen Moment, irgendetwas. Denn sie hatte sie wieder ergriffen – die grässliche Scheu. Sie konnte sich nicht überwinden, zur Tür zu gehen und sie zu öffnen. Sie stand zitternd da und verspritzte Parfüm.

Es läutete wieder dreimal laut und kurz, und dann folgte ein ununterbrochenes Klingeln.

»Oh, kannst du denn nicht warten?«, rief sie. Sie warf den Zerstäuber weg, blickte sich wild im Zimmer um, wie nach einem Versteck, machte sich dann resolut groß und versuchte, das Zittern ihres Körpers im Zaume zu halten. Der schrille Lärm der Glocke schien die Wohnung zu erfüllen und die Luft aus ihr hinauszudrängen.

Sie machte sich auf den Weg zur Tür. Bevor sie sie erreichte, hielt sie inne, schlug die Hände vor das Gesicht und betete: »Oh, bitte, lass alles gut gehen«, flüsterte sie. »Bitte bewahre mich davor, etwas Falsches zu tun. Bitte lass es herrlich sein.«

Dann öffnete sie die Tür. Der Lärm der Glocke brach ab. Da stand er in dem hell erleuchteten kleinen Korridor. All die langen traurigen Nächte und all die festen und klugen Vorsätze. Und nun war er gekommen. Und sie stand da.

»Tja, um Himmels willen!«, sagte sie. »Ich hatte ja keine Ahnung, dass jemand an der Tür war. Du warst doch wahrhaftig mucksmäuschenstill.«

»Na, hör mal! Machst du denn nie die Tür auf?«, sagte er.

»Darf sich eine Frau denn nicht einmal mehr die Schuhe anziehen?«, sagte sie.

Er kam herein und schloss die Türen hinter sich. »Ach, Liebling«, sagte er. Er legte seine Arme um sie. Sie ließ ihre Wange über seine Lippen gleiten, drückte kurz ihre Stirn an seine Schulter und machte sich von ihm los.

»Tja!«, sagte sie. »Schön, Sie zu sehen, Lieutenant. Was macht der Krieg?«

»Wie geht es dir?«, sagte er. »Du siehst wundervoll aus.«

»Ich?«, sagte sie. »Schau dich erst an.«

Er war es wirklich wert, dass man ihn ansah. Seine

prächtige Uniform unterstrich seinen prächtigen Körper. Die Akkuratesse seiner Kleidung war vollkommen,
doch er schien sich dessen nicht bewusst zu sein. Er
stand gerade, und er bewegte sich mit Grazie und Selbst-
vertrauen. Sein Gesicht war gebräunt. Es war schmal, so
schmal, dass die Wangen- und Kieferknochen hervortra-
ten; aber es lag keine Anspannung darin. Es war glatt und
ruhig und selbstsicher. Er war der amerikanische Offizier schlechthin, und es gab keinen schöneren Anblick
als ihn.

»Tja!«, sagte sie. Sie zwang sich, ihm in die Augen
zu sehen, und entdeckte plötzlich, dass es nicht mehr
schwerfiel. »Tja, wir können doch nicht bloß hier herum-
stehen und ›tja‹ zueinander sagen. Komm rein und setz
dich. Wir haben viel Zeit vor uns – o Steve, ist das nicht
wundervoll! He. Hast du keine Tasche mitgebracht?«

»Tja, weißt du«, sagte er und brach ab. Er warf seine
Mütze auf den Tisch hinüber zwischen die Flaschen und
Gläser. »Ich habe die Tasche am Bahnhof gelassen. Ich
habe da leider verdammt schlechte Nachrichten, Liebling.«

Sie hinderte ihre Hände daran, an ihre Brust zu fliegen.

»Du – du gehst direkt nach Übersee«, sagte sie.

»Ach, Gott, nein«, sagte er. »O nein, nein, nein. Ich
habe gesagt, dass es verdammt schlechte Nachrichten
sind. Nein. Sie haben die Befehle geändert, Kindchen. Sie
haben allen Urlaub rückgängig gemacht. Wir haben uns
direkt zu dem neuen Flugplatz zu begeben. Ich muss den
Zug sechs Uhr zehn erwischen.«

Sie setzte sich auf das Sofa. Sie wollte weinen; nicht leise mit langsamen kristallenen Tränen, sondern mit offenem Mund und verschmiertem Gesicht. Sie wollte sich bäuchlings auf den Boden werfen und um sich schlagen und schreien und schlaff werden, falls jemand versuchte, sie aufzuheben.

»Das ist ja furchtbar«, sagte sie. »Das ist ja einfach grässlich.«

»Ich weiß«, sagte er. »Aber daran ist nichts zu ändern. So ist das nun mal in der Armee, Mrs Jones.«

»Hättest du denn nicht etwas sagen können?«, sagte sie. »Hättest du ihnen denn nicht erklären können, dass du in sechs Monaten nur einmal Urlaub gehabt hast? Hättest du denn nicht sagen können, die einzige Chance, die deine Frau hat, dich wiederzusehen, sind diese armseligen, kurzen vierundzwanzig Stunden? Hättest du denn nicht erklären können, was es für sie bedeutet? Hättest du das denn nicht tun können?«

»Jetzt komm aber, Mimi«, sagte er. »Es ist schließlich Krieg.«

»Es tut mir leid«, sagte sie. »Es tat mir schon leid, sowie ich es gesagt hatte. Es tat mir schon leid, während ich es gesagt habe. Aber – oh, es ist so schwer!«

»Es ist für alle nicht leicht«, sagte er. »Du weißt nicht, wie sehr sich die Jungs auf ihren Urlaub gefreut haben.«

»Ach, ich pfeife auf die Jungs!«, sagte sie.

»Das ist der Geist, der unserer Seite zum Sieg verhelfen wird«, sagte er. Er setzte sich in den größten Sessel, streckte die Beine aus und schlug sie übereinander.

»Du interessierst dich für nichts anderes als für diese Piloten«, sagte sie.

»Schau, Mimi«, sagte er. »Wir haben keine Zeit, um damit anzufangen. Wir haben keine Zeit, um in Streit zu geraten und eine Menge Dinge zu sagen, die wir nicht meinen. Alles ist eben – eben gedrängter jetzt. Für so etwas ist keine Zeit übrig.«

»Oh, ich weiß«, sagte sie. »O Steve, als ob ich das nicht wüsste!«

Sie ging hinüber und setzte sich auf die Armlehne seines Sessels und verbarg ihr Gesicht an seiner Schulter.

»Das ist schon besser«, sagte er. »Ich habe dauernd daran denken müssen.« Sie nickte an seiner Uniformjacke.

»Wenn du wüsstest, wie das ist, wieder in einem anständigen Sessel zu sitzen«, sagte er.

Sie setzte sich auf. »Oh«, sagte sie. »Du meinst den Sessel. Ich bin ja so froh, dass er dir gefällt.«

»Die haben die übelsten Sessel, die du je gesehen hast, im Aufenthaltsraum der Piloten«, sagte er. »Ein Haufen kaputter alter Schaukelstühle – ehrlich, Schaukelstühle, die hochherzige Patrioten gespendet haben, um sie vom Dachboden zu bekommen. Wenn sie auf dem neuen Flugplatz keine besseren Möbel haben, dann werde ich etwas dagegen unternehmen, und wenn ich den Kram selber kaufen muss.«

»Das würde ich unbedingt tun, an deiner Stelle«, sagte sie. »Ich würde auf Essen und Kleidung und Reinigung verzichten, damit die Jungs ja glücklich sind, wenn sie sich hinsetzen. Ich würde nicht einmal genug für Luftpostbriefmarken aufheben, um hin und wieder meiner Frau zu schreiben.«

Sie erhob sich und ging im Zimmer umher.

»Mimi, was ist denn los mit dir?«, sagte er. »Bist du – bist du eifersüchtig auf die Piloten?«

Sie zählte im Stillen bis acht. Dann drehte sie sich um und lächelte ihn an.

»Nun – ich glaube, das bin ich«, sagte sie. »Ich glaube, dass ich genau das bin. Nicht nur auf die Piloten. Auf die ganzen Heeresflieger. Auf die ganze Armee der Vereinigten Staaten.«

»Du bist wundervoll«, sagte er.

»Sieh mal«, sagte sie vorsichtig, »du hast ein völlig neues Leben – ich habe ein halbes altes. Dein Leben ist so weit weg von meinem, dass ich nicht weiß, wie die beiden jemals wieder zusammenkommen sollen.«

»Das ist doch Unsinn«, sagte er.

»Nein, bitte warte«, sagte sie. »Ich werde nervös und – und bekomme Angst, glaube ich, und ich sage Dinge, für die ich mir die Kehle durchschneiden könnte. Aber du weißt, was ich wirklich für dich empfinde. Ich bin so stolz auf dich, dass ich keine Worte dafür finden kann. Ich weiß, dass du das Wichtigste auf der Welt tust, vielleicht das einzig Wichtige auf der Welt. Nur – o Steve, ich wünschte bei Gott, du würdest es nicht so furchtbar gern tun!«

»Hör mal«, sagte er.

»Nein«, sagte sie. »Man darf eine Dame nicht unterbrechen. Das schickt sich nicht für einen Offizier, ebenso wenig wie auf der Straße Pakete zu tragen. Ich versuche dir nur ein wenig zu erklären, wie mir zumute ist. Ich kann mich nicht daran gewöhnen, so völlig abseitszustehen. Du willst nicht wissen, was ich mache, du willst nicht herausfinden, was in mir vorgeht – ja, du fragst mich ja noch nicht einmal, wie es mir geht!«

»Natürlich tue ich das!«, sagte er. »Ich habe dich gefragt, wie es dir geht, gleich als ich zur Tür reingekommen bin!«

»Das war anständig von dir«, sagte sie.

»Ach, um Himmels willen!«, sagte er. »Ich brauchte dich gar nicht erst zu fragen. Ich konnte doch sehen, wie du aussiehst. Du siehst wundervoll aus. Das habe ich dir auch gesagt.«

Sie lächelte ihn an. »Ja, das hast du wirklich«, sagte sie. »Und du hast so geklungen, als ob du es meinst. Gefällt dir mein Kleid wirklich?«

»O ja«, sagte er. »Du hast mir in diesem Kleid immer gefallen.«

Es war, als ob sie zu Holz würde. »Dieses Kleid«, sagte sie, mit beleidigender Deutlichkeit formulierend, »ist funkelnagelneu. Ich habe es noch nie zuvor in meinem Leben angehabt. Falls es dich interessiert, ich habe es eigens für diese Gelegenheit gekauft.«

»Entschuldige, Schätzchen«, sagte er. »Oh, sicher, jetzt sehe ich, dass es ganz und gar nicht das andere ist. Ich finde es toll. Ich mag dich in Schwarz.«

»In Augenblicken wie diesem«, sagte sie, »wünschte ich fast, dass ich aus einem anderen Grund drin wäre.«

»Hör auf damit«, sagte er. »Setz dich und erzähl mir von dir. Was hast du denn so gemacht?«

»Ach, nichts«, sagte sie.

»Wie ist es im Büro?«, sagte er.

»Langweilig«, sagte sie. »Stinklangweilig.«

»Wen hast du gesehen?«, sagte er.

»Ach, niemanden«, sagte sie.

»Ja, was *machst* du denn so?«, sagte er.

»Abends?«, sagte sie. »Ach, ich sitze hier und stricke und lese Kriminalgeschichten, von denen sich herausstellt, dass ich sie schon gelesen habe.«

»Ich finde das völlig falsch von dir«, sagte er. »Ich finde es idiotisch, allein hier rumzusitzen und Trübsal zu blasen. Damit tust du niemanden einen Gefallen. Warum gehst du denn nicht öfter aus?«

»Ich hasse es, nur mit Frauen auszugehen«, sagte sie.

»Tja, das brauchst du doch nicht«, sagte er. »Ralph ist doch in der Stadt, stimmts? Und John und Bill und Gerald auch. Warum gehst du nicht mit ihnen aus? Du bist dumm, wenn du das nicht tust.«

»Es war mir nicht in den Sinn gekommen«, sagte sie, »dass es von jemandem albern ist, desjenigen Ehemann treu zu bleiben.«

»Ist das nicht ziemlich weit hergeholt?«, sagte er. »Es ist durchaus möglich, mit einem Mann essen zu gehen, ohne gleich Ehebruch zu begehen. Und benutze nicht Wörter wie ›desjenigen‹. Du bist grässlich, wenn du gewählt bist.«

»Ich weiß«, sagte sie. »Ich habe nie Glück, wenn ich es versuche. Nein. Du bist derjenige, der grässlich ist, Steve. Das bist du wirklich. Ich versuche, dich einen kleinen Blick in mein Innerstes werfen zu lassen, dir zu erklären, wie das ist, wenn du fort bist, wie ich mit keinem anderen zusammen sein will, wenn ich nicht bei dir sein kann. Und alles, was du sagst, ist, ich täte damit niemandem einen Gefallen. Da habe ich doch etwas Nettes, an das ich denken kann, wenn du gehst. Du weißt ja nicht, wie das für mich hier allein ist. Du weißt das einfach nicht.«

»O doch«, sagte er. »Ich weiß es, Mimi.« Er nahm sich eine Zigarette von dem Tischchen neben ihm, und die bunte Zeitschrift neben der Zigarettendose erregte seine Aufmerksamkeit. »He, ist das die von dieser Woche? Die habe ich noch nicht gesehen.« Er überflog die ersten Seiten.

»Lies nur ruhig weiter, wenn du willst«, sagte sie. »Lass dich durch mich nicht stören.«

»Ich lese ja gar nicht«, sagte er. Er legte die Zeitschrift weg. »Sieh mal, ich weiß nicht, was ich sagen soll, wenn du davon anfängst, mich kleine Blicke in dein Innerstes werfen zu lassen und all das. Ich weiß ja. Ich weiß, dass du eine verdammt schlimme Zeit durchmachen musst. Aber bemitleidest du dich da nicht ein bisschen arg?«

»Wenn nicht ich«, sagte sie, »wer dann?«

»Weswegen willst du, dass dich jemand bemitleidet?«, sagte er. »Du wärst völlig in Ordnung, wenn du aufhören würdest, allein rumzusitzen. Ich würde mir gern vorstellen, dass du dich gut unterhältst, während ich fort bin.«

Sie ging zu ihm hinüber und küsste ihn auf die Stirn.

»Lieutenant«, sagte sie, »Sie sind ein weit noblerer Mensch, als ich es bin. Entweder das«, sagte sie, »oder es steckt etwas anderes dahinter.«

»Ach, halt den Mund«, sagte er. Er zog sie zu sich herab und hielt sie dort fest. Sie schien in seiner Umarmung zu schmelzen und blieb darin, ganz still.

Dann spürte sie, wie er seinen linken Arm von ihr wegnahm, und spürte, wie sich sein Kopf von seinem Platz neben dem ihren hob. Sie sah zu ihm auf. Er renkte sich den Hals aus, um über ihre Schulter hinweg auf seine Armbanduhr zu schauen.

»Also wirklich!«, sagte sie. Sie legte ihre Hände auf seine Brust und stieß sich energisch von ihm ab.

»Die Zeit geht so schnell vorbei«, sagte er leise, die Augen auf die Uhr geheftet. »Wir – wir haben nicht mehr lange, Liebling.«

Sie schmolz wieder. »O Steve«, flüsterte sie. »O Liebster.«

»Ich würde noch gern ein Bad nehmen«, sagte er. »Steh mal auf, Kindchen.«

Sie stand sofort auf. »Du willst ein Bad nehmen?«, sagte sie.

»Ja«, sagte er. »Du hast doch nichts dagegen, oder?«

»Oh, nicht im Geringsten«, sagte sie. »Ich bin sicher, dass du es genießen wirst. So lässt sich auf angenehmste Art die Zeit totschlagen, finde ich immer.«

»Du weißt doch, wie man sich nach einer langen Bahnfahrt fühlt«, sagte er.

»Oh, sicher«, sagte sie.

Er erhob sich und ging ins Schlafzimmer. »Ich werd mich beeilen«, rief er ihr zu.

»Warum denn?«, sagte sie.

Dann hatte sie einen Moment, um sich zu fangen. Sie folgte ihm ins Schlafzimmer, mit erneuerten guten Vorsätzen. Er hatte seine Uniformjacke und seine Krawatte ordentlich über einen Stuhl gehängt, und er knöpfte gerade sein Hemd auf. Als sie hereinkam, zog er es aus. Sie schaute auf das bewundernswerte braune Dreieck seines Rückens. Sie würde alles für ihn tun, alles in der Welt.

»Ich – ich lass dir dein Badewasser einlaufen«, sagte sie. Sie ging ins Badezimmer, drehte die Hähne der Wanne auf und legte Handtücher und Matte bereit. Als sie ins Schlafzimmer zurückkam, betrat er es gerade vom Wohnzimmer her, nackt. In der Hand trug er die bunte Zeitschrift, die er schon überflogen hatte. Sie blieb abrupt stehen.

»Oh«, sagte sie. »Du hast vor, in der Wanne zu lesen?«

»Wenn du wüsstest, wie ich mich darauf gefreut habe!«, sagte er. »Mann, ein heißes Bad in einer Wanne! Wir haben nur Duschen, und wenn man duscht, warten schon hundert Jungs und brüllen, man solle sich beeilen und endlich rauskommen.«

»Ich nehme an, sie können es nicht ertragen, von dir getrennt zu sein«, sagte sie.

Er lächelte sie an. »Bin in ein paar Minuten wieder da«, sagte er und ging ins Badezimmer und machte die Tür zu. Sie hörte das sanfte Schwappen und Schmatzen des Wassers, als er sich in die Wanne legte.

Sie blieb regungslos stehen. Das Zimmer war erfüllt von dem Parfüm, das sie versprüht hatte, zu allgegenwärtig, zu penetrant. Ihr Blick wanderte zu der Kommodenschublade, wo, in zarten Duft gehüllt, das Nachthemd mit den kleinen Blumensträußen und dem Prinzessausschnitt lag. Sie ging hinüber zur Badezimmertür, holte mit dem rechten Fuß aus und trat so heftig gegen den unteren Teil der Tür, dass der ganze Rahmen wackelte.

»Was ist, Schatz?«, rief er. »Willst du was?«

»Oh, nichts«, sagte sie. »Überhaupt nichts. Ich habe alles, was sich eine Frau nur wünschen kann, oder etwa nicht?«

»Was ist?«, rief er. »Ich kann dich nicht verstehen, Liebling.«

»Nichts«, schrie sie.

Sie ging ins Wohnzimmer. Sie stand schwer atmend da, während ihre Fingernägel ihre Handflächen zerkratzten, und schaute die Fuchsienblüten an mit ihren schmutzigen pergamentfarbenen Bechern, ihren ordinären magentaroten Glocken.

Ihr Atem ging ruhig, und ihre Hände waren entspannt, als er wieder ins Wohnzimmer kam. Er hatte seine Hose und sein Hemd an, und seine Krawatte war perfekt gebunden. Er hatte seinen Gürtel in der Hand. Sie drehte sich zu ihm um. Es gab Dinge, die sie hatte sagen wollen, aber sie konnte nichts als ihn anlächeln, als sie ihn sah. Das Herz wurde ihr ganz weich in der Brust.

Seine Stirn war gerunzelt. »Hör mal, Liebling«, sagte er. »Hast du Messingpolitur?«

»Nein«, sagte sie. »Wir haben doch gar kein Messing.«

»Tja, hast du Nagellack – einen farblosen? Viele Jungs nehmen das.«

»Ich bin sicher, dass es entzückend an ihnen aussieht«, sagte sie. »Nein, ich habe nichts als rosaroten Lack. Würde dir der etwas nützen, der Himmel verschone uns?«

»Nein«, sagte er, und er schien besorgt. »Rot wäre

427

überhaupt nicht gut. Mist, vermutlich hast du auch kein Blitz-Cloth oder vielleicht ein Shine-O?«

»Wenn ich auch nur die blasseste Ahnung hätte, wovon du sprichst«, sagte sie, »dann könntest du vielleicht mehr mit mir anfangen.«

Er hielt ihr den Gürtel hin. »Ich möchte meine Schnalle putzen«, sagte er.

»O ... lieber ... guter ... heiliger ... Gott ... im ... Himmel«, sagte sie. »Wir haben noch etwa zehn Minuten, und du willst deine Gürtelschnalle putzen.«

»Ich möchte mich nicht mit einer stumpfen Gürtelschnalle bei einem neuen Kommandeur melden«, sagte er.

»Sie war immerhin glänzend genug, um dich damit bei deiner Frau zu melden«, sagte sie.

»Ach, hör doch auf«, sagte er. »Du willst einfach nicht verstehen, das ist alles.«

»Es ist nicht so, dass ich nicht verstehen will«, sagte sie. »Es ist nur so, dass ich mich nicht mehr erinnern kann. Ich bin schon so lange nicht mehr mit einem Pfadfinder gegangen.«

Er sah sie an. »Das soll wohl komisch sein, was?«, sagte er. Er sah sich im Zimmer um. »Es muss doch irgendwo ein Tuch geben – oh, das tuts auch.« Er schnappte sich eine hübsche kleine Cocktailserviette von dem Tisch mit den unberührten Flaschen und Gläsern, setzte sich mit dem Gürtel über den Knien hin und scheuerte an seiner Schnalle herum.

Sie sah ihm einen Moment lang zu, rannte dann zu ihm hinüber und ergriff seinen Arm.

»Bitte«, sagte sie. »Bitte, ich hab es nicht so gemeint, Steve.«

»Bitte lass mich das jetzt machen, ja?«, sagte er. Er machte seinen Arm von ihrer Hand frei und polierte weiter.

»Und du sagst zu mir, dass ich nicht verstehen will!«, rief sie. »Du willst doch nicht das Geringste von anderen verstehen. Abgesehen von diesen verrückten Piloten.«

»Die sind prima!«, sagte er. »Das sind feine Burschen. Die werden großartige Kampfflieger abgeben.« Er scheuerte weiter an seiner Schnalle herum.

»Oh, ich weiß es ja!«, sagte sie. »Du weißt, dass ich das weiß. Ich meine es nicht, wenn ich etwas gegen sie sage. Wie könnte ich wagen, es zu meinen? Sie riskieren ihr Leben und ihr Augenlicht und ihre geistige Gesundheit, sie geben alles her für –«

»Halte mir bloß keinen Vortrag darüber!«, sagte er. Er scheuerte an seiner Schnalle.

»Ich halte dir überhaupt keinen Vortrag!«, sagte sie. »Ich versuche, dir etwas beizubringen. Nur weil du diesen hübschen Anzug da anhast, glaubst du, du brauchtest nie etwas Ernstes, nie etwas Trauriges oder Elendes oder Unangenehmes zu hören. Du machst mich krank, und wie krank du mich machst! Ich weiß, ich weiß – ich versuch doch nicht, dir etwas wegzunehmen, ich bin mir doch bewusst, was du tust, ich habe dir doch gesagt, was ich davon halte. Denk um Himmels willen nicht, dass ich so gemein bin, dir das bisschen Glück und Freude zu missgönnen, das du dabei vielleicht empfindest. Ich weiß schon, dass es schwer für dich ist. Aber es ist nie-

mals einsam, das ist alles, was ich meine. Du hast Gesellschaft, die – die keine Ehefrau dir jemals geben kann.
Ich nehme an, dass es dieses Gefühl der Eile ist, vielleicht
das Bewusstsein, von geborgter Zeit zu leben, die – die
Einsicht, dass ihr alle etwas gemeinsam durchsteht, was
die Kameradschaft von Männern im Krieg so stark, so
fest macht. Aber willst du denn nicht bitte versuchen
zu verstehen, wie mir zumute ist? Willst du denn nicht
verstehen, dass es vermutlich aus Verwirrung und Zer-
rissenheit ist und – und weil ich Angst habe? Willst du
denn nicht verstehen, was mich dazu bringt, das zu tun,
was ich tue, wenn ich mich selbst hasse, während ich es
tue? Willst du das nicht bitte verstehen? Liebling, bitte?«

Er legte die kleine Serviette weg. »Ich kann das einfach
nicht ausstehen, Mimi«, sagte er. »Und du auch nicht.«
Er sah auf die Uhr. »He, es ist Zeit, dass ich gehe.«

Sie stand groß und starr da. »Das glaube ich auch«,
sagte sie.

»Ich zieh wohl besser meine Jacke an«, sagte er.

»Das solltest du wohl«, sagte sie.

Er erhob sich, schob seinen Gürtel durch die Schlaufen seiner Hose und ging ins Schlafzimmer. Sie ging zum
Fenster hinüber und schaute hinaus, als ob sie beiläufig
nach dem Wetter sähe.

Sie hörte ihn ins Zimmer zurückkommen, aber sie
drehte sich nicht um. Sie hörte seine Schritte innehalten,
wusste, dass er dort stand.

»Mimi«, sagte er.

Sie drehte sich zu ihm um, die Schultern gestrafft, das
Kinn hoch erhoben, kühl, erhaben. Dann sah sie seine

Augen. Sie waren nicht mehr strahlend und fröhlich und selbstsicher. Ihr Blau war verschwommen, und sie sahen bekümmert aus; sie sahen sie an, als ob sie sie anflehten.

»Schau mal, Mimi«, sagte er, »glaubst du vielleicht, dass ich das so will? Glaubst du vielleicht, dass ich weit weg von dir sein will? Glaubst du vielleicht, dass ich mir vorgestellt hatte, dass ich jetzt das tun würde? In den Jahren – nun, in den Jahren, in denen wir beieinander sein sollten.«

Er brach ab. Dann sprach er weiter, aber mit Mühe. »Ich kann nicht darüber sprechen. Ich kann nicht einmal daran denken – denn wenn ich es täte, dann könnte ich nicht meine Aufgabe erfüllen. Aber nur weil ich nicht darüber spreche, heißt das doch nicht, dass ich das tun will, was ich da tue. Ich möchte bei dir sein, Mimi. Da gehöre ich hin. Du weißt das doch, Liebling. Stimmts?«

Er breitete die Arme nach ihr aus. Sie eilte in sie hinein. Dieses Mal ließ sie ihre Wange nicht über seine Lippen hinweggleiten.

Als er gegangen war, stand sie einen Moment bei den Fuchsien und berührte vorsichtig, zärtlich die bezaubernden pergamentfarbenen Becher, die lieblichen magentaroten Glocken.

Das Telefon läutete. Sie nahm ab und hörte eine Freundin von ihr, die sich nach Steve erkundigte, die fragte, wie er aussah und wie es ihm ging, und die drängte, er möge doch ans Telefon kommen und ihr Guten Tag sagen.

»Er ist fort«, sagte sie. »Ihr ganzer Urlaub wurde rückgängig gemacht. Er war nur eine knappe Stunde da.«

Die Freundin gab ihrem Mitgefühl Ausdruck. Es war eine Schande, es war ja einfach furchtbar, es war ja absolut entsetzlich.

»Nein, sag das nicht«, sagte sie. »Ich weiß, es war nicht sehr lange. Aber, ach, es war herrlich!«